기획서·제안서 작성법

SHIRAZUNI MI NI TSUKU KIKAKUSHO TEIANO NO KAKIKATA by Makoto Saito
Copyright ⓒ 2002 by Makoto Saito
All right reserved
Original Japanese edition Published by Nippon Jitsugyo Publishing Co., Ltd.
Korean translation rights arranged with Makoto Saito
through Japan Foreign-Rights Centre/Shin Won Agency.

자신도 모르게 기획의 달인 이 된다!

기획서·제안서
작성법

사이토 마코토 지음 | 양영철 옮김

(주)삼양미디어

프롤로그

기획은 기술이다

아이디어는 그것을 실현시키는 에너지와 능력을 갖춘 인물이 나타날 때까지 큰 가치를 가질 수 없다(윌리엄 페자, 미국의 소설가). 아이디어를 기획으로 바꾸고 이를 기획서로 작성하는 것은 반복적인 연습으로 축적된 노하우를 가지고 표현하는 기술이다. 이 책에서 전문가가 전수하는 기획의 기술과 기획서 작성의 기술을 훔쳐라. 그리고 그것을 당신의 기획에 응용하라. 그러면 시행착오로 인한 시간의 낭비와 실수를 반으로 줄여줄 것이다.

예문 10가지를 읽어보기만 해도 기획서를 작성할 수 있게 된다

이 책은 세 가지의 목적을 가지고 있다. 첫 번째 목적은 다양한 업무에 활용 가능한 많은 예문을 실어서, 그 예문을 읽어보기만 해도 기획서를 작성할 수 있게 하려는 것이다. 기획서라고 하면 먼저 어려울 것이라는 생각부터 하게 되는데 기획서의 기본 구성은 매우 단순하다. 이 책에서 제시하는 10가지 예문을 읽어보면 기획서의 기본 구성을 알게 될 것이다. 또 그것을 참고로 하면 자연스럽게 보통 수준의 기획서를 작성할 수 있게 된다.

실천적 내용이 도움이 된다

두 번째의 목적은 실천적인 사고 방식과 기획서 작성법을 몸에 익히는 것이다. 나는 30여 년 동안 다양한 기획서를 작성해 보았지만, 단 한 번도 기획부서에 소속되어 일한 적은 없었다. 기획부서에 소속되지 않고서도 기획의 달인이라는 별명을 얻게 되어 부끄럽기까지 하다. 하지만 영업활동의 일환으로 스스로 작성한 기획서를 거래처에서 프레젠테이션하고, 기획서가 채택되면 선두에 서서 계획을 실천해 갔다. 이 때문에 어떤 기획서가 설득력이 있는가를 온몸으로 터득하게 되었다.

마케팅에 대한 이해의 폭이 깊어진다

세 번째의 목적은 마케팅에 관한 지식과 테크닉을 배울 수 있게 하려는 것이다. 예문의 오른쪽 페이지에는 기획서를 작성하기 위한 포인트뿐만 아니라, 기획서를 활용하여 마케팅하는 노하우도 함께 언급해 놓았다. 예문과 함께 마케팅을 이해할 수 있도록 구성해 두었으므로, 이 책 한 권을 읽게 되면 어렵다고 생각되던 마케팅에 관한 대략적인 지식이 자연스럽게 머릿속에 들어올 것이다.

기획서 · 제안서의 제출과 수령도 기술이다

완성된 기획서 · 제안서의 제출은 상대가 누구인가에 따라 다르다. 또한 제출받는 이도 일단 받아놓고 가보라는 식은 기획서 제출을 활성화하기 어렵다. 기획서 · 제안서는 회사 발전의 가장 큰 원동력이다. 이를 아무렇게나 취급한다면 누가 회사를 위해 고민을 하겠는가. 부하와 상급자 간의 원활한 기획서 작성을 위한 방법을 제시한다.

이 책은 마케팅, 특히 광고와 PR, 판촉에 관계된 사람들을 대상으로 쓰여졌지만, 일반 회사원들도 충분히 활용할 수 있는 내용으로 구성되어 있다. 기획서의 작성 형식은 주제가 달라도 기본 구성은 같기 때문이다. 따라서 예문을 확실하게 익혀 두면 장르에 상관없이 기획서를 작성할 수 있게 될 것이다.

뛰어난 기획서를 작성하기 위해서는 무엇보다 경험이 중요하다. 하지만 현장 경험이 부족한 사람이라도 가능한 빠르게, 조금이라도 더 잘 다듬어진 기획서를 작성할 수 있도록 지금까지 배운 모든 것을 전수하고 싶다. 이것이 바로 이 책을 집필하게 된 동기이다.

그리고 집필에 많은 도움을 준 ㈜나이스크의 마츠오 타카시 씨에게 진심으로 감사 드린다. 마츠오 씨의 조언과 격려가 없었다면 이 책은 완성될 수 없었을 것이다. 덴츠의 타키모토 아츠시로 씨, 주식회사 오리콤의 사이토 요시오 씨와 호리구치 나리후 씨, 이노우에 퍼블릭 릴레이션스 사의 야마구치 요시카즈 씨의 협력에 진심으로 감사드린다. 무엇보다 집필에 집중할 수 있도록 시간을 허락해준 일본실업출판사의 사장이자 오랜 친구이기도 한 우에스기 마사루 씨에게 감사드린다.

사이토 마코토

기획서·제안서 작성법

 차례

프롤로그

이 책의 활용법 · 14
기획서 작성 예문편을 보는 법 · 16
「기획서」란 무엇인가? · 18
기획서의 분류 · 20
기획서에 자주 사용되는 용어 · 22

Chapter 1 기획과 기획서 작성의 기술

1. 기획을 시작하기 위한 워밍업

기획은 어렵지 않다 · 24
스스로 기획한 기획서는 당신에게 양식이 된다 · 26
좋은 기획서는 채택되는 기획서다 · 28
기획서는 자신의 능력을 파는 수단이다 · 30
기획은 기백이다 · 32
기획은 정보력의 싸움이다 · 34

2. 기획을 하려면 어떤 능력이 있어야 하는가?

3. 기획을 하자

기획화의 절차 · 38
기획화의 방법 · 46

4. 기획서 초안을 작성한다

초안 작성의 목적 · 54
초안 작성을 위한 준비 · 54
초안 작성 방법 · 58

5. 기획서를 작성한다

기획 초안의 내용을 검증하기 위한 조사를 한다 · 71

기획서의 초안을 수정한다 · 77

기획서의 목차안을 만든다 · 79

기획서의 슬로건을 생각한다 · 84

기획서를 구체화한다 · 85

실행 절차를 검토한다 · 104

기획서는 상품이다. 예쁘게 포장한다 · 106

자료편을 만든다 · 112

최종 검토와 맺음말로 기획서를 완성한다 · 114

기획서가 완성된 후의 업무 · 116

기획서를 어떤 방법으로 제출하는가? · 117

질문과 반대 의견에 대응하는 방법 · 118

6. 자, 이제 프레젠테이션이다

기획 설명의 방법 · 120

기획서를 받는 방법 · 122

상사의 지시 방법이 기획서 활성화의 열쇠다! · 124

기획서·제안서의 양식 10

1. 유형적인 기획서는 정형화한다

자사에 적합한 서식을 고려한다 · 126

2. 제안서 양식 10

간이제안 결론형(입문) · 130

간이제안 논리형(입문) · 131

종합제안 결론형(초급) · 132

종합제안 논리형(초급) · 133

CONTENTS

종합 상품제안 결론형(중급) ·134
종합 사업제안 결론형(중급) ·135
간결문장 제안 논리형(초급) ·136
간결문장 제안 논리형(중급) ·138
간결형 종합제안 논리형 ·140
종합제안 논리형(상급) ·142

Chapter 3 기획서 작성 예문편

예문 1. 기획서에 자주 발견되는 문제점 – 1 ·146
예문 2. 기획서에 자주 발견되는 문제점 – 2 ·150
기획서의 형식은 융통성 있고 보는 사람의 입장에서 작성되어야 한다! ·154
프레젠테이션을 할 경우에는 가로쓰기로 작성하자! ·156
기획서는 상품이다. 파워포인트를 사용하여 단순하고 세련되게 만든다! ·157

인사·총무

교육·연수

예문 3. 스킬 업 연수 ·158
예문 4. 외부 세미나 참가 ·160
예문 5. 현장 연수 ·162

사내 개선

예문 6. 파일링 시스템의 개선 ·164
예문 7. 인사고과제도의 개선 ·166
예문 8. 고객상담실 설치 ·168
예문 9. 오피스 환경 개선 ·170
예문 10. 발주체제 변경 ·172

사내 행사

예문 11. 창립 기념행사 ·174

예문 12. 사내 친목회 · 176
예문 13. 강연회 · 178
예문 14. 사보 · 180

상품 · 점포

상품 기획

예문 15. 신상품 개발 · 182
예문 16. 기존 상품의 리뉴얼 · 184
예문 17. 네이밍 개발 · 186
예문 18. 사내 시스템의 상품화 · 188

점포 개발

예문 19. 진열 · 고객유도라인의 변경 · 190
예문 20. 안테나 숍 설립 · 192
예문 21. 프랜차이즈 체인 전개 · 194

광고 · PR

광고 기획

예문 22. 시즌 캠페인 계획 · 196
예문 23. 신문광고 계획 · 198
예문 24. 잡지광고 계획 · 200
예문 25. 라디오 광고 계획 · 202
예문 26. 텔레비전 광고 계획 · 204
예문 27. 교통광고 계획 · 206
예문 28. 신문 투입 광고 계획 · 208

PR

예문 29. 신제품 발표 · 210
예문 30. 연간 PR 계획 · 212
예문 31. 미디어 제휴광고 · 214
예문 32. 퍼블릭 릴레이션즈 · 216

■ C O N T E N T S ■

판촉·이벤트 | 판매 촉진

예문 33. 오픈 현상 공모 · 218

예문 34. 현상 경품 판매 · 220

예문 35. 포인트 적립 제도 · 222

예문 36. 판매 촉진 믹스 · 224

예문 37. 신제품 샘플링 배포 · 226

예문 38. 소비자 체험 전시판매 · 228

예문 39. 디스플레이 · 230

이벤트 기획

예문 40. 공동전시회·견본 참가 · 232

예문 41. 자선 이벤트 · 234

예문 42. 유통 지원 · 236

예문 43. 이벤트 협찬 · 238

예문 44. 제휴광고 이벤트 · 240

디자인·인쇄 | 디자인·제작

예문 45. 광고 캠페인 · 242

예문 46. 신문·잡지 광고 디자인 · 244

예문 47. 텔레비전 CM 제작 · 246

예문 48. 교통광고 포스터 · 248

예문 49. 홈페이지 · 250

예문 50. VTR 제작 · 252

인쇄물 제작

예문 51. 상품 카탈로그 · 254

예문 52. 다이렉트 메일 · 256

예문 53. 회사 소개서 · 258

예문 54. PR지 · 260

예문 55. 카렌다 제작 · 262

조사

조사

예문 56. 소비자 실태조사 · 264

예문 57. 현장조사 · 266

예문 58. 포커스 그룹 조사 · 268

예문 59. 집단 면접조사 · 270

예문 60. 기업 이미지 조사 · 272

예문 61. 광고 인지도 조사 · 274

DM · CRM

다이렉트 마케팅

예문 62. 통신판매 실시 기획 · 276

예문 63. One-to-One 통신판매 · 278

예문 64. 프로모션 DM · 280

예문 65. 예상 고객 개척(DM & TM) · 282

예문 66. 웹 프로모션 · 284

CRM

예문 67. 로열티 프로그램 · 286

예문 68. 데이터베이스 마케팅 · 288

예문 69. 고객 서비스 · 290

종합 · 영문

종합 기획서

예문 70. 종합 기획서 예문 1 · 292

예문 71. 종합 기획서 예문 2 · 298

영문 기획서

예문 72. 영문 기획서 예문 · 304

이 책의 활용법

먼저 「Chapter 1. 기획과 기획서 작성의 기술」을 읽자

기획은 기술이다. 기획의 기술에 따라 기획서 작성을 해야 한다. 기획서 작성 역시 기술이다. 이 장을 통해 아이디어를 기획화하고 이를 기획서로 완성하여 상사의 인정을 받는 노하우를 전수받기 바란다.

유형적인 기획서·제안서를 정형화한 10가지 양식을 확인한다

기획서·제안서는 그 내용에 따라 사실 정형화된 포맷이 있다. 이를 참고하여 자신이 기획하는 유형이 어떤 것인지 확인하여 소개된 양식을 참고하여 작성하면 시간과 노력을 절약할 수 있을 것이다.

급하신 분이라면 먼저 「Chapter 3. 기획서 작성 예문편」을 펼치자

이 책의 가장 큰 특징은 예문 중심으로 작성되었다는 점이다. 백문이 불여일견이라고 백번 듣는 것보다 한번 보는 것이 낫다. 당연히 기획서 작성 역시 이론적으로 이렇게 해야 한다, 저렇게 해야 한다는 설명보다 작성된 사례를 보는 것이 보다 효과적이고 와닿을 수밖에 없다. 예문을 많이 읽게 되면 자연스럽게 기획서 작성법을 익힐 수 있게 된다.

왼쪽 페이지의 예문부터 본다!

종합 기획서를 제외하고 왼쪽 페이지에 예문이 실려 있다. 기획서에 익숙해지면 이 부분을 먼저 읽어보도록 하자. 오른쪽 페이지의 기획서 작성 포인트와 기획 포인트, Help & Hint도 중요하지만, 예문을 많이 보고 익혀 두는 것이 더 중요하다.

관심 있고 흥미로운 부분을 먼저 읽는다!

이 책에는 여러 장르에 걸쳐 72가지의 예문이 수록되어 있으므로, 자신이 필요하다고 생각하거나 흥미롭다고 생각되는 항목부터 읽어보면 도움이 된다. 관심 있는 항목을 집중해서 읽어보면 이해도 빠르다.

자신이 직접 작성해 보는 것이 기획서를 마스터하는 지름길이다!

지금 어떤 과제가 주어졌다면, 유사하거나 해당되는 예문을 참고하면서 직접 기획서를 작성해 보라. 구성과 목차는 예문대로 하고 내용을 변경해서 작성하는 것이 핵심이다. 이렇게 기획서 작성을 반복하다 보면 기획서 작성법을 익힐 수 있게 된다.

기획서를 제대로 제출하고 올바르게 수령하자

예문편을 어느 정도 읽었다면 이제 당신이 완성한 기획서·제안서를 상대방에게 제출하여야 한다. 그러나 상대방이 누구인지에 따라 제출방법과 대응방법을 달리해야 한다. 기획서로 인해 팀워크가 활성화되고 나아가 회사 발전의 원동력이 되는 사내 시스템에 대해 생각해 본다.

기획서 작성 예문편을 보는 법

가능한 한 많은 예문을 소개하기 위해 종합 기획서를 제외한 69개의 예문은 전부 1페이지로 정리했다. 실제로 기획서를 작성할 때에는 1페이지에 다 포함시키려 하지 말고, 2~3페이지로 나누어서 작성하는 것이 읽기도 쉽고 이해하기도 쉽다(기획서의 형식과 페이지 나눔에 대해서는 154~157페이지 참조).

또한 예문은 「배경, 현황 분석」과 「전략」, 특히 「실행 계획」 부분을 간략하게 서술했다. 기획서의 구성과 흐름은 이것을 모방하더라도, 내용에 따라서 좀 더 자세하게 서술할 필요가 있다.

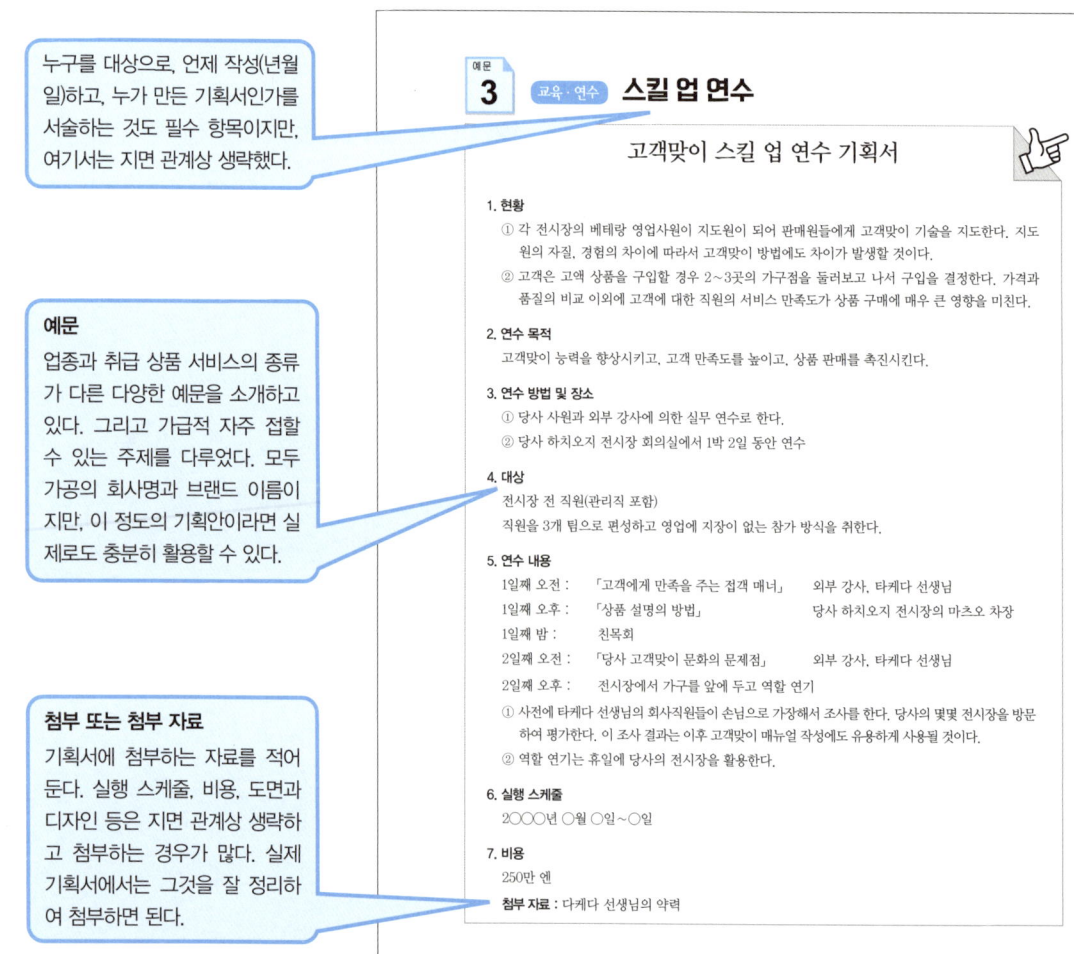

> **기획서의 전제**
> 이 기획서가 어떤 이유에서 작성되었는지 그 경위를 표시한다. 이것을 기반으로 왼쪽의 기획서가 작성된다.

> **기획 장르 인덱스**
> 예문은 8개의 장르로 나누어져 있다. 인덱스를 이용하여 자신이 읽고 싶은 장르를 찾아보자.

「스킬 업 연수」를 위한 기획서의 전제

「히라타 가구 주식회사」는 현재 15개의 전시장을 가지고 있다. 고객이 쾌적한 환경에서 가구를 선택할 수 있도록 판매원을 대상으로 고객맞이 스킬 업 연수를 시행하기로 했다. 다음은 인사과 담당자의 제안서이다.

인사·총무

1. 효과를 명확하게 한다. 효과를 기대할 수 있게 기획서를 작성한다
(1) 먼저 현황의 문제점을 정확하게 파악하고, 어떤 스킬 업이 필요한지를 명확하게 파악한다.
(2) 「목적」 항목에서는 이 연수를 통해서 어떤 효과가 나타날지를 구체적으로 명시한다. 이 경우에는 상품의 판매 촉진, 즉 매출 증가를 목적으로 한다는 점을 명확히 하고 있다.

2. 외부 강사와의 사전 준비
(1) 연수의 경우, 사내에 강사 자질이 있는 사람이 있으면 가장 바람직하다. 그러나 외부의 지식을 도입하는 것도 중요하다.
(2) 사전에 외부 강사에게 현황의 문제점을 사실대로 알리는 것이 매우 중요하다. 연수를 할 때 구체적으로 어떤 점이 나쁜가를 추상적이 아닌 사실적으로 설명할 수 있기 때문이다. 그러면 수강자도 문제점을 이해하기 쉽다.
(3) 연수 내용에 관한 부분은 표로 만들어도 좋다.

3. 연수의 메리트를 그릴 수 있도록 한다
스킬 업 연수 기획서는 어려운 기획서가 아니다. 왜냐하면 문제점 파악과 해결 방법을 찾아내기가 쉽기 때문이다. 결재권자가 비용이 들어도 매출 향상으로 직결될 것이라는 예상을 할 수 있다면 쉽게 결재를 받을 수 있다.

> **작성 포인트**
> 기획서를 작성하는 방법과 요령 이외에 예문에 대한 설명을 포함한다. 이 부분에서 마케팅 노하우를 배울 수 있다.

「외부 강사의 위장 조사」

> **기획 포인트**
> 예문의 아이디어와 특징, 장점 등이다. 기획에는 아이디어와 참신한 발상을 포함시킨다.

스킬 업 : 기술, 기능의 수준을 높이는 것.
역할 연기(Role play) : 참가자에게 상황을 설명한 후 역할을 부여하여 연기하게 하는 트레이닝 방법이다. 카운슬링 등에서 자주 활용한다.

> **Help & Hint**
> Help는 용어 해설.
> Hint는 기획에 관련된 설명과 조언이다.

「기획서」란 무엇인가?

비즈니스 문서에는 「계출(屆出) 문서」와 「기획서」의 2종류로 구분할 수 있다

회사의 경우 회의 보고서, 영업 보고서, 사업 계획서, 개선 제안서 등의 다양한 문서가 존재하는데, 이 문서들을 크게 「계출 문서」와 「기획서」로 나누는 것이다. 다시 말하면 「있는 그대로의 사실을 기록한 문서」와 「자신의 생각을 정리한 문서」라고 할 수 있다.

「계출 문서」란?

「계출 문서」에는 지각, 조퇴, 결석, 주소 이동, 결혼과 자녀 탄생 등의 신고 서류 이외에 교통비, 교제비, 도서 비품 구입비 등의 신청 서류, 그리고 문제를 일으킨 경우 제출하는 시말서 등이 포함된다. 또한 영업 보고서와 일간 업무 보고서, 출장 보고서 등의 서류와 일부의 리포트 등도 이에 속한다. 「계출 문서」는 사실을 기록하는 것이므로 무엇보다 간결함이 요구된다. 대체로 회사별로 「계출 문서」는 일정한 양식이 정해져 있고, 이 양식에 필요한 사항을 기입해 넣으면 완성된다. 또한 문서의 작성법, 단어 사용 등도 회사 고유의 관행에 따라서 작성해야 한다. 처음에는 쉽지 않겠지만 익숙해지면서 자연스럽게 작성법을 마스터할 수 있게 된다.

「기획서」란?

지금까지 회사에 존재하지 않았던 제도를 도입하고 업무 개선을 위한 제안, 인사·총무에 대한 제안, 신상품의 개발 및 판매 계획 등에 관한 생각을 정리한 문서가 있다. 이것이 바로 「기획서」이다.

「기획서」에는 ① 회사의 업무나 자사의 상품 서비스를 대상으로 하는 사내 대상 기획서가 있다. ② 또 거래처나 관계 기관의 업무를 대상으로 하는 사외 대상 기획서가 있다. 전자는 인사나 총무, 사업 계획, 마케팅에 관한 기획서이고, 후자는 영업을 위한 마케팅과 사업 기획서이다.

「기획서」는 여러 가지의 명칭을 가지고 있다

기획서에는 계획서, 제안서, 혹은 리포트라는 제목이 붙여진 경우를 볼 수 있다. 기획서의 경우 새로운 아이디어나 창조의 뉘앙스가 강하다. 한편 계획서는 실행 부분을 강조하는 측면이 있다. 또한 제안서는 현황의 문제점을 해결하기 위해서 활용되는 경우가 많다. 단, 지나치게 제목에 신경을 쓸 필요는 없다. 때문에 단순하게 "○○서"라고 쓰여진 서류도 있다. 그때 그때의 내용에 따라 제목을 붙이면 된다. 기획서 중에는 최종적으로 상사나 경영자에게 결재를 받기 위해 회람시키는 기안서도 있다.

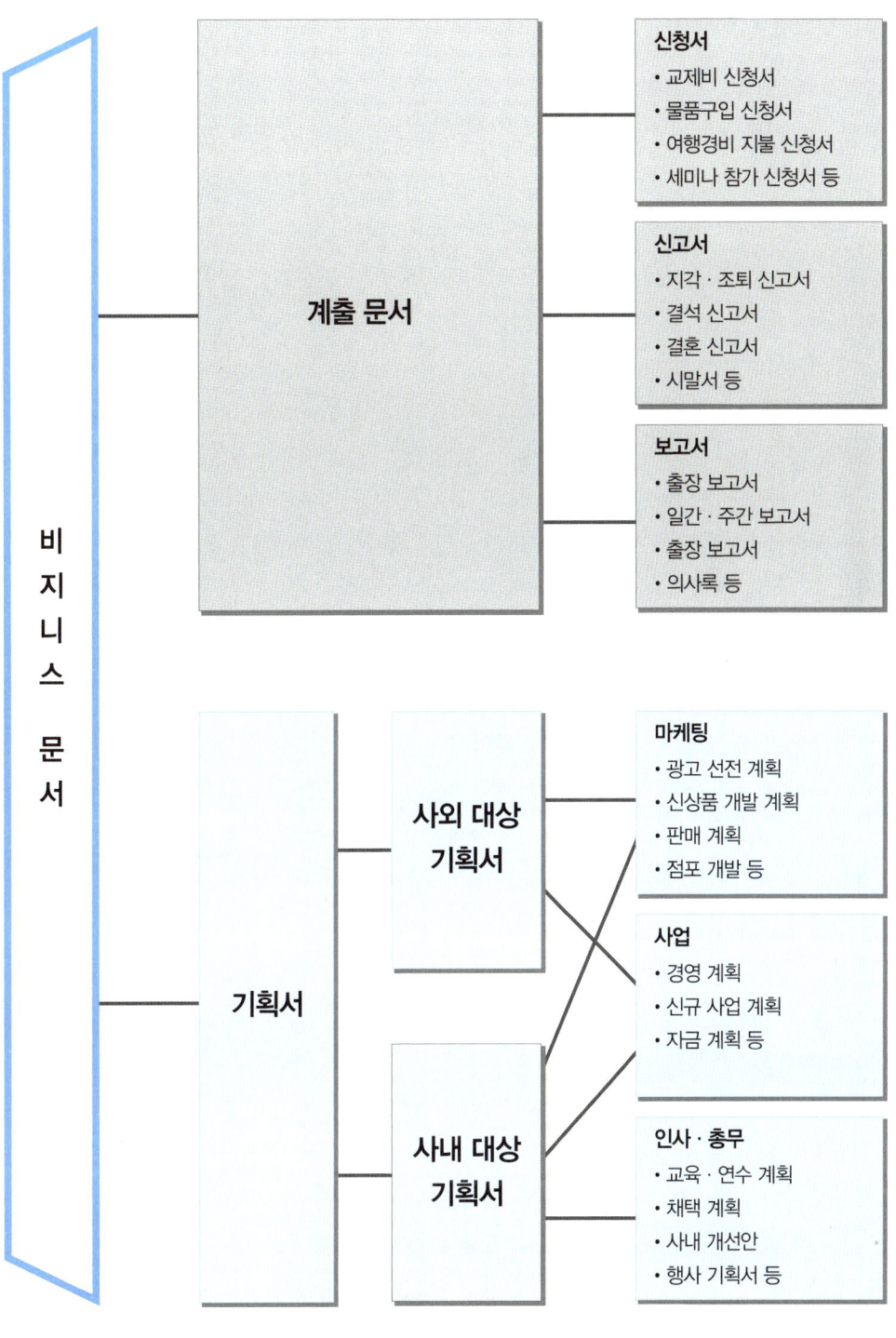

기획서의 분류

「전략적 기획서」와 「전술적 기획서」

　기획서의 구분 방법에는 몇 가지가 있다. 사내를 대상으로 하는 기획서와 사외 대상 기획서로 나눌 수 있다. 또한 목적별로 대상 기획, 매장 오픈 기획, 이벤트 기획, 광고 기획 등의 기획서로 나눌 수 있다. 그리고 기획서의 난이도에 따라 「전략적 기획서」와 「전술적 기획서」로 나눌 수도 있다. 전략적 기획서란 「종합기획서」라고 할 수 있다. 새로운 분야에 대한 참여와 연간 광고 계획, 매장 확장 전략과 같이 다양한 배경과 요소, 실시 방법 등을 종합적으로 검토해서 작성하는 것이 「전략적 기획서」라고 할 수 있다.

　상품과 사업 내용, 배경·상황을 제대로 파악하고, 경쟁 현황이나 목표 고객 분석에서 시작하여 문제점을 추출하고, 해결 방법을 찾아내고, 실시 방법을 모색한다. 작성하는데 시간이 많이 걸리고, 정보와 자료도 꼼꼼하게 검토해야 한다. 그리고 실시 계획도 복수의 계획을 조합하는 경우가 많다. 이 때문에 페이지 숫자도 50페이지부터 많을 경우 100페이지를 초과할 때도 있다. 「전략적 기획서」는 데이터의 분석과 논리적 설득력이 매우 중요하다.

　한편 「전술적 기획서」는 단기간의 현상 공모 캠페인이나 매장 리뉴얼 기획 등 규모가 작고 실시기간이 짧고, 즉시 실행할 수 있는 기획서를 말한다. 현황 분석보다는 아이디어나 실시 계획이 중시된다.

기본적인 기획서의 구성은 4부분으로 이루어진다

　기획서의 기본 구성은 크게 4가지 부분으로 이루어진다.

　① 현황 분석과 문제점의 추출 ② 목적 ③ 전략 ④ 실시 계획이다. ③의 전략은 대상자, 실시 기간과 지역, 그리고 계획을 실행하기 위한 기본 전략이 포함된다. ④의 실시 계획에서는 스케줄과 비용을 반드시 표기해야 한다.

　큰 틀은 이것으로 충분하다. 남은 것은 부과된 과제의 중요도에 따라 얼마나 내용에 깊이를 더하느냐이다. 「전략적 기획서」는 ①의 현황 분석에 많은 시간과 노력이 필요하다. 정보를 수집하고, 분석하고, 문제점을 밝히고, 해결 방향을 제시해야 한다. 그리고 전략도 복잡해진다. 목적을 달성하기 위해서는 전술의 효과적인 조합이 필요하므로, 전술을 상호 연계시켜 상승 효과를 가져오게 한다.

　「전술적 기획서」는 ①의 현황 분석이 생략된 경우가 많다. 종합적인 전략 중의 일부로서 실시 계획이 수립되는 경우가 많다. 이 때문에 현황 분석은 이미 종합 전략 속에서 제시되어 있다. 그리고 거래처와의 브리핑을 통해서 현황에 대한 충분한 논의가 이루어졌다면 현황 분석은 「전제 조건」이라는 소제목으로 브리핑 내용을 확인하는 차원에서 간략하게 언급하면 된다.

기획서의 분류

전략(적) 기획서

종합적이고 기획서의 매수가 많다.

전술(적) 기획서

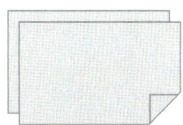

부분적이고 기획서의 매수가 적다.

기획서의 기본 구성

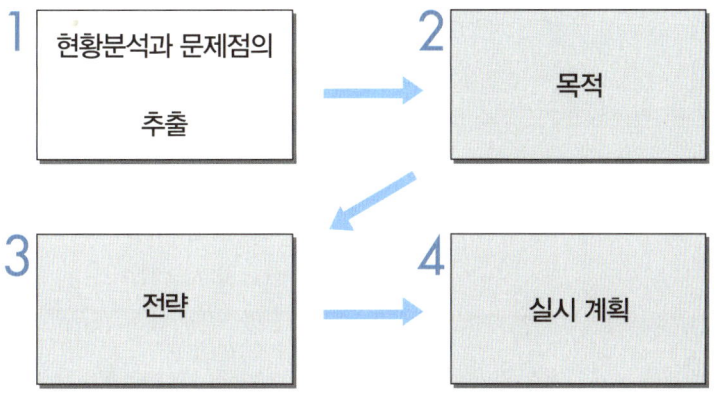

1은 전술적 기획서에서는 생략하는 경향이 많다. 2, 3, 4는 어떤 기획서에서나 필수적인 사항이다.

오케스트라의 지휘자가 된다!

기획서를 공동으로 작성하는 경우가 있다. 특히 전략적 기획서는 데이터 수집과 조사를 위해 다른 직원의 손을 빌리거나 조사회사에 도움을 요청할 경우가 있다. 기본 방침도 한 사람이 아니라 여러 사람의 논의를 거쳐서 정하는 경우가 있다. 실시안은 관계 직원과 협력회사의 도움이 없으면 현실적인 실시안을 작성하기가 거의 불가능하다. 이 경우에 기획자는 기획서의 중심인물이 되어 모든 사람들이 하나의 목표를 향해 나갈 수 있게 지휘하는 디렉터이다. 또한 기획서라는 화음을 창조하는 오케스트라의 지휘자가 된다.

기획서에 자주 사용되는 용어

타이틀로 사용되는 용어

기획 배경과 현황 분석에 관하여
시장 배경, 현황 분석, 현황의 문제점, 제안 배경

목적 이외의 단어
목표, 과제

전략에 관하여
기본 전략, 방침, 과제 해결방법

실행 부분
실시 계획, 실시안, 계획, 실시 개요, 실시안, 실시 계획

자주 나오는 용어의 의미

전략
종합적, 전체적인 전망을 기반으로 한 계획이나 실행 방법

전술
목적을 달성하기 위한 방법. 전략을 기반으로 실행된다.

타깃(Target)
대상, 대상자, 목표

에리어(Area)
지역, 계획의 대상 지역

콘셉트(Concept)
개념, 광고와 마케팅에서는 「기본이 되는 사고」 혹은 주제를 의미한다.

베너핏(Benefit)
이익

미디어(Media)
신문, 잡지, 라디오, 텔레비전 등의 매체를 일컫는 말

클라이언트(Client)
거래처, 고객

프레젠테이션(Presentation)
기획서를 제시하고 제출하는 행위

기타

자주 사용되는 문구
인지도를 높인다. 인지도 향상
이해를 촉진한다. 이해의 촉진
~을(를) 높인다.
이해를 깊게 한다. 이해를 심화시킨다.
지명도를 향상시킨다. 지명도 향상
매출 ~%를 달성한다.
을(를) 획득, 획득한다.
~을(를) 권유한다.
어필한다.
명료화, 명료화한다.
평가, 평가한다.
~을(를) 도입, 도입한다.
~을(를) 기용, 기용한다.
~을(를) 제공, 제공한다.
~을(를) 조장한다.
~을(를) 수행한다.
~을(를) 서포트한다.
전개, 전개한다.
~을(를) 실현한다.
~을(를) 도모한다.
~을(를) 개최, 개최한다.
~을(를) 강화, 강화한다.

프레젠테이션 기기

OHP
문서를 스크린에 투사하여 보여 주는 기기. 프레젠테이션에 사용된다.

PC 프로젝터
컴퓨터와 연결하여 스크린에 투영시키는 기기

Chapter 1
기획과 기획서 작성의 기술

Chapter 1에서는 아이디어를 기획으로 연결하는 방법을 기술적으로 접근하여 설명하였다. 아무리 좋은 아이디어라도 그것을 실현시킬 수 없다면 아무런 가치를 가질 수 없다. 유사한 많은 사례에서 문제점을 발견하고 이를 개선하는 작은 기획에서부터 새로운 것을 제안하는 큰 기획에 이르기까지 이를 체계적으로 설득력 있는 기획서로 완성하는 각 과정들을 실무적으로 설명한다.

1 기획을 시작하기 위한 워밍업

기획은 어렵지 않다

기획이란 "생각"을 정리한 것이다

　기획서라면 어렵게 생각하기 쉬운데, 기획은 단지 자신의 "생각"을 정리한 것에 지나지 않는다. 예를 들어 상사에게 「내일까지 이번 춘계 신입사원의 연수 프로그램을 기획하라」는 지시를 받았다고 하자. 여러분은 가장 먼저 무엇을 생각할 것인가? 올해 연수를 받는 사람들은 어떤 사람들일까? 그들이 지금 배워야 할 것은 무엇일까? 등을 생각할 것이다. 그리고 자신이 신입사원일 때 어떤 연수를 받았고, 어떤 점이 도움이 되었으며, 무엇이 부족했었나… 그런 것들부터 생각할 것이다. 그것이 기획의 첫걸음이다.

생각하는 프로세스는 4단계로 이루어진다

　생각하는 프로세스가 중요하다. 스스로 아이디어와 감성이 풍부하다고 해도 그것을 단순하게 늘어놓기만 해서는 기획이라고 할 수 없다. 프로세스가 없는 생각은 "그저 단순한 생각"에 불과하며, 프로세스가 엉성하면 아무도 찬성해 주지 않을 것이다.

　그렇다면 기획의 프로세스는 무엇일까? 먼저 다른 사람에게 어떤 과제를 부여받거나 스스로 어떤 문제나 모순을 갖게 되면 가장 먼저 이것을 파악하려고 노력하고, 다음으로 배경을 생각해 볼 것이다. 즉 현황에 대해서 분석하는 것이다. 현황 분석을 통해 과제와 문제를 검증하고, 해결 방법을 모색하고, 방법을 실행하기 위한 계획을 세울 것이다. 이러한 일련의 흐름이 기획이다.

　그리고 기획에서 무엇보다 중요한 것이 "실현 가능성"이다. 아무리 훌륭한 아이디어가 있는 기획서라도 실행할 수 없으면 "실패한 아이디어"에 불과하다. 기획서는 실행을 전제로 작성되어야 한다.

쓰다보면 정리가 된다. 그리고 상대에게 전달된다

　프로세스를 거쳐 생각이 정리되어도 머릿속에 들어 있는 생각을 기획이라고 할 수 없다. 말로 표현하여 상대방에게 전달할 수 있어야 비로소 기획이 된다. 그러나 말하는 것만으로는 충분하지 않다. 생각을 정리하여 문장으로 표현할 필요가 있다. 구두로 표현하는 단어는 정확하게 전달되지 않고, 정리도 충분하지 않다. 비즈니스 세계에서 기획은 여러 사람이 그 내용에 찬성하지 않으면 결코 실현되지 않는다. 생각, 정리, 그리고 작성, 이 과정을 거쳐서 비로소 기획이 기획으로서 인정된다.

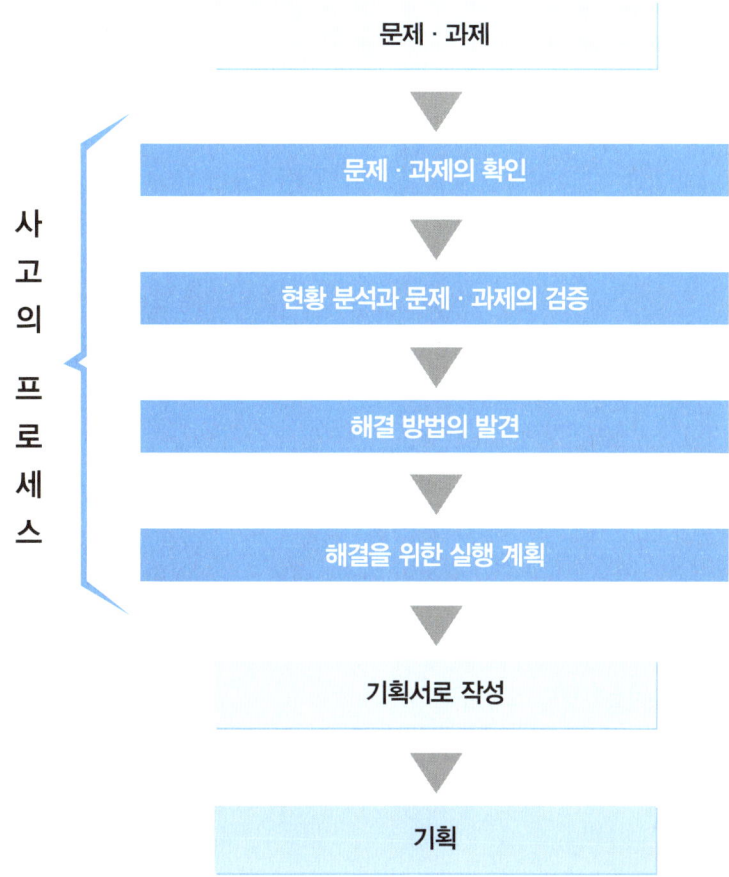

자발적으로 기획서를 작성하자

기획서의 종류에는 누군가의 의뢰를 받고 제출하는 기획과 스스로 제출하는 기획의 2가지가 있다. 대부분의 경우에는 거래처나 상사가 어떤 과제와 문제를 부여해서 기획이 성립되지만, 이것과는 달리 거래처의 현황을 파악하여 적극적으로 제안하는 경우도 있다. 그리고 사내의 현황과 상사에게 자신의 업무에 관해 기획서를 제출하는 일도 있다. 이것은 제안서 혹은 의견 신청서라고 할 수 있다. 비즈니스 경험을 쌓는 동시에 적극적인 자세로 「자발적인 기획서」를 작성하도록 하자. 그러한 기획자의 적극적인 태도는 거래처나 상사에게 인정받을 것임에 틀림없다.

스스로 기획한 기획서는 당신에게 양식이 된다

타인에게 맡기면 프레젠테이션에서 자신이 없어진다

　필자가 최초로 입사한 광고회사에는 마케팅 부서가 따로 있어서 영업부를 「연락부」라고 불렀다. 거래처에서 기획 의뢰를 받으면 마케팅 부서와 함께 회의를 한다. 1~2주 후에 마케팅 부서의 기획사원이 거래처가 의뢰한 기획서를 완성하면, 나와 이 사원은 거래처를 방문하여 프레젠테이션을 실시했다. 이런 일을 1~2년간 계속하는 동안에 의문이 생겨났다.

　「기획은 스스로 생각해서 작성하는 것이 아닐까?」 왜냐하면 거래처의 업무나 상품은 물론 담당자의 취향이나 버릇까지 작성자가 더 잘 알고 있기 때문이다. 마케팅 부서는 분명 기획전문가들이 모인 집단이기는 하다. 그러나 나의 의뢰는 다른 많은 영업사원들의 의뢰 중에서 하나에 지나지 않는다. 시간에 쫓겨서 작성한 기획서는 반드시 거래처의 요구를 충족시켜 주지 못한다. 그리고 실제로 기획이 채택되고 난 후의 실행은 영업사원이 담당하고, 기획사원은 전혀 관여하지 않는다. 그렇다면 기획의 실행에 있어서 여러 가지 문제점이 드러나면 기획사원이 어떻게 알 것인가?

　사실 영업활동을 하면서 기획서를 작성하는 일은 아주 힘든 일이다. 근무시간이 끝나고 난 다음에 기획서를 작성해야 하기 때문에 때로는 회사에서 밤을 새는 경우도 많다. 그러나 스스로 생각해서 작성하면 거래처에서 실시하는 실제의 프레젠테이션에서 자신감을 갖고 설명할 수 있다. 아울러 기획이 채택되었을 때의 기쁨은 이루 말할 수 없다.

기획이 실현되면 여러 가지 일을 배울 수 있다

　지금까지는 얼마나 많은 기획서를 작성했는지 나 자신도 정확하게 셀 수 없다. 하지만 기억할 수 있는 것은 10개 중에서 하나 정도만 채택되거나 실현되었다는 것이다. 기획이 실현된다는 것은 단순히 내용에만 국한되지 않는다. 하지만 일단 실현되면 그때부터는 여러 가지 일을 배우게 된다.

　기획서가 아무리 세밀하게 작성되어도 그것은 「기획」 단계의 생각에 지나지 않는다. 실제로 기획을 실행할 때에는 매우 상세한 실행 계획을 수립해야만 한다. 이벤트 하나를 실현하는 데에도 기획서는 2~3줄로 간단하게 작성하지만, 실제로는 50페이지가 넘는 운영 매뉴얼을 작성해야 한다. 예를 들어 이벤트 기획서에 「우천 시에도 실시한다」라고 한마디로 간단하게 정리할 수 있지만, 실제로는 「우천용 프로그램」이 별도로 준비되어야 한다. 이 밖에도 전혀 예상하지 못한 문제가 발생하기도 하며, 기획대로 진행되지 않는 경우도 아주 많다.

　이러한 경험을 반복하는 동안에 기획서에 「심도」가 더해지게 된다. 기획서의 페이지 수가 많아진다는 얘기가 아니다. 경험이 뒷받침되어야 내용이 충실한 기획서를 작성할 수 있게 된다는 것이다. 그리고 기획을 실행하기 위해서는 많은 사람들의 협력이 필요하다. 많은 사람들과의 만남을 통해서 이들의 경험과 지혜를 자신의 것으로 만드는 것이다.

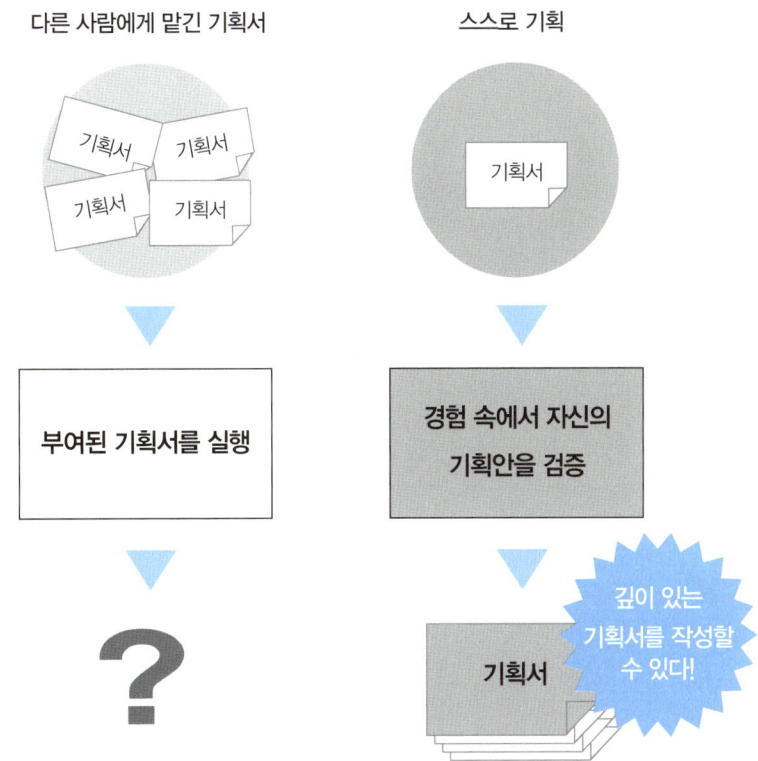

자신을 위해서 기획서를 쓰자

확신을 가지고 작성한 기획서라도 채택되지 않는 경우가 많다. 기획의 채택은 기획서의 좋고 나쁨뿐만 아니라, 정치적인 관점에서 결정되는 경우도 있기 때문이다. 극단적인 경우, 이미 채택 기획이 있어도 입찰을 시행하지 않으면 문제가 되기 때문에, 채택하지 않을 것을 전제로 기획서를 의뢰하는 경우도 있다. 그러나 그런 일로 기가 죽어서는 안 된다. 기획서를 작성하는 것이 자신을 위한 양식이 된다고 생각하고, 어떤 의뢰에도 적극적으로 대응하자. 기획서를 쓰게 되면 지혜와 경험이 쌓이고, 특히 논리적인 사고 능력을 갖추게 된다.

마케팅 부서 : 광고회사 등에서 기획과 조사를 실시하는 부서
프레젠테이션 : 제시, 제출한다는 뜻이다. 기획 입안자가 거래처와 사내 의뢰자에게 기획서를 설명하는 행위이다. 기획 내용을 얼마나 간단하게, 알기 쉽게, 열의를 가지고 설명할 수 있는지가 관건이다. 「PT」라든가 「프레젠」이라고 줄여서 부르기도 한다.

좋은 기획서는 채택되는 기획서다

기획서에 대한 평가는 채택되는가 그렇지 못한가에 달려 있다

　기획은 실행되지 못하면 아무런 의미가 없다. 즉, 기획서는 채택이 전제가 되어야 한다. 기획은 돈으로 연결된다. 가령 사내 친목회에 대한 기획의 경우 사원 간의 단합을 도모하고, 동기를 부여하며 생산성을 높일 목적을 가지고 있다. 아무리 생각이 좋아도, 밤을 새워서 아주 두꺼운 기획서를 작성해서 제출해도, 채택되지 않으면 기획은 돈을 창출하지 못한다. 「좋은 기획서」란 「채택되는 기획서」이다.

채택되기 위한 3가지 조건

❶ 요건을 충족시키고 있는가?

　먼저 기획서는 「의뢰 내용」과 「해결해야 할 문제점」이라는 요건을 충족시키고 있어야 한다. 필요 요건이 빠져 있는 기획서를 종종 볼 수 있다. 예를 들어 「기획 스케줄과 견적에 대해서는 채택이 결정되고 나면 제출하겠습니다」라는 기획서가 가끔 있다. 자세한 사항은 기획이 결정된 후에 제출해도 되지만, 대강의 스케줄과 대략적인 견적서를 제출하지 않으면 기획을 검토할 수조차 없다. 「기획의 목적」과 목적을 달성하기 위한 「전략」, 「대상」, 「구체적인 실시 방법」, 「실시 기간」, 「지역」, 「스케줄」, 「예산」은 기획서에 포함되어야 할 최소한의 요건이다.

❷ 상대방이 이 기획서를 보고 재미있다고 생각하는가?

　「이것은 재미있다」, 「이것을 실행하면 도움이 된다」라고 생각하게 하는 내용이 포함되어 있어야만 채택된다. 독특한 기획서는 좀처럼 찾아보기 힘들다. 기획서의 내용 중에 상대를 납득시킬 만한 내용이 하나라도 포함되어 있어야 채택될 것이 아닌가. 상대가 기획을 의뢰한 분야에 대해 전혀 사전 지식을 가지고 있지 않다면 다소 평범한 기획서라도 채택될 수 있을지 모른다. 하지만 반대로 기획에 대해 정통한 사람이라면 평범한 기획은 채택되지 못한다. 일반적으로 포인트는 ① 신선함, ② 명확한 메리트(숫자로 표시하면 더욱 설득력이 있다), ③ 적은 비용의 3가지이다.

❸ 요구사항을 만족시키고 있는가?

　마지막으로 중요한 것은 기획이 상대의 요구를 충족시키고 있는가 하는 점이다. 내 친구 중에 거래처에 신뢰가 두터운 디자이너가 한 명 있다. 그가 거래처의 신뢰를 받는 이유는 언제나 거래처의 입장에 서서 그들의 요구를 충족시켜 주기 위해 노력하기 때문이다. 「기획은 자신의 생각을 서술하는 것이므로, 꼭 상대에게 맞출 필요는 없다」고 생각하는 사람도 있지만, 이것은 위험한 발상이다. 기획자가 이미 많은 경험을 쌓았고 확실한 실력이 뒷받침되는 경우라면 다르겠지만, 그렇지 않을 경우에는 상대의 요구사항을 진지한 자세로 경청하고, 그것을 가능한 실현할 수 있게 기획서를 작성할 필요가 있다. 채택되기 위해서는 「전략적인 타협」도 필요하다.

채택되는 기획서의 3가지 조건

1　문제 해결의 요건을 충족시키고 있다.

(1) 기획의 목적
(2) 목적을 달성하기 위한 전략
(3) 실시 방법
(4) 스케줄
(5) 예산

2　상대방이 흥미롭다고 생각하는 내용이다.

(1) 신선함
(2) 메리트
(3) 적은 비용

3　상대의 요구를 충족시킨다.

전략적인 타협도 필요하다.

기획서가 「이익」을 낳는다

당신은 회사에 근무하고 있다. 당신의 목적은 무엇인가? 좋은 직장에서 일하는 것인가? 가족을 행복하게 하는 것인가? 아니면 마이즐로처럼 자아실현을 위해서? 사람에 따라서 대답은 각각 다르겠지만 회사와 당신의 경제적인 목적은 보다 현실적이다. 목적은 이익을 추구하는 것이며, 이익의 폭은 사람과 상황에 따라 다르다. 물론 이익을 추구하기 위해 어떤 짓을 해도 좋다는 말이 아니다. 법률이 존재하고, 사회에 통용되는 상식이 존재한다. 그러나 업무를 통해서 이익을 창출하지 못하면 회사도 당신도 함께 몰락한다. 이익을 창출하기 위해서는 어떻게 하면 좋은가? 그것을 생각하고 글로 쓰는 것이 기획이다. 거래처의 의뢰로 기획서를 작성하고, 그 기획이 채택되면 업무량이 증가한다. 즉, 이익 창출로 연결된다. 회사의 제도를 개선하고 그것이 효율적인 회사 운영으로 연결된다면, 지출이 줄어든다. 즉 이익 창출로 연결된다. 기획서를 쓸 때에는 「이 기획서」가 이익을 창출하는 것이라고 생각하자. 그러기 위해서는 기획이 채택되고 실행되어야 한다.

마이즐로 : 알프레드 마이즐로는 「인간심리학」을 제창한 미국의 심리학자이다. 인간의 욕구에는 단계가 있다고 주장한다. 그의 이론에 의하면 '자아실현'은 5단계에 해당된다.

기획서는 자신의 능력을 파는 수단이다

비즈니스 세계에서 살아남는 것을 항상 염두에 둔다

나는 졸업하고 곧바로 국내 광고회사에 입사하여 10년 정도 근무하고, 외국계 회사로 이직하여 15년 가까이 지냈다. 당시 국내 광고회사에는 아직 연공서열이 남아 있었기 때문에 막연하게나마 장래의 모습을 그려볼 수 있었다. 10년 뒤에는 과장이 되어 부하직원도 생길 것이라고 말이다. 그러나 외국계 회사는 경쟁이 심하다. 외국계 회사에 옮기고 나서는 어떻게 하면 이 세계에서 살아남을 것인가를 끊임없이 생각해야 했다. 자신보다 영어 실력이 뛰어난 동료나 부하, 어릴 때부터 해외에서 실력을 쌓아온 사람, 수치를 우선으로 생각하는 외국인 등등…. 이러한 환경에서 업무능력을 인정받고 승진하는 일은 절대로 쉽지 않다.

그러나 지금 되돌아보면 정말로 좋은 경험이었다. 거품 경제가 무너지고 경기 침체가 장기화되면서 정리해고의 칼바람이 불어닥치면서 내 또래의 세대와 젊은이들이 모두 비즈니스의 세계에서 어떻게 생존해야 할지 고민에 빠졌다. 오늘날, 외국계 회사에서 쌓은 경험이 지금의 나를 지탱해 주는 귀중한 자산이 되어 주고 있다.

기획서는 당신의 자산이다

외국계 회사에 근무하는 것도 극심한 경쟁으로 쉬운 일이 아니었지만, 젊었을 때부터 스스로 기획서를 작성해 본 경험이 도움이 되었다. 영문 기획서 작성법에 익숙해지기까지는 많은 시간이 걸렸지만, 익숙해지고 나니 별로 어려운 일이 아니었다. 스스로 거래처의 희망을 고려하여 뼈대를 세우고 기획서를 작성하는 작업이 그것보다 훨씬 힘든 일이었다. 그러나 이 작업은 국내 광고회사에서 근무하던 10여 년의 세월 동안에 꾸준하게 훈련해 왔다. 10년 동안 기획서를 작성하고 실행해 오면서 거의 모든 사태에 대처할 수 있게 되었다. 또한 기획서를 작성하면서 논리적인 대화법도 익히게 되었고, 외국인과도 원활하게 커뮤니케이션을 할 수 있게 되었다.

기획서로 나를 비싸게 판다

외국계 회사에 근무하고 있으면 헤드헌터에게 끊임없이 제안을 받는다. 역으로 말하면 헤드헌터로부터 제안을 받지 못하는 사람은 1류라고 말할 수 없다. 이때 중요한 것이 바로 이력서이다. 자신이 지금까지 어떤 거래처와 일을 해 왔고, 어떤 브랜드에 관련된 업무를 수행해 왔으며, 자신에게 어떤 능력이 있는지, 자신이 어떤 기획을 입안하고 실행해 왔는지 상대에게 전달하는 게 매우 중요하다. 상대는 능력이 있는 즉, 즉시 업무에 투입할 수 있는 사람을 원하고 있다. 자신이 작성한 기획서가 지금까지 얼마나 많이 채택되었는지, 즉 어떠한 일을 경험해 왔는가가 자신의 가치를 측정하는 기준이 되는 셈이다. 기획서는 비즈니스 세계에서 자산이다.

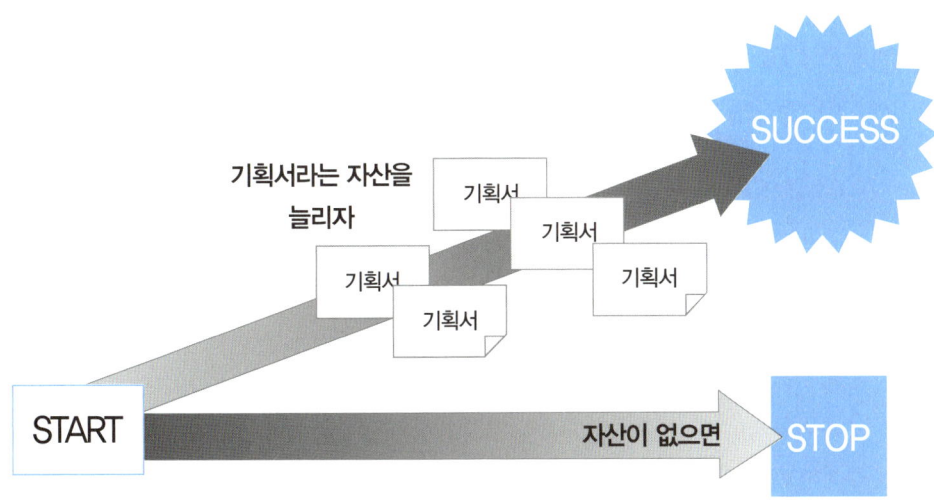

기획서 작성은 논리적 사고의 훈련이다

앞으로는 외국 자본의 유입이 더욱 증가할 것이고, 그곳에서 일하는 사람도 자연히 증가할 것이다. 외국계 회사에서 근무하기 위해서는 외국인과 의사소통을 원활히 할 수 있을 정도의 어학은 기본적으로 필요하다. 그러나 그보다 더 중요한 것은 사물에 대해 논리적으로 생각하는 능력이다. 논리가 명쾌하고 일관적이어야 한다. 기획서를 쓰는 것은 논리적 사고의 훈련에 가장 적절한 방법이다.

개성 있는 이력서를 쓴다

일반적인 형식의 이력서는 문방구에서 구입할 수 있다. 하지만 다른 양식과 차별화하기 위해서는 기존의 형식에 필요한 사항만을 기입할 것이 아니라, 개성 있는 나만의 이력서를 작성하는 것이 좋다. 특히 외국계 회사의 경우에는 영문으로 된 이력서가 필요한데 크게 두 부분으로 나누어서 작성해야 된다. 하나는 이력서로 일반 이력서처럼 최종 학력부터 현재까지의 경력과 직책에 관해 순서대로 기입한다. 다른 한 부분은 자기소개서로 자신의 능력에 대해 설명하는 부분이다. 이 부분이 특히 중요하며 채용의 열쇠가 된다.

디베이트(debate) : 토론한다, 토의한다는 뜻이다. 외국에서는 어릴 때부터 학교에 디베이트 시간(토론 수업)이 있어서 이 시간을 통해 논리적 사고를 훈련한다.

헤드헌터 : 유능한 인재를 기업에 소개하는 중개인

기획은 기백이다

무슨 일이 있어도 성공시키겠다는 기백을 보여라

상사나 거래처에서 「○○에 대해 기획서를 제출해 달라」고 요구받으면 어떤 반응을 보일까? 「내가 과연 할 수 있을까?」 하고 조금 불안해 할 것인가? 아니면 「이렇게 바쁜데 정말 큰일이군」 하며 불만을 나타낼 것인가? 어떻게 생각하든 상관없지만 앞으로는 스스로 다짐을 해 두라. 「이것은 내 능력을 보여 줄 기회다」라고!

실제로, 기획서만큼 자신의 능력을 정확하게 보여 줄 수 있는 것은 없다. 정보의 수집력, 인맥, 정보의 분석력, 창조성, 논리성, 실행력, 문장력, 표현력 등 하나의 기획을 통해 자신에 대한 거의 모든 것이 드러난다. 따라서 기획서를 작성할 기회가 주어지면 반드시 최선을 다해야 한다. 물론 기획서 작성에 익숙하지 않으면 좀처럼 양질의 기획서를 작성할 수 없다.

그러나 안심하라. 누구나 처음부터 완벽한 기획서를 만들 수는 없다. 중요한 것은 자신의 생각을 분명하게 표현하고, 기획을 반드시 실현하겠다는 열의를 보여 주는 것이다. 때문에 기획서에 기백이 있는가, 그렇지 못한가가 매우 중요하다. 상사나 거래처에서는 당신이 현재의 일에 100% 몰입하고 있는가를 가장 먼저 평가한다. 그러므로 결코 성의 없는 기획서를 작성해서는 안 된다.

프레젠테이션에서는 당신이 주인공이다

기획서를 완성해도 그것이 끝이 아니다. 기획서에 담겨진 당신의 열의를 상대에게 전달하여 상대를 납득시켜야 한다. 그렇다! 프레젠테이션을 실시하는 것이다. 기획서를 작성할 때에는 반드시 프레젠테이션의 실행이 전제된다. 프레젠테이션에서는 다른 누구도 아닌 당신이 주인공이다. 프레젠테이션에서 얼마나 자신이 작성한 기획서를 알기 쉽게, 핵심을 간결하게 설명할 수 있는가에 따라 채택 여부가 결정된다.

명료하고, 요점만 간결하게, 그리고 짧게 한다

예전에 어떤 프로모션 회사에서 이벤트를 제안해 왔다. 자신감이 없어 보이는 담당자가 방문해서 A4 사이즈의 기획서를 제출했다. 믿을 수 없게도 기획서가 조금 오른쪽으로 치우쳐 있었다. 복사할 때 실수를 한 것일까? 설명도 매우 어설펐고, 심지어 가끔 바보처럼 미소를 짓기도 했다. 나의 비즈니스 경험상 이런 프레젠테이션은 있을 수 없다. 어떤 내용이었는지 기억하고 싶지도 않았고 단지 빨리 끝나기만을 기다렸다. 프레젠테이션은 공연무대와 마찬가지로 반드시 사전에 리허설을 해야 한다. 관객, 즉 상대에게 감동을 전할 수 있어야 한다.

상대의 눈을 직시하고 상대에게 잘 전달되는 목소리로 명료하게, 요점을 간결하게, 그리고 짧게 전달한다. 최소한 이 정도는 신경 써야 하지 않겠는가?

프레젠테이션에서 채택되기 위해서는?

1 기백을 담은 기획서를 작성한다.

2 사전 준비를 철저히 하고, 리허설도 해본다.

3 상대가 알기 쉽게 프레젠테이션한다.

프레젠테이션의 리허설과 준비

프레젠테이션 전에는 반드시 리허설을 행하자. 거래처에서 프레젠테이션을 실시하는 것이라면 상사나 동료, 관계자를 모아 놓고 실제 프레젠테이션 상황과 완전히 똑같이 리허설을 해보자. 예상되는 질문에 대해 어떻게 대답할 것인가를 사전에 연습해 두면 여유를 가지고 프레젠테이션에 임할 수 있다. OHP와 컴퓨터를 사용할 때에는 잘 조작되는지 미리 확인해 두라. OHP와 컴퓨터를 사용할 수 없게 될 경우를 생각하여 충분한 양의 기획서를 복사해서 가지고 가는 것도 잊어서는 안 된다.

평소부터 상대와 우호적인 관계를 가지자

프레젠테이션을 위해 상대와의 우호적인 분위기를 연출하는 것도 성공의 중요한 열쇠이다. 이곳은 대결장소가 아니다. 기획이 뛰어나도 기획자가 마음에 들지 않으면 상대는 프레젠테이션 동안 계속 비판적인 자세를 취할 것이다. 나쁘게 말하면 적대자가 되는 것이다. 그러나 평상시부터 상대와 우호적인 관계를 형성하고 있다면 전혀 문제가 되지 않는다. 평상시와 같이 긴장을 푼 상태에서 프레젠테이션에 임하라. 만약 처음 만나는 상대이거나 아직 상대를 잘 알지 못한다면 무조건 진지하게 임하라. 「나는 당신을 위해 열심히 생각해서 기획을 완성했습니다. 꼭 실현시키고 싶습니다」라는 무언의 메시지를 보내라.

기획은 정보력의 싸움이다

필요한 정보를 손에 넣자

　기획서 작성을 위한 필요 정보를 충분히 가지고 있다면, 기획을 의뢰 받은 즉시 정보를 파악하는 작업으로 들어갈 수 있다. 그러나 대부분의 경우에는 정보 수집에서 시작해야 할 경우가 많다. 예를 들어, 「봄철 신상품 전시회」를 위한 기획을 의뢰 받았다고 하자. 먼저 경쟁사가 지금까지 어떤 전시회를 개최했는지를 조사해야 한다. 신규 매장 오픈을 기획할 경우에는 먼저 매장 후보지에 직접 찾아가서 살펴볼 필요가 있다. 인구의 이동은 어느 정도이고, 경쟁 매장은 어떻고, 사람들의 생활 양식은 어떤지, 정보에 대해 피부로 직접 느껴 보아야 한다. 그렇지 않으면 깊이 있는 기획서를 만들지 못한다. 현지에 가서 인구 동향에 관한 조사 보고서를 살펴보는 것도 정보를 수집하는 하나의 방법이다.

　만약 주어진 시간이 충분하지 않더라도 의뢰인과 협의할 수 있는 최소한의 정보·자료는 손에 넣어야 한다. 정보 수집에 있어서 중요한 것은 그저 단순히 모으기만 하는 것이 아니라, 자신이 세운 가설을 검증하는 데 필요한 정보를 수집하는 것이다. 반대로 가설이 없으면 어떤 정보를 수집해야 할지 알 수가 없다.

정보의 원천은 언제나 우리 주변에 있다

　신속하게 정보를 수집하기 위해서는 평소에 정보의 수집 루트를 확보해 두는 것이 좋다. 항공 관련 정보는 항공도서관에서 수집한다. 통신판매 기획이라면 통신판매협회나 통신판매신문에서 정보를 찾을 수 있다. 체인점 관련 정보는 일본 체인점협회에서 찾아볼 수 있다. 이처럼 어디를 방문해야 자료를 입수할 수 있는지 루트를 알고 있는 것만으로도 작업이 훨씬 수월해진다.

　최근에는 인터넷의 보급으로 정보 수집이 더욱 편리해졌다. 또한 관공서도 협력적이다. 회사의 이름과 자신의 목적을 확실하게 말하면 협력을 얻을 수 있다. 우편물을 저렴한 가격에 대량으로 이용할 수 없을까 하고 고민되면, 가까운 우체국에 문의하면 기꺼이 상담에 응해 준다. 또한 주변에 기자나 잡지 편집자가 있다면 평소에 친하게 지내자. 기자와 편집자는 정보 수집에 관해서는 전문가이므로 여러 가지 힌트를 얻을 수 있다.

　이렇게 평소에 정보의 루트에 관심을 갖는 게 중요하다. 그리고 현재 작업하는 기획과 관련이 없더라도 정보의 원천을 메모해 두면 나중에 활용할 수 있다. PC에 자신의 정보 원천 리스트를 작성해 두고, 생각이 나면 기입하는 버릇을 들이자. 작은 것도 도움이 된다. 예를 들어 도쿄의 아사쿠사 거리에는 디스플레이용품 전문점이 많다. 어느 상점이든 상관없다. 카탈로그를 받아 두자. 전시회를 기획하고 파티를 기획하는 데 유용하다. 어떤 상점이든 유사한 상품을 취급하고 있으므로 카탈로그는 1권으로 충분하다. 실제 기획에서 필요하다면 다른 곳의 카탈로그를 받아서 비교해 보라. 거리의 간판, DM 카탈로그, 전시회와 쇼, 이것들도 중요한 정보의 원천이다.

필요한 정보를 수집하여 기획서에 활용한다

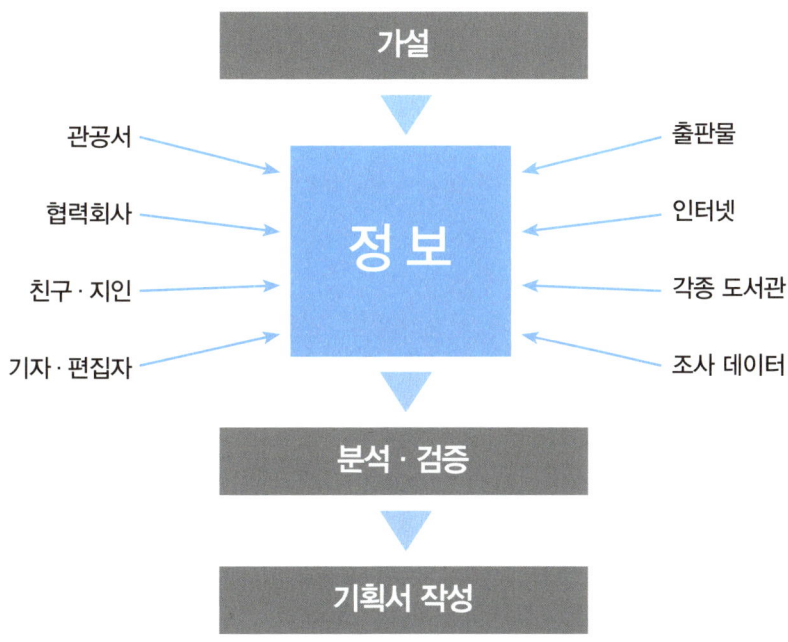

숫자는 강하다

정보 중에서 가장 설득력 있는 자료는 조사 데이터이다. 숫자로 표시된 결과는 쉽게 납득하기 때문이다. 기획 내용에 관련된 조사 데이터가 있다면 그것을 가장 먼저 찾아낸다.

기획의 정보원

기획서는 3가지 타입의 정보를 근거로 작성되는데, 이 유형의 구분은 기획서를 작성하는 데 있어 어떤 역할을 갖는가에 따른 구분일 뿐 정보의 내용이나 정보원 등에 의한 구분은 아니다.

① 기초 정보 : 평소에 수집해 왔던 정보 중 기획의 바탕이 되는 것. 일반 신문, 잡지, 도서 등이나 업계의 전문 잡지, 인터넷 등을 통해 평소에 수집해 둔 정보 파일 등이 정보원이 될 수 있다.

② 보강 정보 : 기획을 뒷받침해 주는 정보로 기획서의 본문에 배치하여 내용을 보강하는 것. 취재, 관찰을 통한 것과 기획에 관련된 통계 데이터나 전문 자료 등이 정보원이다.

③ 보조 정보 : 기획 내용을 보다 설득력 있게 하기 위한 자료로 직접적인 정보 외에 간접적인 정보를 포함한 광범위한 정보. 폭넓은 분야의 통계 자료 등이 정보원이다.

2 기획을 하려면 어떤 능력이 있어야 하는가?

　　영업에서 설득력과 행동력 등의 능력이 필요한 것과 마찬가지로, 무슨 일이든지 잘하기 위해서는 필요한 능력이 있다. 기획서의 작성도 마찬가지다.
　　특히 기획서의 경우에는 정보력, 인식력, 착상력(着想力), 구성력, 상상력, 문장력 등이 모두 합해져 훌륭한 기획서가 만들어진다. 이것은 모두가 쉽게 얻어지는 것들이 아니다. 이런 능력을 모두 갖추어야 기획서를 작성할 수 있다면 누구라도 "나는 절대 못해"라고 생각할 것이다.
　　그러나 기획서는 예술작품과 같이 완벽한 능력이 필요한 것이 아니다. 기획의 입안에서 작성까지의 작업에는 일정한 기본 규칙이 있다. 이 규칙의 각 단계에서 반드시 해야 할 일들을 빠짐없이 실시한다면 그 각각이 상호 보완하면서, 가령 충분한 능력이 없다 하더라도 훌륭한 기획서를 작성할 수 있는 것이다.
　　그럼 기획서 작성을 위한 기본 규칙은 무엇인가?
　　오른쪽의 기획서 작성 업무의 성격을 도식화하여 나타낸 그림을 보면 기획서 작성은 체크와 사고의 반복이라는 것을 알 수 있다. 즉 기획서 작성 작업은 끊임없이 새로운 아이디어를 보강하여 목적에 부합하는지 여부를 검증하는 Check & Thinking의 연속인 것이다. 번거롭더라도 처음에는 기획서의 절차를 지켜서 체크와 생각을 덧붙여 나간다면 나중에는 요령이 생겨서 보다 능률적이며 간략화된 기획서 작성이 가능해질 것이다.
　　생각하는 프로세스는 앞에서 언급한 것과 같이 4단계의 흐름을 가진다.

① 과제와 문제점의 확인
② 현황이나 배경 분석과 과제나 문제점의 검증
③ 해결을 위한 방법의 발견
④ 방법 실행을 위한 계획

　　그러나 기획서의 작성은, 그 자체가 필요한 능력을 계발하고 강화하는 훈련이므로 무엇보다 최선을 다하여 작성하는 것, 그것이 가장 중요하다.

기획서 작성 업무의 성격

Point 기획서의 작성에 필요한 능력은 기획서를 직접 만들어 보면서 길러진다.

❸ 기획을 하자

기획화의 절차

토마스 에디슨은 아이디어(기획)의 가치는 그것을 활용하는 데 있다고 하였다. 아무리 좋은 아이디어라도 기획화하지 못하면 기획서로 만들 수 없다. 그러나 기획이 있더라도 그것이 정리되어 있지 않으면 역시 기획서로 만들 수 없다.

이번에는 하나의 기획을 가지고, 기획서화하기 쉬운 형태로 정리하는 절차에 대해 살펴보자.

① 구상 – 문제를 파악하고, 이를 해결하기 위한 아이디어를 끌어낸다.
② 연상 – 아이디어를 연속적으로 발전시켜 그 이미지를 확산시킨다.
③ 기획의 원점을 정한다 – 기본이 되는 아이디어를 도출한다.
④ 기획의 중심점을 설정한다 – 기획의 원점과 목적을 명확히 한다.
⑤ 기획의 구도를 생각한다 – 실현 가능성을 검증한다.
⑥ 기획의 체계화 – 구도를 완성시킨다.

 기획을 훔친다

기획의 원형은 이미 어딘가에 존재한다

독특한 기획을 부탁 받고 고민하는 경우가 많은데, 자신만의 독창적인 기획은 거의 없다고 봐도 좋을 것이다. 담배회사의 「셀프 리키데이션 = 통칭 셀리키」라는 캠페인이 실시되고 있다. 수집한 담배 필터와 약간의 현금을 지불하면 상품을 받을 수 있는 캠페인이다.

이런 종류의 캠페인은 새로울 것이 없다. 옛날에는 그린 스탬프가, 지금은 벨 마크(bell-mark. 교육기금조성을 위한 표)가 실시되고 있다. 셀리키의 신선함은 「물건수집 + 금전지불」로서 상품을 받을 수 있다는 것이다. 즉 옛날부터 있었던 기획에 새로운 요소를 추가하여 새로운 기획을 탄생시킨 것이다. 모든 이야기의 원천은 그리스 신화 속에 들어 있다고 말한다. 마찬가지로 기획의 원형도 이미 어딘가에 들어 있다. 남은 것은 거기에 어떤 플러스 알파를 추가하느냐이다.

어디에 원형이 있나? 하고 묻기 전에 자기 주변을 살펴보라

기획의 원형을 찾으려면 우선 주간지를 살펴보자. 1권의 주간지 안에도 20개 이상의 선물 증정 캠페인이 수록되어 있다. 그 외에도 신문과 전단지 광고, 텔레비전 광고와 전철 광고, 인터넷 등을 통해서도 캠페인이 실시되고 있다. 기획을 찾으려면 이처럼 자신의 주변에서 찾으면 된다.

기획 아이디어는 이렇게 만들어 낸다

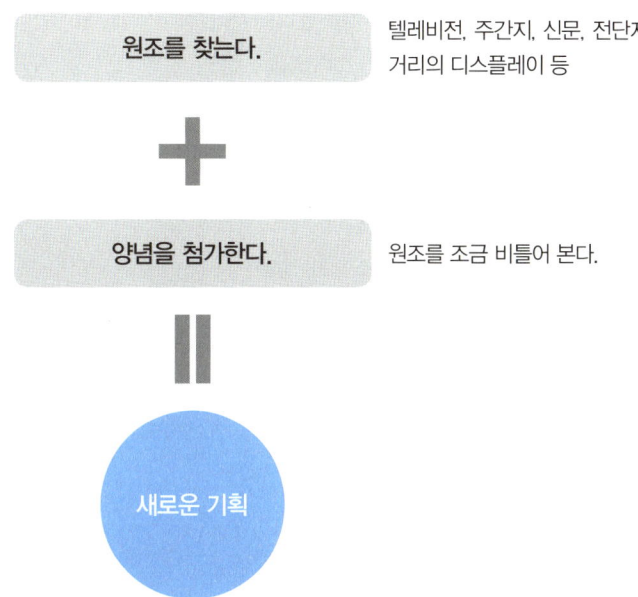

텔레비전은 정보로 넘쳐나고 있다

텔레비전이 시작되는 이른 아침부터 끝나는 늦은 밤까지 하루를 비디오로 녹화해 보라. 그리고 시간이 있을 때 CM과 홈쇼핑만을 골라서 보고 있으면 캠페인 정보가 여기에 있다는 것을 알 수 있다. 단 하루만 투자하면 CM의 준 전문가가 될 수 있다.

현상 응모 광고에 주의할 것

현상 응모 광고를 실시할 때에는 공정거래위원회의 경품판매 규제에 주의해야 한다.

양념을 첨가하는 방법은 다양하다

원형에 플러스 알파를 추가함과 동시에 원형의 규모를 확대하거나, 대상을 주부에서 젊은 여성으로 바꾸거나 맛을 더하는 것에는 한계가 없다.

셀프 리키데이션(Self Liquidation) : 상품, 경품을 환전한다는 의미이다.
배너광고 : 인터넷 상의 박스 광고

STEP 2 아이디어를 구상하여 양념을 첨가한다

원형이 발견되면 양념을 첨가한다

기획의 원형이 발견되면 거기에 양념을 추가한다. 셀리키의 「+금전지불」이라는 아이디어는 아주 제대로 된 양념 첨가이다. 이미 기획으로 완성된 아이디어를 접할 때에는 「이런 방법이 있었구나!」하고 단순하게 생각하게 된다. 콜럼버스의 달걀 같은 대히트 기획이 그렇다.

기획에는 「양념을 첨가」하는 훈련이 필요하다. 예를 들어 오픈 현상 공모를 기획할 경우, 경품을 무엇으로 할 것인가? 등 다양한 아이디어를 생각할 수 있다. 거래처가 카메라 회사일 경우, 「오로라를 찍는 여행」을 기획하면 어떨까? 「오로라를 찍을 때까지 체류할 수 있는」 여행상품을 경품으로 내걸면 화제가 될 게 틀림없다. 만약을 고려하여 「최장 체류기간은 2주」로 정하면 되지 않을까?

아이디어는 양념을 추가하는 행위, 이것이 곧 아이디어의 질을 말한다

양념을 첨가한다는 것은 기획 아이디어를 말한다. 아무리 논리적으로 설득력 있는 기획서를 작성하여도 아이디어가 없으면 기획은 채택되지 않는다. 다소의 문제점과 모순이 있는 기획이라도 실행 가능한 좋은 아이디어가 있으면 채택될 가능성이 있다.

구상이란 두뇌의 '번뜩임'을 말한다. 구상은 문제 해결로 이어지는 아이디어를 구상하는 일이다. 아이디어는 막연한 상태에서는 떠오르지 않는다. 무엇을 위한 것인지, 무엇이 필요한지, 무엇을 하면 좋을지가 확실해야 여러 가지 아이디어가 떠오른다. 아이디어를 구상하기 위해 중요한 것은 다음과 같다.

① 무엇이 진정한 문제점인지를 정확히 파악한다 – 문제의 본질을 이해한다.
② 해결을 통해 무엇을 얻고자 하는지를 확실히 한다 – 문제 해결의 목적을 명확히 한다.
③ 정보를 수집하여 아이디어의 힌트를 찾는다 – 정보를 지혜화하여 내 것으로 받아들인다.

정보의 지혜화라는 것은 정보의 노하우 부분을 지혜로 흡수하는 것을 말하는 것이지 지혜로 기억하는 것이 아니다.

이렇게 머릿속을 아이디어가 떠오르기 쉬운 상태로 만들면, 그 다음은 계속해서 '어떻게 할까?'를 무언가가 떠오를 때까지 계속 생각하도록 하라. 아이디어는 각고의 노력을 통해서 "만들어 내는" 것이다.

아이디어 구상하기

Point 아이디어는 그냥 떠오르는 것이 아니다. 아이디어를 위한 기초를 만들어 놓아야 한다.

1 목적을 명확히 한다.

구상의 원점을 명확히 한다 – 문제의 본질을 이해한다.
동기를 명확히 한다 – 구상을 통해 무엇을 얻고자 하는가?
의의를 명확히 한다 – 구상을 통해 어떤 효과를 얻고자 하는가?
구상의 테마를 구체화한다 – 무엇을 위해서 구상하는가?

2 정보를 수집, 지혜화한다.

관련 정보를 수집한다 – 모든 것이 정보원이 된다.
정보를 음미한다 – 각각의 정보가 갖는 진정한 의미를 생각한다.
정보를 지혜화한다 – 구상의 목적에 맞게 체계적으로 조합한다.

3 집중적으로 사고한다.

지혜화한 정보를 잘 읽는다 – 구상의 힌트를 찾는다.
구상의 힌트를 이끌어낸다 – 다양한 각도에서 이미지한다.
발상을 확대시키는 구상을 발전시켜서 사고의 시행착오를 겪는다.
문제의 해결을 생각한다 – 최대한 다양한 시점에서 생각한다.

4 착상이 떠오르는 것을 기다린다.

번뜩이는 생각이 떠오를 때까지 사고를 멈추지 않는다 – 사고가 막혀 더 이상 진전되지 않는다면 발상을 전환한다.

5 구상한 아이디어를 발전시킨다.

◎ 아이디어 발상법

아이디어란 머리를 짜내고 짜낸 결과의 산물이라고 발명왕 에디슨은 말했다. 그만큼 좋은 아이디어는 노력하지 않으면 나오지 않는다는 의미일 것이다. 그럼 아이디어가 떠올랐다면 다음은 어떻게 해야 할까? 당연히 떠오른 아이디어를 발전시켜야 한다. 이를 위한 방법으로 브레인스토밍과 체크리스트법 등이 있다.

❶ 브레인스토밍

가장 일반적인 아이디어 발상법이 브레인스토밍이다. 브레인스토밍은 여러 사람이 모여 함께 토의하면서 아이디어를 떠올리는 방법이다. 브레인스토밍에는 규칙이 있다.

① 주제와 관계없이 생각나는 것을 자유롭게 말한다.
② 다른 사람의 발상을 반대하거나 비판하지 않는다.
③ 다른 사람의 아이디어를 발전시키거나 새로운 발상을 한다.

브레인스토밍을 하기 위해서는 참가자들이 긴장하지 않는 환경을 조성해야 한다. 회의실의 사각 테이블에 뻣뻣하게 앉아 있으면 자유로운 발상을 할 수 없다. 누군가가 진행자 역할을 하고, 먼저 참가자에게 규칙을 주지시킨 다음, 규칙을 지켜가면서 논의를 진행한다. 특히 ②에 주의해야 한다. 시작하기 전에 주의를 주었음에도 불구하고 타인의 의견을 비판하는 경우가 종종 발생하기 때문이다. 시간은 1시간에서 2시간까지 할 수 있다. 가능한 많은 아이디어를 제시하는 것이 중요하다.

❷ 체크리스트법

체크리스트법은 아이디어 개발의 한 방법으로 주제에 맞추어 필요한 리스트를 작성하여 체크해 보면서 다양한 시점에서 아이디어를 검증하고 수정하고 목적에 맞게 정리해 나가는 것이다.

그 다음은 『체크리스트법』이다. 유명한 오즈본의 체크리스트에서는 ① 다른 이용법은 없는가? ② 응용한 것이 효과가 있는가? ③ 수정할 수 있는가? ④ 확대할 수 없는가? ⑤ 축소할 수 없는가? ⑥ 대체한다면 어떤 것을 이용할 수 있는가? ⑦ 각색할 수 없는가? ⑧ 반대 사항은? ⑨ 조합은? 이렇게 9가지의 체크 포인트로 구성되어 있다. 이것을 기본으로 나름대로의 구체적인 리스트를 작성해 두면 편리하다.

❸ 주변을 통해 아이디어를 발상하는 방법

때로는 회사에서 벗어나 거리를 걸어 보는 것도 좋은 방법이다. 사람들의 패션, 팔리고 있는 상품, 간판과 디스플레이 등에서도 생각하지 못한 힌트를 얻게 될 것이다. 책과 영화, 사진집 등도 아이디어의 원천이다. 지금 자신이 눈으로 본 것과 생각하는 것의 관련성을 파악하면 힌트가 떠오를 것이다.

체크리스트법의 예

다음 리스트를 통해 연상하고 아이디어를 다양한 각도로 발전시켜 나간다.

	색을 바꾸면 어떨까?		장소를 바꾸면 어떨까?
	형태를 바꿔보면 어떨까?		사선으로 바꾸면 어떨까?
	원재료를 바꿔보면 어떨까?		거꾸로 하면 어떨까?
	부품을 바꿔보면 어떨까?		시간을 짧게 하면 어떨까?
	크게 하면 어떨까?		물에 넣으면 어떨까?
	작게 하면 어떨까?		불에 가하면 어떨까?
	굵게 하면 어떨까?		낮에 보면 어떨까?
	가늘게 하면 어떨까?		밤에 보면 어떨까?
	길게 하면 어떨까?		고급화하면 어떨까?
	짧게 하면 어떨까?		저가격으로 하면 어떨까?
	진하게 하면 어떨까?		초보자용을 하면 어떨까?
	엷게 하면 어떨까?		전문가용이면 어떨까?
	양을 늘려보면 어떨까?		남성 위주로 하면 어떨까?
	양을 줄여보면 어떨까?		여성 위주로 하면 어떨까?
	좁게 하면 어떨까?		남여 공용으로 하면 어떨까?
	넓게 하면 어떨까?		성인용으로 하면 어떨까?
	딱딱하게 하면 어떨까?		어린이용으로 하면 어떨까?
	부드럽게 하면 어떨까?		청소년용으로 하면 어떨까?
	위 아래를 바꾸면 어떨까?		노인용으로 하면 어떨까?
	위치를 바꾸면 어떨까?		목적을 바꾸면 어떨까?
	대상을 바꾸면 어떨까?		순서를 바꾸면 어떨까?
	담당자를 바꾸면 어떨까?		버릴 때는 어떨까?
	리사이클은 어떨까?		정반대의 기능을 추가하면 어떨까?
	다른 것과 연결해 보면 어떨까?		기능을 없애버리면 어떨까?

STEP 3 기획의 이미지를 확산시킨다

아이디어는 기획의 소재일 뿐이다

　기획의 원천이 되는 아이디어를 얻었다면 다음에 해야 할 일은 연상을 통해 아이디어를 확장시키는 것이다. 아이디어에 자극을 주면 점차 연상 아이디어가 재생산되어 기획의 이미지가 확장되어 간다. 연상 작업은 이것을 응용하는 것이다.
　그런데 기획의 이미지가 확장되면 '이제 아이디어가 생겼으니 기획은 다 된 것이나 다름없다'고 생각하는 사람들이 많다. 그리고 초보자들은 그것을 기획서에 적으려고 한다.

아이디어만으로 기획서를 쓰지는 못한다

　그러나 기획의 이미지만으로 기획서는 절대 만들 수 없다. 기획의 이미지는 단순한 아이디어의 집합체에 지날 뿐 기획은 아니다. 이미지를 기획으로 착각하는 것이 기획서를 쓰지 못하는 큰 원인이다.
　기획서를 쓰지 못하는 이유 중 대부분이 다음의 4가지 경우인데, 이들 모두 그 잡다한 아이디어의 결합체를 기획으로 착각하고 그대로 쓰려고 한 것이 원인이었다.

① 확장된 이미지가 막상 쓰려고 하면 시들해져 버린다.
② 아이디어가 너무 많아서 아무리 해도 정리가 되지 않는다.
③ 실제로 말로 하면 너무 평범한 것이 되어 버린다.
④ 머리에 그리고 있는 이미지를 도무지 표현할 수가 없다.

　그러면 무엇 때문에 아이디어를 연상시켜서 이미지를 확장하라고 하는가?
　그것은 기획의 소재를 얻기 위함이다. 소재는 많을수록 좋다. 이 단계에서는 최대한 많은 아이디어를 만들어 내는 것이 중요하다. 굳이 질을 따지지 않아도 된다. 일단 많은 연상 이미지를 떠올린 다음 그중에서 기획의 원점으로 적당한 것과 기획의 목적으로 적합한 것을 찾아내 다음 그림과 같이 두 가지 아이디어를 양극으로 하고 아이디어의 집합을 다시 검토해 보면 어떤 아이디어가 기획의 소재로서 필요한지 보이기 시작할 것이다.

STEP 4 아이디어를 기획화한다

　아이디어는 체계화되지 않으면 기획이 되지 못한다. 아이디어의 기획화는 아이디어를 뼈대에 맞추는 방법으로 실시한다.

◎ 갈릴레오 갈릴레이의 기획

갈릴레오 갈릴레이가 피사의 사탑에서 한 중력 실험이다.

갈릴레이는 아리스토텔레스의 '낙체의 속도는 그 무게에 비례한다'는 설이 잘못되었다는 문제의식에서 이 실험을 실시하였다. 따라서 이것이 기획의 원점이 된다. 그리고 그는 '낙하하는 물체의 속도는 그 무게와는 관계가 없고 모두 같다'는 사실을 많은 사람에게 알리고자 했다. 즉, 이것이 기획의 목적이다. 그 목적을 실현하기 위해서 생각해 낸 것이 다음의 두 가지 아이디어였다.

① 무게가 다른 두 종류의 쇠공을 동시에 낙하시킨다.
② 많은 사람이 볼 수 있는 피사의 사탑이 적합한 장소다.

이 두 가지는 모두 평범한 아이디어지만 그것이 아래와 같이 기획의 원점과 목적을 척추로 한 골격으로 편입되어서 순식간에 많은 사람에게 중력의 진리를 이해시키는 대성공을 가져온 것이다.

갈릴레이 기획의 골격

Point 아이디어를 골격도로 정리하면 기획의 내용이 보인다.

미니기획

- 낙하하는 물체의 속도는 무게와는 관계가 없다는 것을 증명하고 싶다.
  - ↓ 무게가 다른 물체를 함께 낙하시키면 된다.
- 낙하하는 물체의 속도는 무게와는 관계가 없다는 것을 증명하고 싶다.
  - ↓ 크기가 다른 두 개의 쇠공이라면, 이해할 수 있을 것이다.

원점: 아리스토텔레스의 오류를 증명한다. → **목적**: 많은 사람 앞에서 사실을 증명하게 된다.

- 사람이 많이 모이는 장소에서 실험할 필요가 있다.
  - ↑ 많은 사람 앞에서 사실을 증명하면 된다.
- 피사의 사탑이라면 최적이다.
  - ↑ 사람이 모여서 낙하실험을 볼 수 있는 장소는?

기획화의 방법

기획에서는 아이디어를 실현하기 위한 방법과 그 과정에서 발생하는 여러 가지 문제와 그 해결책을 제시하는 것이 필요하다. 이때 중요한 것은 어떤 것을 목적으로 하며, 무엇을 원점으로 선택할 것인가이다. 이것에 따라 기획의 내용이 달라진다. 그러므로 다양한 조합을 시도해 보고 충분하다고 확신되는 것을 선택하여야 한다.

1 리스트업 기법으로 기획에 필요한 것을 선별한다

기획의 핵심이 되는 목적과 원점의 아이디어를 발견하기 위한 방법의 하나로 [리스트업] 방식이 있다. 리스트업 기법은 다음의 세 가지 시점에 기초하여 떠오른 것을 리스트로 작성하여, 그것을 하나하나 충분히 검토하고, 기획으로 성립되기 위해 필요한 것을 선별해 나가는 순서로 진행한다.

ⓐ 그것에 의해 무엇이 가능해지는가?
ⓑ 그것에 의해 어떤 효과(성과)를 얻을 수 있는가?
ⓒ 그 중에서 가장 기대되는 것은 무엇인가?

리스트업에서 가장 중요한 것은 '이건 안 되겠다'는 식으로, 생각한 내용을 비판해서는 안 된다는 것이다. 리스트업 기법은 모든 것을 긍정하는 자세로, 생각이 떠오르는 것을 모두 기재하는 것이 중요하다.

STEP 1 [리스트 A]를 만든다

리포트 용지나 바인더와 같이 한 장씩 떼어낼 수 있는 노트를 이용하여 '그것에 의해 무엇이 가능해지는지'를 적는다.

① 머릿속에 떠오른 아이디어를 한 페이지에 하나씩 제목 형태로 기입한다(도중에 새로운 아이디어가 떠오르면, 그것도 쓴다).
② 모두 기입하였으면 제목 아래에 '이 아이디어로 인해, 어떤 일이 가능해지는지'를 생각나는 대로 모두 적는다. 다른 것과 중복되어도 상관없다. 쓸 것이 없으면 백지상태로 둔다.
③ [리스트 A] 중에서 가능성이 있는 것을 몇 개 골라내어 [리스트 A']를 만든다.
④ '그것에 의해 어떤 효과(성과)를 얻을 수 있는가'에 대해 생각나는 대로 기입한다(숫자를 아는 것은 그 숫자를 기입한다).

⑤ 이것들을 다시 읽고, 중요성이 적거나 의미가 없는 것은 선을 그어 삭제한다.
⑥ [리스트 A′]의 항목을 비교하면서, 다시 한 번 괜찮다고 생각하는 것은 남겨 둔다.

이렇게 해서 다양한 아이디어 중에서 기획에 활용할 수 있는 것만으로 범위를 좁힐 수 있다.

리스트 A의 예

Point 머릿속에 있는 아이디어를 모두 한 장씩 목록에 기입한다.

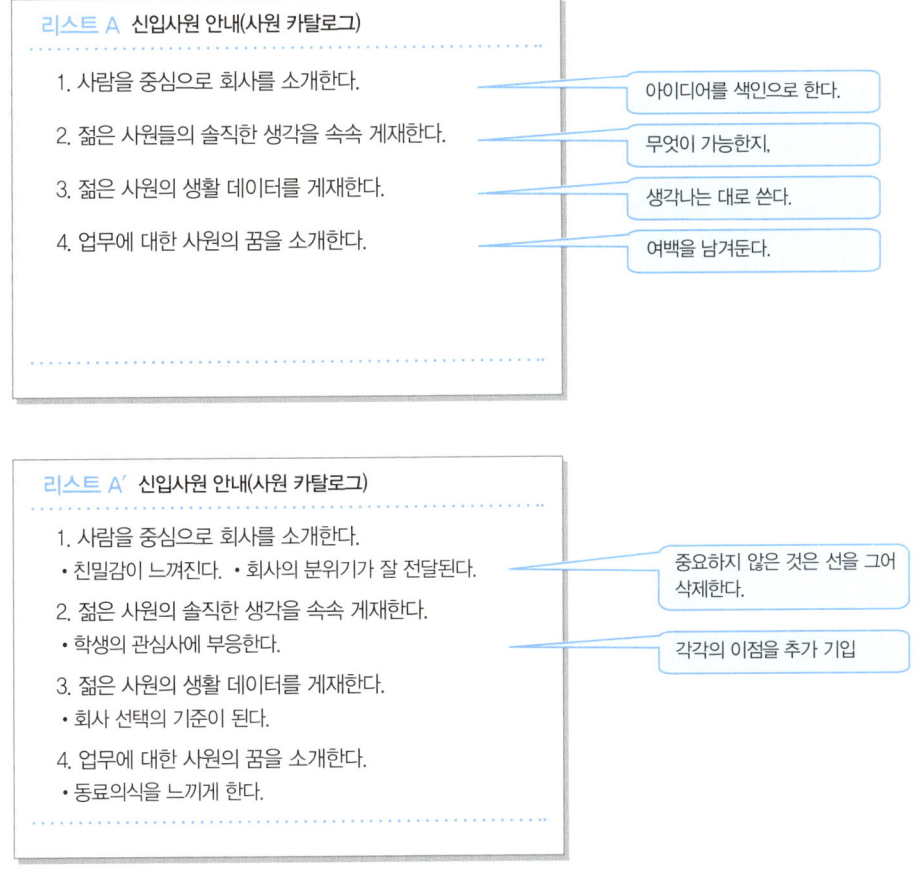

STEP 2 [리스트 B]를 만든다

다음으로는 (c)의 '가장 기대할만한 것은, 무엇인가?'에 대한 검토이다.

⑦ [리스트 A']를 발판으로 새로운 용지에 지금까지 남아 있는 [리스트 A']의 제목(아이디어)을 나열한 [리스트 B]를 만든다. 이것으로 '가장 기대할 만한 것은 무엇인가?'에 대한 검토를 한다.

⑧ [리스트 B]와 같이 그 의의나 요점을 3~5항목으로 정리하여 기입한다(중복되어도 상관없다).

⑨ [리스트 B]를 연상, 발전시켜서 새로운 표제를 만들고, [리스트 B]에서 가장 기대되는 것부터 순위를 정한다(사내용 기획의 경우에는 회사가 가장 필요로 할 만한 것을 기준으로 한다).

그중에 1위를 차지한 아이디어, 또는 그것을 발생시킨 요인(문제의식)이 기획의 원점이 된다. 그리고 동시에 거기에 기입되어 있는 요점이 그 기획의 목적이 된다.

그리고 그 외의 아이디어는 기획을 구성하는 요소가 되는 것이다.

리스트 B의 예

Point 리스트 A를 발판으로 아이디어를 연상하여 그 포인트를 열거하고, 필요성을 검토한다.

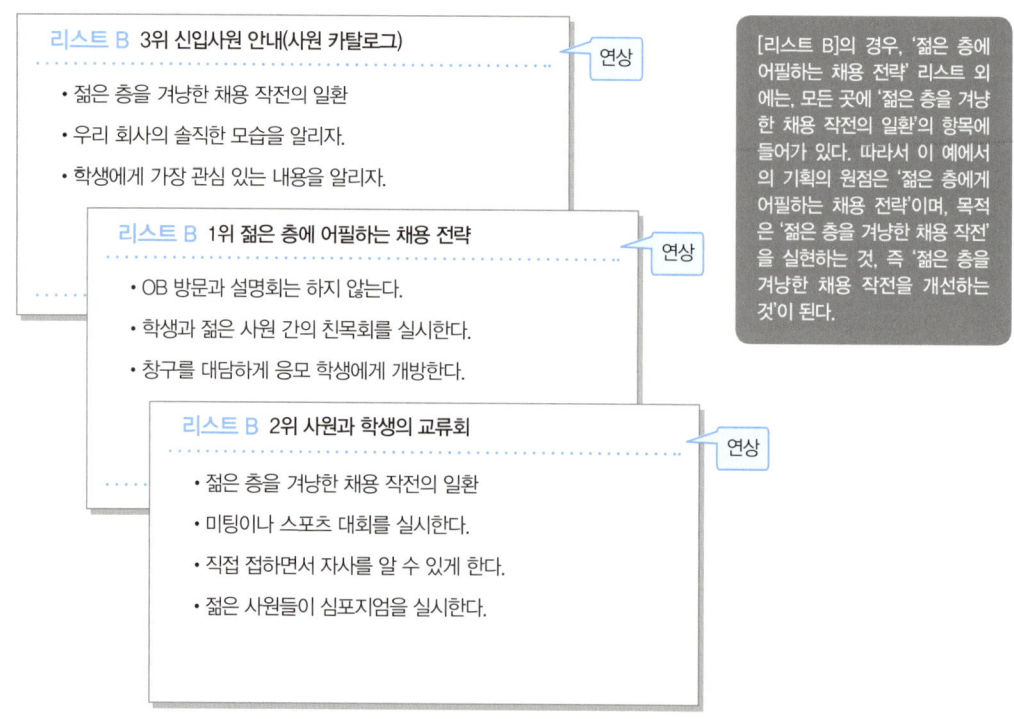

2 기획의 골격을 만든다

기획안이 납득할 수 있을 때까지 몇 번이고 체계도를 만들며 기획의 골격을 완성해 나가야 한다. 골격이 완성되지 않는 것은 기획 자체에 결함이 있기 때문이다.

쓰면서 기획을 키워나간다

아이디어의 정리가 끝났다면, 이번에는 아이디어를 실제로 기획의 구성도에 적용하는 작업에 들어간다. 이것은 다음과 같은 절차로 실시한다.

① 최대한 큰 용지에 글씨를 써넣을 수 있을 만큼 골격도를 그린다(문자는 불필요).
② 좌우 양 끝에 기획의 원점과 목적이 되는 아이디어를 기입한다.
③ 각각의 가지 부분에 기획에 필요한 아이디어나 미니 기획을 필요한 순서대로 기입한다.
④ 모두 기입하고 나면 전체의 흐름을 보고, 실제로 목적을 실현할 수 있는지 검토한다.
⑤ 누락이나 부족한 부분이 있으면 추가 기입하고, 만족할 만한 구성이 나올 때까지 계속 검토한다.

구조도에 적용해야 할 작업은, 기획을 실행한 경우를 가정하여 어떤 문제가 생길지, 무엇이 필요한지를 생각하여 그 대응책을 강구하고, 기획의 실현성을 확인하기 위한 시뮬레이션을 반복하는 것이다. 이를 위해서는 다음과 같은 마음 자세가 중요하다.

고양이 목에 방울을 다는 기획

실제로 가능할 것으로 보였는데 골격도가 완성되지 않는 경우도 있다. 이런 경우에는 어떻게 하면 될까?, '고양이 목에 방울달기'를 생각한 쥐들의 우화를 예로 들어 보자.

쥐들에게 있어서 고양이는 위협 그 자체이다. 그러던 어느 날, 그들은 '그 무시무시한 고양이로부터 동료들을 보호하려면 어떻게 할 것인가'를 의논하였던 것이다.

다양한 의견 가운데, 가장 좋겠다고 만장일치로 정한 것이, '고양이 목에 방울을 단다'는 아이디어였다. "이제 안심하고 살 수 있다"며, 모두들 문제가 완전히 해결된 것처럼 즐거워할 때 젊은 쥐 한마리가 혼잣말로 이렇게 말했다.

"그런데 누가 그 방울을 달러 가죠?"

그 한마디로 좌중은 조용해졌다. 결국, 그로 인해서 명안이라고 여겼던 그 방안은 소용이 없어졌다는 이야기이다.

이것을 기획의 구성에 비유하여 살펴보자.

그 회의의 주제는 '고양이로부터 동료들을 보호할 방법을 생각한다'는 것이었다. 그러므로 이것을 기획의 목적으로 한다. 그러면, 고양이로부터 동료들을 보호하기 위해 무엇을 하면 좋겠는가?

고양이는 소리 없이 다가와서 쥐를 덮친다. 그렇기 때문에 고양이가 다가오는 것을 미처 모르고 피해자가 나오는 것이다.

그렇다면 고양이가 있는 곳을 항상 알 수 있도록 하면 쥐들은 고양이가 다가오는 것을 금세 알아차리고, 최대한 빨리 도망치기 때문에 피해를 미연에 방지할 수 있다. 그렇기 때문에, '항상, 고양이가 있는 곳을 체크하기 위한 방법은 무엇인가'가 기획의 원점으로 선택되었다.

다음은 기획의 내용, '어떻게 고양이가 있는 곳을 알 수 있게 할 것인가'이다.

여러 가지 아이디어 중에서 가장 호응이 높았던 것이 '고양이의 목에 방울을 단다'는 방안이었다. "있는 장소를 확인하려면, 고양이에게서 소리가 나도록 하면 된다. 고양이가 움직일 때마다 소리를 낼 만한 물건이라면, 뭐니뭐니해도 방울이다. 그렇다. 고양이의 목에 방울을 걸어두면 된다." 라는 발상이다. 결국 "명안이다! 이걸로 결정하자"하고, 만장일치로 선정된 것이다.

이렇게 해서 기획의 수단은 결정되었다. 그 다음으로는 어떻게 고양이에게 방울을 달 것인지 그 실행 방법을 생각해야 하는데, 여기서 '누가?'라는 어려운 과제가 튀어나온 것이다.

그것을 골격도로 체계화한 것이 다음 페이지 상단에 있는 그림이다. 역시 이 골격도 '어떻게'와 '누가'의 부분이 기입되지 않아 그 다음 단계로 진행되지 못하고 있다. 즉, '고양이의 목에 방울을 단다'는 문제의 해결책은, 이 두 개의 문제가 해결되지 않았기 때문에 기획으로서는 결함이 있는 것이다.

아무리 훌륭한 아이디어라도 기획으로서 결함이 있으면 구조도는 완성되지 않는다.

평범한 아이디어가 좋은 기획을 만들어 내는 경우도 있다

앞의 기획의 골격을 보면 아래의 기획의 목적과 원점이 위의 그림과 같다. 그러나 그 수단으로 '망을 본다'라는 아이디어가 채택되었다. '망을 본다'는 것은 '방울을 단다'와 비교하면 훨씬 뒤떨어지고, 아이디어라고 말할 수도 없는 평범한 것이다. 그러나 이것은 기획의 골격도가 끝까지 제대로 완성되어 있다. 게다가 여기에는 연쇄적으로 파생된 비상시의 대처 요령까지 연구되어 있어 거의 완벽하다고 말할 정도로 완성된 기획이 되었다.

여기서 말하고자 하는 것은, 기획의 목적과 원점이 같더라도 기획의 가지로 선택된 아이디어에 따라서 기획이 성립되지 않는 경우가 있다는 점이다. 재미없는 아이디어라도 좋은 기획이 될 수 있고, 그 반대로 좋은 아이디어라고 해서 반드시 좋은 기획이 된다고 말할 수는 없다.

기획은 좋은 아이디어이기 이전에 기획의 실현성을 저해하지 않아야 한다. 아이디어는 어디까지나 기획의 소재일 뿐 기획의 전부는 아니라는 것을 염두에 두기 바란다.

기획의 실현성을 본다

Point 구성한 아이디어에 결함이 있으면 기획의 골격은 성립되지 않는다.

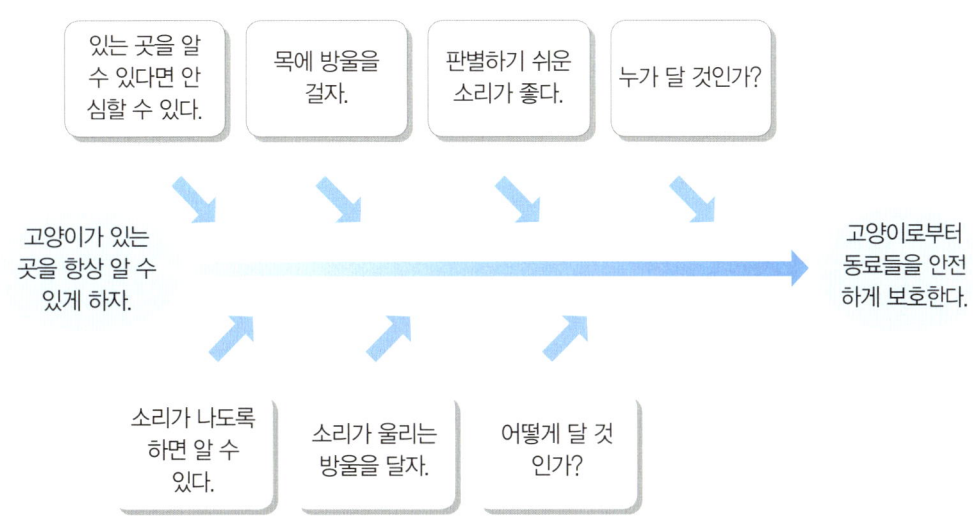

실현 가능한 답을 이끌어 낸다면 처음 기획은 성립한다.

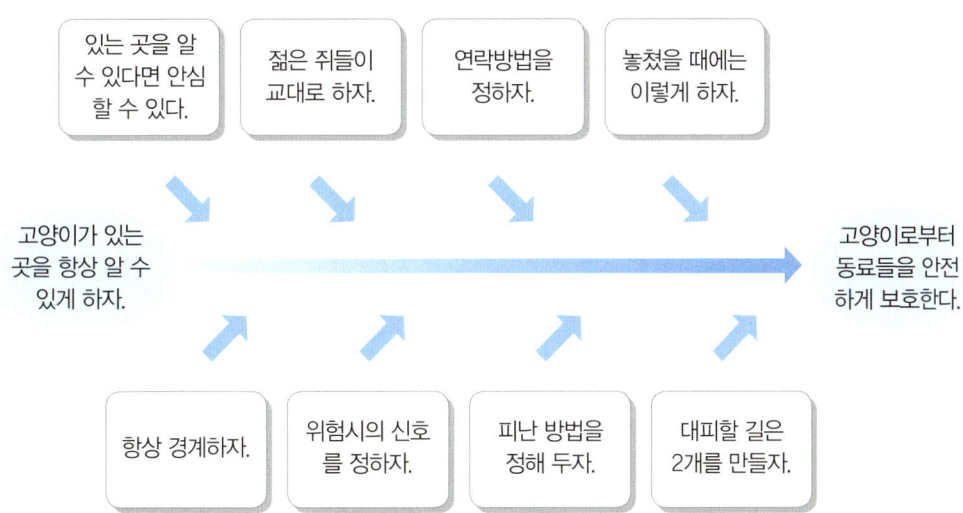

3 기획의 결함을 수정한다

구성도가 막히면 다시 한 번 처음부터 생각한다.

정말 불가능한가?

고양이에게 방울을 다는 경우와 같이 도중에 구성도가 성립될 수 없게 된 경우에는 어떻게 하는 게 좋을까? 이 경우, 구조도가 완성될 수 없는 이유로는 다음의 두 가지를 생각할 수 있다.

(a) 이 아이디어는 정말 실현 불가능하다.
(b) 사실은 해결법이 있지만, 아직 거기까지는 깊이 생각하지 못했다.

우선 (a)와 (b) 중 어느 쪽인지를 충분히 보고 판단해야 한다. 정말 실현이 불가능한 것인지 받아들일 수 있을 때까지 확인할 필요가 있다. 그렇지 않으면 좋은 기획임에도 불구하고 방법을 개발하지 못해 놓쳐 버릴 수가 있기 때문이다.

아이디어의 면밀한 검토를 위해 앞에서 설명한 리스트업 기법을 이용한다. 리스트업 기법은 1인 브레인스토밍이다. 브레인스토밍에 있어 가장 중요한 것은 좋은 아이디어가 나올 때까지 떠오르는 생각들을 자유롭게 주고받으며, 상대방의 의견에 대해 비판하지 않는 것이다.

① 무엇이 빠져서 구성도가 완성이 되지 않는지 그 원인을 종이에 적어 본다.
② 원인을 해결하기 위해 '이렇게 하면 되지 않을까?' 하는 여러 가지 떠오르는 생각들을 늘어놓는다. 이 때 어린애 같다거나 시시하다 등으로 스스로의 생각을 규제하지 않도록 한다.
③ 열거된 아이디어 중에서 실현 가능성이 있는 것들만 선별한다.
④ 선별한 것을 구조도에 적용해 보고 최적이라고 판단되는 것을 선택한다.
⑤ 무엇이 빠져서 구조도가 완성이 되지 않는지 몇 가지 원인을 생각할 수 있다면 그 수만큼의 용지를 준비하여 한 장에 하나씩 기입해 보자. 고양이에게 방울을 다는 예에서는 '어떻게 방울을 달까?'와 '누가 달까?'의 두 장이 된다.

모순되지 않는 것을 선택한다

기획이 아무리 실현 가능해 보여도 기획의 본래 목적에서 벗어난 방법을 선택해서는 안 된다. 고양이 목에 방울을 달기 위해 '결사대를 모은다'는 것에 의견이 모아졌다. 이것은 희생자를 낸다는 것이다. 당연히 '동료를 안전하게 보호한다'라는 기획의 목적과 모순된다. 이렇게 기획의 목적에서 벗어나는 기획의 요소를 「비기획 요소」라고 한다.

이론의 앞뒤가 맞지 않으면, 그 기획은 반드시 어딘가에서 좌절된다. 이것은 기획의 중요한 기본 조건 중 하나이다.

기획 결함의 수정법

Point 구조도에서 불가능한 부분의 수정은 리스트업 기법을 이용하는 것이 좋다.

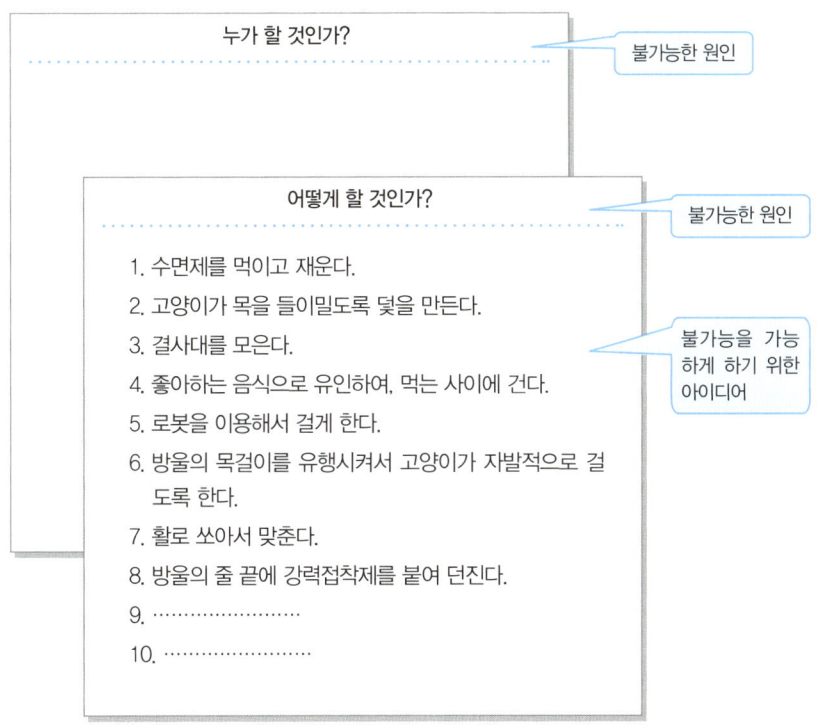

최적으로 보이는 것을 찾을 수 없을 때에는 처음부터 다시 한 번 생각하도록 하라. 이렇게 몇 번이고 생각한 후 아무리 해도 안 되겠다면 그때서야 '이 아이디어는 실현할 수 없는 것이다'는 결론을 내리도록 한다.

4 기획서 초안을 작성한다

초안 작성의 목적

「초안」은 기획을 타인의 시각에서 다시 한 번 바라보고 객관성을 부여하여 무시당하는 상황을 예방하기 위해 만드는 것이다. 초안 작업의 포인트는 제출할 상대를 어떻게 자기편으로 만드는가이다. '기획안에서 기획서 초안을 작성하는' 작업의 각 단계별 목적은 다음과 같다.

① 기획의 골격을 다시 생각한다 – 기획안의 문제의식이 정말 인정받을 수 있는지를 재확인한다.
② 기획서에 대한 '필요'를 찾아낸다 – 상대가 무엇을 필요로 하는지를 파악한다.
③ '필요'와 기획서 간의 접점을 발견한다 – 기획별로 '필요'에 부응할 수 있는 「가치」가 있는지 검토하고 콘셉트를 찾아낸다.
④ 콘셉트와 기획을 밀접화한다 – 그 '가치'를 강조하기 위해서 기획을 수정한다.
⑤ 기획서의 골격과 초안을 작성한다 – 콘셉트에 기초하여 기획서를 구성하고 만든다.

초안 작성을 위한 준비

1 먼저 스케줄을 작성하라

제출기한은 최소 2주는 확보해야 한다

기획을 의뢰 받을 경우 가장 먼저 제출기한을 확인해야 한다. 브리핑을 하고 나서 최소한 2주는 필요하다. 기획서를 작성하는 데에는 3~4일 정도면 충분하다. 하지만 기획서를 작성하기 전에 자료와 정보를 수집하고 분석하는 시간이 필요하다. 그리고 관계회사와 사전 협의를 해야 할 경우도 있다.

제출 날짜로부터 거꾸로 계산하여 스케줄을 작성한다

2주일의 제출기한을 확보하였다면 시간을 배분한다. 자료·정보의 분량과 관계회사·협력회사 등과의 사전 협의를 고려하여 대략적인 스케줄을 세운다. 기획서의 구성에 2일 정도, 자료·정보의 파악과 정리에 5일, 그리고 기획서 작성에 3~4일, 정리·교정에 2일 정도가 필요하다. 또한 구상하는 단계에서 협력회사와 협의해야 하는지도 고려한다. 이 같은 과정을 처음 1주일 안에 끝내면 여유있게 기획서를 작성할 수 있다.

자신의 사정에 맞추어 스케줄을 정할 수 있다면 더 유리하다

제출기한에 대해 묻게 되면 대부분의 경우 「가능한 한 빨리」라고 대답한다. 1~2년 걸리는 기획은 도시개발 등의 대형 프로젝트의 경우일 뿐, 대부분의 기획은 2~3주 안에 완성될 것이라고 생각한다. 「가능한 한 빨리」라는 말에 「그러면 1주일 안에 제출하겠다」고 성급하게 대답해서는 안된다. 2주가 필수적인 기간이다. 약속한 1주일 안에 기획서를 제출하지 못하고, 「조금만 더 시간을 주세요」라고 말하면 약속을 지키지 못한 결과가 된다.

그렇다면 "왜" 2주에 연연해야 하는가? 이유는 의뢰 받은 기획에 집중할 수 있는 업무 환경이라면 행운이겠지만, 분명 처리해야 할 일상적인 업무가 있기 때문이다. 만약 업무상의 돌발적인 문제라도 발생한다면 문제를 해결하는 데 2~3일은 걸린다. 그렇게 되면 기획서를 대충 작성해서 제출할 수는 없을 것이고, 모처럼 잡은 기회도 물거품이 된다. 기획자에게 유리한 기간을 얻는다는 것은 결국 의뢰자를 위한 것이다.

스케줄 예

1일째	월	기획 구성
2일째	화	기획 구성, 자료 수집
3일째	수	자료 수집
4일째	목	자료 수집 · 외부 협의
5일째	금	자료 수집 · 외부 협의
6일째	토	자료 분석
7일째	일	
8일째	월	자료 분석
9일째	화	기획서 작성
10일째	수	기획서 작성
11일째	목	기획서 작성
12일째	금	기획서 작성
13일째	토	수정 · 교정
14일째	일	
15일째	월	완성
16일째	화	기획서 제출

2 구성을 확실히 한다

먼저 가설을 세운다

　스케줄을 정한 후에는 정보의 수집, 파악으로 넘어갈 게 아니라, 어떤 기획서를 만들 것인지 가설을 세워야 한다. 예를 들어 「남성 회사원을 대상으로 한 화장품에, 예산은 3천만 엔 이내, 지역은 도쿄로 한정, 기간은 내년 3월 한 달간」이라는 광고 캠페인에 대한 기획의 브리핑을 받았다고 하자. 이 정도의 예산이라면 텔레비전 광고는 무리다. 대상자가 회사원으로 한정되어 있으므로, 신문광고와 교통광고를 조합한 광고가 효과적일 것이다. 이런 식으로 막연하게나마 생각해 본다.

　또는 상사가 창립기념식에 대한 기획을 지시했다고 가정해 보자. 「4월 첫째 주에 전체 사원을 대상으로 창립 20주년 기념 파티를 위한 기획을 하라. 참신한 내용으로 하고 예산은 1사람 당 3만엔 정도」이다. 이 내용을 바탕으로 생각해 보자. 장소는 본사의 강당을 사용할 수 있다. 그곳이라면 사원 전원이 들어갈 수 있다. 사원들이 열심히 일할 수 있게 내조에 힘쓴 가족도 초대한다. 즐거운 파티 형식으로 진행하고 사장님 인사말은 너무 지루하지 않게 작성한다. 게임과 경매도 하고 선물을 증정하는 등의 아이디어, 즉 가설을 세워 보자.

가설에 바탕을 두고 최소한으로 필요한 구성을 한다

　가설이 떠오르면 그것을 검증하면서 실제 시안까지 연결되는 대략적인 구성을 생각한다. 앞에서 기술한 남성 회사원을 대상으로 한 광고 캠페인의 경우에는 가장 먼저 캠페인의 목적을 명확하게 한다. 다음으로 그 상품의 대상이 정말로 남성 회사원으로 적합한지(타깃 분석)를 분석한다. 그리고 상품의 특성과 고객이익은 무엇인가(상품 분석)를 파악하고, 경쟁사는 어떤 광고를 실시하고 있으며, 어떤 주제로 호소하고 있는지(경쟁사 분석)를 파악한다. 그런 다음 왜 신문과 교통 광고가 적합한지, 시기는 언제가 좋은지, 광고 테마는 무엇인지 등의 전략 부분을 구상한다. 마지막으로 실시에 관한 사항을 자세하게 서술하고, 비용과 스케줄을 작성하면 된다. 이것을 정리하면 다음과 같다.

(1) 분석 부분(목표 고객 분석, 상품 분석, 경쟁사 분석 등)
(2) 목적
(3) 전략 분석(대상규정, 캠페인 기간, 지역, 매체 전략, 크리에이티브 컨셉 등)
(4) 실시 계획(신문 광고, 교통 광고 실시 내용)
(5) 비용
(6) 스케줄

　이제 이것으로 대략적인 기획서의 구성은 끝났다. 필자의 경우에는 이 같은 구성을 컴퓨터에 입력해 둔다. 그리고 각 페이지에 타이틀을 달고 흐름에 따라 작업을 진행한다.

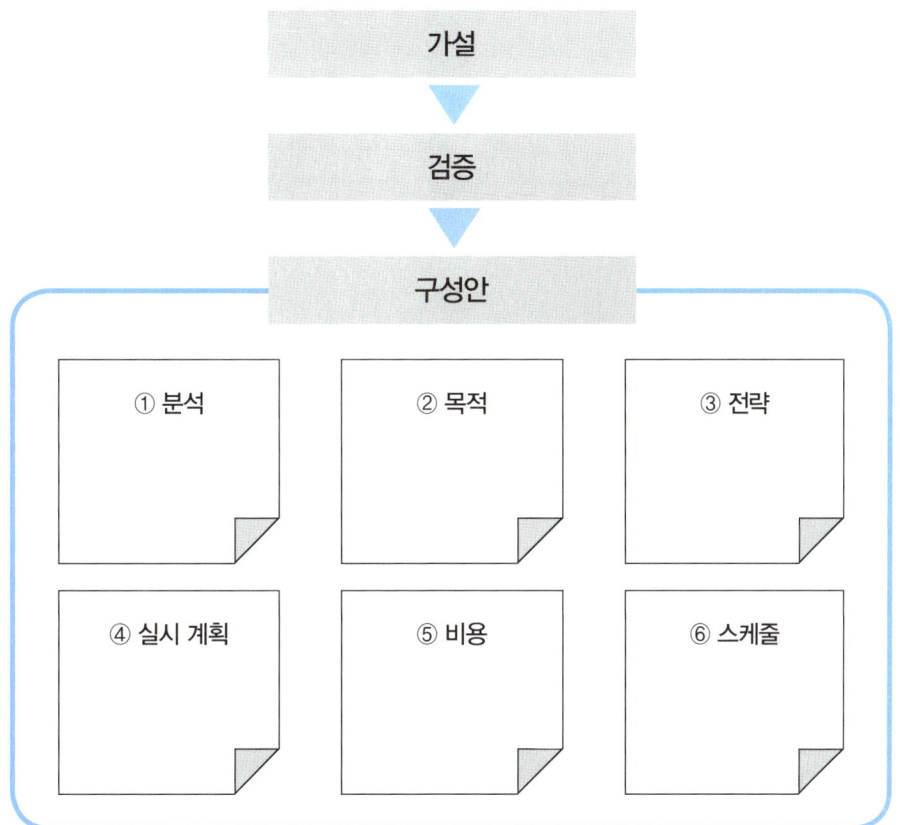

머릿속에 있는 모든 것을 끄집어내자!

구성안이 완성된 시점에서 기획서는 반 정도 완성되었다고 보아도 좋다. 이미 머릿속에서 여러 가지 생각들이 떠오르고 있기 때문이다. 「어떤 기획안을 작성하면 채택될까」, 「그러기 위해서는 어떤 부분을 강조해야 하는가」, 「각 부분의 분량은 어느 정도로 할 것인가」, 「실시 계획에서 견적서를 첨부해야 할 항목은 무엇인가」 등의 내용이 자연스럽게 떠오를 것이다. 익숙해진다는 것은 자신의 머릿속에 「경험에 의해 인용할 지식」이 많다는 것이다. 경험에 의한 지식 중에서 과제에 가장 부합되는 것을 인용하는 것이다. 이렇게 하면 기획의 대략적인 개요가 완성된다. 남은 것은 그 생각을 검증하면서 살을 붙여 나가는 것이다. 기획이 빠르다, 기획력이 뛰어나다, 훌륭한 기획이라는 평가는 구성작업이 신속하다는 말과 동일하다. 즉, 인용할 수 있는 지식이 머릿속에 얼마나 많은가에 달려 있는 것이다.

초안 작성 방법

1 "받을 사람"을 생각하며 기획서를 작성한다

제1관문인 상사를 통과해야 한다

　기획서의 최종적인 목적은 기획안 채택 여부의 결정권을 가진 사람에게 보여 주고, 채택·실현시키는 데 있다. 그러나 그들에게 직접 전달할 수 있는 기회는 현실적으로 거의 없다. 우선 상사에게 제출하고, 상사를 거쳐서 상부에 다시 제출하는 것이 일반적인 방식이다.

　이 경우 기획서를 받은 상사는 그것을 읽고 'No'라고 생각되면 상부에 제출하지 않을 것이다.

　그것은 기획서를 제출한 상대가 OK해 주지 않으면, 가장 중요한 채택 결정자에게까지 전달되지 않을 수 있다는 것을 의미한다. 즉, 기획을 실현하는데 있어서 기획서를 제출하는 상대가 제1관문이 되는 것이다.

기획의 수신인은 누구이며, 무엇을 원하는지를 파악한다

　「수신자」, 즉 기획서를 받아보는 사람이 누구인가, 그 기획의 채택을 결정하는 사람이 누구인가를 파악한다는 것이다. 이 사람은 무엇을 원하며, 어떤 성격인지 파악하라. 성격이 급한 사람에게 두터운 기획서는 업무에 방해가 된다. 이때는 목적과 제안하는 내용을 간결하게 정리해서 제출해야 한다.

　그리고 상대방이 무엇을 원하는지 재빨리 파악해야 한다. 실행 가능한 아이디어를 원하는 사람에게 장황한 설명을 늘어놓아서는 곤란하다. 아이디어와 실행 방법을 간결하게 정리하여 제출하면 그것으로 충분하다.

기획은 홀로 걷는 것이다

　브리핑할 사람, 기획에 대한 설명을 듣는 사람, 결재하는 사람이 동일인이라면 문제없지만, 대부분의 경우 기획에 대한 설명을 듣는 사람과 결정권자는 다른 인물일 경우가 많다. 프레젠테이션 장소에 결정권을 가진 사람이 참석하지 않는다면, 설명을 듣는 사람이 큰 관심을 표명해도 기획이 통과된다는 보장이 없다. 프레젠테이션에는 발표자의 설명 이외에도 발표자의 뛰어난 화술과 열의가 포함되어 있다.

　그런데 설명을 듣는 사람이 기획의 내용을 결재권자에게 제대로 설명하지 못해 기획의 의도가 정확하게 전달되지 않는 경우가 종종 발생한다. 기획서는 가능한 짧게 작성하는 것이 좋다. 동시에 기획서를 읽었을 때 쉽게 내용을 이해할 수 있게 작성하는 것을 잊어서는 안 된다. 최근의 기획서는 차트와 도형을 많이 사용하고 있는데, 이 기획서가 여러 사람의 손을 거쳤을 때 제대로 이해될지 의심스럽다.

상대의 진의와 변화를 파악한다

Point 기획을 소용없는 것으로 만들지 않기 위해서는 제출할 상대방에 관한 정보수집이 중요하다.

기획서를 제출할 상대에 대해서, 다음과 같은 사항의 정보를 수집한다.

⬇

그 사람의 업무에 대한 자세, 가치관(기획서의 표현 방법을 파악한다.)

⬇

제출할 기획안의 테마(문제)에 대한 현재의 문제의식

⬇

제출할 기획안의 문제가 해결되는 것에 대한 열의

⬇

지금, 어떤 일에 문제의식을 안고 있는가?

⬇

인간성(타인의 아이디어를 횡령하는 타입인지?)

⬇ 의문이 있다면 제출처의 변경을 검토

상대의 주변사람들로부터, 상기와 같은 사항에 대해서 정보를 수집한다.

⬇

기획을 제출할 대상은 업무에 대해서 진지한가?

⬇

기획을 제출할 대상이 지금 업무 중 가장 열심을 내고 있는 것은 무엇인가?

⬇

최근 회사의 경영방침에 변화가 있었는가?

⬇

기획을 제출할 대상은 상사로서 신뢰할 수 있는 인물인가?

2 타이밍을 놓치지 않아야 한다

예전에 외국 현지에서의 마케팅 기획에 대한 개요를 의뢰한 적이 있다. 최초의 대응은 아주 빨랐다. 바로 다음 날 「의뢰에 대해 감사드립니다. 곧 바로 기획서를 작성하여 보내드리겠습니다」라고 말했다. 그런데 한 달이 지나도 아무런 응답이 없었다. 한 달 반 정도가 지났을 때 300페이지 분량의 기획서가 도착했다. 필자가 요구했던 것은 "개요"임에도 불구하고 이것은 「본격적인 기획서」였다.

「성실한 회사네!」하는 인상 이외에는 아무런 느낌도 받을 수 없었다. 이미 가지고 있던 자료를 활용해서 「기획서의 개요」를 작성해서 제출한 후였다. 기획서의 제출기한에 대한 언급 없이 가능한 신속하게 작성해 달라고 요구할 경우에는 신속하게 제출해야 한다.

「빠르고, 훌륭하고, 저렴하다」라는 세 가지 원칙은 세계 어디에서나 통하기 때문이다.

3 5W2H1T에 맞게 기획 초안을 작성한다

기획을 명확히 나타내는 데는 8가지 요소 즉, 5W2H1T가 필요하다.

기획의 골격은 목적 실현의 방법을 생각하기 위한 것으로 비교적 자유롭게 구성할 수 있다. 그러나 기획서의 골격은 그렇지 않다. 읽히고 이해시키고, 필요하다고 여길 수 있도록 하는 것이 기획서의 역할이다. 따라서 그러기 위해서 필요한 요소를 도입할 필요가 있는데, 그 요소가 되는 것이 「5W2H1I」라는 것이다. Who(누가), When(언제), Where(어디서), What(무엇을), Why(왜), How(어떻게) 외에도 기획서에는 「1H1T」의 요소가 더 필요하다.

- H(하우머치=수지예산) : 실현 가능성과 효과를 구체적으로 나타낸다.
- T(타깃=공격 목표) : 목표를 명확히 한다.

즉, 이 8가지 요소를 충족하고서야 비로소 기획서의 골격이 완성되는 것이다.

5W2H1T를 생각하며 기획서를 작성하면 기획을 기획서로 재구성하는 데 있어 길잡이가 되어 기획서에 모순이나 누락이 있는지, 실현 가능한 것인지 여부를 검증할 수 있다.

이 효과를 발휘하기 위해서, 기획서의 초안 작성은 다음의 절차로 진행해 나간다.

(1) 기획의 문제의식(목적)을 분석한다.
(2) 상대방의 기획에 대한 진의를 파고든다.
(3) 콘셉트를 찾아낸다.
(4) 콘셉트에 맞추어 기획을 재검토한다.
(5) 5W2H1T에 비추어 콘셉트에 맞는 형태로 기획을 재구성한다.

기획서의 초안 작성

Point 기획의 골격을 5W2H1T로 명확화, 구체화하는 것이 기획서화이다.

기획
- 순간적 요소가 강하다.
- 모호한 점이 많고, 구현성이 부족하다.
- 기획의 장점과 단점을 파악하기 어렵다.

초안화
- 기획을 실행할 경우를 가정하여 부족한 요소를 검증, 추가한다.
- 실시하면서 발생할 수 있는 새로운 문제를 검증하고, 해결책을 나타낸다.
- 5W2H1T에 따라 모호한 부분을 구체화한다.

기획의 8요소

Why	왜, 이 기획을 입안하는가?	이유, 의의, 배경
What	이 기획에서 무엇을 실시하는가?	기획의 내용
Target	무엇에 대해서 이 기획을 실시하는가?	대상, 기획의 표적
How	어떻게, 이 기획을 추진할 것인가?	방법, 절차
When	언제, 어떤 일정으로 진행할 것인가?	실시시기, 기간
Who	누가 실시할 것인가?	실행자, 관계자
Where	어디서 실시할 것인가?	대상지역, 장소
How much	얼마의 비용과 이익이 발생할 것인가?	기획서 제출

기획서의 골격
- 이것을 기준으로 기획서의 초안을 작성한다.

4 기획의 내용을 원점에서 다시 검토한다

 **문제의식을 재고한다**

처음의 문제의식은 기획을 하게 된 계기가 된 것이므로 기획의 목적이 된다. 본래대로라면 완성된 기획과의 차이는 발생하지 않겠지만 기획을 진행하는 동안 많은 아이디어의 변화와 확장이 있었고 그런 것들이 정리되는 과정에서 완성된 기획과 초점이 잘 맞지 않는 경우가 흔히 발생한다.

그러므로 '이 기획이 정말 해결해야 할 문제는 무엇인가?'라는 시점에서 기획 초안을 재검토한다. 그 결과, 적절하지 않다고 생각될 때는 다음과 같이 실행한다.

① 기획을 생각하는 계기가 된 당초의 문제의식은 무엇이었는가?
- 최초의 문제의식이 현재의 기획안과 일치하는가?

② 현재의 기획안과 어긋나는 부분이 있는가?
- 현재의 기획안과 연결되지 않는다거나 차이를 보이는 이유는 무엇인가?

③ 현재의 기획안에 맞추기 위해서는 문제의식을 어떻게 조정하면 되는가?

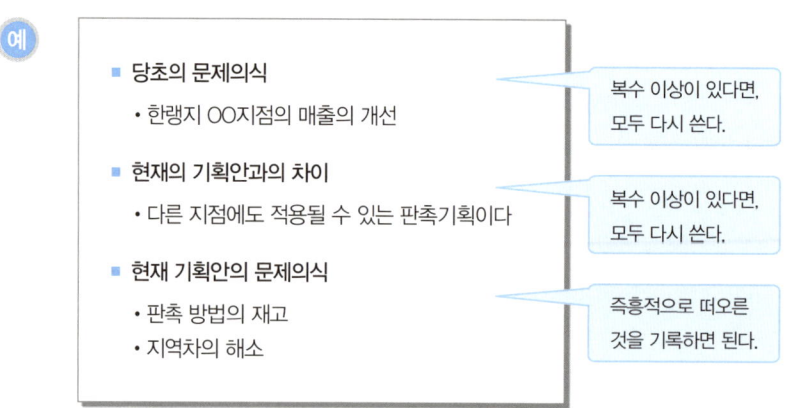

①의 상황에 대한 처음의 인식이 기획이 구축된 현시점에도 적합한가에 대한 검토가 끝났으면 이제 ② 이것을 별도의 문제를 해결하기 위한 새로운 기획으로 재구성할 수는 없는가?를 검토해 보아야 한다.

이것은 기획 내용을 다른 시각으로 보고 기획 그 자체를 바꿀 수 있는 가능성을 찾아내는 것이다.

이러한 작업을 통해서 기획의 숨겨진 이점을 찾아내고 다양성을 밝혀낸다. 다양성이 많을수록 상대방의 요구에 부응할 수 있는 가능성도 커진다. 그밖에도 이런 재검토 작업을 통해 새로운 기획이 탄생할 가능성도 높다.

STEP 2 읽는 이가 무엇을 원하는지를 파악한다

기획은 "이 일에 대해서 방법을 좀 생각해 줄 수 없을까?"라는 형식으로, 친분이 있는 곳이나 상사로부터 의뢰를 받는 일이 많다. 그때 당연히, 조건과 목적, 기획에 대한 이미지 등에 대한 설명을 듣는다. 그러나 실제로 기획서를 제출하면, "이게 아니야"라는 이야기를 듣는 일도 적지 않다.

이제부터는 '기획에 대한 상대방의 진의를 파악'하는 방법을 살펴보기로 한다. 그러기 위해서는 면대면을 통해 질문하거나 일상적인 대화의 작은 부분들을 통해 파악하는 등 다양한 방식이 있다. 그러나 어쨌든 중요한 것은 다음과 같다.

① 최대한 접촉할 기회를 많이 만들어 다양한 각도에서 업무에 대한 자세나 가치관에 대해 질문한다.
② 본인만이 아니라 주변 사람들이 그 사람의 가치관을 어떻게 파악하고 있는지에 대해서 파악한다.
③ 기획에 관계가 있는 업무는 다양한 각도에서 질문하고, 화제로 삼아 본심을 유도해 낸다.

위에서 제시한 방법으로 상대방의 의중을 어느 정도 파악했다고 생각했는데 막상 기획서를 제출하면 아래와 같은 이유 등으로 상대방의 의중이 변한 경우도 흔히 볼 수 있는 일이다.

ⓐ 제출하기 전까지의 기간에 상황의 변화가 있었으므로 상대방의 문제의식이 달라졌다.
ⓑ 제출한 기획으로 인해 상대방이 새로운 문제의식을 갖게 되었다.
ⓒ 상대방이 의도적으로 기획의 조건 등을 본래의 것과는 다르게 전달했다.
ⓓ '참고 차원에서 생각해 주면, 괜찮은 부분을 차용하겠다'는 의도로 의뢰를 받았다.
ⓔ 상대방의 경우도 상사 등으로부터 명령을 받은 것이었으므로 처음부터 잘못된 조건을 전달했다.

상대방의 변화가 어디서 시작되었건 간에 상대방의 변화를 막을 수 있는 것은 아니다. 다만 제시된 것이 잘못된 조건이었는지, 또는 상대방의 문제의식이나 기획에 대한 요구가 변화된 것인지 정도의 정보는 조금만 안테나를 세워 들으면 알 수 있을 것이다. 여기서 중요한 것은 다음의 2가지 사항이다.

① 기획을 생각하기 시작한 때와 현재의 사내 환경의 변화(경영방침이나 업무의 내용, 실적의 변경 등)를 검토한다.
② 기획을 생각하기 시작한 때와 현재의 외부 환경의 변화(업계의 변화, 경기의 변화, 수요 동향의 변화 등)를 검토한다.

예를 들면, '○○지역에서 A상품의 판매율이 신장되지 않는 것이 우려된다'는 정보였다면, 그것을 그대로 메모에 적어놓고 그 옆에 「○○지역에서의 A상품의 판촉」 같은 방식으로, 기획을 테마화하여 덧붙여 기록하는 것이다.

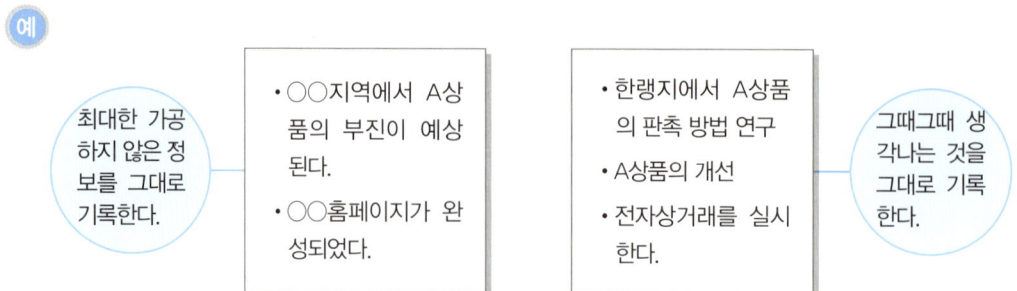

5 키워드를 제시한다

이제 기획의 매력을 단적으로 표현하는 말을 찾아내야 한다. 이것이 바로 콘셉트가 된다.

앞의 예에서 말하자면, '○○지역', 'A상품', 'A상품의 판촉' 등이 그것이다. 이것은 같은 말이 여러 번 사용되어도 상관없다. 그러나 하나의 항목이 하나의 의미만 가지는 형태로 가져와야 한다.

앞의 예에서 키워드를 가져온다면 아래와 같을 것이다.

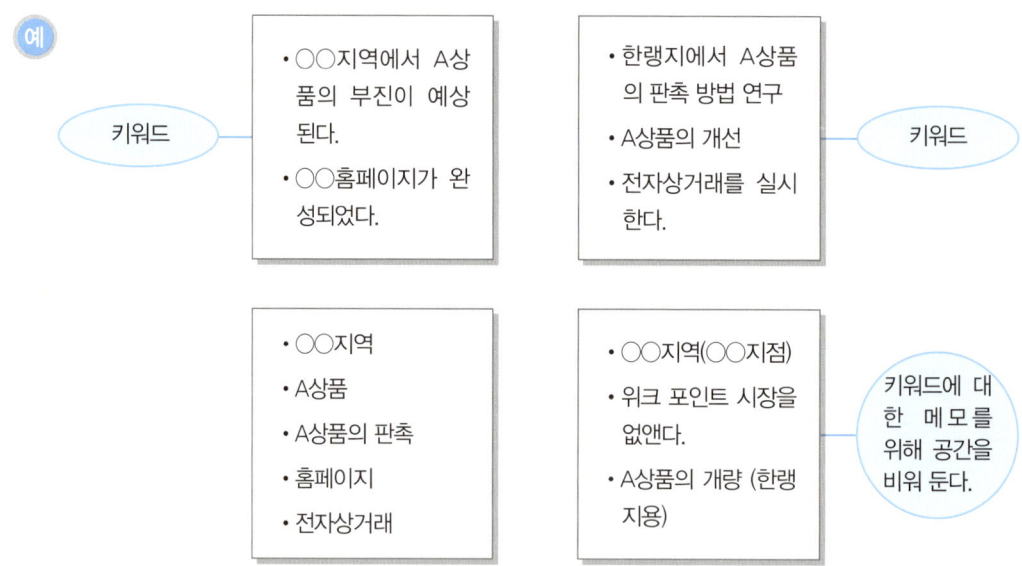

남겨진 항목을 어떤 말로 정리하면 기획의 테마가 될 것인지, 떠오르는 생각을 별도의 용지에 기록한다. 예를 들면, 위와 같이 키워드가 추출되었다면 이 키워드들을 조합하여 '○○지역 등 한랭지용 신상품 개발' 등과 같이 기록하는 것이다.

이런 식으로 기록해 둔 여러 가지 기획 아이템 중에서 상대방이 매력을 느낄 수 있는 것을 선택해야 한다. 기획서를 읽을지, 읽지 않고 서랍 속에 잠자게 할지는 상대방이 관심을 보일지 여부에 따라 결정된다. 이러한 상황을 미리 혼자 모의 테스트해 보는 것이다.

이렇게 처음 기획 내용을 위해 가공하지 않은 정보를 정리하고 상대방의 입장에서 어떻게 생각할지를 상상하면서 선택하면 자기 위주의 독선적 선택을 하는 우는 범하지 않을 것이다.

6 기획을 콘셉트에 맞춘다

기획을 위한 키워드, 즉 콘셉트를 찾았다면, 이번에는 '콘셉트에 맞추어 기획을 재고'하는 작업에 들어간다. 여기서는 기획을 구축하고 있는 각각에 대해서, 다음과 같이 검토해 나간다.

① 콘셉트를 바탕으로 세부를 음미하고, 그에 맞지 않는 부분이나 모순을 체크한다.
② 그중 수정할 수 있는 것은 수정한다.
③ 수정할 수 없는 것은 삭제하고 대안이 떠오르면 교체한다.
④ 콘셉트에 부족한 요소가 있다면 콘셉트 자체를 수정한다.

즉, 콘셉트에 기획을 맞춤과 동시에 콘셉트 그 자체도 기획에 맞도록 개선하여 기획을 하나의 잘 조직된 몸체로 만드는 것이다. 그런데 여기서 말하는 콘셉트는 기획의 콘셉트이며, 기획서의 콘셉트와는 다르다. 여기에서의 콘셉트란 건넬 상대에게 기획의 의미나 이점을 제시하는 것이지 기획의 세일즈 포인트를 나타내는 것이 아니다.

7 실행 가능한지 확인한다

다음은 5W2H1T에 맞추어 콘셉트에 부응하는 형태로 기획을 재조직하는 작업이다. 여기서는 수정된 기획을 5W2H1T의 8가지 요소에 맞추어 각각에 대해서 검토해 나간다.

초안의 검토 내용은 다음과 같은 항목을 중심으로 한다.

(a) 기획에 모순이 없는지 여부를 체크하고, 개선한다.
(b) 기획의 실행 가능성을 확실히 한다.
(c) 기획에 대한 실행 방법을 구체적으로 생각한다.

기획서 초안은 검토표를 만들어서 체크해 보는 것이 좋다. 그리고 문제가 없다면 이것을 기획서의 초안으로 정리해 나간다.

이때 Check 항목 전체에 ○을 표시할 수 있을 때까지 검토를 계속한다. 이 항목을 미해결 문제로 남겨둔 채로 기획서 작성에 들어가면 결함이 있는 기획서가 될 우려가 있다. 미해결이라는 것은 기획을 실행하는 데 있어서 문제나 모순이 있다는 것을 의미한다. 그 상태에서 그대로 기획서를 만드는 것은 문제를 질질 끄는 것에 지나지 않는다. 문제는 반드시 이 단계에서 해결해 두는 것이 철칙이다.

이러한 검토는 한 번만이 아니라 좋은 생각이 떠오를 때까지 몇 번이고 시간을 두고 실시하는 것이 요령이다. 그렇게 하면 그때마다 새로운 관점에서 생각할 수 있기 때문에 고민하고 있던 문제가 수월하게 해결되는 경우도 종종 있다.

기획서 초안 작성 방법

① '요점' 항목에 기획의 요지를 조항별로 기입한다.

다른 항목과 내용이 중복되어도 상관없다. 여기서는 일단 기획이 이 요소들을 만족시키고 있는지 여부를 확인하는 의미로 5W2H1T의 '요소'란을 모두 채워 두기만 하면 된다. 중복된 부분도 실제로 기획서를 만드는 단계에서 자연스럽게 조정될 것이다. 이렇게 모든 란을 채우고 나면 한눈에 기획의 전체 내용을 알 수 있다.

② ①을 다시 꼼꼼히 확인하여 빠져 있거나 실행상의 문제가 없는지를 검토한다.

③ 빠진 부분이 있다면 해당되는 곳에 내용을 추가 기입한다.

④ 문제가 있다면 그것을 '문제점'란에 기입한다.

⑤ ②의 문제의 해결법을 생각하고, 그것을 '해결책'란에 기입한다.

⑥ 그 해결책이 기획 내용에 관한 것이라면 '요점'란에도 추가 기입한다.

⑦ 해결된 것은 'C(체크의 의미)'란에 O 표시나 체크마크를 기입한다.

기획서 초안 검토표의 예

기획 개요	지역지를 발행하여 약세인 OO지역 매출 향상을 도모한다.			
요소	요점	문제점	해결책	Check
Why	• 조사결과 OO지점은 지역주민과 아직 충분한 교류가 없었다. • 이 지역에서는 당사의 지명도가 낮다.	• 어떻게 친근감을 줄까? • 경쟁사 간의 경쟁이 심하다.	• 커뮤니케이션을 만든다. • 평범한 PR 작전	
What	• 지역의 화제와 상품, 생활정보를 종합한 작고 실용적인 소책자(타블로이드판, 8P)를 발행	• 유사한 광고물이 있다.	• 지역의 주부를 기자로 채용하여 차별화한다.	
Target	• 주요 고객층인 주부 • 지역에 30대 주부가 많으므로, 특히 그 세대층을 대상으로 한다.	• 어떻게 흥미를 유발할 수 있을까?	• 30대 주부층의 관심을 조사하여 중점 대상으로 한다.	
How	• 주민참가형 지면을 만든다. • 생활 아이디어상 등으로 흥미를 유발한다. • 발행은 월간(급여일 1주일 전)	• 어떻게 관심을 끌 것인가?	• 쌍방향성을 중시한다.	
When	• 이번 여름 보너스 지급시기부터 개시			
Who	• 편집은 외부 프로덕션에 위탁 • 지점에 담당자를 1명 지정 • 주부 취재그룹을 만든다. • 주민과 지점원을 지면에 등장시킨다.	• 비용은? • 전임은 불가능 • 인력 채용은?	• 기간을 정한다. • 고객 중에 선출	
Where	• OO지점의 영업지역과 그 주변 • 지점 내와 신문 안에 삽지(3개지)하여 배포			
How much	• XX부 발행 • 편집비 = O만 엔 • 인쇄비 등 = O만 엔 • 배포비용 = O만 엔 • 합계 = O만 엔 • 매상증가 전망 = O만 엔 (연간) • 차감액 연간 O만 엔의 수익 증가 전망	• 너무 많지 않은가? • 예산 확보에 어려움	• 재조사가 필요 • 인쇄방법으로 해결할 수 있는 방법 있음	

8 공정과 예산을 검토한다

공정과 예산이 명확하지 않은 기획서는 쓸모가 없다. 기획서에 실현 가능하다는 설득력을 부여하기 위해서는 기획을 실행하기 위한 작업의 공정과 금전의 문제가 특히 중요하다.

이 두 가지 문제는, 기획의 골격에 직접 관계되는 것이 아니기 때문에 처음부터 기획서 초안의 검토표와는 별도로 검토하는 게 좋다.

우선, 작업의 분석부터 실시한다.

작업 분석 내용

① 기획의 실행에 필요한 작업을 빠짐없이 확인한다.
② 각각의 작업의 필요한 인원수를 검토한다.
③ 필요 인원의 조달방법을 고려한다.
④ 작업별 절차와 필요 일수를 검토하여 총 일수를 계산한다.

작업 분석표를 토대로 아래와 같은 항목에 대한 전체 소요 비용을 예상한다.

① 작업의 분석 결과를 기초로 하여 인건비를 계산한다.
② 인건비 이외에 필요할 경비 항목을 빠짐없이 확인하고, 얼마가 소요될지를 계산한다.
③ 수익을 가져오는 기획이라면 이를 통해 얼마의 수익을 전망할 수 있는지를 계산한다.
④ 경비의 삭감을 가져오는 기획이라면 얼마의 경비가 삭감될 전망인지를 계산한다.
⑤ 수입과 지출의 합계를 통해 얼마의 이익이 발생할 것인지를 제시한다(손익계산서와 같은 형태로 정리하면 된다).

이 예산의 문제에 관해서는, '어느 정도의 비용이 소요되는가'만이 아니라 '어떻게 그 비용을 충당할것인가', '그로인해, 얼마만큼의 플러스가 예상되는가'에 대해서도 검토되어야 한다.

외주가 필요한 경우에는 협력회사 등에 문의하거나 가견적을 받는 등 조사할 수 있는 정보를 최대한 수집하여 그 근거를 확인하면서 검토하도록 한다.

전체 소요 비용은 기획서의 작업을 진행해 나가면서 수시로 검토하고 수정해 나가야 할 부분이다.

작업 분석표의 예

기획명	단행본 [○○○○]										기입	○년 ○월 ○일	

각 작업의 진행절차 / 작업항목	준비단계				종료단계						필요 인원	소요 시간
	발주처의 선정	의뢰·발주	원고 집필	원고 정리	레이아웃 등	인쇄·교정	제작	배달·배포				
1 원고 작성	1	6	120	10							1	96
2 체제·사양	1	−			3						1	7
3 인쇄·제본	1	−				30	5	7			−	50
4												
5												
6												
7												
8												
9												
10												
11												
12												
13												
14												
15												
합계	3	6	120	10	3	30	5	7			2	153

- 각 작업의 진행 절차를 기입
- 필요한 일수를 기입
- 기획 실행에 필요한 작업 내용을 실행 순서대로 기입

작업의 외부 위탁, 원재료의 구입 등이 있을 경우

No	작업 항목	외부 위탁·구입 내용	외주처 후보	수량	비용 전망
1	원고 작성	「○○○」원고	홍○○	250장	−
2	체제·사양	레이아웃	김○○	210P	−
3	인쇄·제본	인쇄	○○○인쇄	−	−
3	인쇄·제본	제본	○○제본	−	−
		예상 비용 합계			−

9 기획서의 초안을 정리한다

기획서의 초안 검토 결과가 모두 '문제없음'으로 확인됐다면 기획서의 초안 검토표를 다음과 같은 형식으로 다시 정리한다.

기획서 초안표의 형식

콘셉트 항목	요점(항목별 작성)	비고(특정 조건 없음)
기획의 이유(Why)		
내용(What)		
대상(Target)		
기획의 방법(How)		
기획의 공정(스케줄)(When)		
실행자(Who)		
실행장소(Where)		
수지전망(How much)		

⑤ 기획서를 작성한다

기획 초안의 내용을 검증하기 위한 조사를 한다

지금까지 작업한 모든 요소들은 좋은 기획서를 만들기 위해서이다. 그럼 좋은 기획서란 어떤 것인가? 그것은 읽는 이(기획의 채택 여부를 결정할 권한을 가진 인물)의 마음을 확실히 움직일 만한 전달력과 호소력, 설득력을 가져야 좋은 기획서라고 할 수 있을 것이다. 좋은 기획서는 다음의 세 가지 요건을 모두 갖추고 있어야 한다.

- **유효성** – 내용(기획)의 이점(가치)이 명시되어 있을 것
- **실효성** – 내용(기획)의 실현 가능성과 실현한다는 것의 의미가 명시되어 있을 것
- **표현력** – 내용(기획)이 어떤 것인지, 구체적으로 묘사되어 있을 것

기획서가 얼마나 매력적으로 표현되느냐는 기획이 통과되느냐, 쓰레기통으로 들어가느냐의 핵심이 된다. 통과되는 기획서를 만들기 위해서는 초안을 강화해야 한다. 그러기 위해서는 자신의 기획이 얼마나 보편성이 있는지를 검증하는 취재와 조사를 통해 확인하여야 한다.

 **조사와 취재로 보편성을 검증한다**

◎ 정보 수집을 위한 조사 시 주의사항

정보 수집은 조사와 취재가 중심이 된다. 자신의 기획이 얼마나 보편성이 있는지를 검증하는 것이 취재이다.

조사란 문헌자료와 인터넷, 데이터뱅크 등에서 필요한 정보를 입수하거나 설문조사를 통한 실태 조사와 같은 종류를 말한다. 취재란, 면접을 통해 직접 질문하거나, 관찰하는 것이다.

이 조사나 취재에서는, 미리 구체적인 조사 항목 및 질문을 준비해 두어야 한다. 왜, 무엇을 알고 싶은지, 처음에 확실한 목적과 의도를 설정하고, 그것에 초점을 맞추어 필요한 정보를 수집해 나가는 것이다. 정보 수집을 위한 조사에 있어서 염두에 두어야 할 사항은 다음과 같다.

(a) 기획(초안)에 대한 주변 사람들의 반응이 어떤가?
(b) 이 기획과 유사한 것이 실제로 어딘가에 존재하지는 않는가?
(c) 이 기획에 대한 필요와 요구는 어떤 것인가?
(d) 목적으로 하는 필요와 요구에 어필하기 위해서는 어떤 방법이 좋겠는가?

◎ 정보 수집을 위한 질문 시 주의사항

❶ 기획의 내용을 구체적으로 드러내지 않도록 한다.

'이거 어떻게 생각해?' 같은 식으로 기획 내용을 얼버무리면서 기능, 효과 및 대충의 윤곽만 제시하고 의견을 듣는 것이 좋다. 아이디어를 도둑맞지 않기 위한 방어책이다(특히 동료에게). 손에 넣은 정보는 표현을 바꾸거나 요약하지 말고, 최대한 받은 그대로의 형태, 뉘앙스가 남아 있는 형태로 기록한다.

❷ 질문에 답할 때 상대방의 반응을 자세히 관찰하고, 기억해 둔다.

응답할 때 상대의 반응을 '매우 좋다', '좋다', '안 좋다'의 세 가지 정도로 분류하고, 가능하다면 직업이나 성별, 연령별로 구분하여 데이터화한다면 자신의 기획이 어떤 계층에게 받아들여지는지를 알 수 있는 기준이 된다.

❸ 기획의 장점과 단점을 파악하기 위해 질문에 대한 답이 '좋다'이든 '좋지 않다'이든 간에 반드시 '왜', '무엇이'를 확실히 묻는다.

Tip;

니즈와 원츠(필요와 요구)
- 니즈 – Need(필요)의 복수형으로 '필요로 하는 정도'를 의미한다.
- 원츠 – 욕구를 의미하는 Want의 복수형으로, 니즈보다도 강한 '욕구의 크기'를 의미한다.

이렇게 취재한 내용은 취재 노트를 만들어 기록해 두는 것이 좋다(취재 노트 예 참조).

아이드마의 법칙
미국의 롤랜드 호이가 주장한 것으로 고객이 상품 구입 시 거치는 심리과정을 정리한 것이다.

① A = Attention(주의)   ② I = Interest(흥미)

③ D = Desire(욕망)   ④ M = Memory(기억)

⑤ A = Action(행동)

취재 노트의 예

Point 취재 결과는 이렇게 노트를 만들어 기입해 두면 정리하기 쉽다.

취재일	년 월 일	장소						
취재처				성별		연령		세
직 업	a. 사무계 b. 기술계 c. 서비스계 d. 학생 e. 주부 f. 기타							
상기의 이유								

질문은 기획자가 필요하다고 생각되는 것으로 정한다.

질문 예	평가점(5점법)					비고
이것이 사람에게 주목 받을 것이라고 생각하는가?	5	4	3	2	1	
이 기획을 참신하다고 생각하는가?	5	4	3	2	1	
이 기획에 참가하고 싶다고 생각하는가?	5	4	3	2	1	
이 기획에 시간을 잊어버리고 즐길 수 있겠는가?	5	4	3	2	1	
이 기획이 트렌드에 맞는가?	5	4	3	2	1	

상품기획이나 광고기획 등에서는 이러한 아이드마(AIDMA)의 법칙을 근거로 질의 항목을 설정한다.

이벤트 기획의 경우 질문 예

응답자의 답변을 참고하여, 5 또는 10점법으로 채점

생각난 것들을 메모해 둔다.

질문 예	평가점(5점법)					비고
이 기획이 재미있다고 생각하는가?	5	4	3	2	1	
이 기획을 참신하다고 생각하는가?	5	4	3	2	1	
이 기획에 참가하고 싶다고 생각하는가?	5	4	3	2	1	
이 기획에 시간을 잊어버리고 즐길 수 있겠는가?	5	4	3	2	1	
이 기획이 트렌드에 맞는가?	5	4	3	2	1	

STEP 2 비슷한 사례를 조사하여 기획을 강화한다

자신의 기획과 유사한 다른 경우가 있다면 이를 자신의 기획이 실현된 경우의 모델이라고 생각하고, 그것을 모델로 자신의 기획을 보강한다. 유사 사례를 조사하는 목적이 여기에 있다.

비슷한 사례는 사실 그리 쉽게 조사할 수 있는 것이 아니다. 평소에 유사 업계나 기업 동향에 안테나를 세우고 정보를 파악해 두어야 하고, 정보 교환이 가능한 인맥을 폭넓게 형성해 두어야 가능한 일이다.

일단, 유사 사례가 발견된다면 아래의 내용을 참고하여 기획안에 반영하도록 한다.

① 유사 경우가 있다면 자신의 기획과의 유사점과 차이점을 확실히 한다.
② 차이점에 대해서는 왜 그런 차이가 생겼는지 원인을 밝혀낸다.
③ 선례에서 뛰어난 점이 있으면 그것을 적절히 도입해 나간다.
④ 선례의 단점이 있다면 자신의 기획에도 같은 문제가 없는지 체크하여 수정한다.
⑤ 필요 항목에 대해서 레이더 차트와 같은 것을 만들어 자신의 것과 기존의 사례를 비교하여 약점을 보강한다.
⑥ 유사 사례와 현재 기획의 특징을 비교하여 매트릭스 표와 같은 도식화된 그림을 통해 자신의 기획가치(포지셔닝)를 평가한다.

아무리 좋은 기획이라도, 유사 사례가 너무 많다면 같은 파이를 많은 사람이 나누어야 하므로 실패의 우려가 그만큼 강하다. 자신의 기획이 불리한 위치에 있다는 것을 알게 된다면, 유리한 위치로 가도록 개선해 나가야 한다.

Tip;

레이더 차트
어떤 사물의 속성이나 능력 등을 몇 가지 지표를 토대로 패턴화하여 나타낼 때 편리한 방법으로 레이더 모양을 하고 있다고 하여 레이더 차트라고 부른다.

매트릭스 표
어떤 사물의 특성을 이차원적으로 구분하여 문제의 성질을 도출하기 위해 이용되는 방법으로, 어떤 사물의 가치를 평가하는 데 편리하기 때문에 기획서에서 자주 사용되고 있다.

레이더 차트의 예

Point 필요 항목으로 레이더 차트화하면 기획의 약점이 확실히 보인다.

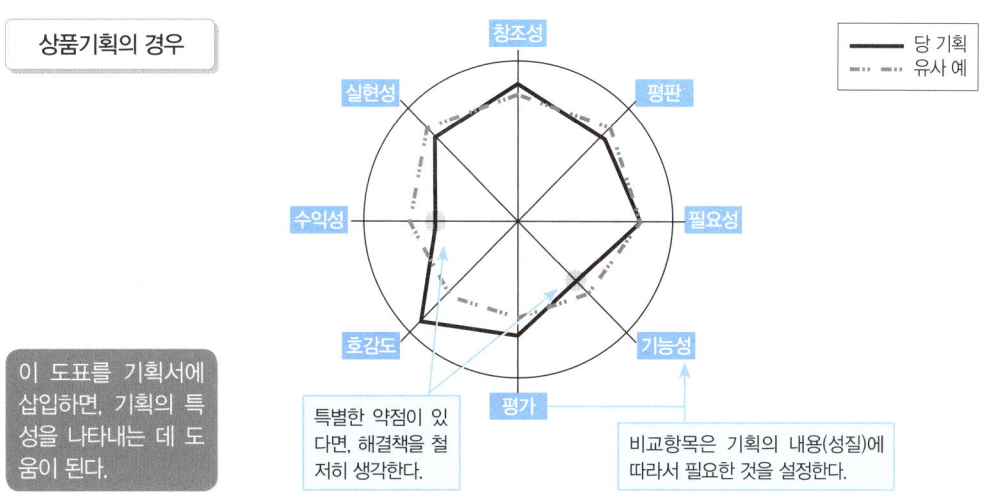

매트릭스 표의 예

Point 상품 기획 등은 매트릭스 표를 이용하여 유사품과의 차이를 체크한다.

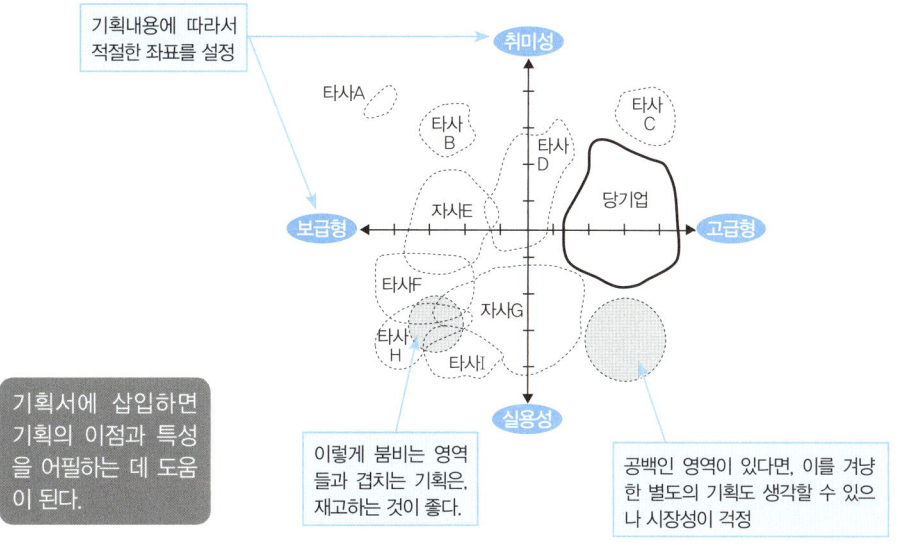

STEP 3 미니 시장 조사를 한다

미니 시장 조사는 기획의 내용보다 기획을 실행해 나가는 방법을 찾기 위한 조사이다. 일반적으로 기획이 채택되고 실행해 옮길 경우, 광범위한 마케팅 조사가 전문 부서에서 이루어진다. 그렇게 생각하면 기획에서 시장 조사까지 해야 하는가 하는 의문이 들 수도 있다.

그러나 시장 조사가 반드시 있어야 하는 이유는 타깃에 대한 공략법이 제시되어 있지 않은 기획서는 채택되기 어렵기 때문이다. 여기서 말하는 시장 조사는 전문 부서에서 하는 그런 본격적인 것이 아니라 자신에게 가능한 범위의 조사, 즉 미니 시장 조사를 말한다.

미니 시장 조사 방법은 지금까지 실시했던 취재나 조사의 결과를 통해 기획의 필요성과 특성에 맞는 방법을 생각하거나 간단한 앙케트를 실시하여 필요에 부합하는 판매 방식을 고려하는 것이 기획이 채택되는 길이다.

◉ 미니 시장 조사는 자발적으로 한다

기획에 깊이를 더하고 의뢰인에게 깊은 인상을 주는 것이 자발적인 조사다. 20대 여성을 타깃으로 한 신제품 개발을 기획한다고 하자. 의뢰를 받은 즉시 7~8명의 여직원을 모아 콘셉트에 관한 핵심집단 인터뷰를 실시해 보라. 이 조사는 반나절 정도의 시간만 있으면 가능한 작업이다. 이것을 정리하여 데이터로 작성한다. 이 외에도 간단한 조사방법은 많다. 자신과 직원 2명이 거리에서 앙케트 조사를 실시할 수도 있다. 반나절의 시간만 투자하면 100명에게 앙케트 조사 자료를 모을 수 있을 것이다. 사내에서 앙케트 조사를 하는 것도 효과적인 방법이다. 자동차 생산업체에 제출하는 기획서의 경우라면 고객으로 가장하여 경쟁사의 판매점을 방문하여 청취조사를 할 수도 있다. 이와 같이 하루 정도의 시간을 투자하여 발로 뛰면서 조사를 해보자. 자신 있게 프레젠테이션에 임할 수 있을 것이다.

기획서의 초안을 수정한다

지금까지 취재와 조사를 통해 얻은 정보를 토대로 기획서의 초안을 다시 기술하고 강화해 나간다. 이 경우 다음 페이지와 같은 일람표를 사용하면 항상 전체의 흐름을 파악할 수 있고, 작업하기 쉬워진다. 이 표는, 다음 순서로 기입하자.

기획 테마(안)	기획의 키워드, 콘셉트에서 생각한다.

목적		초안	좌측 내용의 수정	사회성
② 기획의 목적 그 자체	왜			② 사회적인 의의나 필요성을 기입한다.
	무엇을	① 기획서의 초안을 옮겨 적는다.	③ 초안을 수정한 것을 기록한다.	
	어디에			

	기획의 구체적인 내용(초안)	좌측 내용의 수정	효과
언제			
어디서			
누가	④ 기획서의 초안을 옮겨 적는다.	⑤ 초안을 수정한 것을 기록한다.	
진행 방법		전부 항목별로 기입한다.	
이익			

전제조건	예상되는 문제점
⑥ 기획의 전제가 되는 사항을 작성한다.	⑦ 기획을 실시했을 때 예상되는 장애 등을 작성한다.

기획서의 구성도

Point 전 페이지에서 수정한 초안을 정리하여 아래 표와 같이 만들면 기획서의 구성도가 된다.

기획 테마(안)	

목적	기획의 기본방침		필요성
	이유		
	내용		
	대상		

기획의 구체적인 내용(초안)		효과
시기		
장소		
실행자		
준행 절차		
수지		

전제조건	예상되는 문제점

기획서의 목차안을 만든다

기획서에서의 목차는 글을 읽도록 만드는 도구라고 생각해야 하며, 페이지를 나타내는 기능은 오히려 부차적이라고 해도 과언이 아니다. 목차안을 만든 과정을 단계별로 살펴보자.

 **STEP 1 기술할 내용을 정리한다**

기획의 전체 내용이 결정되었다면 이제 기획서의 구상을 다듬고 목차를 만드는 작업을 해야 한다. 자신은 아무리 충분히 검토했다고 생각해도 머릿속에서 그려낸 것은 역시 막연하고 모호한 부분이 많다. 그것을 갑자기, 곧바로 기술하려고 하면, 무엇을 어떻게 써야하는지 정리가 되지 않아 이내 암초에 걸리거나, 지리멸렬한 기획서가 될 것이 분명하다. 그것을 방지하는 것이 이 구성을 다듬는 작업이다. 이를 통해 기획을 설명하는 데 있어서 아직 무엇이 부족한지를 알 수 있고, 기획을 보다 객관적으로 볼 수 있다. 이밖에도 무엇을 어디서 어떻게 설명할지를 기술하기 위한 지침을 얻을 수 있으며, 게재하는 순서를 생각함으로써 무엇을 강조하면 되는지, 요점을 파악할 수 있다.

 **STEP 2 요소안을 만든다**

앞에서 작성한 기획서의 구성도를 토대로 목차를 만든다. 기획서 작성에 숙달된 사람이라면 구성도를 보고 한번에 목차를 만들 수 있겠지만 여기서는 기획서 작성 초보자라고 가정하고 설명하기로 한다.

기획서의 목차를 작성하는 방법은 1단계와 2단계로 나누어 설명할 것이다. 처음에는 이 순서대로 한번 해보고, 나름대로의 요령이 생기면 자기 나름의 방식으로 하면 된다.

◎ **1단계**
① '기획서 구성도'에서 기획서에 작성해야 할 요소(항목)를 발췌한다.
② 발췌한 항목에 대해서 각각의 내용을 간단하게 기록한다.
③ 기획을 설명하는 데 부족하다고 생각되는 요소를 체크하고, 추가 기록한다.
④ 각각의 항목에 대해서 표제를 생각한다.
⑤ 게재하는 순서를 결정한다.

게재 순서는 일정한 패턴이 있는 것이 아니므로 기획을 설명하기 위해 필요한 내용만 포함하고 있으면 된다. 그 외에는 검토자에게 미칠 효과를 생각하며 자유롭게 작성해 나간다.

기획서는 기획의 내용은 다르지만 그 기능은 사실 같다고 볼 수 있다. 그렇다면 기획서의 목차 구성에도 공통된 형태가 있을 것이다. 가령 다음과 같은 것들을 예로 들 수 있다.

- 기획의 의도 – 기획의 필요성, 시장성, 타깃 등
- 기획의 상세 – 기획의 구조와 체계구성 등, 구체적인 설명
- 기획의 효과 – 기획을 실시함으로써 실현할 수 있는 효과 등
- 절차 – 개발, 실행의 절차, 유통, PR의 방법 등
- 예산 – 예상 수익과 비용, 손익분기 등

◎ **2단계**

목차안 작성의 2단계는 1단계의 요소안을 바탕으로, 다음과 같은 작업을 진행한다.

① 요소안의 항목(장의 제목이 됨)을 순서대로 정리한다.
② 각 장별로 거기에 포함되어 있는 내용을 고려하여 소제목을 만든다.
③ 각각의 소제목별로 반드시 필요하다고 생각되는 문장의 길이를 생각한다.
④ 각각의 소제목별로 필요한 자료를 올린다.
⑤ 각 장과 절에 페이지를 할당한다.

기획서 목차안 작성의 예

Point 전체의 내용을 한눈에 볼 수 있도록 표로 정리하여 검토한다.

기본 구성 항목	제목(가정)		내용(소제목)	필요한 자료
① 표지	「젊은 사원의 3일간 중역회의」의 제안			
② 서두	머리말 개요 – 왜, 당사는 활기가 없는가?			
③ 목차	목차			
④ *개요(본론)	개요 – 3일만 중역이 되어 본다.			
1. 기획의 의도	1장/커뮤니케이션 단절의 원인은 무이해		(1) 젊은 사원의 불만을 알아본다.	○○조사자료
			(2) 의외로 큰 입장의 차이	○○신문기사
			(3) 젊은 사원이 요구하고 있는 것	설문조사 자료
2. 기획의 상세	2장/젊은 사원을 5명씩 선발하여 3일간 중역이 된다.		(1) 중역회의의 방법	
			(2) 무엇을 논의하게 할 것인가?	잡지○○자료
3. 기획의 효과			(3) 무엇을 실행하도록 하는가?	
4. 절차	3장/어떻게, 젊은 사원의 중역회의를 실시, 운영할 것인가?		(1) ……	
			(2) ……	
			(3) ……	
5. 예산	4장/……		(1) ……	
			(2) ……	
6. *기획의 의미	의의 – 참가의식의 고취가 의욕을 가져온다.		(1) ……	
			(2) ……	
⑤ *자료편	자료1/			△△조사자료
	자료2/			■■■■조사자료
⑥ *맺음말	맺음말			

- 기획서에 대한 관심을 환기시킨다.
- 문제점을 제시하고, 기획의 필요성을 역설한다.
- 기획서의 숲을 볼 수 있도록 한다.
- 기획의 핵심을 제시한다.
- 실행 절차, 가능성 효과 등을 설명
- 기획의 효과와 의의를 강조하여 상대방에게 깊은 인상을 남긴다.
- 기획서의 설득력을 보강한다.
- 예상되는 질문이나 반론에 답변한다.

- 장의 제목을 기입한다.
- 필요하다고 생각되는 내용(소목차)을 기록한다.
- 각 장에서 소개해야 하는 자료를 기록한다.

우선 이 순서대로 나열하고 문제가 있다고 느끼면 필요에 따라 절차를 바꾼다.
(* 표시가 있는 것은 필요없으면 생략해도 상관없다.)

STEP 3 | 기획의 분위기가 전달되는 목차로 만든다

본문의 요소만을 나열하여 페이지 정보만 알려주는 목차는 아무런 매력이 없다. 이런 목차는 기획서를 넘기는 순간 읽고 싶은 마음이 생기기는커녕 오히려 귀찮은 기획서가 하나 더 들어온 느낌을 갖게 한다.

목차 작성에서 가장 중요한 것은 다음의 2가지 사항이다.

① 읽는 이에게 내용을 구체적으로 전달함과 동시에 흥미를 일으키는 것
② 열거된 목차와 기획서 콘셉트가 일치할 것

다음의 두 경우를 비교하여 보면 왜 위의 2가지 사항이 중요한지 바로 이해가 될 것이다.

평범한 목차는 읽고 싶은 욕구를 떨어뜨린다

Point 아래의 두 경우 무엇을 하자는 기획서인지 상상이 되는가?

아직도 이와 같은 기획서의 목차도 버젓이 통용되고 있다.

신상품 기획서
1. 배경분석
2. 목표
3. 전략
4. 제품의 콘셉트
　(1) 브랜드
　(2) 제품특성
　(3) 제품 이미지
　(4) 타깃
　(5) 패키지
　(6) 가격
　(7) 사이즈
　(8) 이익
5. 개발 스케줄

신분야로의 진출에 관한 기획서
Ⅰ. 시장의 현황과 특성
　1. 시장의 현황
　2. 시장의 특성
Ⅱ. 문제점과 시장기회
　1. 문제점
　2. 시장기회
Ⅲ. 시장개척기본전략
　1. 상품 콘셉트의 확립
　2. 시장 타깃의 설정
　3. 유통전략
　4. 개발범위
Ⅳ. 전체 스케줄
Ⅴ. 예산

기획 대상이 같은 종류라면 양쪽 기획에 모두 사용할 수 있다. 즉, 있어도 없어도 상관이 없는 목차이며, 이것으로는 읽는 이의 흥미를 끌 수 없다. 목차는 기획서의 내용 일람이라고 생각하자.

마음을 사로잡는 목차

Point 내용의 키워드를 제목으로 뽑아 정리하면 분위기가 확 바뀐다.

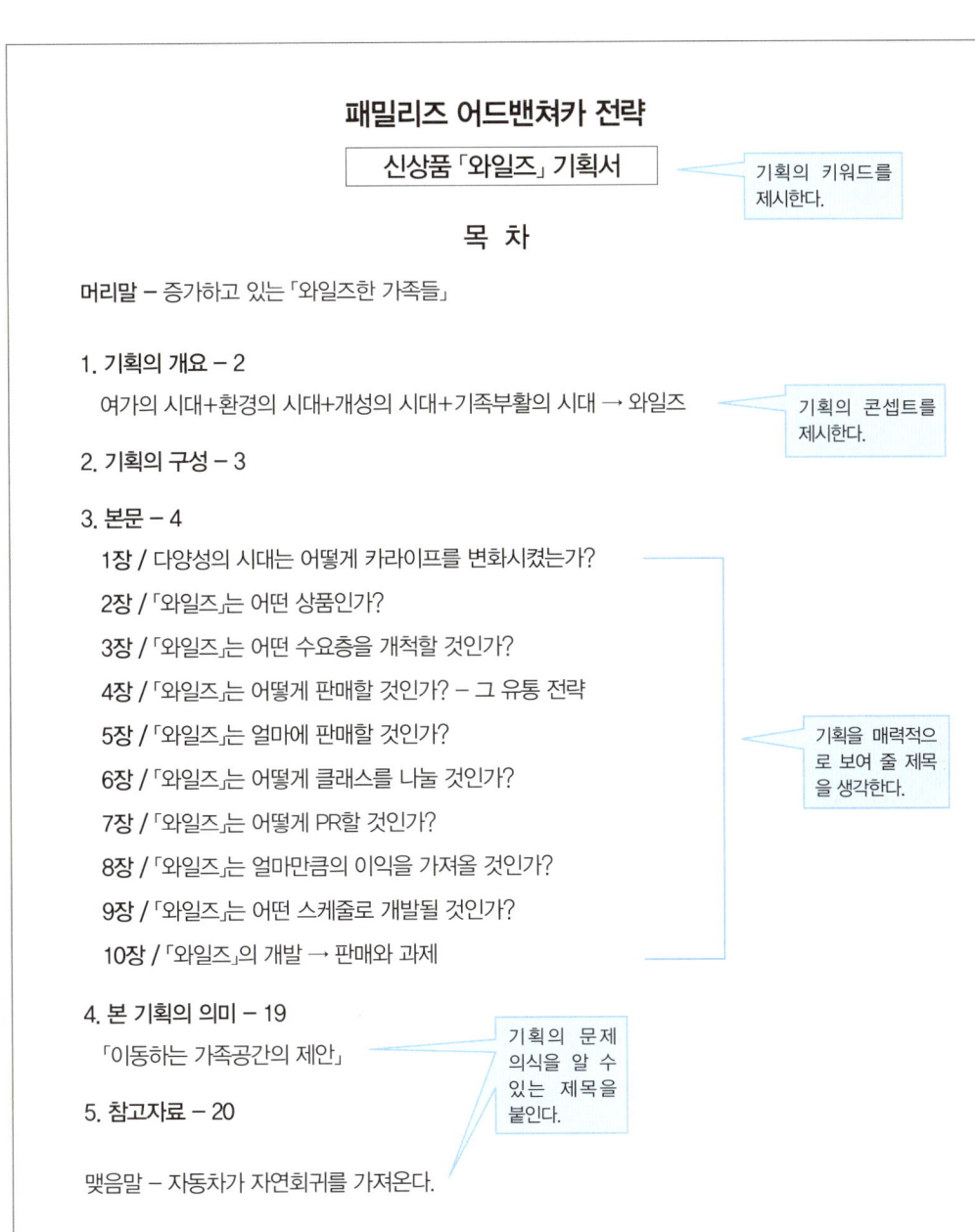

패밀리즈 어드밴쳐카 전략
신상품 「와일즈」 기획서 ← 기획의 키워드를 제시한다.

목 차

머리말 – 증가하고 있는 「와일즈한 가족들」

1. 기획의 개요 – 2
   여가의 시대+환경의 시대+개성의 시대+가족부활의 시대 → 와일즈 ← 기획의 콘셉트를 제시한다.

2. 기획의 구성 – 3

3. 본문 – 4
   1장 / 다양성의 시대는 어떻게 카라이프를 변화시켰는가?
   2장 / 「와일즈」는 어떤 상품인가?
   3장 / 「와일즈」는 어떤 수요층을 개척할 것인가?
   4장 / 「와일즈」는 어떻게 판매할 것인가? – 그 유통 전략
   5장 / 「와일즈」는 얼마에 판매할 것인가?
   6장 / 「와일즈」는 어떻게 클래스를 나눌 것인가?
   7장 / 「와일즈」는 어떻게 PR할 것인가?
   8장 / 「와일즈」는 얼마만큼의 이익을 가져올 것인가?
   9장 / 「와일즈」는 어떤 스케줄로 개발될 것인가?
   10장 / 「와일즈」의 개발 → 판매와 과제
   ← 기획을 매력적으로 보여 줄 제목을 생각한다.

4. 본 기획의 의미 – 19
   「이동하는 가족공간의 제안」
   ← 기획의 문제의식을 알 수 있는 제목을 붙인다.

5. 참고자료 – 20

맺음말 – 자동차가 자연회귀를 가져온다.

기획서의 슬로건을 생각한다

　기획서의 슬로건은 읽는 이에게 강한 인상을 줄 수 있는 말, 즉, 기획서의 특징을 한마디로 나타낼 수 있는 키워드와 같은 것이다. 그러므로 한 번 보고 기억할 수 있도록 최대한 짧은 말로 만드는 것이 요령이다.

　키워드는 즉흥적이거나 조금 억지스러워도 상관없다. 너무 진지하게 생각하기보다는 재미삼아 생각해 보는 것이 좋은 표현이 나올 수 있다.

　예를 들면 중국 시장 점유율 확장 방안 기획으로 화젯거리가 된 기획서의 제목이 "중국 사람들은 왜 빨강색 속옷을 밖에 걸어놓는가?"의 경우도 있고, 사무용품의 절약 및 쓰레기 감소를 위한 기획의 경우 "오피스 에코로지 작전"이라는 식으로 제목을 생각해 볼 수도 있다.

　다만, 기획서의 키워드를 생각할 때 다음과 같은 사항은 염두에 두기 바란다.

① 기획의 특색(콘셉트)을 상상할 수 있는 것인가?
② 상대방에게 기획의 이미지가 전달되는가?
③ 기억하기 쉬운가?
④ 긍정적인 이미지가 있는가?
⑤ 말하기 쉬운가? (어감이 좋은가?)

　이 키워드는, 기획서의 주제나 부제로 사용한다.

Tip;

한국경제신문 기사

'왜 중국인들은 빨간 팬티를 바깥에 널어놓고 말릴까.' (송대석 삼성아토피나 특수영업팀 과장) '구 소련 비밀경찰(KGB)요원들이 사용했던 술깨는 약.' (고종우 삼성전자 메모리IP그룹 과장) 세계 각지에 나가 있는 삼성그룹의 '지역 전문가'들이 최근 사내 인터넷에 올린 '보고서'의 제목들이다. '글로벌 인재 양성을 위해 비싼 돈 들여 해외에 내보낸 직원들이 이렇게 엉뚱한 글이나 쓰나'하고 의아해할 수도 있다. 하지만 분기별로 보고서를 제출해야 하는 지역 전문가들에게 활동 영역이나 주제의 제약은 없다. 물론 비즈니스와 관련된 정보라면 좋겠지만 기본적으로 해당지역 생활 문화와 관습에 대한 이해도를 높여준다면 그것으로 족하다.

[출처]
한국경제신문
2003. 10. 29
조일훈 기자

중국인들은 왜 빨간 팬티를 밖에서 말리나
KGB는 술깨는 비상약을 갖고 다녔다는데

삼성 지역전문가 보고서 눈에띄네

기획서를 구체화한다

이제 지금까지 작업된 목차안을 바탕으로 실제로 기획을 기획서 형태로 표현해 나가야 한다. 여기서도 Check & Thinking을 반복하면서 작업을 해 나가야 한다. 중요한 것은 읽는 이의 입장에서 편하게 읽을 수 있는 기획서를 만드는 것이다.

 **STEP 1** 체제를 결정한다

기획서의 크기(규격)나 형태에는, 특별히 정해진 것이 없다. 신문지처럼 커도, 수첩과 같이 작아도 상관없다. 또 삼각형이거나 둥글어도 상관없다. 필요에 따라서 적절한 사이즈와 형태를 선택하면 되는 것이다.

그러나 읽는 사람을 생각하면 자연스럽게 그 범위는 제한된다. 변형된 형태는 읽는 이의 눈길을 끄는 이점은 있지만, 극단적일 경우에는 읽는 것이 번거롭고, 서류함 등에 수납하기 어려워 분실되거나 읽히지 않은 채로 버려질 우려가 있기 때문이다.

체제 결정 시 일반적인 고려 사항은 다음과 같다.

- 비즈니스 문서는 B5나 A4 용지가 자주 사용되는데, 기획서의 경우, 도표류가 많은 것을 고려하면 A4판이 최적이다.
- 용지를 세로로 할지, 가로로 사용할지는 기획서에 삽입될 도표의 형태를 보고 결정한다. 옆으로 긴 도표가 있는 경우는 가로형으로 하고, 그렇지 않으면 세로로 하는 것이 좋다.
- 기획서가 여러 장인 경우 이를 하나의 문서로 묶어 제출해야 하는데 일반적인 방법은 좌측 상단에 스테이플러로 집는다. 이는 대부분의 사람들이 오른손으로 메모하는 것을 고려한 배려이다.

기획서 작성 포인트

Point 기획서를 작성할 때는 다음 사항에 주의하자.

체 제

- 용지의 크기는 A4 사이즈가 일반적
- 문장은 가로쓰기로 한다(1행의 글자 수는 25~30자 정도가 읽기 편하다).
- 쓸데없이 두껍지 않게 한다(자료편을 제외하고 10~15페이지 정도로 정리한다).
- 본문이나 표제, 각주, 도표설명 문자의 글씨체나 크기에 변화를 준다.
- 본문의 문자를 너무 작지 않도록 한다(11포인트 정도가 적절).
- 본문의 행간을 너무 좁지 않게 한다(지면이 어둡게 보이지 않도록 주의한다).
- 적절히 여백을 두고, 여유 있는 레이아웃으로 만든다.
- 적절히 행을 바꾼다(행을 바꾼 후, 다시 행을 바꿀 때까지의 행 수는 5행 정도로 한다).
- 워드프로세서 프로그램을 사용한다.
- 제본은 스테이플러로 하면 된다. 좌측 상단으로 묶으면 보기 편하다.

구 성

- 표지만으로 대략적인 내용을 알 수 있도록 한다.
- 「머리말」을 붙여서 기획의 목적과 의의를 명확히 기술한다.
- 「목차」를 만들어, 한 번 읽은 것만으로 논지를 이해할 수 있도록 한다.
- 표제를 많이 둔다.
- 도표는 최대한 관련된 설명문과 같은 페이지에 넣는다.
- 길어질 경우에는 개요를 붙인다.
- 중요한 부분에는 밑줄을 긋거나 글씨체를 바꾸는 등 눈에 띌 수 있도록 한다.

내 용

- 구체적으로 제시하는 것이 좋다.
- 목적을 확실히 나타낸다.
- 기획의 필요성을 논리적으로 설명한다.
- 기획의 의의, 이점을 구체적으로 제시한다.
- 설명은 가능한 한 자료, 데이터를 인용하도록 한다.
- 항목별 기술이 가능한 것은 항목별로 기술한다.
- 자신이 없는 듯한 표현은 삼간다.
- 기획의 효과는, 유사 또는 기존의 것과 비교하여 제시한다.
- 도표의 형태를 고안한다(이점을 가장 잘 어필할 수 있는 형태를 선택한다).
- 필요한 비용(예산)과 예상되는 효과(이익)를 최대한 정확히 견적한다.
- 실행 절차는 스케줄화하여 제시한다.
- 장점만이 아니라, 결점, 우려사항 등의 문제점도 명확히 제시한다.
- 필요한 조건을 명기한다.

용지의 사용법

Point 용지를 세로로 사용할지 또는 가로로 사용할지는 게재할 도표류의 형태에 따라 결정한다.

■ 세로형일 경우

- 도표의 형태에 큰 변화가 없는 경우는 세로형으로 한다.
- 문자가 많은 경우는 세로형으로 하는 것이 읽기 편하다.

■ 가로형일 경우

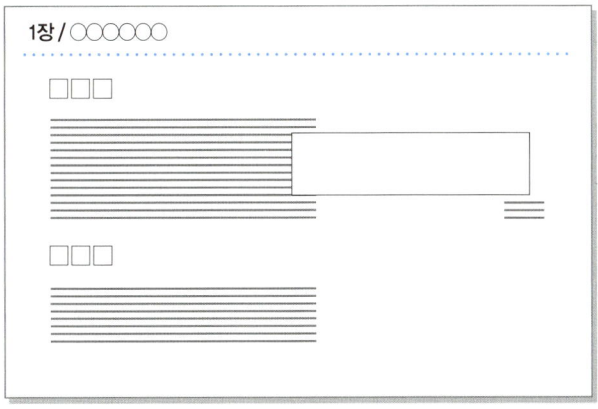

- 도표의 형태가 제각각일 경우, 특히 옆으로 긴 것이 있을 경우에는, 가로형으로 하는 것이 좋다.
- 가로형은 1행이 길기 때문에, 문자의 배열에 특별히 주의한다.

STEP 2 읽는 사람이 쉽게 알 수 있는 문장으로 기술한다

◎ 읽는 사람을 고려한 문장이란?

기획서를 통해 상대를 납득시키려면 설득을 당하는 상대의 입장에서 작성해야 한다. 기획서 작성에 익숙해지면 상대의 성격에 맞추어 쓸 수 있게 된다. 성격이 급한 사람에게는 가능한 요점만을 정리한 후 재빨리 결론을 제안한다. 문장에 대해 까다로운 나이 많은 사람에게는 우회적인 화법을 구사하는 등 경험을 쌓으면 이런 경우에도 자연스럽게 대응할 수 있게 된다.

◎ 평론가적인 모호한 어조는 기획서에서는 절대 금물이다

'~같다'나 '~인 듯하다'라는 어조를 사용하면 어딘가 무책임하고, 자신이 없는 듯한 인상을 준다. 기획서는 사람을 납득시키기 위한 것이므로 이런 어조로 기술해서는 안 된다. 문장에 작성자의 자신감이 느껴지지 않으면 납득하기란 어려우므로 기획서는 무조건 문장의 끝을 모호하게 하지 말고 딱 잘라 말하는 것이 중요하다.

이해하기 쉬운 기획서란 ① 정확하고, ② 논리적이고, ③ 구체적인 것을 말한다. 이 3가지를 "문장"과 "내용"으로 표현할 수 있어야 한다.

◎ 자신감 없는 상태에서 쓰지 않는다

기획서를 작성할 때 중요한 것은 자신감을 가지고 기술하는 것이다. 어떤 기획서든 확실히 조사, 검토한 후에, 이 정도면 자신 있게 설명할 수 있다고 할 만한 것을 기술해야 한다.

사실 내용을 작성하다 보면 이것저것 계속해서 다양한 생각들이 떠올라 주체에서 벗어난 시쳇말로 삼천포로 빠지는 경우가 있다. 기획서의 경우에는 기술 대상이 기획이라는 딱 정해진 형태가 없는 것이기 때문에 특히 이러한 경향이 강할 수 있다. 그러나 기획서 작성의 초안 단계까지 와서 더 이상 이런 혼란은 곤란하다. 일단 헤매기 시작하면 작은 것에만 연연하는 지리멸렬한 문장이 되고 만다.

이러한 혼란은 아래와 같은 작성 방법을 취하면 최소화할 수 있다.

① 한 문장에 한 가지 내용으로 범위를 최대한 세분화하여 그것에 대해서만 집중해서 기술한다.
② 무엇을 어떻게 쓸지 미리 내용을 메모해 두고, 그것을 바탕으로 기술한다.
③ 내용에 자신이 없으면 기술하지 않는다.

읽기 힘든 기획서의 구조

Point 준비 없이 쓰는 기획서는 지리멸렬한 기획서가 되기 쉽다.

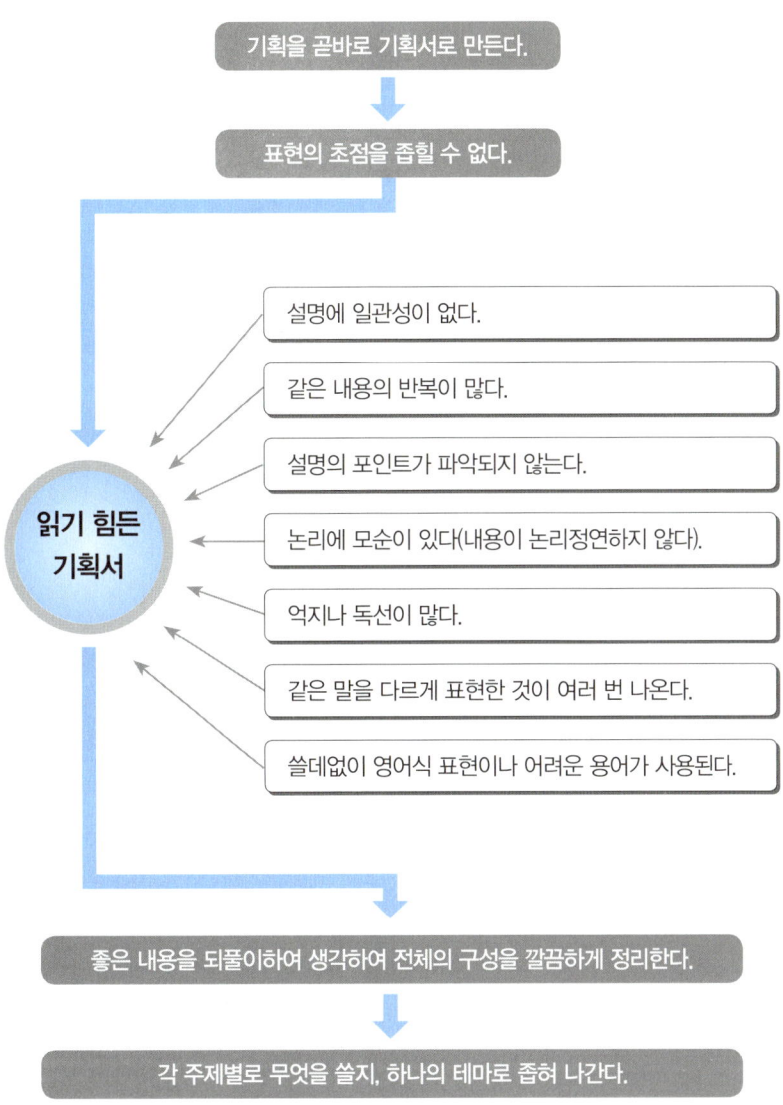

◎ 기획서 문장의 4원칙을 고려한다

문서에는 각각 그 성격에 따른 문장의 규칙이 있다. 마찬가지로 기획서도 그 문서의 성격에 적합한 문장을 기술할 필요가 있다.

기획서의 문장이 지닌 성격을 분석하면 다음의 4가지로 나눌 수 있다.

① 기획서는 타인의 이해를 구하기 위한 문서이다. ➡ 읽는 이의 입장에서 쓴다.
② 기획서는 비즈니스 문서이다. ➡ 비즈니스 문서의 규칙에 따른다.
③ 기획서는 주로 문장을 통해 설명하는 문서이다. ➡ 문장의 상식을 지킨다.
④ 기획서는 현실에는 존재하지 않는 기획을 표현하는 문서이다. ➡ 기획서에 독자적인 표현방법을 사용한다.

원칙 1 읽는 이의 입장에 선다.

① 간결하게 기술한다.
② 알기 쉽고 명료하게 표현한다(명문장일 필요는 없다).
③ 하나의 문장은 되도록 짧게 한다.
④ 어려운 표현은 삼간다.
⑤ 특정 집단의 용어는 사용하지 않는다.
⑥ 일반화되지 않은 약식 용어를 사용하지 않는다.
⑦ 오자, 기술상의 실수를 범하지 않는다.
⑧ 자열(문면의 느낌)을 밝게 한다.

원칙 2 비즈니스 문서의 규칙을 지킨다.

① 제출일시와 제출자명을 명기한다.
② 인사나 접대성 발언 등은 생략한다.
③ 우선 처음에 테마(목적, 문제의식)를 명확히 한다.
④ 지나친 경어의 사용은 억제한다(정중한 표현 정도로 한다).
⑤ 감상적이거나 전해들은 듯한 말투는 삼간다.
⑥ 요점은 항목별로 정리한다.
⑦ 전체를 필요 이상으로 길게 하지 않는다.

원칙 3 문장의 상식을 잊지 않는다.

① 단락을 시작하거나 행을 바꿨을 때는, 1글자 들여쓰기를 한다.
② 「~입니다, ~합니다」나 「~이다, ~하다」와 같이 존댓말 혹은 반말 중 하나로 통일한다.
③ 주어와 술어를 모호하게 사용하지 않는다. 주어가 긴 경우 콤마를 표시한다.
④ 문장의 끝에는 마침표를 넣는다.
⑤ 특수한 용어에는 반드시 설명을 추가한다.
⑥ 본문의 흐름과 맞지 않는 설명은 각주로 처리한다.
⑦ 인용할 경우에는, ' ', 「 」 등으로 명확히 구분한다.
⑧ 인용문은 원문을 정확히 기재하고, 반드시 출처를 밝힌다.

원칙 4 기획서에 독자적인 표현법을 사용한다.

① 일관적으로 논리를 전개한다(모순은 금물).
② 읽는 이의 마음을 사로잡을 수 있도록 표제의 표현에 주력한다.
③ 표제에 부응하는 내용을 과하거나 부족하지 않게 제시한다.
④ 「~에 비하면 이런 점에서」와 같이 비교법으로 설명한다.
⑤ 프로세스로 설명한다(차트나 표를 삽입하면 좋다).
⑥ 문장만으로 설명하기 어려운 것은 도표를 병용한다.
⑦ 자신감 없어 보이는 표현은 삼간다.
⑧ 의견이 아니라 데이터로 설득한다.
⑨ 쓸데없는 것에 연연하여 전체적인 흐름을 잊지 않도록 주의한다.
⑩ 수식어는 최대한 자제하도록 한다.
⑪ 자화자찬을 피한다.
⑫ 상대방의 의문사항을 미리 제시한다.

문장 개선의 체크 포인트

Point 읽기 어려운 문장에는 다음과 같은 결점이 있다.

인상	이유		개선법
읽기 어렵다	간결하지 못하다.	하나의 문장이 너무 길다.	하나의 문장에는 한 가지 사항만 기술
			접속사를 많이 쓰지 않는다.
		무의미, 불필요한 부분이 많다.	불필요한 관용구, 상투적 표현을 사용하지 않는다.
		표현이 너무 완곡하다.	같은 말이나 동의어를 반복하지 않는다.
		내용을 파악하기 어렵다.	항목별로 기입한다.
		너무 정중하다.	경어를 많이 쓰지 않는다.
		논지가 명쾌하지 않다.	목적을 명확히 한다.
		구성이 정리되어 있지 않다.	주어를 명확히 한다.
		의미가 명료하지 못한 부분이 있다.	5W1H를 잊지 않는다.
			구독점을 적절히 활용한다.
			조사를 정확히 사용한다.
		수식어가 너무 길다.	과장된 표현을 쓰지 않는다.
		전체에 리듬감이 없다.	문미에 변화를 준다.
			장문과 단문의 균형을 꾀한다.
		너무 생략했다.	의미가 명확하지 않은 생략, 단축은 금물
어렵다.	알기 쉽고 명료하지 못하다.	어려운 말을 과용했다.	전문용어를 많이 쓰지 않는다.
			과시용 표현은 삼간다.
		번역투의 어조이다.	'부분의' 등의 표현은 피한다.
		외래어 단어가 너무 많다.	익숙하지 않은 말은 사용하지 않는다.
		문어조이다.	거드름 부리지 않는다.
		문맥이 산만하다.	문장의 의미를 정확하게 전달한다.
		동의어의 중복이 있다.	'종래보다', '각 부문별로'는 중복어
지겹다.	인상이 나쁘다.	한자가 너무 많다.	명사, 동사, 형용사만으로 한정하자.
		줄 바꿈이 적다.	줄 바꿈은 평균적으로 실시한다.
		구독점이 적다.	문장의 의미를 깊이 생각한다.
신용할 수 없다.	오류	한자가 틀리다.	같은 음, 같은 훈의 한자는 특히 주의한다.
		관용구나 속담 등의 오류	신뢰성을 잃을 수 있으므로 제대로 조사하여 활용한다.
		지식적인 오류가 있다.	불확실한 기억을 가지고 기술하는 것은 금물

사례 1　營業맨으로서 반드시 갖추어야 할 知識과 노하우는 크게, 一般常識, 화제성, 知性, 人間性, 活力 등의 인간적인 측면, 商品知識 및 업계 情報 등의 영업상의 전문 능력의 측면, 고객의 商品情報나 업계의 知識 등, 고객과의 관계를 深化할 수 있는 지식적 측면으로 나눌 수 있다.

이 문장의 문제점

1. 문장이 너무 길어서, 눈에 들어오지 않는다.
   ➡ 하나의 문장은 최대한 짧게 한다.

2. 내용이 잘 파악되지 않는다.
   ➡ 주어가 불명확하다.
   ➡ 이렇게 병렬적인 내용을 서술할 때는 항목별로 기술한다.

3. 한자가 많기 때문에 문장이 괜히 어려워 보인다.
   ➡ 한글로 작성하고, 한자 표기가 불가피한 경우 괄호 안에 별도로 표시한다(지성(知性)).

4. '측면', '고객' 등 같은 말의 중복이 많아서 답답하다.
   ➡ 기술 방식을 바꿔서 중복을 피하거나, 다른 말로 바꾼다.

개선 예

영업맨이 갖추어야 할 지식과 노하우는 크게 다음의 3가지로 나눌 수 있다.

① 일반 상식, 화제성, 지성, 인간성, 활력 등의 인간적 측면

② 상품 지식이나 업계 정보 등의 영업상의 전문 능력

③ 고객의 상품이나 업계의 정보 등(관계를 심화하는 데 필요한 지식)

사례 2

분명 高等學生의 購買力에는 한계가 있습니다. 게다가 當社의 제품은 高等學生을 주된 대상으로 하고 있지 않기 때문에 그들에게 이런 景品을 배포하는 것은 無意味하다고 생각될 수도 있습니다. 그러나 제가 여기서 주장하고자 하는 것은 미래의 유저를 開發해야 한다는 것입니다. 이제 어느 정도 당사의 이름도 알려지게 되었지만 여기에 安住해서는 안 된다고 생각합니다. 現在도 중요하지만 그 이상으로 未來가 중요하다고 생각하기 때문입니다.

필요 이상으로 한자를 사용하지 않는다.

적절히 단락을 나눈다.

분명 고등학생의 구매력에는 한계가 있습니다. 게다가 당사의 제품은 고등학생을 주된 대상으로 하고 있지 않기 때문에 그들에게 이런 경품을 배포하는 것은 무의미하다고 생각될 수도 있습니다.
그러나 제가 여기서 주장하고자 하는 것은 미래의 유저를 개발해야 한다는 것입니다.
이제 어느 정도 당사의 이름도 알려지게 되었지만 여기에 안주해서는 안 된다고 생각합니다. 현재도 중요하지만 그 이상으로 미래가 중요하다고 생각하기 때문입니다.

사례 3

프레젠테이션은 참가자에게 의사결정을 포함한 어떤 행동을 일으키는 것이 목적이다. 따라서, 이 프레젠테이션에서 사용되는 자료는 제한된 시간 내에 자사와 고객이 관련 정보를 공유하여, 고객의 의사결정을 유도하는 도구인 것이다. 따라서, 「알기 쉽게 만드는 것」이 가장 중요하다.

'따라서' 굳이 사용할 필요가 없다(오용이다).

기획서의 문장은 최대한 간소화하는 것이 원칙. 무의미한 문장은 삭제하자.

프레젠테이션의 목적은 참가자에게 의사 결정을 포함한 어떤 행동을 일으키는 것이다. 그러므로 프레젠테이션에서 사용되는 자료는 참가자가 「알기 쉽게 만드는 것」이 중요하다.

사례 4

건설업의 등록에는 두 가지 방법이 있다. 하나는 2개 이상의 시에서 영업활동(계약)을 할 경우는 장관허가를 다른 하나는 1개 시도 내에서만 영업활동을 할 경우에는 지자체의 장 허가를 받는다.

⬇

주어가 중복되어 있다.
기술서에 저지르기 쉬운 실수이다. 교정에 특별히 주의해야 한다.

⬇

건설업의 등록 방법은 2개 이상의 시도에서 영업활동(계약)을 할 경우와, 1개의 시도에서만 영업활동을 할 경우로 나누어져 있다. 전자는 장관의 허가가, 후자는 지자체의 장 허가가 필요하다.

사례 5

기업의 문서는 서식이 정해져 있는 경우가 많은 것 같다. 그러나 서식이 정해져 있다고 해서 누가 제안하더라도 같은 설득력을 가진다고는 말할 수 없을 것이다. 제안자의 사고방식, 정리 방법에 따라 큰 차이가 나타나는 것은 당연하다고 말할 수 있다.

⬇

'~인 것 같다', '~일 것이다', '~라고 말할 수 있다', '~인 듯하다' 등의 표현은 피하자.

⬇

상대방에게 거리감과 무책임하고 자신감이 없는 느낌을 주면 읽는 이를 설득할 수 없다.

⬇

읽는 이를 설득하기 위해서는, 자신감을 보여 주는 것이 필요하다. 자신감이 없는 듯한 표현은 기획서에는 치명적이다.

⬇

기획서의 문장은 〈단언형〉으로 사용하는 것이 기본이다.

⬇

기업의 문서는 서식이 정해져 있는 경우가 많다. 그러나 서식이 정해져 있다고 해서 누가 제안하더라도 같은 설득력을 가진다고는 말할 수 없다. 제안자의 사고방식, 정리 방법에 따라 큰 차이가 나타나는 것은 당연한 일이다.

⬇

단언형은 기술한 내용이 틀리면 신용을 잃게 된다.
자신감 있게 단언할 수 있을 만큼만 기술하도록 주의하자.

⬇

그러므로 기획서는 자료와 조사가 매우 중요하다.

사례 6

인재 부족을 해결하기 위해서는 유능한 인재가 모이는 조직을 만들어야 할 것이다. 그 하나의 수단으로서 기획한 것이 〈대학생연구사원〉 제도인 것이다.
구체적인 방법은 별항에서 설명하겠습니다만, 이것은 대학생을 여름방학 기간에 당사의 준사원으로 초빙하여 제시한 과제에 대해서 대학생에게 연구를 하도록 하는 것이다.
그 연구의 결과에 따라서 고액의 보수를 지불하는 것이 이 기획의 포인트인 것이다. 그러나 이것은 연구 성과를 기대하는 것이 아니다. 진정한 목적은 대학생들에게 우리 회사를 어필하는 것이다.

문장이 모두 '~인 것이다'로 끝나서 동일한 말이 너무 되풀이되어 번잡한 느낌이 든다.
불필요한 말이나 중복을 없애고 단순화시킨다.

'~인 것이다'와 '~입니다, 합니다'를 함께 사용하여 부자연스럽게 느껴진다.
문장 끝에 변화를 주는 주어 문장을 깔끔하게 하면 훨씬 비즈니스 문서에 가깝게 된다.

인재 부족을 해결하기 위해서는 유능한 인재가 모이는 조직을 만들어야 할 것이다. 그 하나의 수단으로서 기획한 것이 〈대학생연구사원〉 제도이다.
대학생을 여름방학 기간에 준 사원으로 초빙하여 제시한 과제에 대해서 대학생에게 연구를 하게 한 다음 연구의 결과에 따라서 고액의 보수를 지불하는 것이 이 기획의 포인트이다.
그러나 이것은 연구 성과를 기대하는 것이 아니다. 진정한 목적은 대학생들에게 우리 회사를 어필하는 것이다.

사례 7

인포멀한 관계자의 영향력과 보편적인 지명도가 큰 파워가 되고 있는 채용시장에서, 무엇보다 본 프로젝트는 학생과의 다이렉트 액세스를 축으로 한 새로운 스타일의 채용 커뮤니케이션 활동을 그 특색으로 하고 있습니다.

쓸데없이 외래어를 사용하여 읽기가 어렵게 되어 있다.

'무엇보다도'라고 거창하게 표현한 것에 비해서 내용이 진부하다.

일부러 난해하게 해서 내용의 빈약함을 감추고 있다고 느껴진다.

사례 8

자사 상품이 어떤 시스템 내에서 사용되어 있는지 또한 자사 상품을 둘러싼 환경은 어떠한지 등 최대한 넓은 범위에서 주의 깊게 관찰하는 것이 필요하다. 관찰 포인트는 고객의 시스템 내에서 자사 상품과 타사 상품 간의 인터페이스를 특히 잘 관찰한다.

⬇

'또한 자사 상품'은 '그것들'로 바꾸면 된다.

⬇

'넓은 범위에서'가 아니라 '넓은 범위에 걸쳐'가 좋다.

⬇

'관찰 포인트는'에 대응하는 술어가 없기 때문에 읽는 이가 혼란스러우므로 반드시, 주어와 술어를 대응시키자.

⬇

'의 내에서'는 '에서'로 하는 것이 좋다.

⬇

마지막 두 행은, 다음과 같이 수정하면 깔끔하다.

⬇

여기서는, 고객의 시스템에서 자사 상품과 타사 상품 간의 인터페이스를 각별히 관찰하도록 하자.

STEP 3 교정·교열을 한다

초안이 완성되면 교정·교열을 실시한다. 교정을 하면 할수록 실수를 줄일 수 있다. 오자나 잘못된 표현, 또는 사실 관계나 게재한 데이터 등에 오류가 없는지를 체크하고 정정해 나간다. 아무리 주의를 기울여도 문장의 오자나 기타 오류를 전부 막을 수는 없다. '반드시 틀린 곳이 있다'는 전제로 확인하는 것이 중요하다.

교정(오자나 탈자 등의 실수를 찾아내어 정확하게 고치는 작업)·교열(내용의 오류나 부족한 부분을 찾아내어 그것을 정정하거나 보충하는 것)은 최소 4회, 매 회마다 목적을 바꿔가면서 다시 읽는 것이 좋다. 교정을 하는 요령은 다음과 같다.

① 문장을 소리 내어 읽어 본다. 문장을 눈으로만 읽으면 내용에 이끌리게 되어 아무리 주의를 기울여도 그만 문자를 흘려 읽게 된다.

② 한 번에 모든 것을 체크하려고 하지 않는다. 한 번에 모든 것을 체크하려고 하면 주의력이 떨어져 하나도 제대로 체크되지 않는다.

③ 최소 4회를 하되, 체크하는 시점을 달리하는 것이 좋다. 즉 시간차를 두고 하도록 한다.
- 1회째 – 오자, 탈자, 고유명사, 표현상 오류를 체크
- 2회째 – 데이터의 인용이나 숫자의 미스를 체크
- 3회째 – 표현이 정확한지, 의미가 불분명한 부분이 없는지를 체크
- 4회째 – 통독하여 쉽게 읽히는지 여부를 체크

 적재적소에 자료를 배치한다

　초안 작성 단계에서 어느 정도는 수집한 정보를 보고 '여기에는 이 자료를 소개하자'고 계획했을 것이다. 그러나 그 외에 놓치고 있는 것이 아직 있을 수 있다. 게다가 작성자의 관점이 아니라 읽는 사람의 관점에서 보면 같은 정보라도 다른 의미로 보일 수 있는 것이다.
　자료를 정리할 때는 아래의 방법을 참고하기 바란다.

① 지금까지 수집한 자료를 다시 검토하여 필요한 것을 선별한다.
② 추가로 필요한 자료가 없는지 검토하고 필요한 것은 수집한다.
③ 기획 내용을 검토하여 적재적소에 자료를 배치한다.

　이렇게 준비된 정보를 다시 검토하고 활용할 수 있도록 해야 하며, 검토 결과 어떤 정보가 부족한지를 알았다면 인터넷 등을 통해 추가 자료를 수집하여 보충한다.

 시각화할 수 있는 것은 도표화한다

◎ 어떤 것을 도표화할 것인가?

　도표는 지면에 변화를 주면서 시각적인 요소로 문장으로 설명하기 힘든 것을 알기 쉽게 해준다는 점에서 문장 못지않게 중요하다. 도표 작업은 다음과 같은 절차로 실시한다.

① 본문에서 도표화할 수 있는 것을 찾아낸다. ➡ 무엇을 도표화할 것인가?
② 어떤 도표로 만들 수 있을지를 생각한다. ➡ 어떻게 도표화할 것인가?
③ 도표를 작성한다.
④ 중요한 부분은 강조할 수 있도록 도표를 수정한다.

도표 작업에서 중요한 것은 도표화할 수 있는 것은 모두 도표화하겠다는 자세이다. 특히, 통계데이터(사물의 변화, 비율, 합계, 순위, 분포), 사물의 구성과 성분, 사물의 구조나 관계, 작업의 절차, 조직과 시스템의 형태, 사물의 성격 등은 도표화하여 나타내면 효과적이다.

◎ 어떻게 도표화할 것인가?

기획서에서는 막대 그래프나 꺾은선 그래프, 원 그래프, 띠 그래프 외에도 많은 도표가 사용된다. 이들의 성격을 이해하고, 내용에 맞는 것을 활용하도록 하자.

- **피라미드 그래프** – 남녀별 등 두 가지 면으로 사물의 구성비를 나타내는 데 적합하다.
- **팔레트 도표** – 어느 지표에 대해서 상위에서 하위로의 누계의 변화를 나타내는 그래프. ABC 분석에 자주 활용되는 것으로 사물의 공헌도를 나타내는 데 적합하다.
- **팬 차트** – 몇 가지 항목에 대해서 두 가지 시간 점에서의 변화를 나타낸 지수 그래프. 항목별 변화를 대략적으로 파악하고자 할 때 편리하다.
- **Z 차트** – 월별, 월별누계, 각 월을 포함한 과거 12개월의 합계 등 세 가지를 하나의 선 그래프로 나타낸 것
- **플로트 그래프** – 하나의 항목을 두 가지 상반되는 지표와 함께 나타낸다.
- **매트릭스 도표** – 수치의 분포 상태나 성격을 나타낼 때 편리하다.
- **플로 차트** – 사물의 흐름을 시스템 도표로 나타낸다.
- **피시본 도표(생선뼈 도표)** – 어떤 사항에 영향을 미치는 요인을 체계적으로 도식화한 것으로, 생선뼈의 형태와 닮았다고 해서 이렇게 부른다. 특성 요인 분석 그래프라고도 한다.
- **계통수 그래프** – 사물의 구조나 흐름을 나타낸다. 나뭇가지가 뻗은 것 같은 모양이다.
- **간트 차트** – 전체의 공정 중에서 개개의 작업 일정이나 진행 상태를 나타낸 것. 미국의 헨리 간트가 고안했다.

도형 작성 예

Point 그래프는 어필할 내용을 강조하는 형태로 디자인한다.

선 그래프 | 선 그래프는 가로/세로의 눈금 간격을 어떻게 주느냐에 따라 느낌이 많이 달라진다.

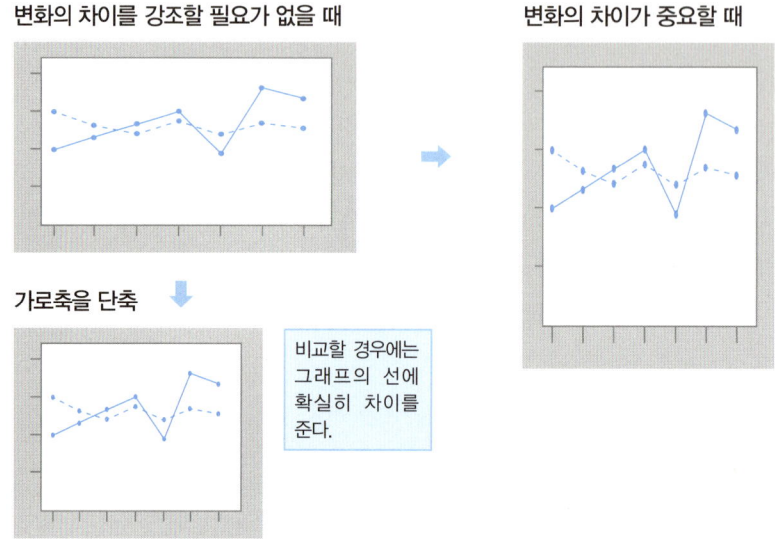

막대 그래프 | 막대 그래프라도 생략법을 이용하여 세로 눈금의 간격을 벌리면 「차이」를 강조할 수 있다.

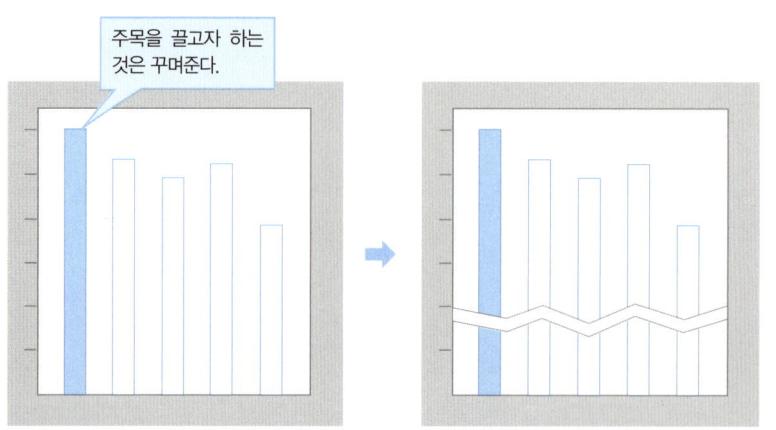

| 띠 그래프 | 구성비를 비교할 때 편리하다. |

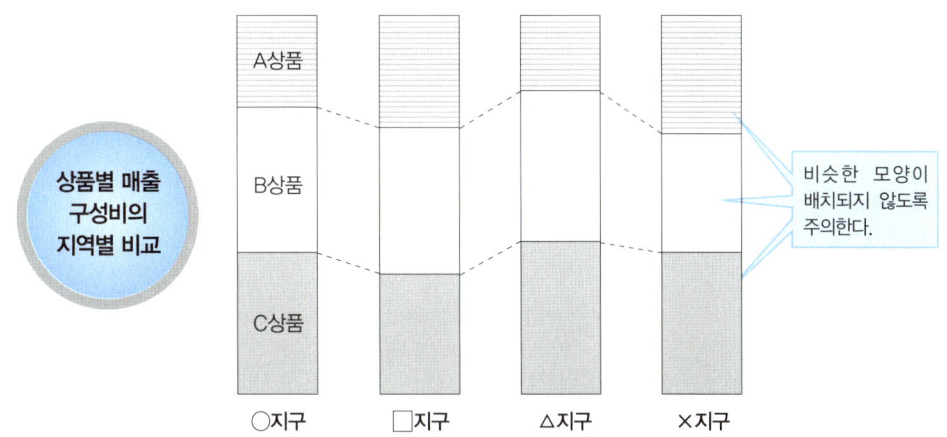

| 피라미드 그래프 | 피라미드 그래프는 구성 패턴을 대비적으로 비교하는 데 도움을 준다. |

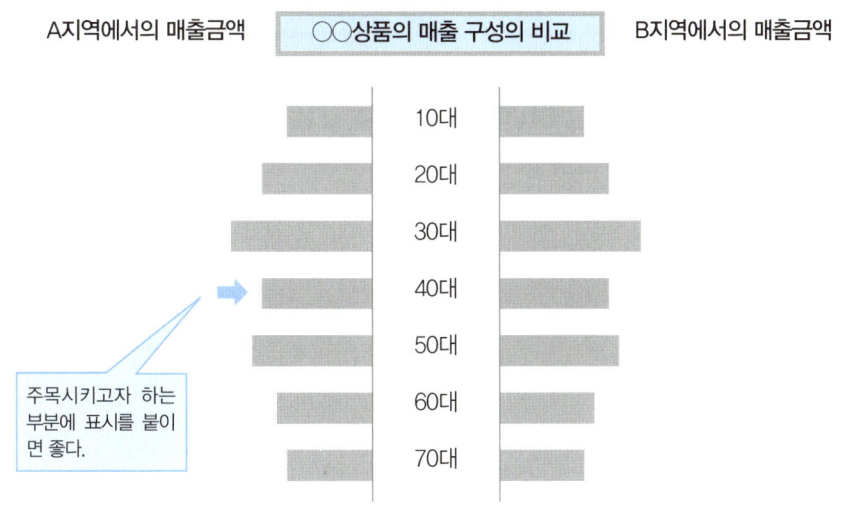

| 팔레트 도표 | 팔레트 도표는 중요성의 차이를 강조할 때 이용한다. |

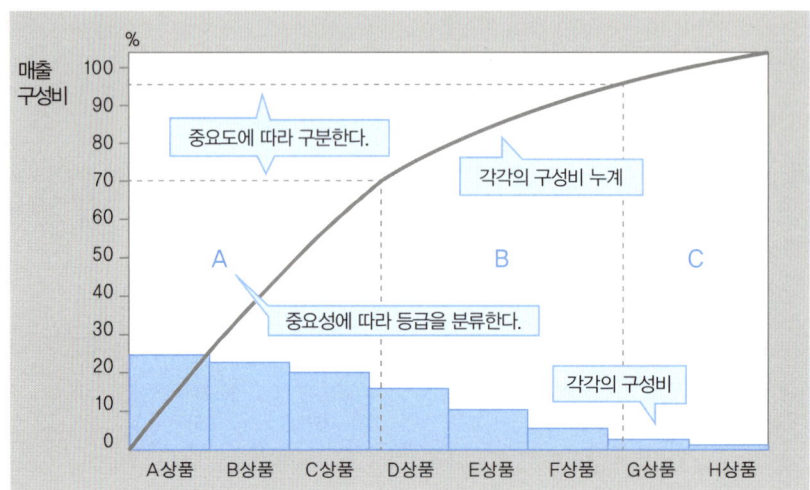

| 팬 차트 | 팬 차트는 일정 기간의 변화의 차를 비교하는 데 도움이 된다. |

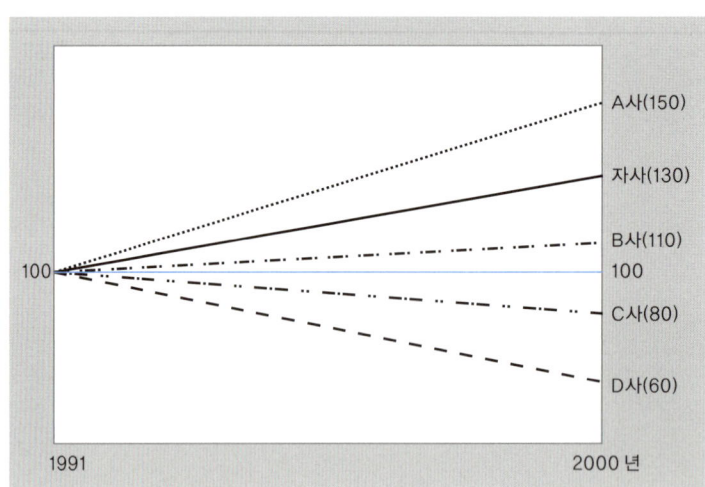

| Z 차트 | Z 차트는 변화의 패턴을 나타내는 데 편리하다. |

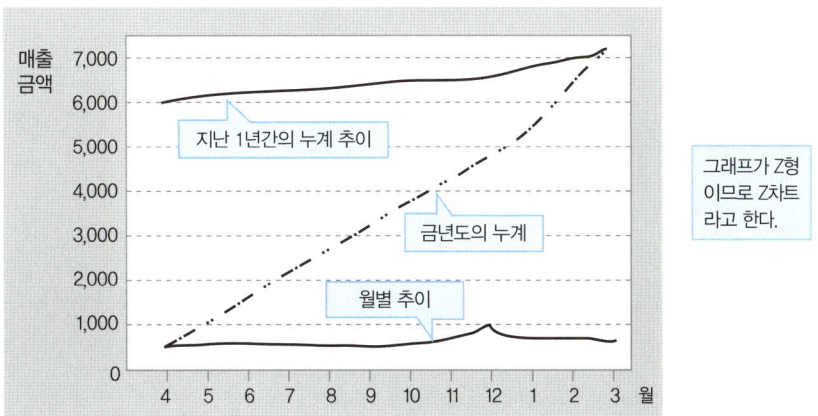

| 플로트 그래프 | 플로트 그래프는 상반되는 요소를 비교하는 데 적합하다. |

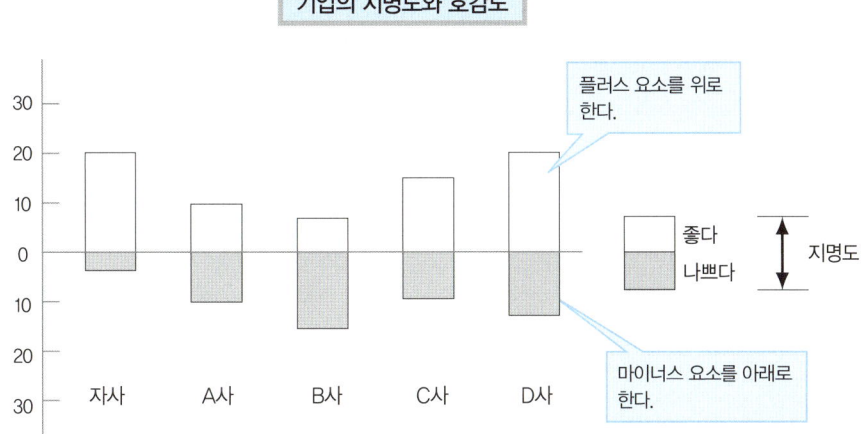

실행 절차를 검토한다

실행 절차의 검토란 기획서로 작성된 기획을 실제로 실행할 경우에, 어떤 작업이 필요하고, 각각에 얼마만큼의 일수(시간)가 소요되며, 어떻게 일정을 세울지 타임 테이블을 고려하는 작업을 말한다.

실행 절차는 기획의 채택 여부를 좌우하는 중요한 요소이다. 실행에 있어서 어떤 문제점이 있고, 그것을 어떻게 극복할 수 있을지, 경험자나 담당자에게 확인하여 확실한 대책을 책정하도록 한다.

실행 절차를 검토할 때 필요한 검토 요소에는 다음과 같은 것들이 있다.

① 실행에 필요한 작업을 다시 한 번 모두 뽑아낸다(피시본 도표로 생각하면 된다).
② 각각의 작업에 필요한 인원을 검토한다.
③ ①과 ②에서 각각의 작업에 소요되는 일수(시간)를 검토한다.
④ 작업의 순서를 검토한다(플로 차트로 생각하면 된다).
⑤ 작업 간의 연락 기간 등을 고려하여 작업의 전 일정을 책정한다.

여기서 중요한 것은 일정에 쓸데없거나 무리한 부분은 없는지, 필요 인원은 적절한지 여부를 충분히 검토하는 것이다. 이 경우 비용이 지나치게 투입된다면 기획 자체가 좋더라도 헛수고가 될 우려가 있기 때문에 경제성에 대해서는 특히 엄밀히 검토하도록 하자.

정리가 끝나면 다음 페이지와 같이 간트 차트를 작성하고 기획서에 게재한다. 실시 기간이 제한되어 있는 기획은 구체적인 스케줄을 제시하도록 하자.

작업 스케줄 검토표의 예

Point 타임 테이블은 간트 차트를 작성하여 기획서에 첨부한다.

기획명	○○○ 음악제								기입	년 월 일	
작업내용 \ 스케줄		일정									소요일수
		○월	○월	○월	○월	○월	○월	○월			
공연장 수배		↔									10
캐스팅			↔								10
포스터 작업, 배포				↔ ↔							35
티켓 작업				↔							14
전단지 작업, 발송					↔↔						28
프로그램 작업					↔						30
티켓 판매					←———————→						64
공연장 준비							↔				1
공연								↔			1
뒷정리								↔			1
총 소요일수											

※ 일정은 기간을 고려하여 적절한 간격을 둔다.

※ 기획의 실행에 필요한 작업을 순서대로 기입한다.

특기사항	

기획서는 상품이다. 예쁘게 포장한다

 레이아웃을 구성한다

레이아웃 구상이란 페이지별로 거기에 무엇을 넣을지 결정하고 각각을 어떻게 배치할지를 생각하는 단계이다.

◎ **외관 = 제시 방법의 포인트**

기획서는 중요한 상품이다. 기획서가 채택되면 작업이 진행되고 이익이 창출된다. 상품은 내용뿐 아니라 「외관」도 중요하다. 여기서 「외관」이란 제시하는 방법을 말한다. 포인트는 다음과 같다.

❶ **표제어를 정리한다.**

「배경」, 「목적」, 「전략」 등의 항목의 표제어뿐만 아니라 소제목도 필요에 따라 붙인다. 읽는 사람이 쉽게 이해할 수 있게 논리를 전개하기 위해서는 소제목이 필요하다.

❷ **문자와 레이아웃에 대해 고려한다.**

(a) 서체는 2가지 정도로 줄인다.
(b) 제목과 표제어는 문자의 크기를 본문보다 조금 크게 하여 쉽게 눈에 띄게 하며, 진하게 하거나 명암을 넣어 눈에 띄게 한다.
(c) 강조하고 싶은 곳에는 밑줄을 긋거나 명암으로 처리한다.
(d) 전체에 통일감을 준다. ➡ 전체의 레이아웃 패턴(기본형)을 정한다.
(e) 균형감 있게 여백을 두어 여유 있는 느낌으로 정리한다.
- 행간(행과 행 사이)이나 문자 간격을 너무 좁게 하지 않는다.
- 소제목을 최대한 많이 넣고, 소제목 앞을 1~2행 정도 띄어 둔다.
- 5행 정도를 기준으로 단락을 나눈다.
- 제목과 소제목은 글씨의 크기나 글자체를 바꾼다.
- 페이지에 여백을 둔다.

(f) 표지는 제목을 결정한 뒤에 레이아웃한다.

기획의 내용에 따라 각각의 페이지에 다른 도표가 삽입되므로 당연히 레이아웃의 형태가 달라진다. 그러나 각 페이지를 제각각 레이아웃하면 전체의 통일감이 없어져서 정리되지 않은 인상을 주게 된다.

표제어와 레이아웃 예문

2. 기본 전략

- 남성 회사원을 대상으로 한다.
- 동경 지역을 전략 지역으로 공략한다.
- 광고 기간은 2○○○년 4월부터 실시한다.
- 이용매체는 교통광고로 한다.

타이틀 문자는 고딕체로 약간 크게

2. 기본 전략

1. 대상 : 남성 회사원
2. 지역 : 동경 지역
3. 광고기간 : 2○○○년 4월부터
4. 이용매체 : 교통광고

번호를 붙이고 소제목을 달아준다.

XXXXXXXX

XXXXXXXXXXXXXXXXXXXXXXXX
XXXXXXXXXXXXXXXXXXXXXXXX
XXXXXXXXXXXXXXXXXXXXXXXX
XXXXXXXXXXXXXXXXXXXXX
XXXXXXXXXXXXXXXXXXXXXXXX
XXXXXXXXXX

타이틀 문자는 큰 글씨로 하고, 타이틀 아래에 선을 넣는다.

XXXXXXXX

XXXXX
XXXXXXXXXXXXXXXXXXXXXXXXXXX
XXXXXXXXXXXXXXXXXXXXXXXXXXX
XXXXXXX

XXXXX
XXXXXXXXXXXXXXXXXXXXXXXXXXX
XXXXXXX

여백을 주고, 행간도 넓게 해서 읽기 쉽게 한다.

플로차트의 예문

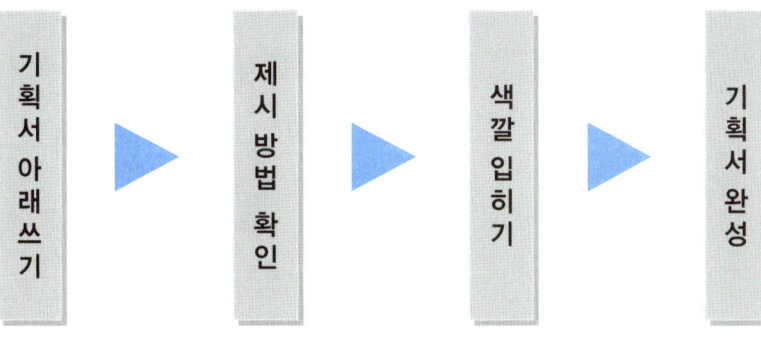

페이지별 레이아웃 포인트

본문 페이지 | 읽기 편한 인상을 주는 것이 본문 페이지 레이아웃의 포인트이다.

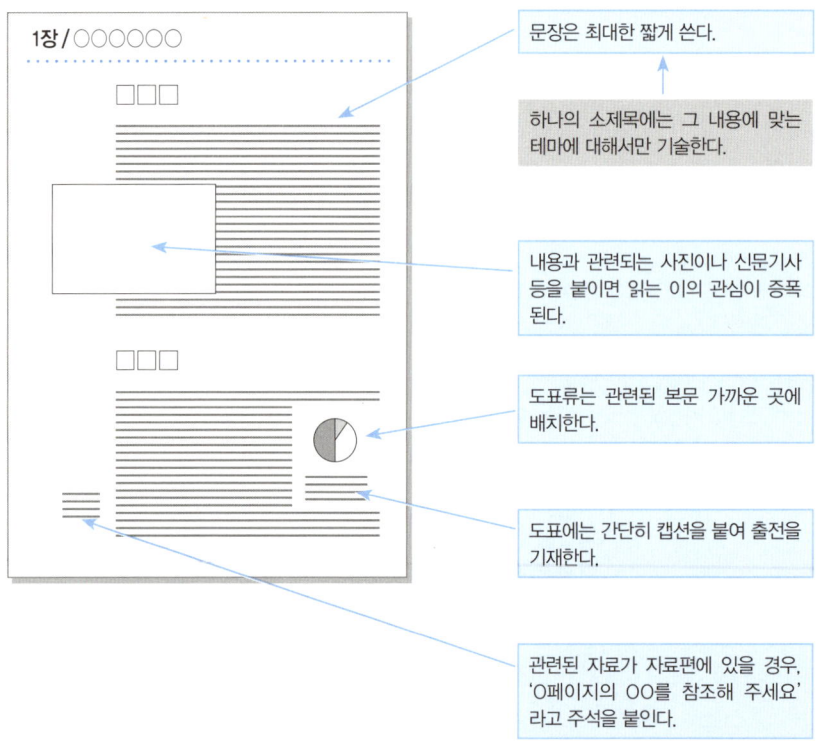

| 머리말 페이지 | 기획의 개요나 맺음말 등도 같은 요령으로 레이아웃한다. |

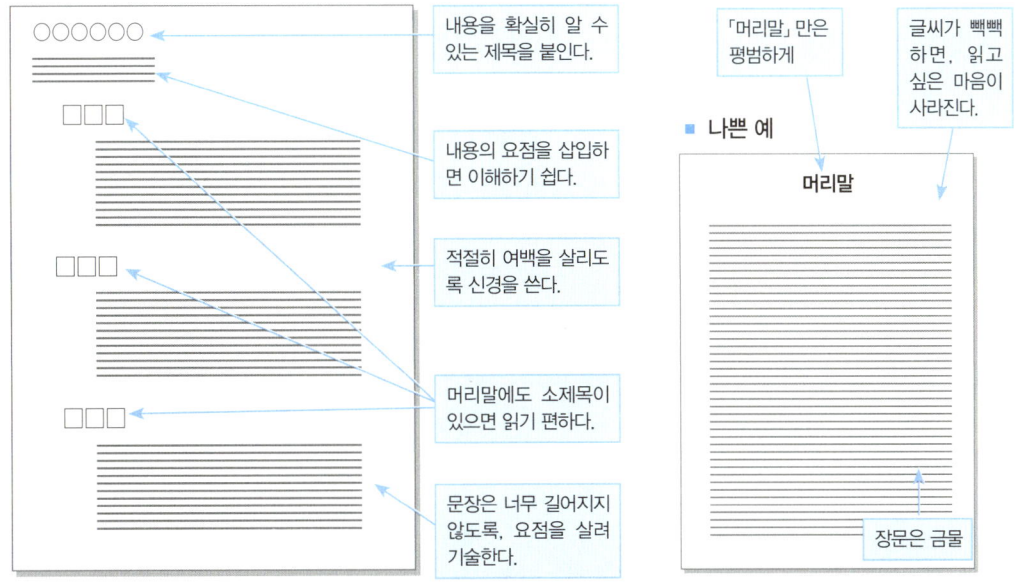

「머리말」은 기획서의 도입부로 기획자의 감상을 기술하는 곳이 아니다.

| 목차 | 목차는 기획의 전체 흐름이 파악될 수 있도록 만드는 것이 포인트이다. |

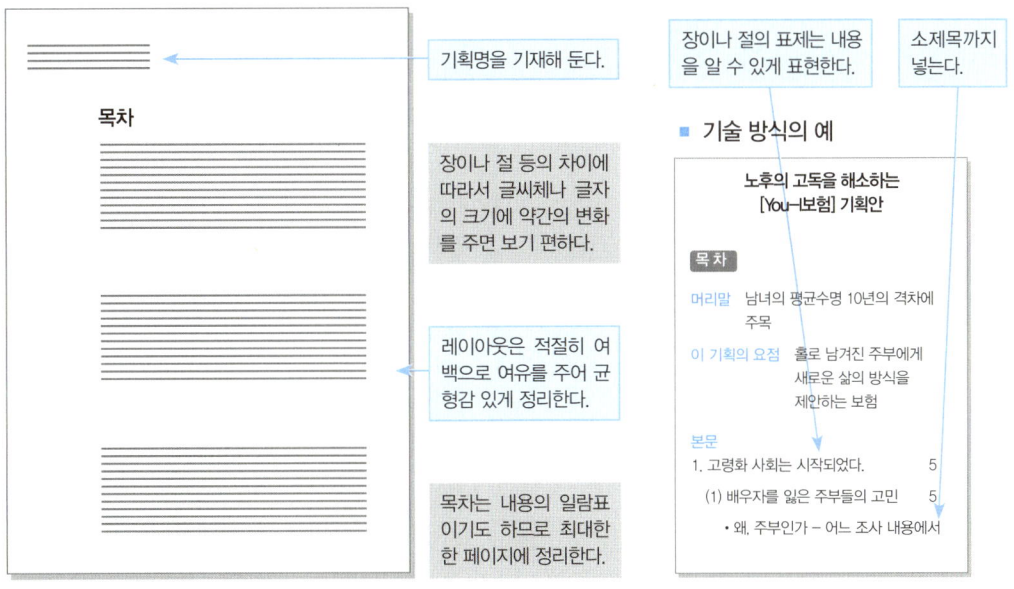

STEP 2 메인 제목과 서브 제목을 정하여 표지를 작업한다

기획서의 형태가 확정되면 기획서의 메인 제목을 정하여 표지 작업을 해야 한다. 메인 제목의 역할은 "아, 재미있겠는데~"하며 페이지를 넘길 수 있게 만드는 것이다.

기획서를 건넸을 때, 표지에 딱딱하게 그저「기획서」라고만 적혀 있으면, 상대는 내용을 읽어 보지도 않고 책상 서랍 속으로 넣어 버릴 수 있다. 그런 대접을 받지 않기 위해서 필요한 것이 메인 제목으로 이것은 기획서의 콘셉트와 키워드를 바탕으로 생각해 나간다.

또한 메인 제목을 보조하고 콘셉트를 보다 명확히 나타내기 위해서 서브 제목을 추가한다면 보다 효과적일 것이다.

아래의 예를 보고 비교해 보면 메인 제목과 서브 제목이 왜 중요한 것인지 이해가 될 것이다.

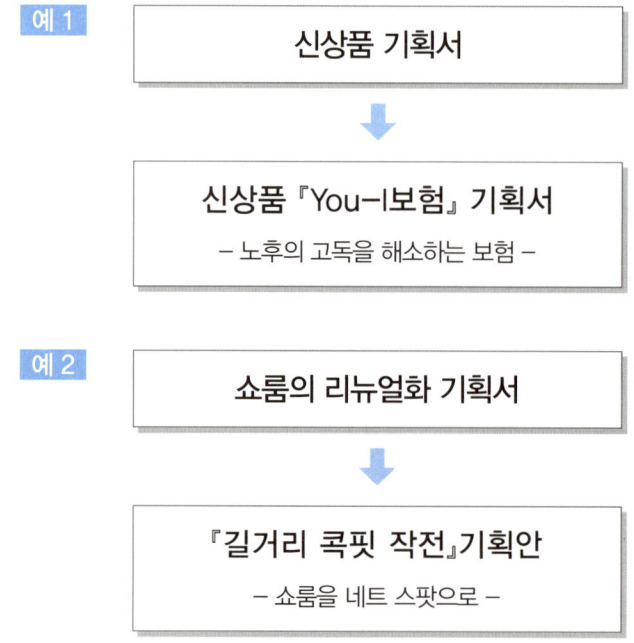

서브 제목은 굳이 붙이지 않아도 상관없다. 하지만 없는 것보다 있는 것이 상대방의 관심을 불러일으킬 가능성이 높다.

간혹 표지를 눈에 띄게 하려고 일러스트를 잔뜩 삽입하는 경우가 있는데 이것은 상대방에게 오히려 산만하다는 인상을 주어 좋은 평가를 받지 못한다. 시각화하려는 의도는 좋지만 그것은 한 컷 정도로 처리하는 것이 바람직하다.

표지 레이아웃

Point 표지는 기획의 장점을 한 눈에 알 수 있도록 만드는 것이 요령이다.

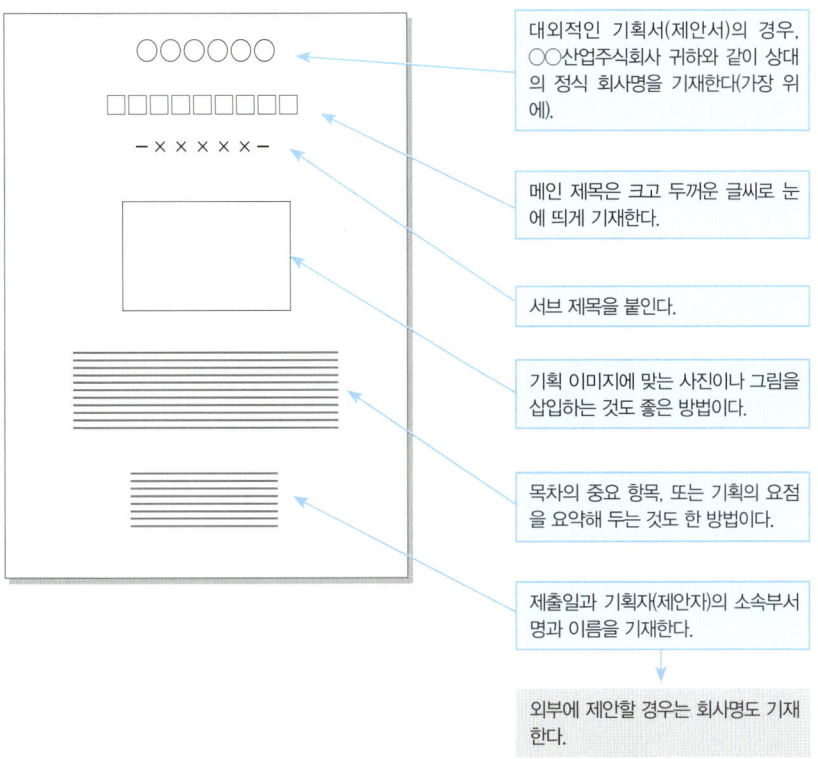

▶ 자료편을 만든다

　좋은 기획서는 자료편에도 정성을 쏟는다. 자료편은 단순한 자료집이 아니라 기획서에 설득력을 더해 주는 요소로, 기획을 배후에서 간접적으로 백업하는 정보의 역할을 한다.

　예를 들면, 젊은이들을 불러 모을 수 있는 채용 작전 기획서에서는 기획을 설명하기 위해서 「지금, 젊은이들은 어떤 것이 관심을 가지고 있는가」라든가 「젊은이들은 무엇을 필요로 하는가」 등의 테마가 반드시 필요하다. 여기에 덧붙여 「대학생이 취직하고 싶어 하는 기업 랭킹」이나 「취업사를 결정하는 요인의 통계」, 「업계에 대한 이미지 조사」 등의 테마를 추가하면 보다 깊게, 이 기획의 의미를 이해할 것이다.

　신상품 기획도 마찬가지다. 시장성이나 유사 상품 등의 직접적인 데이터만이 아니라 그 분야 전체의 수요 동향이나 소비 성향 등의 자료를 첨부하면 보다 신뢰성이 높아진다.

　이렇게 기획의 배경을 제시하고, 기획의 의미와 필요성을 뒷받침해 나가는 것이 이 자료편의 역할이다.

　이 과정은 다음과 같이 진행하도록 한다.

① 참고 자료로서 필요한 정보를 수집한다.
② 수집한 자료(데이터)를 각각 적절하다고 생각되는 형태로 도표화한다.
③ 각각의 자료에 그 내용을 나타내는 소제목을 붙이고, 경향별로 분류한다.
④ 분류별로 제목을 붙이고 페이지별로 할당하여 레이아웃한다.

자료편의 정리 방법

Point 같은 주제를 수집하여 보기 쉽게 정리하는 것이 자료 페이지의 포인트

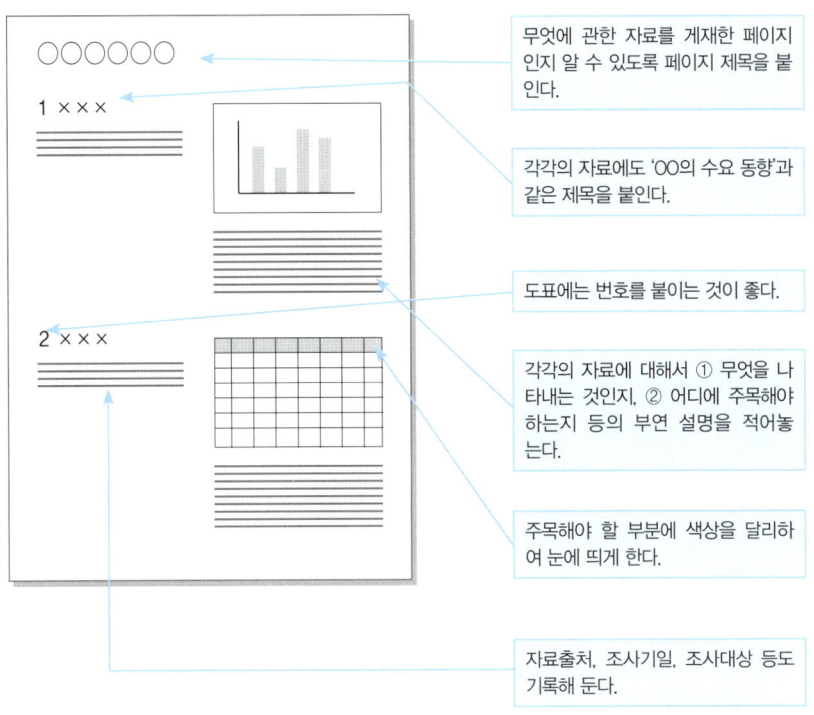

자료 페이지에도 공을 들이면 좋은 인상을 남길 수 있다.

- 무엇에 관한 자료를 게재한 페이지인지 알 수 있도록 페이지 제목을 붙인다.
- 각각의 자료에도 'OO의 수요 동향'과 같은 제목을 붙인다.
- 도표에는 번호를 붙이는 것이 좋다.
- 각각의 자료에 대해서 ① 무엇을 나타내는 것인지, ② 어디에 주목해야 하는지 등의 부연 설명을 적어놓는다.
- 주목해야 할 부분에 색상을 달리하여 눈에 띄게 한다.
- 자료출처, 조사기일, 조사대상 등도 기록해 둔다.

- 도표는 보기 쉽고 이해하기 쉽도록 직접 다시 만들면 좋다.
- 지나치게 욕심을 부려 한 페이지에 너무 많은 자료를 싣지 않도록 한다.

최종 검토와 맺음말로 기획서를 완성한다

기획서가 거의 완성되었다. 이제 남은 것은 이것을 최종적으로 체크하고, 「맺음말」을 작성한 다음, 철저하게 읽는 이를 의식하여 최종적으로 완성하는 단계가 남았다.

스스로 납득할 때까지 수정과 교정을 반복한다

완성에 가까워지면 다시 한 번 전체 내용을 검토한다. 검토하는 포인트는 아래의 5가지이다.

❶ 사실 오인이나 오타는 없는가?

수집한 데이터를 다시 한 번 점검한다. 자신의 해석에 잘못은 없었는지, 자의적으로 데이터를 해석하지는 않았는지, 숫자의 해석에 오류는 없었는지, 기재의 오류는 없었는지를 점검한다. 자주 범하는 실수가 숫자의 기재 오류와 계산 오류이다. 데이터 출처의 기입 여부도 꼭 확인하자.

❷ 논리가 일관되고, 읽기 쉽게 완성되었는가?

기획서는 현황 파악에서부터 목적, 전략, 실행 계획에 이르기까지의 논리에 일관성이 있어야 한다. 또한 기승전결이 명확한지, 문체가 통일되어 있는지, 강조할 부분이 확실하게 강조되어 있는지, 문장이 너무 길지 않은지 살펴본다. 페이지에도 신경을 써야 한다. 가능하면 하나의 항목은 한 페이지에 수록하도록 한다.

상대의 입장에서 기술된 문장인지도 잘 검토해 보자.

첨부 자료가 모두 구비되어 있는지, 그리고 첨부 자료가 제대로 정리되어 있는지도 점검한다.

❸ 표현상의 오류는 없는가?

잘못된 용어를 사용하고 있지는 않은지, 오탈자는 없는지, 페이지 번호는 제대로 들어가 있는지 확인한다. 의뢰한 회사의 이름을 틀리게 기재하는 것은 최악의 실수이다. 그런데 기획의 내용에만 집중하다 보면 충분히 있을 수 있는 실수다. 세밀한 부분까지 반드시 확인해야 한다. 표현상의 오류를 확인하기 위해서는 문장으로 읽지 말고, 문자를 또박또박 따라간다. 스스로 확인한 다음에는 다른 사람에게 확인을 부탁하라. 분명히 당신이 눈치채지 못한 실수를 발견할 것이다.

❹ 내용에 무리가 없는 기획인가?

계획은 실현 가능한지, 스케줄에 문제가 없는지, 실시함에 있어서 여유가 있는 스케줄인지, 비용은 적절한지 다시 한 번 점검한다. 협력회사에 실시를 의뢰할 기획서라면 실시 가능성에 무게를 두고 검토한다.

❺ 의뢰인을 납득시킬 수 있는 내용인가?

　기획서는 스스로 검토하기가 힘들다. 위의 1~4까지의 작업이 일단락되면 제3자에게 기획서를 읽어봐달라고 부탁하여 제3자의 솔직한 의견을 들어보라. 「당신이 의뢰인이라면 이 기획서를 채택하겠습니까?」라고. 기획서는 다른 사람이 읽어 보고 쉽게 이해할 수 있는 명료함과 설득력이 겸비되지 않으면 안 된다. 가까운 사람조차 좋은 평가를 하지 않는 기획서를 제출할 수는 없다.

「맺음말」을 쓴다

　미리 예상되는 기획서에 대한 반대 의견에 대해 사전에 대응한다.

　제출하기 전 최종적으로 기획서를 검토할 때는 먼저, 'OO과장이라면 어떻게 볼 것인가'라든가, '거래처의 □□과장은 어떻게 생각할 것인가'와 같이, 구체적으로 상대를 설정하여 그 사람이 되었다고 생각하고 읽는다.

　그리고 한 번 더 이 기획에 반대하는 사람의 입장에서 문제점을 찾겠다는 기분으로 읽는다.

　이렇게 입장을 바꿔가면서 읽으면 약점이 보이게 된다. 반대자는 이 약점을 파고들 가능성이 높기 때문에 여기에 대해서 미리 '이런 문제가 있지만, 이것에 대해서는 이렇게 생각한다'라고 대응 준비를 하여 반론을 예방하는 것이 「맺음말」의 역할이다.

완성 확인 체크 포인트

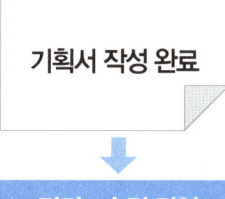

기획서 작성 완료

점검 · 수정 작업

① 사실 여부를 확인하고 잘못된 표기가 없는지 확인한다.
② 논리가 일관적이고 쉽게 읽을 수 있는지 확인한다.
③ 표현상의 잘못은 없는지 확인하고, 다른 사람에게도 확인 받는다.
④ 내용에 무리가 없는 기획인지 확인한다.
⑤ 의뢰인을 납득시킬 수 있는 내용인지 다른 사람에게 보여 주고 평가를 받는다.

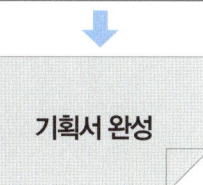

기획서 완성

기획서가 완성된 후의 업무

상대에 따라 기획서 제출 시 대응 방법을 달리한다

기획서는 제출한 순간부터 그 본래의 기능을 시작한다. 기획서를 제출할 때에는 제출하는 상대에 따라서 달리 대응하여야 한다.

제안 영업이나 상품형 기획의 경우 통상적으로 프레젠테이션이라는 형태로 기획의 제출과 설명, 질문에 대한 답변이 일괄적으로 이루어진다. 이때 과장하여 작성하거나 설명하지 않도록 한다. 기획서가 무시되지 않는 한 일반적으로 다음과 같은 절차로 진행된다.

① 적절한 상대에게 제출한다. ➡ 상대에게 깊은 인상을 줄 수 있도록 제출한다.
② 제출한 상대에게 설명한다. ➡ 여기서는 문제점과 필요성을 어필한다.
③ 제출한 상대의 질문에 답변한다. ➡ 여기서의 질문은 충고로 받아들인다.
④ 기획서를 수정한다. ➡ 제출한 상대의 의견을 반영시킨다.
⑤ 채택 가부 결정권을 가진 사람에게 설명한다. ➡ 여기서는 기획의 이점을 중심으로 간결하고 요령 있게 설명한다(보조 자료가 필요하다고 생각되면 이때까지 준비해 둔다).
⑥ 채택 가부 결정권을 가진 사람의 질문에 답변한다. ➡ 질문이 많은 것은 채택될 가능성이 있다는 증거라고 생각하자(사전에 질문을 예상하고, 답변 방법을 생각해 두는 것이 좋다).

제출된 기획서는 더 이상 자신의 것이 아니다

기획서를 제출함에 있어서 각오해야 할 것이 있다. 그것은 제출을 하고 나면 내 손을 떠나 기획서는 제멋대로 변화하기 시작한다는 것이다.

가령 과장에게 기획서를 제출했다고 하자. 과장은 과장의 입장에 서서 당신의 기획이 쓸만한지 여부를 판단하여 쓸만하다고 생각하면 상부의 어느 부장에게 그것을 제출할 것이다.

부장도 마찬가지로, 부장의 입장에서 당신의 기획을 판단하여 좋다고 생각되면 그것을 상부에 제출할 것이다. 그리고 최종적으로는 최고 경영자 등 기획의 채택 여부를 결정할 수 있는 사람의 검토를 받게 된다.

문제는 이 각 단계를 거쳐 가면서 기획서는 변신해 나간다는 것이다. 우선 과장에서 부장에게 제출할 때는 관리직으로서의 문제의식이나 정보가 가미되어 수정되어 있을 것이다. 부장도, 최고 경영자도, 각각의 관점에서 수정을 추가하게 된다. 물론, 그 도중에 기획자인 당신에게 설명을 구하거나 질문을 던지기도 할 것이다. 그러나 그것은 어디까지나 참고 의견일 뿐, 최종적으로 채택 여부를 판정하는 대상은 변신의 결과물인 기획서 자신인 것이다.

기획서를 어떤 방법으로 제출하는가?

　기획서의 1차 관문은 상대가 제출한 기획서를 읽는 것이다. 상대방이 기획서를 읽을지, 읽지 않을지 여부는 기획서의 제출 방식으로 정해진다고 말할 수 있다. 잘못된 방법으로 제출하면 책상 위에 방치된 채로, 어느 순간 잊히고 말 우려가 있다. 그러면 어떻게 제출하는 것이 좋을까?
　여기서 주의할 것은 6가지 기획서 제출 요령을 숙지해 두기 바란다.

① 본인에게 직접 전달한다. ➡ 남에게 부탁하여 전달해서는 안 된다.
② 부재중일 경우 책상 위에 두고 오거나 남에게 전달해서는 안 된다.
　　➡ 부재중이라면, 만날 때까지 몇 번이고 찾아간다.
③ 전달할 때, 기획의 내용을 한마디로 이야기한다.
　　➡ '○○에 대해서, 제 나름대로 기획서를 정리해 보았습니다. 잘 부탁드립니다.'
④ 자연스럽게 목차 페이지를 펼쳐서 전달한다. ➡ 상대가 페이지를 넘겨 한마디 할 때까지 기다린다.
⑤ 너무 집요해 보이지 않도록 한다(나오기 직전이 중요함).
　　➡ 눈길도 주지 않고, 책상 위에 던져 놓는 사람에게는 다시는 제출하지 않는다.
⑥ 나올 때, 한마디를 덧붙인다. ➡ '꼭 의견을 들려주셨으면 합니다.'

　기획서를 본인에게 직접 전달하는 이유는 기획서를 전달한 사실을 상대에게 기억시키는 것이다. 받았다고 하더라도 그 자리에서 바로 읽기 시작하는 사람은 거의 없을 것이다. 그러나 받았다는 사실을 기억하고 있다면, 나중에 그것을 기억해 내고 읽어 줄 가능성이 높다.
　그러나 직접 전달하는 것도 상대가 바빠 보일 때는 제출을 삼가도록 한다. 그럴 때는 마음이 다른 곳에 가 있기 때문에 제출해도 책상 위에 방치되어 잊힐 수 있기 때문이다.
　상대에게 강한 인상을 남기는 이유는 전달한 사실을 확실히 기억해 낼 수 있도록 하기 위한 목적이다. 그렇다고 특별히 대단한 일을 할 필요는 없다. 전달할 때 한마디, 기획의 내용을 이야기하는 것으로 상대가 받는 인상은 상당히 강해진다.
　제출한 장소에서 내용을 알리는 것은 상대에게 흥미를 유발시키기 위한 작전이다. 서류를 전달할 때, 받는 사람은 '무슨 서류일까?' 하고 반드시 표지를 보게 된다. 이것은 그것을 응용한 작전으로, 표지 대신에 목차를 펼쳐서 전달함으로써 자연스럽게 내용을 훑어보도록 만드는 것이다. 앞에서 표지의 제목과 목차를 잘 만들라고 한 것도 이러한 목적이다.
　상대방에게 꼭 읽어야 한다는 암시를 주는 방법은 돌아오기 전에 한마디, '의견을 들려 주십시오'라는 말을 덧붙이는 것이다. 이 한마디가 상대방으로 하여금 '꼭 읽어야겠다'는 생각을 심어주는 것이다.

질문과 반대 의견에 대응하는 방법

제출 상대의 질문을 긍정적으로 받아들이고 답한다

기획서를 제출하고 나면 얼마 후 제출한 상대로부터 설명을 요구받거나 질문을 받는 것이 보통이다. 이때 상대가 비판적인 자세로 말하거나 반론을 하는 일이 종종 있다. 경우에 따라서는 세세한 것을 꼬치꼬치 물어보는 일도 있을 것이다.

그럴 때, 변명을 하거나 화가 나서 될 대로 돼라는 식의 답변을 해서는 안 된다. 그런 태도는 상대를 불쾌하게 만들어 반감을 불러일으키며, 자신만 불리해질 뿐이다. 화가 치밀어 오를 때는 다음과 같이 생각하자. 그러면 기분이 가라앉을 것이다.

- 이 사람을 내편으로 만들지 않으면, 기획은 통과되지 못한다.
- 게다가, 다른 사람도 같은 것을 지적할지도 모르고, 이 사람의 지적은 기획서를 강화시키는 데 도움이 될 수도 있다.

우선 긍정적인 사고로 상대의 지적을 순순히 인정하도록 한다. 그리고 어떻게 고치면 되는지 조언을 구한다. 순순히 조언을 구하면 누구라도 기분 좋게 대답해 줄 것이다. 이 조언에 따라, 기획서를 수정하도록 한다. 그렇게 하면 상대도 당신의 기획서에 참가했다는 생각을 가지게 되어 기획을 통과시키기 위해 적극적으로 노력하게 될 것이다.

반대를 위한 반대 의견이 나와도 흥분하지 않는다

기획 설명회에서는 반드시 반대 의견이 나온다고 생각해야 한다. 그러므로 사전에 상사에게 확인해 두는 등의 방식으로 질문을 예상하고 답변 방식을 연구해 두는 것이 좋다.

이때 주의해야 할 것은 반대를 위한 반대 의견이 나오는 경우이다.

이 경우, 화를 내며 반론해서는 안 된다. 내가 감정적이 되면 오히려 반대자의 반감과 적의에 불을 붙이는 격이 된다. 이럴 때는 '그런 점도 생각할 수 있겠네요'라고 우선 상대의 의견을 인정한다. 우선 상대를 세워 주고, 그 후에 온화하고 절제된 자세로 설명을 전개해 나가는 것이 요령이다.

또 '이 부분을 이렇게 바꿀 수는 없는가'와 같이 수정 요구 중에서 기획자의 기획 근간을 흔드는 것 같은 의견이 나올 수도 있다. 당연히 기획자의 입장에서는 기분이 좋지 않겠지만 그렇다고 절대 표현을 해서는 안 된다.

상대가 기획을 망치려 든다고 생각하지 말고, 여기서도, '사람은 정말 가능성이 없다고 생각하는 것에는 손을 대지 않는다. 고치려고 하는 것은 좀 더 나아질 거라고 생각하기 때문이다. 이 기획에 관심을 보이고 있다는 증거다'라고 생각하고, 긍정적으로 받아들이도록 하자.

반대 의견에 대한 대응 포인트

순간적 요소가 강하다.

⬇

대응책의 검토 ➡
- 예산(비용)에 문제가 없는가?
- 일정에 문제가 없는가?
- 회사의 현상을 적절히 이해하고 있는가?
- 경기 악화를 어떻게 받아들일 것인가?

굳이 꼭 실행해야 할 만큼 이점이 있는가?

⬇

대응책의 검토 ➡
- 타깃을 잘못 설정하지는 않았는가?
- 문제점을 잘못 파악하지는 않았는가?

이것 외에 비슷한 기획이 시행되지는 않았는가?

⬇

대응책의 검토 ➡
- 비슷한 사례와의 차이가 명확한가?

사회적으로 받아들일 수 있는가?

⬇

대응책의 검토 ➡
- 공공질서나 미풍양속에 반하지 않는가?
- 기업 이미지에 맞는가?

현재의 통화가치에 맞는가? 시류에 반하고 있지 않은가?

⬇

대응책의 검토 ➡
- 트렌드를 정확히 읽고 있는가?
- 화제성이 있는가?

경영 방침에 반하고 있지 않는가?

⬇

대응책의 검토 ➡
- 경영 방침과의 접점을 명확히 한다.

6 자, 이제 프레젠테이션이다

기획 설명의 방법

프레젠테이션의 준비와 리허설

　기획서가 완성되면 프레젠테이션을 위한 준비작업에 들어간다. 참가자 수를 확인하여 제본 부수를 확인한다. 가장 중요한 것은 기획서이다. 정성들여 복사하라. 페이지를 확인하고 철하는 방법에도 신경을 쓰도록 하라.
　프레젠테이션 방법은 문서를 보여 주면서 진행할 것인지, OHP 또는 슬라이드를 사용할 것인지, PC와 프로젝터로 투영할 것인지 등을 결정하자. 참석자가 10명 이내라면 클립보드를 사용하는 방법이 원시적이긴 하지만 아주 효과적이다.
　프레젠테이션은 기획서를 작성한 본인이 설명하는 게 원칙이다. 남이 작성한 기획서를 읽기만 하면 기획 의도를 제대로 전달하기 어렵고, 질문에도 적절하게 대답할 수 없다. 그러나 때에 따라서는 여러 사람이 부분별로 진행할 수도 있다. 이때에도 한 사람이 메인이 되어 반 정도를 설명하는 것이 좋다.
　리허설은 가능한 실제 프레젠테이션과 동일한 형식으로 실시한다. 그리고 프레젠테이션에 소요되는 시간도 확인해 두자. 1시간 이내를 목표로 한다. OHP와 PC를 사용할 경우에는 반드시 리허설에서도 사용해 보고, 원활하게 프레젠테이션을 진행할 수 있는지 확인해 두자.
　이 과정은 그야말로 기획이 통과될 여부가 결정되는 중요한 고비가 된다. 자신감을 가지고 당당히 설명하도록 하자. 그리고 추가 자료가 있을 때는 설명을 시작하기 전에 배포해 두도록 하자.

회의 장소에서의 프레젠테이션 시 주의사항

　프레젠테이션은 회의의 형태로 이루어지는 것이 보통이며, 우선 기획자에게 기획을 설명하도록 요구하고, 그 후에 출석자로부터의 질문에 답변하는 형태가 된다.
　이때 요점을 알기 쉽게 설명하기 위해서 미리 스토리를 생각해 두는 준비가 필요하다. 설명을 할 때는 다음 페이지의 순서를 참고하여 진행한다. 특히 회의 장소에서는 다음 사항에 유의하도록 하자.

① 설명은 기획의 개요를 설명하는 정도로 진행하고, 단조롭고 지루하게 전개되지 않도록 주의한다.
② 요점만을 최대한 간략하게 설명한다. 세부 내용에 현혹되면 안 된다.
③ 반대 의견이 나올 것 같은 부분에서는 '이런 문제를 생각할 수 있는데, 이 점에 대해서는…'과 같이 미리 그것에 답하는 형태로 설명한다.
④ 숫자나 실제 사례를 제시하여 최대한 구체적으로 설명한다

기획 설명의 포인트

Point 설명에 필요한 내용은 다음의 다섯 가지 항목으로 정리된다.

> '자세한 사항은 기획서를 참고해 주세요'라고 말하고, 다음의 순서대로 설명한다.

1 왜, 이 기획을 생각했는가?

- 현실에 대한 문제 의식 – 기획 구상의 초점은 무엇인가?
- 기획의 목적·의의 – 무엇을 위해서 이 기획을 생각했는가?

2 이를 위해서 어떻게 하면 되는가?

- 기획의 내용 – 요점(골격)을 요령 있게 설명한다.

3 어떻게 실행하면 되는가?

- 기획 실행의 절차 – 대략을 요령 있게 설명한다.

4 이를 위해서는 무엇이 필요하며, 어떤 문제가 있겠는가?

- 기획 실행의 조건 – 예산, 필요인원 등
- 문제점과 대응법 – 예상되는 반대 의견에 사전 대응

5 실현될 경우 어떤 이점이 있는가?

- 기획의 효과 – 기획 실행을 통해 어떤 점이 개선되는가?
- 이익 – 기획이 실행되면 소요 비용을 제하고 어느 정도의 이익이 예상되는가?

기획서를 받는 방법

기획서 제출이 활성화되는 구조를 만들어 간다

 기획서를 제출 받는 방식에 문제가 있으면 아무도 수고스럽게 스스로 기획서를 작성하려고 하지 않을 것이다.

 사원이 자발적으로 실시하는 기획은 회사를 활성화하고, 새로운 가능성을 개척하여 발전, 비약시켜 나가는 원동력이자 기업 발전의 열쇠가 된다.

 다양한 기획이 계속해서 제출되기 위해서는 기존의 가치관에 얽매이지 말고, 폭넓고 다양한 아이디어를 상급자에게 제출할 수 있는 구조를 만들어 가는 것이 중요하다.

① 기획서의 수령방식을 규율화하여 제출하기 쉬운 체제를 정비한다.
② 제출 후에는 검토의 진척 상황을 적절히 기획자에게 공지한다.
③ 기획자의 저작권을 존중한다.
④ 기획을 채택할 경우 실시에 있어서는 최대한 기획자의 의도를 받아들인다.

 중요한 것은 제안상자 등의 제도가 아니라 아래와 같은 즉각적인 수령 체제를 만드는 것이다. 그리고 본인이 희망한다면 기획의 실행 담당자로 임명하여 보람을 느끼게 한다면 누구라도 적극적으로 기획서를 작성하게 될 것이다.

기획서 담당 임원을 두어 기획서 수령 체제를 만든다

 기획서의 수령 체제의 구축에서 중요한 것은 누구에게 제출할까라는 문제이다.

 앞서 바텀업형의 기획서는 직속 상사를 포함한 3명의 상사에게 제출하면 된다고 이야기하였지만 사실은 여기에도 문제가 있다. 그것은 이 사람들은 자기 본연의 업무를 맡고 있으므로 아무래도 관심이 자신의 일을 향해 있기 때문에 긴급성이 없는 기획서는 경시하는 경향이 있다는 것이다.

 설사 기획서의 중요성은 알고 있다고 하더라도 다른 일에 밀려나는 경우는 흔히 있는 일이다. 그래서 본서에서 제안하고자 하는 것이 바로 기획서 담당 임원을 두는 시스템이다. 이때 다음과 같은 사항을 염두에 두도록 한다.

① 담당 임원은 기획서를 수령하고 나면 곧바로 읽고, 수정이 필요하다면 본인에게 수정하도록 지시한다.
② 받은 기획서는 원칙적으로 임원회의 등과 같은 의사 결정 기관에 제출한다.
③ 담당 임원의 판단으로 채택하지 않은 것은 그 이유를 본인에게 설명하고, 다른 발상으로 기획서를 정리하도록 조언한다.

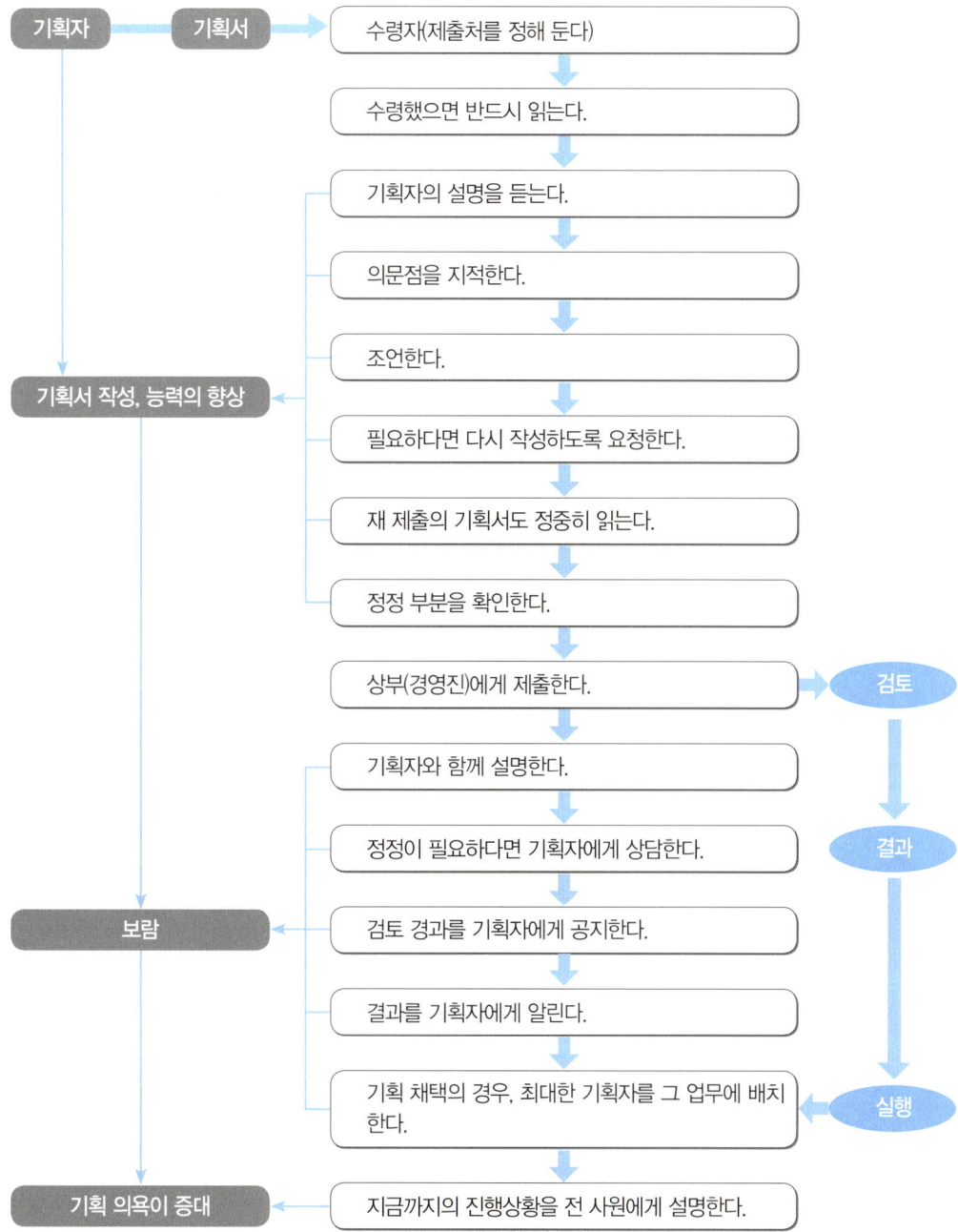

상사의 지시 방법이 기획서 활성화의 열쇠다!

중압감이 자신감을 사라지게 만든다

기획서 제출을 활성화하기 위해서는 기획에 대한 사원의 두려움을 없애는 것이 중요하다. 그러나 현실을 보면 작은 부주의가 기획서 작성을 어렵게 만드는 경우가 많은 것 같다. 우선 그것을 고쳐야 하는데 그를 위해서는 특히 다음 사항에 주의하도록 하자.

❶ '그것을 하나의 기획서로 정리해 주게'와 같은 안일한 명령을 내리지 않는다.

상급자는 가벼운 마음으로 부탁을 했다고 해도 부하 직원은 명령으로 받아들이게 된다. 그렇기 때문에 '꼭 작성해야만 한다'는 중압감을 느끼고, 그것이 기획서를 두렵게 생각하는 마음을 증폭시키는 것이다.

❷ 부하 직원에게 기획서의 작성을 지시할 때는 개인에게 하지 말고 팀 단위로 지시한다.

개인에게 주는 기획서 작성 업무를 팀 단위로 주면 중압감도 덜어지고, 나아가 서로에게 긍정적 의미의 경쟁의식이 생겨 즐겁게 일을 할 수 있게 된다.

> **Tip;**
> - 기획서를 제출하기 전에 보존용 복사본을 챙겨 두는 것을 잊지 않도록 하자.
> - **기획의 도용** : 상대에 따라서는 기획을 도둑맞을 우려도 있다. 부하의 공로를 빼앗을 것 같은 사람이라면 직속 상사라 하더라도 제출해서는 안 된다.

Chapter 2
기획서 · 제안서의 양식 10

앞에서 배운 기획과 기획서 작성의 기술을 토대로 이제 기획서의 유형에 대해 살펴보자. 사실 기획서는 내용에 따라 적합한 기획서의 양식이 모두 다르기 때문에 정형화되기는 어렵다. 그러나 내용이 다르다고 해도 정형화할 수 있는 것들도 매우 많다.
이번 Chapter에서는 기획서 · 제안서 작성에 서툰 사람일수록 더욱 기획서 · 제안서 작성이 즐거워지는 방법을 10가지 기본 유형을 통해 살펴보기로 한다. 이 10가지 유형만 제대로 이해하고 활용한다면 당신의 기획은 반드시 채택될 것이다.

(1) 간이제안 결론형(입문)
(2) 간이제안 논리형(입문)
(3) 종합제안 결론형(초급)
(4) 종합제안 논리형(초급)
(5) 종합 상품제안 결론형(중급)
(6) 종합 사업제안 결론형(중급)
(7) 간결문장 제안 논리형(초급)
(8) 간결문장 제안 논리형(중급)
(9) 간결형 종합제안 논리형(상급)
(10) 종합제안 논리형(상급)

① 유형적인 기획서는 정형화한다

자사에 적합한 서식을 고려한다

사실 기획서는 정형화하기 어렵다. 그 이유는 기획서의 내용이 되는 기획에 가장 적합한 형태로 작성되어야만 하기 때문이다. 정형화하면 기획은 그 틀에 맞추어져서 그 생명인 창조성이나 의외성을 잃게 될 우려가 있다.

그러나 기획에는 내용이 다르다고 해도 정형화할 수 있는 것이 있다. 그 좋은 예가 서적과 같이 기본 형태가 동일한 것이나 정기적으로 개최되는, 같은 형식의 이벤트 등이다.

예를 들어, 서적의 경우에는 어떤 기획이든 책이라는 큰 틀은 같고, 기획서에서 요구되는 요소도 동일하다. 이벤트 역시 정기 강연회와 같은 것은 강사나 장소, 비용 등의 세부 내용은 달라지겠지만 필요사항에는 큰 차이가 없다.

그렇다면 최대한 자동화를 도모하는 것이 비즈니스의 논리이고, 그를 위해서는 정형화하는 것이 가장 효율적이다.

정형 기획서의 포맷 예

Point 이벤트나 형태가 정해진 상품 등의 기획서는 정형화하면 편리하다.

년   월   일

기획명		제출자	
의도			
대상			
콘셉트			
개요			
차별화의포인트			
시장성			
수지전망	수익		
	비용		
	이익		
일정 등			
비고			

별지   동

◎ 오피스 문서형 기획서

> # 기 획 서
>
> 년 월 일
> 총무부 홍길동
>
> 사원수의 증가, 지사, 공장의 증설 등 매년 당사는 사업규모가 확장되고 있습니다. 이런 상황을 보면, 사내의 커뮤니케이션을 보다 원활하게 하기 위한 각별한 배려가 필요하다고 생각됩니다. 그래서 회사의 영업 방침 및 업무 계획을 철저히 주지시키고, 사원 간의 상호교류, 상호 이해를 심화시킨다는 두 가지를 목적을 위한 사내보의 발간은 그 의의가 크다고 생각되어 본 안을 기획하였습니다.
>
> 이 사내보는 상기의 목적을 달성하기 위해, 전사원이 지면으로 참가, 등장하는 것이 원칙입니다. A4사이즈 40페이지, 2색인으로 발행부수는 1,000부로 하여, 4월 1일에 창간호를 발행, 이후 매월 1일에 발행되는 월간으로 예정하고 있습니다.
>
> 1호당 경비는 250만 엔(편집, 인쇄 제본비를 포함, 별지자료 참조)을 예상하고 있으며, 총무부에 편집위원회를 설치하여 그 편집을 담당하게 합니다.
>
> 또한, 편집 스태프는 몇 명이 필요한데, 구체적인 인원 선정을 포함하여, 창간호 발행까지의 스케줄은 10월에 사내보 발행의 발표와 함께 잡지명을 공모하고, 11월에 편집 스태프를 결정, 편집회의를 개최하여 그 후 곧바로 편집 작업을 개시합니다. 그리고 3월 10일에는 전 사원에게 배포할 수 있게 됩니다.
>
> 이상

기획의 내용이 단순한 경우에는, 소위 오피스 문서의 서식을 이용한, 1~2페이지 정도의 간략형 기획서를 만드는 것이 일반적이다.

이 경우에도 지금까지 배운 기획서의 원칙을 잊어서는 안 된다. 특히 위의 예와 같이 특별한 제목도 없이 문장만을 기술하는 것은 금물이다. 비록 페이지 수는 적더라도 기획서는 기획서이다. 내용을 제대로 음미하고, 읽는 이의 흥미를 끌 수 있도록 제목과 소제목에 정성을 들여야 한다. 물론 이 경우도 중요사항을 항목별로 기입하는 것은 철칙이다.

다음 페이지는 위의 내용을 재구성한 것으로 읽는 이의 입장에서 어떤 것이 선택될 지 스스로 판단해 보자.

> **Tip;**
>
> **오피스 문서형**
> 1페이지의 기획서는 예외라 하더라도, 2페이지 이상이 될 때는 표지를 붙이는 것이 좋다. 이 경우는 표지에 목차를 기입해 둔다

사내보 발행의 기획안

년 월 일
총무과 홍길동

■ **사내 커뮤니케이션을 활성화한다.**

사원수의 증가, 지사, 공장의 증설로, 매년 당사는 빠르게 사업규모를 확장하고 있습니다. 사내에도 활기가 넘치고 있지만, 문제가 없는 것은 아닙니다. 그중에서 큰 문제는, 최근 3년간 사원수는 배로 증가했지만, 그에 맞는 사원 간의 커뮤니케이션 수단이 갖추어져 있지 않다는 점입니다.

사내 커뮤니케이션의 부족이 얼마나 원만한 경영을 저해하고, 손실을 발생시키는지는 말할 것도 없습니다. 현실적으로 사무계통에서는 연락이 철저히 이루어지지 않아 작업이 지연되는 장해가 발생하고 있습니다.

이 문제 해결의 한 방법으로서, 사내보의 발간을 기획하였습니다.

이 기획의 목적은, 다음과 같습니다.

■ **사내보 발간의 목적 - 커뮤니케이션의 접점을 만든다.**

커뮤니케이션의 접점이 되는 사내보의 발행을 통해 다음과 같은 일들이 실현됩니다.

1. 사원 간의 상호교류, 상호이해를 심화한다.
2. 회사의 사업방침 및 업무계획을 철저히 주지시킨다.

사내보 발간기획의 요점

1. 편집방법   상호교류를 도모하기 위해서, 전 사원을 지면에 참가시킨다.
2. 발행형태   O년 4월 1일부터 창간호 발행

    이후 매월 1일 발행 (월간)
3. 체제, 발행부수   B5판 40페이지, 2색판, 1000부
4. 예산   1호당 250만 엔(편집, 인쇄 제본비 포함. 상세는 별지)
5. 창간까지의 스케줄
    - 총무부 내에 편집위원회를 설치한다.
    - 창간호 발행까지의 스케줄은 다음과 같다.
        10월 20일 - 사내보 발간의 발표와 함께 잡지명을 사내 공모
        11월 10일 - 편집 스태프를 결정, 편집회의 개최, 편집 작업 개시
        3월 10일 - 인쇄소에 입고작업 완료
        3월 27일 - 납품
        4월 1일 - 배포

드디어 기획서나 제안서를 만들어 보게 되었다. 중요한 점은 어떤 구성이나 단계로 작성하는가를 정확히 아는 것이다.

② 제안서 양식 10

간이제안 결론형(입문)

사내에서 상사가 어떤 과제의 해결 방법을 요구할 때, 즉 '의뢰제안'을 할 경우의 가장 간단한 예이다.

- 제안서의 제목부터 시작하여 제안 이유와 제안 의도를 정리해서 쓴다.
- 결론을 먼저 언급하고 왜 이 제안을 하는가에 대한 이유, 제안을 하게 된 경위, 목적 등을 적는다.

제안할 부서, 지위, 성명 ○○○님(기업의 경우는 회사명 귀중)

제안 날짜

제안 건명

제안자 부서, 성명
(기업의 경우는 회사명 귀중)

1. 제안 타이틀	제안의 타이틀(매력적인 말로 표현한다)
2. 제안 이유 (사고방식, 제안 의도와 목적)	왜 이런 제안을 하는가의 이유와 제안하기까지의 경위와 제안의 목적 등
3. 대상	제안을 실시할 대상(될 수 있는 한 구체적으로)
4. 제안의 요점	제안의 주된 요점을 조목별로 설명한다.
5. 방법	제안 내용을 항목별로 설명한다.
6. 첨부 자료	첨부 자료가 있는 경우엔 첨부 파일 제목을 쓴다.

간이제안 논리형(입문)

사내용으로 사용하며 주로 '자발적 제안'의 제안서 중에서 가장 간단한 예이다.

- 긴급 과제에 대한 해결방법을 상사에게 스스로 제안한다.
- 먼저 현황을 분석하고 찾아낸 문제점을 서술한다.
- 문제점에서 도출된 과제를 명확히 하고 목적과 의도를 설정한다.

자발적 제안의 경우 왜 이 제안이 필요한가를 처음에 제시해야 설득이 쉬워진다. 현황의 분석이 애매하거나 틀리면 제안 자체가 모호해지고 제안의 의미가 없어지기도 한다. 이 때문에 현황의 분석은 아주 중요하다.

목적과 의도는 기본 방침이다. 제안 타이틀은 제안 전체를 하나로 묶는 것이다. 짧고 매력적인 문구로 표현하자. 제안의 요점은 목적과 의도에 대한 해결책에 있다. 제안의 요점을 실행하는 방법은 가능한 한 조목별로 분류하고 항목별로 요점을 알기 쉽게 설명한다.

또한, 이 제안서는 긴급제안이기 때문에 스케줄, 비용, 효과는 포함되지 않는다. 하지만 필요할 경우 내용을 기입할 수 있다.

제안할 부서, 지위, 성명 ○○○님(기업의 경우는 회사명 귀중)

제안 날짜

제안 건명

제안자 부서, 성명
(기업의 경우는 회사명 귀중)

1. 현황 분석과 과제	제안을 하기까지의 현황 분석과 도출된 과제
2. 목적과 의도	과제를 해결하기 위한 목적과 의도
3. 제안 타이틀	제안의 타이틀(매력적인 문구로 표현하다.)
4. 제안의 요점	제안의 사고방식과 제안의 요점
5. 대상	제안을 실시하는 대상(가능한 한 구체적으로)
6. 방법	제안 내용을 조목별로 요점을 설명한다.
7. 첨부 자료	첨부 자료가 있으면 타이틀을 기록한다.

종합제안 결론형(초급)

'간이제안 결론형' 타입에 스케줄, 미용, 효과 등을 첨가한 것으로 '결론'을 먼저 제시하는 종합 결론형 제안서 양식이다.

- 기입하는 항목은 긴급한 정도와 중요성으로 고른다.
- 전부 망라할 수 있다면 그렇게 한다.
- 전부 담기엔 공간이 부족하다면 마주보는 두 면으로 만들어 정리한다.

제안 항목의 요소가 전부 포함되면 기획서로 사용할 수 있다.

제안할 부서, 지위, 성명 ○○○님(기업의 경우는 회사명 귀중)

제안 날짜

제안 건명

제안자 부서, 성명
(기업의 경우는 회사명 귀중)

1. 제안 타이틀	제안의 타이틀(매력적인 말로 표현한다)
2. 제안 이유 (사고방식, 제안 의도와 목적)	왜 이런 제안을 하는가의 이유와 제안하기까지의 경위와 제안의 목적 등
3. 대상	제안을 실시할 대상(될 수 있는 한 구체적으로)
4. 방법	제안 내용을 조목별로 구분하여 항목별로 설명한다.
5. 스케줄	준비단계에서 실시까지의 대강의 일정(의뢰내용에 포함되지 않았다면 작성할 필요는 없다)
6. 소요 비용	소요 비용(의뢰내용에 포함되지 않았다면 작성할 필요는 없다)
7. 효과 예측	이 방법을 도입한 경우의 효과 예측(의뢰내용에 포함되지 않았다면 작성할 필요는 없다. 경제 효과, 심리적 효과 포함)
8. 첨부 자료	첨부 자료가 있으면 타이틀을 기록한다.

종합제안 논리형(초급)

'간이제안 논리'형 타입에 스케줄, 비용, 효과 등을 첨가한 것으로 한 장, 표 하나 양식의 '결론'을 먼저 제시하는 종합 논리형 제안서 양식이다.

제안할 부서, 지위, 성명 ○○○님(기업의 경우는 회사명 귀중)

제안 날짜

제안 건명

제안자 부서, 성명
(기업의 경우는 회사명 귀중)

1. 현황 분석	제안을 하기까지의 현황 분석과 도출된 과제
2. 목적과 의도	과제를 해결하기 위한 목적이나 의도
3. 제안 타이틀	제안의 타이틀(매력적인 문구로 표현한다)
4. 제안의 요점	제안의 사고방식과 제안의 요점
5. 대상	제안을 실시하는 대상(가능한 한 구체적으로)
6. 방법	제안 내용을 조목별로 구분하여 항목별로 설명한다.
7. 스케줄	준비단계에서 실시까지의 대강의 일정(의뢰내용에 포함되지 않았다면 작성할 필요는 없다)
8. 소요 비용	소요 비용(의뢰내용에 포함되지 않았다면 작성할 필요는 없다)
9. 효과 예측	이 방법을 도입한 경우의 효과 예측(의뢰 내용에 포함되지 않았다면 작성할 필요는 없다. 경제 효과, 심리적 효과 포함)
10. 첨부 자료	첨부 자료가 있으면 자료 제목을 기록한다.

종합 상품제안 결론형(중급)

상품제안을 위한 가장 간단한 양식으로 결론을 먼저 제시하는 제안서 양식이다. 의뢰제안과 자발적 제안에 모두 활용할 수 있다.

상품 기획은 제안 항목이 많아서 제안서 A-D의 양식으로는 대응할 수 없다. 결론부터가 아니라 현황분석부터 시작해 논리적으로 전개하는 제안서 양식으로 바꿔야 한다.

내용을 공간이 부족해 전부 포함시킬 수 없다면 마주보는 두 면으로 만든다. 제안 항목의 요소가 전부 정리되면 기획서로 사용할 수 있다.

제안할 부서, 지위, 성명 ○○○님(기업의 경우는 회사명 귀중)

제안 날짜

제안 건명

제안자 부서, 성명
(기업의 경우는 회사명 귀중)

1. 제안 타이틀	제안의 타이틀(매력적인 문구로 표현한다)
2. 제안 이유(사고방식, 제안 의도와 목적)	왜 제안을 하는가, 제안을 하게 된 경위와 제안 목적 등
3. 상품명(가칭)	상품에 어울리는 네이밍(등록 상표 등의 확인도 한다)
4. 상품 콘셉트	상품 개발의 사고방식을 설명
5. 대상	판매 대상(가능한 한 구체적으로)
6. 상품내용 디자인	• 상품 특징 · 내용 – 상품 특징을 구체적으로 설명한다. • 상품 디자인 – 상품 특징을 알 수 있는 디자인, 스케치 등 (상세 내용은 자료를 첨부한다)
7. 판로	어느 판로를 사용할지 사용할 판로를 제시한다.
8. 가격	판매가격과 판매체계를 설정
9. 광고, 판촉	광고와 판촉 수단의 요점을 적는다.
10. 판매 목표	상정 판매 목표를 기록한다.
11. 스케줄	준비단계에서 판매까지의 대강의 일정
12. 수익 전망	상정 판매 목표에 대한 수익 전망
13. 첨부 자료	첨부 자료가 있으면 자료 제목을 기록한다.

종합 사업제안 결론형(중급)

사업제안을 위한 가장 간단한 한 장의 양식으로 결론을 먼저 제시하는 제안서 양식이다. 의뢰제안과 자발적 제안에 모두 활용된다.

사업 기획은 제안 항목이 많아서 제안서 (1)~(4)의 양식으로는 처리할 수 없다. 결론부터가 아니라 현황 분석부터 시작해 논리적으로 전개하는 제안서 양식으로 바꿔야 한다.

내용을 공간이 부족해 전부 포함시킬 수 없다면 마주보는 두 면으로 만든다.

제안할 부서, 지위, 성명 ○○○님(기업의 경우는 회사명 귀중)

제안 날짜

제안 건명

제안자 부서, 성명
(기업의 경우는 회사명 귀중)

1. 제안 타이틀	제안의 타이틀(매력적인 문구로 표현한다)
2. 제안 이유(사고방식, 제안 의도와 목적)	왜 제안을 하는가, 제안을 하게 된 경위와 제안 목적 등
3. 사업명(가칭)	사업에 어울리는 네이밍(비즈니스 허가 등의 확인도 한다)
4. 사업 콘셉트	사업의 사고방식을 설명
5. 대상	상정 판매 대상(가능한 한 구체적으로)
6. 사업 특징·내용	• 사업 특징·내용 – 사업의 특징을 구체적으로 설명한다. • 사업 디자인 – 사업의 구체적인 내용·포인트 (상세 내용은 자료를 첨부한다)
7. 판매 방법	어떻게 팔 것인지를 제시한다.
8. 가격	판매가격과 판매체계를 설정
9. 광고, 판촉	광고와 판촉 수단의 요점을 적는다.
10. 판매 목표	상정 판매 목표를 기록한다.
11. 스케줄	준비단계에서 판매까지의 대강의 일정
12. 수익 전망	상정 판매 목표에 대한 수익 전망
13. 첨부 자료	첨부 자료가 있으면 자료 제목을 기록한다.

간결문장 제안 논리형(초급)

문장형으로 구성된 논리형 전개의 기획서·제안서 양식으로 보통 2페이지 정도로 작성한다. 기획서·제안서에 익숙하지 않은 사람도 작성하기 쉬운 형식으로 자발적 제안이나 의뢰 제안서 작성에도 많이 활용된다.

- 현황 분석과 과제 설정으로 시작한다.
- 기본 방침, 실시 방법, 스케줄, 비용, 효과 예상 순으로 적는다.

현황 분석과 과제설정으로 시작해 제안의 기본적 사고까지를 한 페이지에 기록하고 다음 페이지에는 실시 방법과 실시 스케줄, 소요 비용, 효과 예상을 나타내는 방식으로 구성된다. 항목 순서를 바꾸면 결론형이 된다.

가능한 한 논리적이면서 간결하게 정리하는 것이 포인트이다. 문장이 길게 늘어지지 않도록 주의해야 하며, 항목별로 간결하게 정리하는 문장이 중요하다. 이때 도표나 차트를 이용하여 설득력을 높이면 더욱 좋다.

제안할 부서, 지위, 성명 ○○○님(기업의 경우는 회사명 귀중)

제안 날짜

제안 건명

제안자 부서, 성명
(기업의 경우는 회사명 귀중)

1. 현황 분석과 과제 설정

- 과제 설정(현황과 문제점에서 해결해야 할 과제를 설정한다)
- 업계의 과제(문제점)
- 타사 동향(경쟁의 움직임)
- 사회 동향 등 제안에 관련된 사항

2. 제안의 기본적 사고

- 타이틀(매력적으로 짓는다)
- 제안 이유(사고, 기획의도, 목적 등)
- 대상(목표로 삼는 대상을 구체적으로)
- 주된 제안의 요점(해결방법, 조목별 정리)

3. 실시 방법

> 구체적인 실시 방법(어떻게 실시할 것인가)

4. 실시 스케줄

> 준비에서 실시까지의 대강의 일정

5. 소요 비용

> 개산 비용을 산출한다. 사업제안이나 상품제안 등 수익이 따르는 경우는 수익 계획

6. 효과 예상

> 제안의 실시에 따른 효과, 경제효과, 심리효과를 포함해서

간결문장 제안 논리형(중급)

주로 거래처 기업에 자발적 제안서를 제출할 때 사용하며 몇 페이지에 걸쳐 문장 형태로 구성된 논리형 전개 형식의 기획서·제안서이다. 간단히 작성할 수 있으며 항목 순서를 바꾸면 결론형이 된다.

- 간결문장 제안 논리형(초급)에 표지와 인사말을 넣는다.
- 인사말은 단순한 인사뿐만 아니라 제안의 요점이나 요지를 간단히 설명한다.

구성요소는 간결문장 제안 논리형 초급(현황분석과 과제설정, 기본 방침, 실시 방법, 실시 스케줄, 소요 비용, 효과 예상의 흐름)에 표지와 인사말을 더하고 거래처 기업에 실례가 되지 않는 형식을 취한다. 이 양식은 표지나 인사를 더함으로써 기획서·제안서가 '무게'와 '정중한 느낌'을 얻게 된다.

◎ 표지

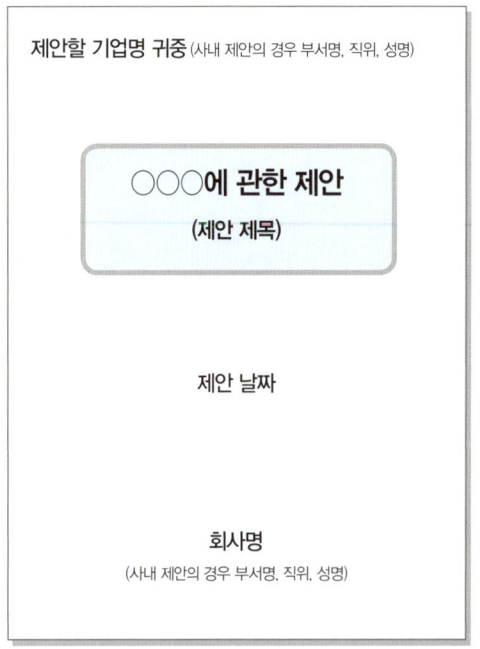
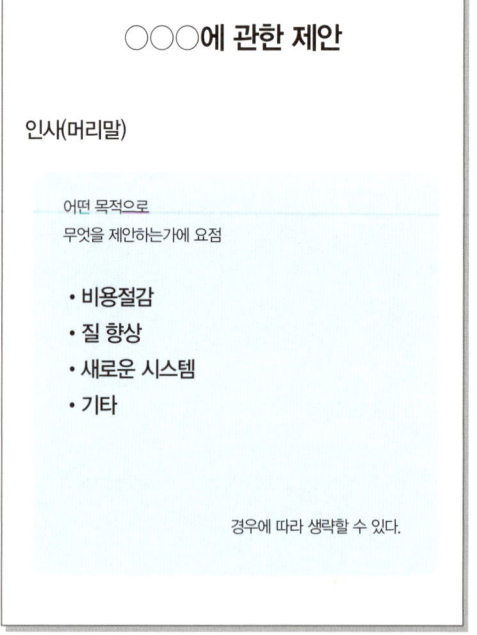

◎ 간결문장 제안 논리형(중급)

1. 현황 분석과 과제 설정

   - 업계의 과제(문제점)

   - 업계의 과제(문제점)
   - 타사 동향(경쟁의 움직임)
   - 사회 동향 등 제안에 관련된 사항

2. 제안의 기본적 사고

   - 타이틀(매력적으로 짓는다)

   - 제안 이유(사고, 기획 의도, 목적 등)

   - 대상(목표로 삼는 대상을 구체적으로)

   - 주된 제안의 요점(해결방법, 항목별 정리)

3. 실시 방법

   구체적인 실시 방법(어떻게 실시할 것인가)
   내용이 많은 경우에는 항목을 나눈다.

4. 실시 스케줄

   준비에서 실시까지의 대강의 일정

5. 소요 비용

   항목을 정하는 방법을 통일한다.
   (예산의 항목을 통일한다. 사업제안이나 상품제안 등 수익이 따르는 경우는 수익 계획)

6. 효과 예상

   제안의 실시에 따른 효과(경제효과, 심리효과를 포함해서)

간결형 종합제안 논리형

주로 사내에서 사용하는 가장 요약된 양식으로 내용이 충실하기 때문에 1~2페이지이지만 커뮤니케이션이 원활한 거래처 기업에 제안서로 사용할 수 있다.

- 내용이 풍부하기 때문에 사용하는 종이는 A3를 사용한다.
- 한 장의 종이를 3등분해서 사용한다.
- 현황 분석, 기본 전략, 구체적 전개를 알기 쉽게 나타낸다.

제안할 부서, 지위, 성명 ○○○님(기업의 경우는 회사명 귀중)

제안명 ○○

[1] 현황 분석

1. **사회 환경**
   - 사회의 흐름, 특히 본 기획의 제안에 관련된 것을 거론. 경우에 따라서는 생략할 수도 있다.

2. **시장 동향**
   - 업계의 큰 흐름
     상품 동향, 기업 동향, 유통 동향 등

3. **소비자 동향**
   - 소비자의 동향, 사용률, 구입 희망, 사용 실태, 브랜드별 평가 등

4. **경쟁 상황**
   - 경쟁 기업의 상품력, 특징, 단점, 우수 상품, 광고, 판촉, 유통 시책 등

5. **귀사 상황**(사내 제안은 자사 상황)
   - 제안 상대의 현황과 문제점, 특징, 단점 등

6. **문제점 요약과 과제**
   - 상기의 문제점 요약에서 과제를 도출한다.

[2] 기본 전략

1. **목적, 목표**
   - 어떤 목적으로 실시할 것인가.

2. **대상**
   - 누구를 대상으로 삼을 것인가.
     가능한 한 구제석으로
     상품과의 관련
     속성뿐 아니라 라이프스타일도

3. **기본 방침**(콘셉트, 돌파구, 타이틀)
   - 제안의 기초가 되는 것
     콘셉트에서 제안의 돌파구를 타이틀을 정한다.
     기획에서 가장 중요한 부분이다.
     독창적인 단어를 고른다.

4. **제안의 요점**
   - 제안의 내용의 요점을 조목별로

거래처 기업에 제안할 때 표지가 없어서 실례되는 것이 아닌가 싶을 경우에는 매수를 늘리는 것도 하나의 방법이다.

A3 용지를 사용함으로써 풍부한 정보를 담을 수 있게 되어 논리적으로 제안 내용을 정리할 수 있다.

현황 분석은 수집한 정보에서 제안에 관련된 내용을 모으는 것이 요령이다. 현황 분석, 기본 방침, 해결책, 비용·효과를 한 장의 종이에 나타내므로 일관성이 있는지 여부를 한눈에 알 수 있다.

제안 날짜

제안자 부서, 성명
(기업의 경우는 회사명 귀중)

목적과 목표를 명확히 한다.

[3] 구체적 전개

1. 실시 방법
- 실시의 요점
  구체적인 방법, 상세한 내용은 별도 첨부

2. 내용(표현이나 디자인 등)
- 광고 표현 제안, 디자인의 사고, 방향성

고려한다.

3. 전개 스케줄
- 준비에서 실시까지의 대강의 일정

[4] 비용·효과

1. 소요 비용(또는 수익 계획)

찾는다.
- 실시에 따르는 소요 비용. 상품 제안이나 사업 제안 등 수입이 따르는 경우는 수입 계획을 명시한다.

2. 효과 예상
- 이 방법을 도입한 경우의 효과 예측
  경제효과, 심리적 효과를 포함한다.

해설한다.

종합제안 논리형(상급)

거래처 기업에 프레젠테이션을 하기 위해 파워포인트 등을 사용해 작성하는 도표형 기획서·제안서 양식이다. 주로 기획서로 사용한다.

구성 요소는 현황 분석에서 기본 전략, 제안의 요점, 구체적인 전개 내용, 스케줄과 비용·예산이다. 파워포인트 등으로 작성하기 때문에 다양한 디자인 표현이 가능해서 소구력을 높일 수 있다.

- 문자만의 표현은 피하고 도표를 효과적으로 활용한다.
- 한 페이지로 한 가지 항목이 설명 가능하도록 하여 설득력을 높인다.
- 통일된 디자인으로 더욱 강한 인상을 주도록 한다.

각 항목을 각각 한 장에 요령 있게 정리할 필요가 있다. 기획서로 정리된 형태가 완성 후에 호소력을 갖게 되고 상대도 읽기 쉬워진다. 공간이 부족하여 매수를 늘리는 일은 될 수 있으면 피하는 것이 좋다.

디자인 능력이 중요하다. 여백을 사용하는 방법이나 문자의 배치, 크기, 색의 사용 등도 중요하다. 강조하고 싶은 제목이나 요점 등에 색을 사용하여 눈에 띠도록 한다. 다양한 색을 사용할 수 있다고 해서 너무 많은 색을 사용하지는 말아야 한다.

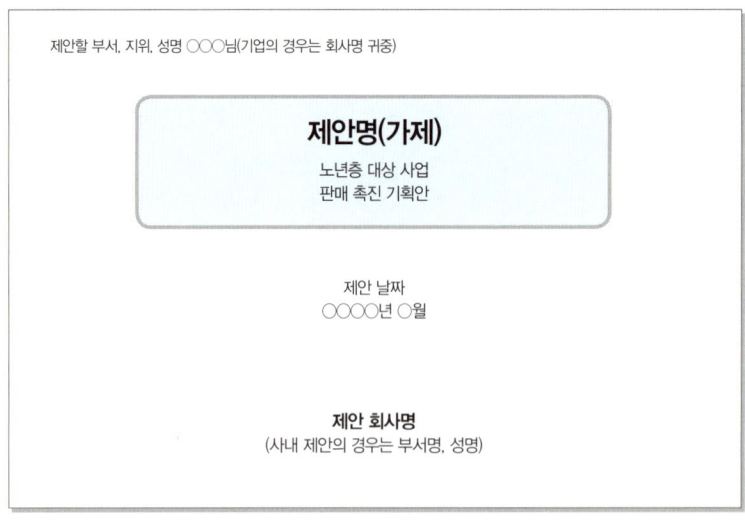

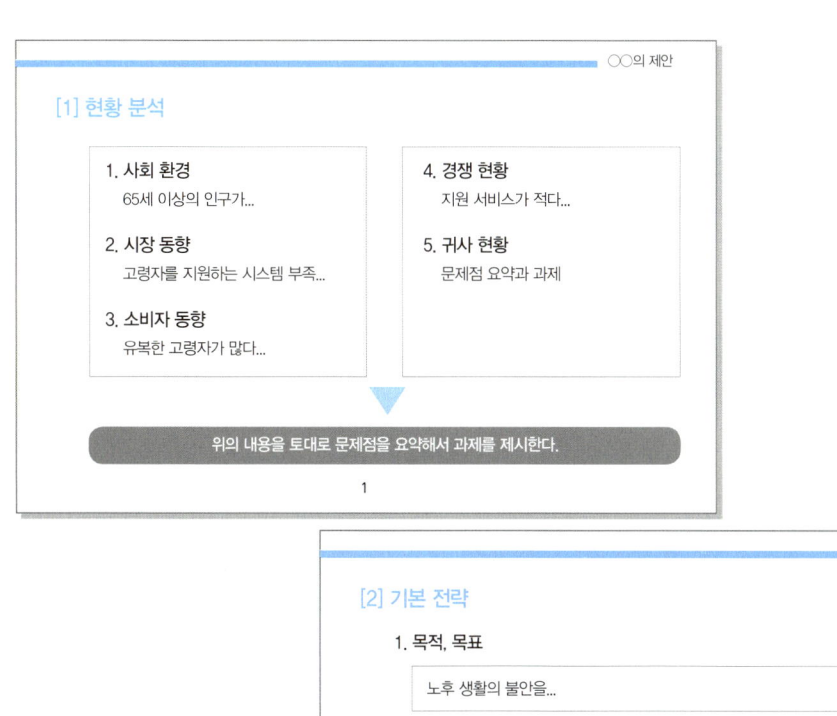

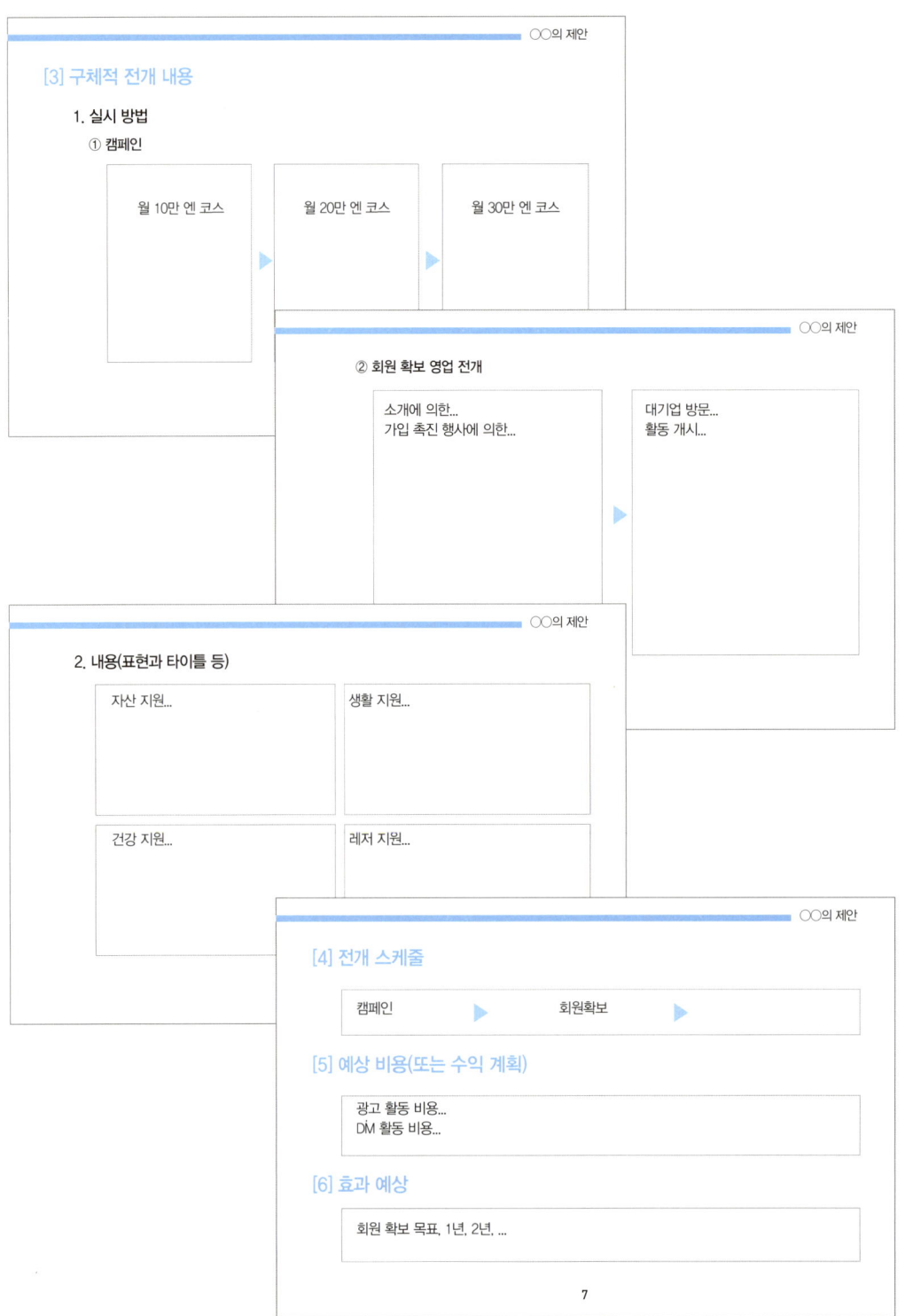

Chapter 3
기획서 작성 예문편

Chapter 3에서는 표본 기획서 72가지를 수록했다. 또한 장르는 '인사·총무'에서 '종합 기획서'까지 8개 분야로 나누었다. 흥미로운 분야와 주제를 찾아서 어떻게 작성되었는지를 살펴보면 도움이 될 것이다.

처음 두 편의 예문에서는 원안의 어디를 수정해야 하는지를 지적하고, 수정안을 제시한다.

예문 1 기획서에 자주 발견되는 문제점 – 1

20○○년 ○월 ○일
인사부장님 귀하
인사과 교육 담당팀 야마구치 토시노리

20○○년 신입사원 연수 계획

2 ●계획의 목적
신입사원의 기초 연수

●계획에 있어서
금년도 신입사원 연수에서는 단순하게 회사 소개와 팀웍 구축이라는 종래의 관행을 답습하는 게 아니라, 작년도 연수의 문제점을 검토하여 신입사원을 받아들이라는 각 부서장의 요구에 부응하기 위해 현장의 의견이 수렴된 연수를 계획하였습니다.

●전년도 연수에 대해 각 부서장 대상의 설문조사에서 밝혀진 사항
설문조사 결과, 아래의 2가지 사항에 요구가 집중되었습니다.
1. 연수가 끝난 후 소속팀으로 배속되었을 때 자기 소개도 하나 제대로 못하고 묻는 말에 제대로 대답하지 못하는 등, 학생 때처럼 행동하거나 일반 상식이 결여되어 있는 경우가 많다.
2. 당사가 시계를 제조하고 판매하는 회사라는 것은 알고 있어도 어떤 부서에서 어떤 일을 하는지 등 회사가 어떻게 구성되어 움직이는가를 이해하지 못하고 있다.

6 ●콘셉트
1. 사회인으로서 갖추어야 할 매너가 무엇인지 확실하게 지도한다.
2. 회사의 업무를 이해시킨다. 7

8 ●개요
장소: 당사 스와 연수센터

커리큘럼
1일째	오후 1시 현지 집합	연수 내용 설명	매너 연수(외부 강사)
2일째	오전	매너 실천(Role play)	
	오후 9	하이킹	스와호 주변
3일째	오전	당사의 업무내용 소개 (VTR 사용)	
	오후	당사 스와 공장 견학	
	밤	입사환영 저녁식사	임원 참가
4일째	오전	각 부서 소개, 연수 총괄, 소속 부서 통지	각 부서 인사
	오후 1시 현지 해산		

●비용
60만 엔

기획서의 전제

시계 제조업체인 메르디안 주식회사에는 올해 15명의 신입 사원이 입사한다. 그래서 4월 2일부터 3박 4일간 연수를 실시한다. 지금까지의 주요 연수내용은 외부 강사에 의한 목표관리와 역할연기(Role play)였는데, 올해에는 각 부서장의 의견을 수렴하여 연수내용을 전면적으로 변경하기로 결정했다.

1 날짜, 수신인, 제출자 이름의 위치가 부자연스럽다.

2 이 목적은 당연히 알고 있기 때문에 생략해도 된다.

타이틀에는 ●이 아니라 번호를 붙인다. 밑줄은 긋지 않는 편이 단정해 보인다. 소제목은 큰 글씨로 눈에 띄도록 한다.

3 ① 「계획에 있어서」라고 하는 소제목은 서문에 해당되는 것으로 주로 「목적」 앞에 와야 한다.
② 문장이 너무 길다. 이해하는 데 시간이 걸린다.
③ 다음 항목과 겹치는 것이 많으므로 정리하여 알기 쉽게 표현한다.

4 구체적이어서 나쁘지는 않지만 좀더 제목답게 짧고 명료하게 하는 편이 좋다.

5 설문지에 쓰여져 있는 문장을 그대로 옮긴 듯한 문구이다. ①은 사회인으로서 기본적인 매너를 인식시킬 필요성, ②는 회사 각 부서의 구성과 역할, 상호 관련성이라는 단어로 정리할 수 있다.

6 콘셉트이기는 하지만 「금년도 방침」이라고 하는 편이 알기 쉽다.

7 막연해서 내용이 전달되지 않는다.

8 무엇의 개요인지 알 수 없다. 이 내용은 연수에 대한 내용이므로 제목도 연수 내용이라고 한다.

9 표로 만드는 편이 보기 쉽다. 우천시의 계획도 잊어버리지 않도록 하자.

10 부서장을 대상으로 한 설문조사 결과를 첨부하는 것을 잊지 말자.

고쳐 쓴 수정 샘플 ➡

> **고쳐 쓴 수정 견본** 이렇게 고치면 알기 쉽고 어필하기도 쉽다.

20○○년 ○월 ○일

인사부장 귀하

인사과 교육 담당팀 야마구치 토시노리

20○○년 신입사원 연수 계획

1. 금년도의 과제
지금까지의 연수는 회사 소개 이외에 사회인으로서의 자기 관리와 팀웍을 구축하기 위해 시행되어 왔습니다. 그러나 각 부서장을 대상으로 실시한 설문조사 결과, 신입사원 연수에 대해 다음과 같은 사항이 요구되고 있습니다.

① 사회인으로서 또는 조직의 일원으로서 지켜야 할 기본적인 매너(언어 사용, 태도, 복장 등)를 먼저 확실하게 인식시킬 것.

② 당사 각 부서의 구성과 각 부문의 역할, 부문 간의 연계에 관한 기초적인 지식을 전달할 것.

2. 금년도의 방침
① 사회인이 가져야 할 매너가 무엇인지를 확실하게 지도한다.

② 당사의 구성, 각 부문의 업무 내용 및 부서 간의 관계를 알기 쉽게 소개한다.

3. 연수 내용
① 장소 : 당사의 스와 연수센터

② 연수 일정 및 커리큘럼

일정		내용	비고
1일째	오후 1시	집합, 점호, 연수 내용 설명	
		매너 연수	외부 강사
2일째	오전	매너 실천(Role play)	외부 강사
	오후	하이킹	스와호 주변
3일째	오전	당사의 업무내용 소개	VTR 사용
	오후	당사 스와 공장 견학	
	밤	입사환영 저녁식사	임원 참가
4일째	오전	각 부서 소개	각 부서 인사
	오후 1시	연수 총괄, 소속 부서 통지	
	오후 3시	현지 해산	

4. 비용
60만 엔

첨부

각 부서장 설문조사 결과 집계표

> 다음 페이지부터 샘플과 예문에는 이 부분을 생략한다.

작성포인트

1 구성과 형식을 고려한다!
(1) 수신인, 날짜, 제출자 이름은 형식이 정해져 있다(자세한 것은 154p 참조).
(2) 타이틀의 첫 글자 앞에는 번호를 붙이고, 문자를 약간 크게 하거나 굵은 서체로 하여 눈에 띄기 쉽게 한다. 특별하게 강조할 경우가 아니라면 밑줄은 가능한 사용하지 않는다.
(3) 타이틀은 적절한 단어로, 간략하게 한다.
(4) 스케줄과 커리큘럼은 표로 만들어 두면 알기 쉽다.
(5) 첨부 자료가 있을 경우는 마지막에 반드시 첨부하여 수록한다.

2 내용은 논리적으로 정리한다!
(1) 기획서의 문장은 가능하면 짧고 명료하게 한다.
(2) 내용 중복은 피한다.
(3) 전문을 넣으려면 '목적' 앞에 넣는다. 필요 없는 경우는 넣지 않는다.
(4) 콘셉트는 구체적으로 표현한다.

3 기획서는 보기 쉽고 내용을 이해하기 쉽게 작성한다!
기획서는 자신의 생각을 다른 사람에게 이해시키기 위해 쓰는 것이다. 기획서 자체가 정리되어 있지 않으면 작성한 사람의 인격과 능력까지 의심받을 수 있다. 기획서의 형식과 지면배정을 잘 구성하여 읽기 쉽게 한다. 또한 내용은 이해하기 쉽고 모순이 없어야 한다. 이런 점을 잘 고려하여 기획서를 작성한다.

Help & Hint

콘셉트 : 개념을 말한다. 광고와 마케팅에서는 '기본이 되는 생각' 혹은 주제를 의미한다.

롤 플레잉 : 참가자에게 상황을 설명하고, 역할을 부여해서 연기해 보도록 하는 트레이닝 방법으로 카운슬링 등에서 사용된다.

예문 2 기획서에 자주 발견되는 문제점 - 2

「워시크린」 캠페인 실행 기획서

① 1. 서문
신제품 부엌용 세제 「워시크린」의 캠페인 실시에 관한 기획안을 다음과 같이 정리하여 제출합니다.

2. 기획 배경
「워시크린」은 부엌용 세제로서, 지금까지 발매된 제품과는 전혀 다른 기름때 제거 효과를 가지고 있고, 또한 100% 천연 재료를 사용하고 있기 때문에 인체에 전혀 해가 없으며, 자연 환경을 고려한 제품입니다. 이 획기적인 상품이 새로 발매된다는 사실을 많은 사람들에게 알릴 필요가 있습니다. ②

3. 기획의 목적
「워시크린」은 '100% 천연 재료를 사용하고 있기 때문에 인체에 전혀 해가 없고, 자연 환경에도 부담을 주지 않으며, 또한 지금까지 발매된 제품과는 전혀 다른 기름때 제거 효과를 가진다'라는 캠페인 콘셉트를 널리 PR하여 인지도를 높입니다. 또한, 일반소비자에게 PR과 시제품 사용의 촉진을 도모합니다. ③

④ 4. 기간
4월 1일 ~31일

⑤ 5. 캠페인 내용(개요)
캠페인 명칭 「워시크린」 캠페인 ⑥
이벤트
　　⑦ (a) 장소: 도내 슈퍼, 약국 체인점
　　　 (b) 내용: 시제품 홍보
　　　　　　　 샘플, 팜플렛 배포

CM
　　(a) 텔레비전 광고(타겟은 주부)
　　(b) 신문 광고(아사히, 요미우리, 마이니치를 이용)

6. 첨부 자료
캠페인 실행에 관한 세부 사항

「신제품 발매 캠페인」 기획서의 전제

세제회사인 센다이화학 주식회사는 다음과 같은 제품 정보를 광고회사에 전달하였다.

1. 신제품은 안전한 가정용 제품이며, 또한 아주 효과가 강력한 상품으로 4월 1일부터 신 발매됩니다.
2. 초기에는 발매 지역을 관동지역으로 제한합니다.
3. 예산은 ○○○엔(앞으로 주력 상품이 될 것이므로, 프로모션 비용은 아끼지 않을 것임).

1 간단한 검토에 대한 부탁이므로 이 부분은 필요하지 않다.

2 「기획의 배경」에서 서술하고 있는 내용은 상품 콘셉트와 캠페인 목표이며, 아래 항목인 「기획서의 목적」에서 같은 내용이 서술되었다. 내용이 중복되므로 이 부분은 불필요하다.

3 콘셉트와 목적이 혼재되어 있다. 캠페인의 콘셉트와 목적은 둘 다 기획서에서 매우 중요한 항목이므로, 각각 소제목을 달아 명확히 구분한다.

4 어떤 기간인지 불분명하다.

5 기획의 목적을 서술한 후 갑자기 「기간」, 「캠페인의 내용」으로 연결되어, 전략에 관한 부분이 빠져있다. 목적을 달성하기 위해 어떤 방법을 취할 것인가에 대한 전략에 대한 서술은 기획서에서 매우 중요하다. 또한 신상품의 캠페인은 유통에 대한 대책도 빼놓을 수 없는 포인트이므로 반드시 포함시키도록 하자.

6 단순하게 「워시크린」 캠페인이라고 하기보다는 '신 발매 캠페인'이라고 하여 등장감을 강조하는 것이 더 호소력이 있다.

7 「캠페인 명칭」, 「이벤트」, 「CM」의 앞에 번호를 붙인다.

8 실행 개요는 비용이 많이 드는 순으로 정리한다. 이 경우에는 텔레비전 광고, 신문광고, 이벤트 순으로 정리하도록 하자. 만약 캠페인 예산의 대부분이 이벤트 실행에 사용되고, 텔레비전과 신문 등 미디어 매체에는 많은 예산을 책정하지 않은 경우에는 이벤트를 제일 먼저 기술해도 좋다.

고쳐 쓴 수정 샘플

고쳐 쓴 수정 견본 이렇게 고치면 알기 쉽고 어필하기도 쉽다.

「워시크린」 캠페인 실행 기획

1. 캠페인의 목적
① 구매 대상자에게 인지도를 높인다.
② 유통업체에게 워시크린의 인지도를 높이고, 취급을 촉진한다.

2. 캠페인 콘셉트
천연 재료를 사용하여 인체에 전혀 해가 없고, 자연 보호를 고려한 상품이다.
또한 지금까지 발매된 제품과는 전혀 다른 기름때 제거 효과를 가진다.

3. 캠페인 전략
TV 광고를 메인 광고로 하고, 신문광고로 지원광고를 실시하며, 이벤트도 실행한다.
① 캠페인 대상자
  메인 대상자를 30대 이상의 주부로 한다.
  두 번째 대상자를 취급 유통 관계자로 한다.
② 캠페인 기간
  2○○○년 4월 1일~4월 말
③ 지역
  관동 지역
④ 전략
  (a) 명칭은 「워시크린 신 발매 캠페인」이라고 한다.
  (b) 신 발매 제품이므로, 초급속히 대상자의 인지도를 높이기 위해 텔레비전 CM을 실시한다.
  (c) 상품 콘셉트를 명확히 전달하기 위해 신문광고로 지원광고를 실시한다.
  (d) 소매점에 가판대를 설치하고 시범 사용 이벤트를 실시하고, 유통 지원을 위한 이벤트를 실시한다.
  (e) 텔레비전과 신문 이외에 이용 가능한 모든 이미지 캐릭터(탤런트)를 기용한다.

4. 실행 개요
① 텔레비전 광고
  기한이 한정되므로, 대상자에게 효율적인 전달을 위해, 15초 프로그램 삽입광고를 이용한다.
  광고 시간대는 대상자가 주부인 관계로 아침부터 저녁까지 종일 방영 실시.
② 신문광고
  아사히, 요미우리, 마이니치를 이용하고, 조간 동경 본사판의 기사 하단 5단 광고 실시.
③ 이벤트
  장소: 도내 슈퍼, 약국 체인점
  내용: 시제품 판매 실시. 샘플과 팜플렛 배부

5. 실행 비용
○○엔
첨부 자료 : 스케줄, 실행 세부 계획.

1. 소제목과 내용을 일치시킨다

「배경」부분에서 콘셉트와 목표를 서술하거나, 「목적」부분에 콘셉트의 내용을 포함시키면 안 된다. 자주 하는 실수가 「목적」과 「전략」을 혼동하는 것이다. 「목적」은 무엇을 달성하거나 문제를 해결하거나 기획을 실행하면 어떤 효과가 나타나는지에 대해 서술하는 것이다. 「전략」은 목적 달성을 위한 방법론에 해당한다. 그러므로 캠페인 전략에서 "TV 프로그램 삽입광고를 전개하여 상품의 인지도를 높인다"고 서술하면 전략과 목적을 함께 서술하는 것이 된다. 이 경우 전략은 "TV 프로그램 삽입광고를 메인 광고로 한다"로 충분하다.

「목적」과 「전략」은 익숙하지 않으면 혼동하기 쉽다. 예문을 많이 읽어 두면 무엇을 목적으로 할 것인지, 어떤 것을 전략으로 써야 할지 알게 된다.

2. '전략'은 기획의 포인트

「목적」을 서술한 후에 갑자기 실행 계획인 「기간」과 「캠페인 내용」을 서술해서는 안 된다. 반드시 「전략」을 삽입해야 한다. 목적을 달성하기 위한 방법에는 여러 가지가 있다. 어떤 방법을 취하는 것이 가장 효과적이고 효율적인지 포착하는 것이 바로 「전략」이다. 「실행 계획」은 「전략」의 실행에 지나지 않는다. 「전략」은 폭넓은 시점에서 살펴볼 필요가 있다. 신상품 발매 캠페인의 경우에는 단순히 광고와 PR뿐만 아니라 유통에 관한 대책도 검토되어야 한다.

3. 중요도 순으로 서술한다

「목적」, 「전략」, 「실행 계획」에 공통적으로 적용되는 것은 중요도 순으로 서술하는 것이다. 실행 계획에서는 비용이 많이 드는 순으로 계획을 서술한다.

4. 비용과 스케줄을 반드시 포함시켜야 한다

실행을 위한 비용은 기획의 검토에서 빠질 수 없는 요소이다.
스케줄 또한 마찬가지이다.

캠페인 : 광고 전쟁. 목적을 가지고 일정 기간동안 조직적으로 실행되는 광고 선전 활동을 일컫는 말.

캠페인 콘셉트 : 캠페인의 주제. 캠페인은 통상 다수의 매개체를 편성하여 실행되는 경우가 많다. 콘셉트는 기본적으로 캠페인의 모든 활동에 영향을 미친다.

기획서의 형식은 융통성 있고 보는 사람의 입장에서 작성되어야 한다!

가로로 길게 작성? 세로로 길게 작성?

기획서를 작성할 때 회사의 정해진 형식과 관행이 있는 경우에는 그에 따르도록 하자. 결재자가 그 형식에 익숙해져 있기 때문에 쉽게 읽을 수 있기 때문이다. 관행과 정해진 형식이 없는 경우에는 오른쪽 샘플을 참조하자. 가로쓰기를 할지 세로쓰기를 할지는 작성자가 결정할 문제이다. 상사와 매니지먼트 사에 기획서를 제출할 때에는 세로쓰기로 작성한다. 최종 결정회의에 회부될 때에도 세로쓰기로 작성하는 것이 좋다. 사외 대상 기획서는 주로 가로쓰기가 많다. 한 페이지에 들어가는 글자의 수가 그다지 많지 않아서 읽기 쉬운 형태의 기획서가 되기 때문이다.

형식은 결재자의 상황을 고려하여 작성한다.

가로쓰기로 할지 세로쓰기로 할지는 기획서를 제출하는 장소의 상황에 따라 달리해야 한다. 예를 들어, 먼저 첫 검토대상인 상사(거래처)에게 제출할 경우에는 가로 형태가 좋고, 나중에 최종 결정 회의에 회부될 경우에는 세로 형태가 좋다. 그러나 프레젠테이션에서 기획서를 발표하거나 결재자가 다수일 경우에는 OHP와 프로젝터(PC)를 사용할 때가 많다. 이 경우에는 가로쓰기로 하고, 멀리서도 쉽게 알아볼 수 있도록 한 페이지에 들어가는 글자수도 가급적 적게 하는 것이 좋다. 프레젠테이션의 경우에는 구두로 세부사항을 전달할 수 있기 때문에 요점만 정리하여 적는다. 반대로 기획서가 최종 결정 회의에 회부될 때에는 내용을 전부 서술하지 않으면 내용이 제대로 전달되지 않으므로 세로쓰기로 한다.

날짜, 수신인, 제출자 이름 순으로

세로쓰기로 할 때에는, 문서가 깨끗이 정리될 수 있도록 날짜를 오른쪽 위에. 그리고 결재자의 이름을 왼쪽 위에 쓰고, 과장과 부장에게는 씨가 아니라 님자를 붙인다. 제출자의 이름은 오른쪽 가장자리에 쓰고 제목은 눈에 띄도록 중앙 부분에 조금 큰 글씨로 쓴다. 본문의 소제목과 작성법은 오른쪽 페이지를 참조한다.

가로쓰기를 할 때에는, 결재자의 이름은 세로쓰기의 경우와 같이 왼쪽 위에 쓰고 제목은 용지의 중앙에 큰 글씨로 쓰며, 그 밑에 날짜와 제출자의 이름을 쓴다(156p 참조).

사이즈는 A4가 일반적

사이즈는 사내와 사외에 관계없이 A4로 하자. 비즈니스 문서 사이즈는 A4가 일반적이고 결재자가 파일링해 두기도 쉽다. 또한 사내 대상 기획서의 경우 최종 결정회의에 회부될 때에도 A4 사이즈가 다루기에 편리하다.

매수는 내용에 따라 융통성 있게

매수는 간단한 기획서일 때에는 첨부 서류를 제외하면 1페이지에 모두 수록되지만, 경우에 따라 2~3페이지가 될 때도 있고, 10페이지를 넘길 때도 있다. 대부분의 기획서는 본문을 3~4페이지로 하고, 첨부 서류를 몇 장 첨부하는 것이 많다. 종합 기획서의 경우에는 50페이지를 넘기는 것도 있다. 페이지가 많아질 때에는 표지와 목차를 넣어서 보고 싶은 부분을 쉽게 찾을 수 있도록 한다.

사내 대상 기획서는 최종 결정 회의에 회부되는 경우도 많기 때문에 표지를 붙이지 않는 경우도 많다. 기획서는 「계출 문서」와 같이 확실한 형식이 정해져 있지 않은 경우가 많지만, 일반적으로는 다음과 같은 형식을 취한다.

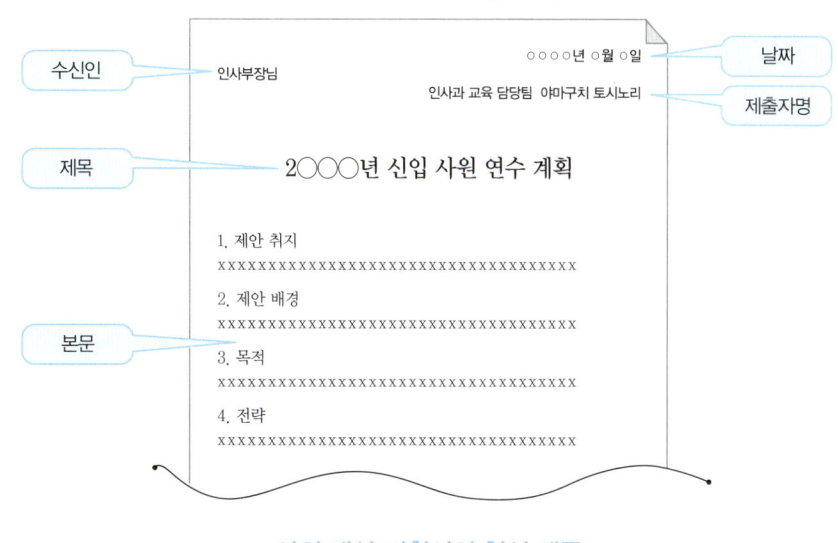

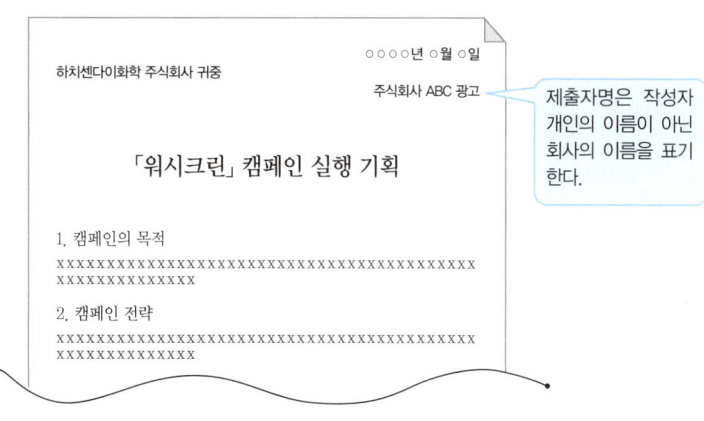

프레젠테이션을 할 경우에는 가로쓰기로 작성하자!

가로쓰기의 경우, 첫 번째 페이지는 표지로 하여, 수신 대상자 이름, 기획서 제목, 날짜, 제출 회사의 이름을 써넣는다. 두 번째 페이지부터 본문 내용을 수록한다. 매수가 많은 기획서라면 두 번째 페이지는 목차로 하고 세 번째 페이지부터 본문 내용을 수록한다. 가급적 한 페이지에 한 가지 항목을 서술하는 것이 좋다.

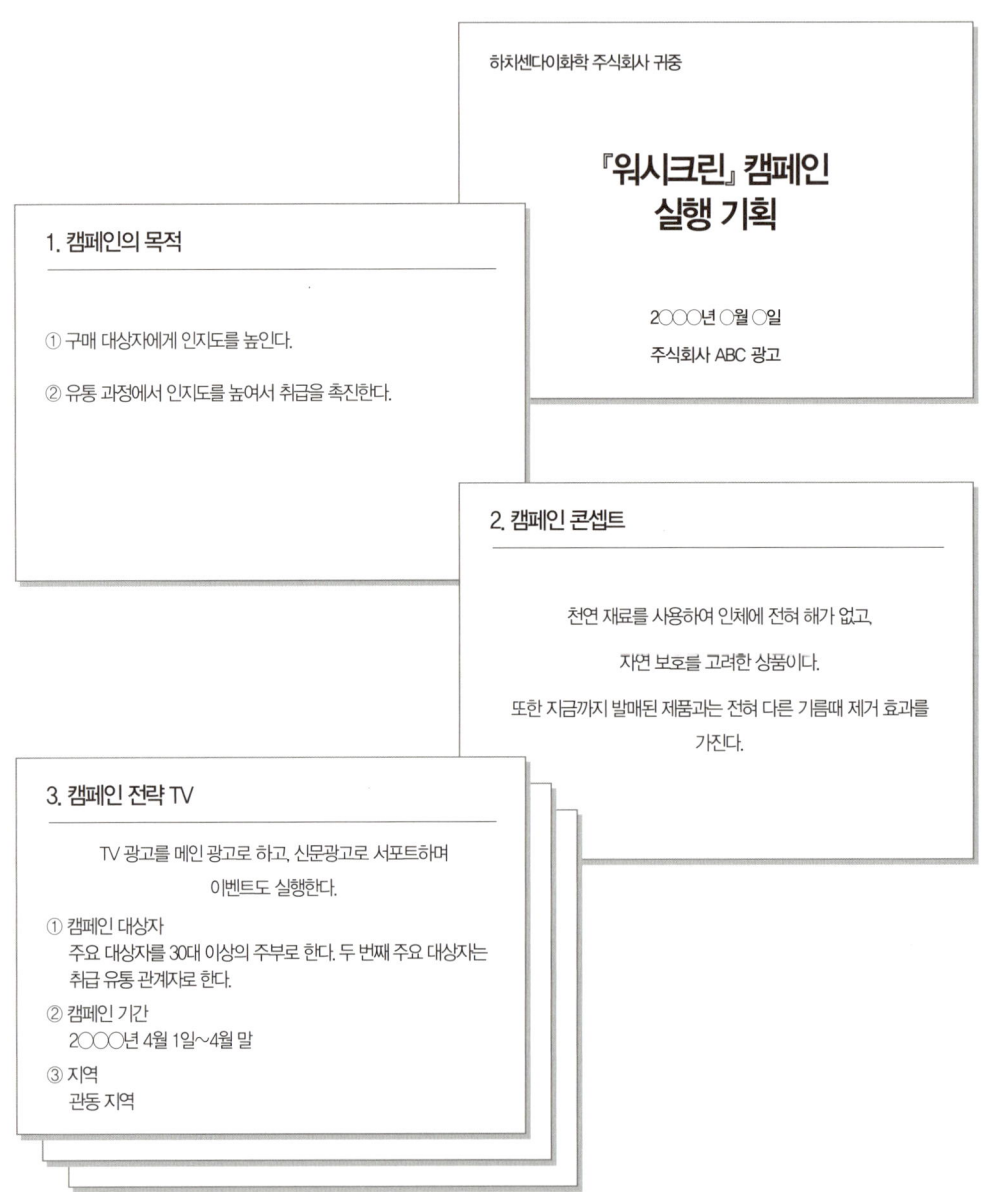

기획서는 상품이다.
파워포인트를 사용하여 단순하고 세련되게 만든다!

컴퓨터로 기획서를 만들 때에는 마이크로소프트 사의 프레젠테이션용 소프트웨어인 파워포인트를 이용하면 손쉽게 세련되고 시각적인 레이아웃을 만들 수 있다. 자신의 기획을 상대방에게 파는 것이므로 기획서도 훌륭한 상품이다. 미적으로 아름다운 상품을 만들자.

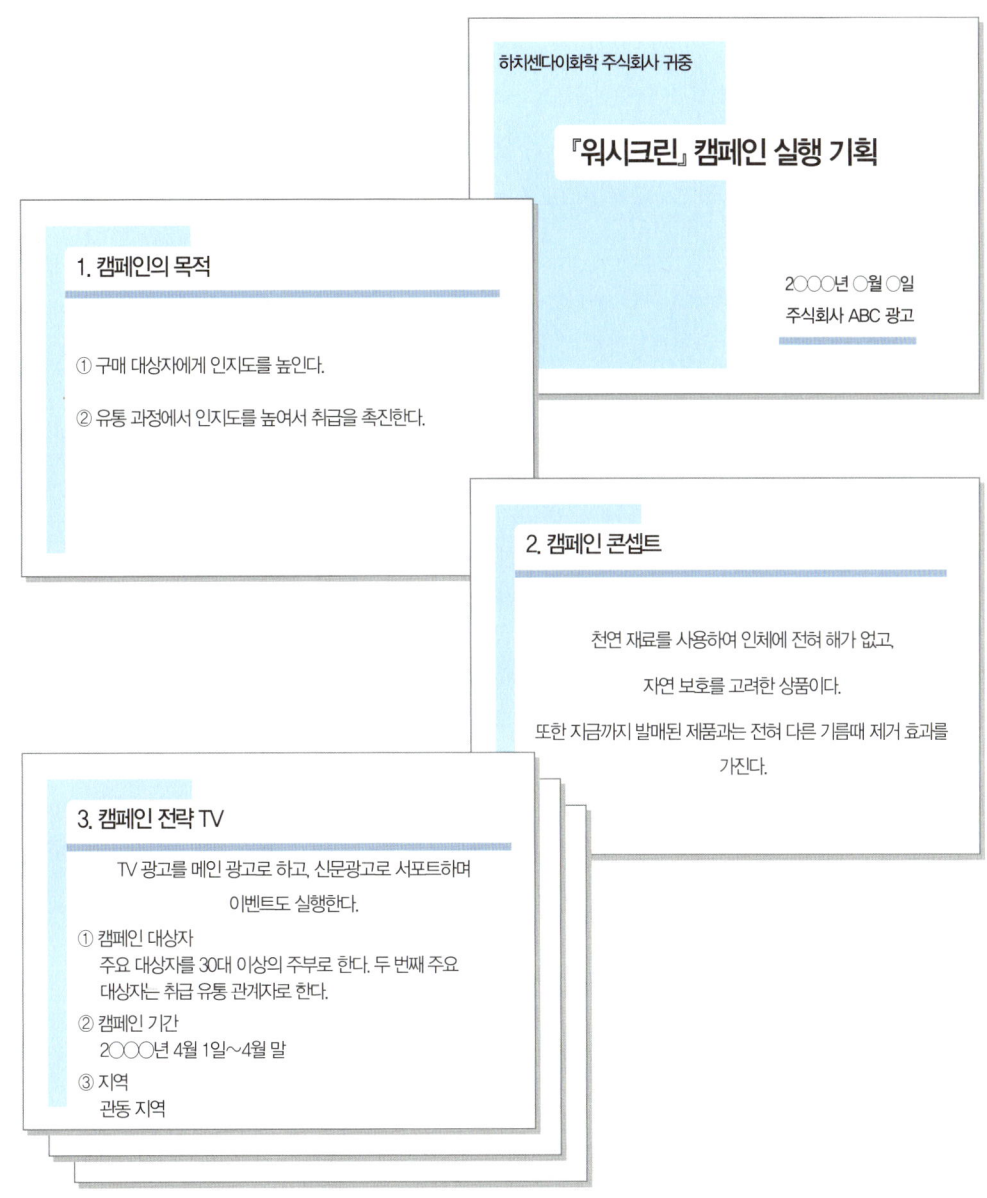

예문 3  스킬 업 연수

고객맞이 스킬 업 연수 기획서

1. 현황
① 각 전시장의 베테랑 영업사원이 지도원이 되어 판매원들에게 고객맞이 기술을 지도한다. 지도원의 자질, 경험의 차이에 따라서 고객맞이 방법에도 차이가 발생할 것이다.
② 고객은 고액 상품을 구입할 경우 2~3곳의 가구점을 둘러보고 나서 구입을 결정한다. 가격과 품질의 비교 이외에 고객에 대한 직원의 서비스 만족도가 상품 구매에 매우 큰 영향을 미친다.

2. 연수 목적
고객맞이 능력을 향상시키고, 고객 만족도를 높이고, 상품 판매를 촉진시킨다.

3. 연수 방법 및 장소
① 당사 사원과 외부 강사에 의한 실무 연수로 한다.
② 당사 하치오지 전시장 회의실에서 1박 2일 동안 연수

4. 대상
전시장 전 직원(관리직 포함)
직원을 3개 팀으로 편성하고 영업에 지장이 없는 참가 방식을 취한다.

5. 연수 내용
1일째 오전 :   「고객에게 만족을 주는 접객 매너」   외부 강사, 타케다 선생님
1일째 오후 :   「상품 설명의 방법」   당사 하치오지 전시장의 마츠오 차장
1일째 밤 :   친목회
2일째 오전 :   「당사 고객맞이 문화의 문제점」   외부 강사, 타케다 선생님
2일째 오후 :   전시장에서 가구를 앞에 두고 역할 연기
① 사전에 타케다 선생님의 회사직원들이 손님으로 가장해서 조사를 한다. 당사의 몇몇 전시장을 방문하여 평가한다. 이 조사 결과는 이후 고객맞이 매뉴얼 작성에도 유용하게 사용될 것이다.
② 역할 연기는 휴일에 당사의 전시장을 활용한다.

6. 실행 스케줄
20○○년 ○월 ○일~○일

7. 비용
250만 엔

첨부 자료 : 다케다 선생님의 약력

「스킬 업 연수」를 위한 기획서의 전제

「히라타 가구 주식회사」는 현재 15개의 전시장을 가지고 있다. 고객이 쾌적한 환경에서 가구를 선택할 수 있도록 판매원을 대상으로 고객맞이 스킬 업 연수를 시행하기로 했다. 다음은 인사과 담당자의 제안서이다.

작성포인트

1 효과를 명확하게 한다. 효과를 기대할 수 있게 기획서를 작성한다
(1) 먼저 현황의 문제점을 정확하게 파악하고, 어떤 스킬 업이 필요한지를 명확하게 파악한다.
(2) 「목적」 항목에서는 이 연수를 통해서 어떤 효과가 나타날지를 구체적으로 명시한다. 이 경우에는 상품의 판매 촉진, 즉 매출 증가를 목적으로 한다는 점을 명확히 하고 있다.

2 외부 강사와의 사전 준비
(1) 연수의 경우, 사내에 강사 자질이 있는 사람이 있으면 가장 바람직하다. 그러나 외부의 지식을 도입하는 것도 중요하다.
(2) 사전에 외부 강사에게 현황의 문제점을 사실대로 알리는 것이 매우 중요하다. 연수를 할 때 구체적으로 어떤 점이 나쁜가를 추상적이 아닌 사실적으로 설명할 수 있기 때문이다. 그러면 수강자도 문제점을 이해하기 쉽다.
(3) 연수 내용에 관한 부분은 표로 만들어도 좋다.

3 연수의 메리트를 그릴 수 있도록 한다
스킬 업 연수 기획서는 어려운 기획서가 아니다. 왜냐하면 문제점 파악과 해결 방법을 찾아내기가 쉽기 때문이다. 결재권자가 비용이 들어도 매출 향상으로 직결될 것이라는 예상을 할 수 있다면 쉽게 결재를 받을 수 있다.

기획포인트

「외부 강사의 위장 조사」

Help & Hint

> 스킬 업 : 기술, 기능의 수준을 높이는 것.
> 역할 연기(Role play) : 참가자에게 상황을 설명한 후 역할을 부여하여 연기하게 하는 트레이닝 방법이다. 카운슬링 등에서 자주 활용한다.

예문 4 · 교육·연수 · 외부 세미나 참가

중견사원의 자기계발 세미나 참가 제안

1. 배경과 문제점
요즘처럼 어려운 경영환경 하에서 앞으로도 존속해 나가기 위해서는 사내의 체제를 대폭 개선해야 합니다. 앞으로 5년 안에 관리직을 없애고, 인재를 효율적으로 관리·운용해 나가야 합니다. 이미 이 점에 관해서는 별도의 계획이 진행중입니다. 이 같은 상황 하에서 사원, 특히 중견사원들의 불안감, 동기 저하가 뚜렷하게 나타나고 있습니다. 또한 인재의 효율적인 배치와 운용의 전제 조건으로서 중견사원들의 도전 정신과 적극성을 권장할 필요가 있습니다.

2. 문제점의 해결
중견사원의 자립 의식과 도전 정신, 적극성을 조장하고, 자신감과 미래에 대한 전망을 갖게 하는 것이 개혁에 크게 기여할 것으로 생각됩니다. 이를 위해, 이 분야에서 유명한 「SIS 자기계발 세미나」에 참가시킬 계획을 세웠습니다.

3. 「SIS 자기계발 세미나」 내용
세부사항은 첨부 문서로 별첨했습니다만, 「SIS 자기계발 세미나」는 시간 관리를 중심으로 자기 관리를 가르칩니다. 시간을 효과적으로 사용함으로서 자신의 미래에 대한 전망을 명확히 할 수 있게 교육합니다. 미국 SIS 연구소의 스타이너 씨가 개발한 방법을 활용한 이 세미나는 세계적으로 유명합니다. 또한 같은 업종의 쇼와연료사를 비롯하여 많은 기업이 이 세미나에 참가하여 성과를 거두고 있습니다. 세미나는 1개월에 한 번씩 개최되고 있으며, 2박 3일간 실시되는 집중 세미나입니다. 다른 업종에 종사하는 참가자들을 같은 그룹에 편성하여 인적 교류도 확대하고 있습니다.

4. 비용
비용은 1인당 참가비 80,000엔(세미나, 숙박비, 식사비 포함)
참가 예정 인원에 따라 할인 가능합니다.

5. 참가 대상자
부장과 과장 이상 그리고 45세 이상 사원 전원 1회 10명 정도를 참가하게 할 예정입니다.

6. 앞으로의 전망
앞으로 1년 안에 대상자 전원에게 세미나 신청을 의무화하겠습니다.

첨부
① SIS 자기계발 세미나 내용 세부
② 비용 명세서

「외부 세미나 참가」를 위한 기획서의 전제

메이지 연료 주식회사는 창업이래 100년 이상 지속되어 온 기나긴 역사를 가진 회사이다. 앞으로 5년 이내에 관리직을 없애고, 회사 체제를 개선할 목표를 가지고 있다. 그 일환으로 중견사원들을 자기계발 세미나에 참가시켜, 자립 의식과 관리자로서의 인식을 고양시킬 생각이다. 사장실 담당자가 세미나 참가 기획서를 제출했다.

1. 심플한 기획서를 작성하자

(1) 사원이 개인적으로 외부 세미나에 참가하고 싶은 경우에는 「신청서」를 제출하고 상사의 허가를 받으면 된다. 그러나 하나의 제도, 혹은 시스템으로서 외부 세미나에 참가할 것을 결정하는 이 경우에는 「기획서」를 제안하여 승인을 받아야 한다.

(2) 이 기획서는 「현황 분석+문제를 해결하기 위한 구체적인 방법+실행 내용」의 형태로 간략하게 구성되어 있다. 실제 기획서는 여기에 세미나 내용 부분(대략 5~6 페이지 분량)과 비용 명세서 1페이지를 첨부해서 완성시킨다.

2. 사내 대상 기획서가 자극적인 내용일 때는 간접적인 표현이 필요하다

(1) 세미나 참가의 본래 목적은 효율적으로 인력을 정리해고하는 것이다. 관리직을 없애고 인재를 효율적으로 배치·운용하는 정리해고를 단행하겠다는 의사를 간접적으로 표명한 것이다. 원래 이 기획서의 제목은 중년층에 대한 합리적인 정리해고라고 쓰는 것이 더 알기 쉽다. 하지만 도중에 기획서의 내용이 유출될 지도 모르기 때문에 사장실 담당자가 간접적 표현을 사용하고 있다. 이러한 배려도 기획서에는 필요하다. 간접적 표현을 사용해도 결재자는 그 숨은 뜻을 충분히 알고 있다.

(2) 정리해고를 원활하게 진행시키기 위해서는 다소의 비용은 감수해야 한다. 이 기획서의 요점은 세미나가 얼마나 좋은 내용을 가지고 있는가를 납득시키는 것이다. 같은 업종의 타사가 참가하고 있다는 것을 강조하고, 타사의 세미나 참가 효과를 나타내는 것이 중요하다.

「자연스런 정리해고를 하기 위한 세미나 참가」

자기계발 : 자신의 능력이나 지식을 본인 스스로 높이는 일

자기계발 세미나 : 자기계발을 적극적으로 촉진하기 위해, 참가자의 의식을 변화시킬 목적으로 하는 세미나

예문 5  현장 연수

고객 서비스 담당자의 미국 현지 연수에 관하여

1. 배경
① 당사의 고객 서비스는 고객, 신용카드 회사 사이에서 높은 평가를 얻고 있습니다. 그러나 직원들이 미국 현지를 방문한 경험이 없고, 일상적인 커뮤니케이션도 e-메일을 통해서 하고 있습니다. 때문에 때때로 미국 직원과의 커뮤니케이션에 문제가 발생하고 있습니다.
② 이처럼 미국 공장의 생산라인을 견학한 적이 없기 때문에 「아주 꼼꼼한 봉제」라는 J&B의 상품 특징조차도 "말로만" 고객에게 전달되고 있는 실정입니다.
③ 당사의 직원들은 장기간 안정적으로 근무하고 있는 편으로, 오래된 직원은 5년 이상 근무하고 있습니다. 이와 같은 장기 근속 직원에게 어떠한 형태로든 인센티브를 부여할 필요가 있습니다.

2. 목적
① 현지 직원과의 교류에 의한 커뮤니케이션과 일상 업무 처리의 원활화
② 고객에게 수준 높은 상품 정보를 제공
③ 고객 서비스 담당 직원의 모티베이션 상승과 애사심 강화

3. 대상
입사 2년 이상의 직원 중 1회 2명을 선발

4. 연수 개요
① 실행 시기: 연간 2회, 판매 비수기(2월, 8월)에 파견
② 현지 도입 체제: 현지 교육 담당 직원이 지원
③ 연수 내용
  (a) 본사 고객 서비스센터 방문. 서비스 방법 학습
  (b) 업 세일즈 트레이닝
  (c) 공장 견학. 상품 정보 학습
  (d) 본사 직원과 교류 파티 개최

5. 비용
첨부

6. 미국 본사의 의견
미국 본사는 이번 파견에 관해서 매우 적극적이며, 전면적인 지원을 약속하였습니다. 직원의 애사심 강화와 연수에 의한 고객 서비스의 향상, 판매의 상승 등을 기대하고 있습니다.

「현장 연수」를 위한 기획서의 전제

미국의 아동복 통신판매회사인 J&B의 일본 사무소는 고객에 대한 서비스의 향상을 위해 직원을 미국 현지에 파견하고, 실제 작업 과정을 살펴보는 생산 현장 견학을 계획하고 있다. 교육 담당자가 일본 사무소의 대표에게 제출한 기획서.

1 메리트가 풍부한 기획은 승인 받기 쉽다

(1) 현장 직원을 일정 기간 업무에서 벗어나게 하여 미국 현지로 파견하는 것이므로 파견 이유를 충분히 설명할 필요가 있다. 가령, 고객에 대한 서비스의 향상과 고객 만족도를 높인다는 이유만으로는 승인을 받기 힘들 것이다. 업무의 원활화와 효율화 그리고 직원의 모티베이션 상승이라는 플러스 메리트를 서술하면 설득력이 더욱 높아진다.

(2) 3가지 배경에서 작성된 기획서이므로 목적도 거기에 맞춰 3가지를 서술해야 한다. 각각의 배경과 맞추기 위해 ① ② ③이라고 번호를 붙이면 알아보기 쉽고 또한 논리성도 갖춰지게 된다.

2 소제목과 내용은 융통성 있게 서술한다

(1) 「현황의 문제점」이라고 하지 않고 「배경」이라고 한 것은 반드시 해결해야 할 심각한 문제점이 아니라 보다 더 나은 서비스를 위한 적극적인 제안이기 때문이다. 기획서의 내용과 흐름에 맞춰 소제목을 붙이면 된다.

(2) 연수 개요만 서술하고 연수 세부사항을 첨부하지 않았는데, 이 단계에서는 그다지 문제되지 않는다. 현지 파견 연수라는 기본 계획과 비용을 승인 받은 후에 세부적인 계획을 작성하면 된다.

3 응원단은 중요

현지 본사의 의견은 상당히 중요하다. 현지의 본사도 원하고 있으므로 일본 사무소의 책임자도 그다지 반대할 이유가 없다. 또한 현지 담당자의 태도도 긍정적이므로 더욱 승인을 받기 쉽다.

「미국 본사의 의견」

모티베이션 : 동기를 부여하려는 의지

업 세일즈 트레이닝(Up Sales Training) : 상품을 구매한 고객에게 제품을 한 가지 더 구매하게 하는 세일즈 트레이닝. 햄버거를 구매한 고객에게 '포테이토도 맛있습니다'하고 권유하는 행위 등

인센티브 : 자극. 과제에 적극적인 자세를 갖게 하기 위해 주어지는 메리트

예문 6 · 사내 개선 — 파일링 시스템의 개선

센트럴 파일링 시스템 도입에 관하여

1. 현황의 문제점
① 정보가 개인 소유화되고 일반화되지 않는다.
② 상기 이유로 인해 필요한 정보를 입수하는 데 시간이 걸린다.
③ 또한 정보의 중복이 발생하므로 비효율적이다.
④ 개인의 정보량이 많아 보관 공간을 많이 차지하고 있다. 또한 책상 주변에 종이로 된 문서가 흩어져 있어 사무실이 깨끗하지 못하다.
⑤ 정보는 자산임에도 불구하고 보안에 관한 배려가 전혀 없다.

2. 문제점의 해결
중앙데이터관리실을 신설하고, 센트럴 파일링 시스템을 도입한다.

3. 센트럴 파일링 시스템의 내용
① 종이로 된 기획서와 자료 중에서 기밀사항인 것을 제외한 모든 정보를 중앙자료실에 수납한다. 자료를 공유화하고, 중요 문서에 대한 보안 대책을 실시한다.
② PC용 데이터는 중앙데이터관리실(신설)에 사내 LAN을 통해 전송하고, 관리실에서 중요 정보와 일반 정보로 구분한 다음 일반 정보는 공유화한다.

4. 실행 작업
① 중앙데이터관리실 설립 (실장 1명, 직원 1명 총 2명)
② 데이터 보관·관리용 PC 시스템의 개발
③ 정보 관리 매뉴얼 작성
④ 관리 매뉴얼을 바탕으로 개개인의 정보를 정리하고 리스트를 작성한다.
⑤ 종이로 된 문서를 수집하고, 서재를 정리하고, PC용 데이터를 정리한다.
⑥ 시스템 가동 개시
　■ T 중앙데이터관리실은 사내의 정보 문의 창구 역할도 담당한다.

5. 비용
시스템 개발비 200만 엔
서재 설치, 오피스 레이아웃 변경 200만 엔
(중앙데이터관리실 인건비는 포함시키지 않음)

6. 스케줄
중앙데이터관리실 설립에서 가동에 이르기까지 약 2개월

「파일링 시스템 개선」을 위한 기획서의 전제

중견 종합상사인 「주식회사 반소」는 사무 효율화와 오피스 환경 정비를 위해 기획서와 자료에 대한 파일링 시스템을 검토하고 있다. 사내의 사무 개선 위원회에서 제1회 기획안이 제출되었다.

1 제목으로 어필하는 것도 때로는 중요하다

(1) 영어를 사용한 제목은 조금 낯설게 느껴질 수 있으므로, 어떤 내용인지 간단하게 설명하여 이해도를 높여야 한다. 그러나 「센트럴 파일링 시스템」이라는 영어 제목은 우리말보다 어필도가 높다. 즉 우리말로 「자료의 집중 관리」라고 하는 것보다 더 신선함을 느낄 수 있다.

(2) 제목을 「센트럴 파일링 시스템 도입에 관하여」라고 하고, 기획서 또는 제안서라고 쓰지 않았다. 하지만 이것은 분명히 현황의 문제점을 해결하기 위한 제안서(기획서)이다. 제목에 제안서 또는 기획서라고 써있지 않을 뿐이다. 자료의 집중화라고 하는 것은 모든 회사가 실행하고 있으므로 그다지 독특한 아이디어는 아니다. 이처럼 제안서나 기획서라고 쓰는 것이 조금 부끄럽다고 생각된다면 「~에 관하여」라고 해도 좋다.

2 문제점을 잘 검토한다

(1) 문제점이 많으면 많을수록 긴장감이 느껴져서 기획이 승인될 확률이 높아진다. 때문에 문제점을 여러 가지 단면에서 고찰하는 것은 중요한 검토 요소이다.

(2) 실행 작업 부분은 순서에 따라 작업 내용을 서술하면 알기 쉽다.

(3) 여기에서는 서술되어 있지 않지만, 실제 작업 부분에서는 컴퓨터 시스템 개발이 실행 작업의 중심이 된다.

「센트럴 파일링 시스템이라는 단어」

LAN : Local Area Network의 약자이다. 같은 지역 내의 종합적인 정보 통신 네트워크. 사내 LAN은 사내의 정보 통신 네트워크를 말한다.

예문 7 — 사내 개선: 인사고과제도의 개선

인사고과제도 개선안(소안)

1. 현황의 문제점
① 평가 기준이 애매하다.
　지금까지 업무 태도, 능력, 업적의 3가지 기준에서 인사 고과가 시행되었으나 가치 기준이 애매하여 실제로는 평가자의 판단에 의해 인사 고과가 시행되고 있다.
② 피드백이 이루어지지 않는다.
　인사 고과 후에 평가자에 의한 피드백이 명확한 형태로 제시되지 않고 있다.
③ 평가자에 의한 일방적 고과
　자기 신고와 목표 관리가 행해지지 않고, 평가자가 일방적으로 부하를 평가한다.

2. 인사고과제도 개선의 목적
개인의 모티베이션을 상승시키고, 일하는 보람을 느낄 수 있는 회사를 만든다.

3. 개선안(소안)
① 평가 기준의 명확화
　업무의 질과 내용, 포지션에 따라 책임 등급을 정하고, 정해진 직책과 직무에 대한 능력을 분명히 하며, 사전에 피평가자에게 전달한다.
② 평가자 훈련 실시
　팀의 리더급 이상의 관리자는 평가 방법과 면담의 요령 등에 관해 사전에 훈련을 받는다.
③ 면담에 의한 피드백
　인사고과는 평가자가 고과를 시행한 후, 본인과 상사가 충분한 면담을 거친 후 평가를 결정한다.
④ 자기 신고, 목표 관리 제도의 도입
　피평가자 본인의 희망·목표·자기계발과 캐리어 업의 대처 등을 스스로 결정한 후 신고하게 하고, 평가자와의 면담을 통해 향후 1년간의 목표를 설정한다. 이 목표에 대한 달성도도 다음 번 고과점수에 반영시킨다.

4. 앞으로의 평가 기준
　(a) 업무 태도
　(b) 업적 공적도
　(c) 직무 책임 달성도
　(d) 자기 목표 달성도

5. 신 인사고과제도 도입 시기
　20○○년 2월

「인사고과제도의 개선」을 위한 기획서의 전제

포목업체인 「하나토미」는 창업 60주년을 계기로 일하는 보람이 있는 회사를 만들 것을 목표로, 조직과 인사 제도를 재구축하기로 했다. 현황의 문제점을 검토하여 인사부에서 계획안을 작성하였다.

1. 이론을 지키면 알기 쉬운 기획서를 쓸 수 있다

(1) 개선안과 개혁안에서 중요한 것은 현황의 문제점에 대한 파악이다. 특히 인사제도의 경우에는 자금체계·직무분야와 밀접하게 관련되어 있기 때문에 신중히 문제점을 검토·추출해야 한다.

(2) 왼쪽의 예문은 기획서로서 아주 전통적인 형식을 갖추고 있다. ① 현황 분석 및 문제점이 서술되었고, ② 이를 해결하기 위한 목적이 설정되었고, ③ 목적 달성을 위한 방법론이 서술되어 있다. 기획서의 이론대로 하면 손쉽게 알기 쉬운 기획서를 작성할 수 있다.

(3) 물론, 실제로 제도를 개선할 때에는 시간을 들여 세부적인 계획을 세워야 한다. 예를 들어 3-①의 「평가 기준의 명확화」는 직책 등급을 결정하는 것만으로도 검토할 내용이 산적해 있다. 단, 소안으로서 문제 제기를 하고 방향성에 대한 승인을 얻기에는 이 내용만으로 충분하다.

2. 기획서를 보기 쉽게 하는 핵심 = 소제목

문제점 부분과 개선안 부분은 「평가 기준이 애매하다」 등의 소제목이 붙어 있다. 가능한 이렇게 소제목을 붙여서 쉽게 알 수 있도록 하자. 또한 문제점 부분의 소제목과 개선안 부분의 소제목은 상호 관련되어 있다. 「평가 기준이 애매하다」라는 문제점에 대해서는 「평가 기준의 명확화」라는 개선안이 제시되었다. 이렇게 하면 한층 더 심플하여 알기 쉽고, 더욱 논리적인 기획서가 된다.

「소제목」

소안이라는 것은?

왼쪽 기획서의 제목은 (소안)이라고 되어 있다. 자신은 이렇게 생각하지만 아직 검토의 여지가 있을 경우에 사용되는 단어이다. "제1차 검토안" 등으로 표현할 수도 있다.

예문 8 | 사내 개선 | 고객상담실 설치

본사 고객상담실 신설에 관한 제안

1. 현황의 문제점
① 영업직원이 업무시간 중에 고객의 문의를 받고 있기 때문에 충분한 대응이 이루어지지 못하고 있다. 또한 항상 영업직원의 판매 현장이 바뀌므로 고객과 영업직원과의 만남이 원활하게 진행되지 못하고 있다.
② 특히 기존 계약자 또는 입주자에 대한 애프터서비스가 원활하게 이루어지지 못하고 있다.
③ 문의에 대응하는 스킬도 개인에 따라 차이가 있어서 고객에게 만족을 주지 못할 때가 많다.
④ 문의와 불만사항에 대한 정보가 개인 단계에서 정리되어 버리기 때문에 차후의 개선방향과 미래지향적인 마케팅으로 연결되지 못한다.
⑤ 영업직원이 신규 고객에 대한 대응과 고객 개발에 전념할 수 없다.

2. 문제점 해결을 위한 제안
본사 안에 고객상담실을 설치하고, 문의와 불만사항을 원칙적으로 이곳에서 취급한다(제안 이유).
① 고객에 대한 신속한 대응이 이루어진다(고객이 안심하고 문의할 수 있다).
② 문의의 75% 이상은 정형적인 질문으로, 매뉴얼화된 대응이 가능하다(적절한 대응이 곧바로 이루어진다).
③ 불만사항이나 문의에 대한 정보가 데이터화된다. 불만사항에 관한 정보는 앞으로의 대응 매뉴얼에 반영시키고, 문의 데이터는 마케팅의 기초 자료로 활용한다(고객의 요구를 이해한 다음 적극적인 마케팅을 펼칠 수 있다).
④ 불만의 대부분은 영업직원과 의사소통 중에 발생되는 문제로, 소비자 상담실을 설치하는 편이 문제를 더이상 확대시키지 않는다.
⑤ 영업직원의 부담이 줄어든다(보다 효율적 영업이 가능하다).

3. 실행 방법
① 직원 구성　　실장 1명　　　남성 책임자 1명
　　　　　　　　접수 직원 2명　총 4명의 직원으로 구성
② 접수 시간　　본사 업무 시간 : 월~토 오전 9시 반~오후 6시
　　　　　　　　　　　　　　　　일요일, 휴일은 안내 테이프 방송
③ 접수 내용　　주택 구입과 전시장 안내에 관한 문의와 각종 항의
④ 시스템　　　데이터베이스 시스템 도입
⑤ PR　　　　　주택 안내를 위한 신문광고와 전단지광고에 상담실 전화번호 기재

4. 비용
첨부

「고객상담실 설치」를 위한 기획서의 전제

맨션과 일반 주택을 판매하는 닛토주판㈜은 판매 이후의 애프터서비스를 지금까지 영업직원이 담당해 왔다. 그러나 영업직원은 시기에 따라 판매 현장이 바뀌기 때문에 연락을 취하기 힘들어 고객과의 원활한 의사소통이 이루어지지 못하고 있었다. 이에, 주택을 구입한 고객뿐만 아니라, 구입 계획을 가지고 있는 고객으로부터의 문의를 접수할 수 있는 고객상담실의 설치가 검토되고 있다.

1. 새로운 시도를 제안할 때에는 실행 효과를 명확하게 한다

(1) 현황의 문제점을 해결하기 위한 제안이지만, 새로운 제도의 실행을 제안하는 것은 쉽게 채택되기 힘들다. 문제점이 상당히 심각하여 간단한 개선이 아닌 근본적인 개선이 필요하다는 것을 모든 사람이 인정하는 경우나 제안된 내용으로 하면 문제가 틀림없이 해결될 것이라고 모든 사람이 납득하는 경우가 아니라면 채택되기 힘들다.

(2) 이 기획서는「문제점 해결을 위한 제안」아래 부분에 간단히 제안 이유를 서술하고 있다. 이것은 고객상담실을 신설하면 어떤 메리트가 발생하는가에 대해 서술한 것이다. 새로운 시도를 제안할 경우에는 그에 의한 메리트와 플러스 효과를 확실히 서술하면 채택되기 쉽다.

(3) 메리트와 긍정적인 효과 부분을「문제점 해결을 위한 제안」아래에 독립된 소제목으로 서술하는 것이 좋은 방법이다. 이 경우는「고객상담실 신설에 의한 효과」라는 소제목이 가장 적당할 것이다.

2. 문제의 해결이 목적의 전부가 아니다

고객상담실은 고객의 만족도를 높일 수 있다는 목적도 있지만, 동시에 고객정보의 수집과 분석을 통해 보다 적절한 마케팅을 시행하겠다는 목적도 있다. 문제의 해결뿐만 아니라 적극적으로 고객정보를 모을 수 있다는 장점을 부각시키는 것이 중요하다.

「고객의 항의를 포함한 모든 정보의 데이터화」

데이터베이스(DataBase) : 업무상 필요한 데이터를 컴퓨터에 모아 이용하기 쉽게 정리·종합한 시스템

예문 9 — 사내 개선: 오피스 환경 개선

오피스 환경 개선 계획

새로운 여유 공간이 발생하였기에 이를 사내 환경 개선의 기회로 삼아 아래와 같은 계획을 제안합니다. 이번에 실시된 사내 앙케트를 기초로 하여 개선 요망이 높은 순으로 정리하여 본 기획서를 제출합니다. 검토 부탁드립니다.

아　래

1. 사원으로부터의 개선 요망(앙케트 결과 첨부)
　① 비흡연자에 대한 배려가 없다.
　② 여직원(약 50%)을 위한 탈의실이 없으며, 직원 휴게실이 없어 마땅히 식사할 장소가 없다.

2. 개선 내용
　① 독립된 흡연실 설치
　　흡연실 이외에서 흡연을 앞으로 일체 금지한다.
　② 여직원 탈의실과 사원 휴게실의 신설
　　현재 책상에서 점심식사를 하는 경우가 많은데, 원칙적으로 식사는 휴게실에서 하는 것이다.

3. 레이아웃 안

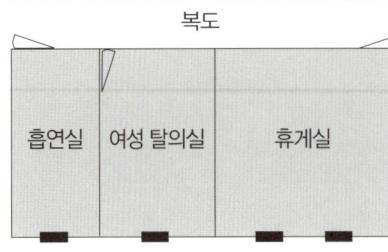

흡연실에는 배기용 환기구를 설치

4. 비용(세부사항은 첨부)

파티션 공사비	40만 엔
여직원 탈의실 로커	20만 엔
휴게실 책상, 의자, 비품 등	20만 엔
합계	80만 엔

첨부
사내 앙케트 결과 집계표와 공사비 견적서

「오피스 환경 개선」을 위한 기획서의 전제

해외여행사 세이프티 트래블에는 20명의 직원이 근무하고 있는데 그 중 약 50%가 여성이다. 우연히 같은 층에 빈 공간이 생기게 되어 새로운 공간을 확보할 수 있게 되었기에, 종업원의 요청을 바탕으로 오피스 환경 개선 제안서가 작성되었다.

1 사내 기획서에는 사전 교섭이 필요하다

(1) 오피스 환경 개선 계획과 같은 기획의 경우에는 이미 상사와 어느 정도의 합의가 이루어져 있는 경우가 많다. 만약 새로 임대할 공간을 영업 공간으로 사용하거나 또는 데이터실이나 PC실로 사용하는 등 사전에 경영진이 사용 목적을 결정해 놓은 경우 이런 계획은 불필요한 것이 된다. 기획서를 입안하기 전에 반드시 정보를 수집할 필요가 있다.

(2) 사내 기획은 가능한 미리 사전 교섭을 해 둘 필요가 있다. 특히 개선 제안은 평상시 상사와 무엇이 문제이고, 자신은 어떻게 생각하고 있는지를 상의해 두자. 「사전 교섭」이라는 말에 거부감이 생긴다면 사전 미팅이나 커뮤니케이션이라고 해도 좋다. 기획서가 채택되기 위해서는 채택하는 사람, 즉 결재자의 생각을 알아 두어야만 한다.

2 기획서의 결재자에 대해 생각하라

(1) 오프 레이아웃과 같이 어떤 형태가 될 것인지 상상할 필요가 있는 내용의 것은 도안이나 일러스트의 형태로 표현하는 것이 좋다.

(2) 왼쪽 기획서에서 결재자가 걱정하는 것은 비용이다. 사전에 견적서를 잘 검토하여 공사업자와 비용 교섭을 끝내고 난 후에 기획서를 제안하는 것이 좋다. 공사업자의 견적을 첨부하여 결정된 비용도 표기해 두면 결재가 빠르게 진행된다. 결재자가 무엇을 생각하고 있는지 고려하여 만반의 준비를 갖춘 후에 제안하도록 한다.

「레이아웃 시안을 그려 넣은 점」

시각 효과를 능숙하게 활용한다.

이 책은 지면 관계상 도형이나 일러스트, 사진과 표 등의 시각 효과를 거의 사용하고 있지 않지만, 실제 기획서를 쓸 때에는 필요에 따라 활용할 수 있도록 하자. 단어로 표현하기는 어려워도 그림이라면 금방 알 수 있는 것도 많다.

예문 10  사내 개선 **발주체제 변경**

협력회사와의 발주방법의 일원화에 대한 제안

1. 현황
① 영업 담당자의 개인적 관계에 기인하여 발주처가 결정되는 경우가 많다. 이는 가격과 품질이 우선되기 어렵다.
② 제작물에 대한 발주 경험이 없는 영업 담당자가 많아 발주·제작 관리에 많은 시간이 소요된다.
③ 가격과 스케줄 관리가 협력회사 주도로 진행되는 경우가 많다.
④ 위와 같은 점에서 볼 때 잠재적인 수요가 많음에도 불구하고, 제작물의 수주에 소극적인 영업 활동이 이루어지고 있다.

2. 해결
① 사내에 제작물 발주 부서를 신설하고 여기에서 일원화하여 관리한다.

3. 사내 발주 부서(제작부)의 역할과 기능
① 제작부가 모든 발주를 관리한다. 제작물의 발주에 관해서는 영업 담당이 협력회사에 직접 발주하지 않고, 반드시 제작과를 거쳐서 발주한다.
② 제작물의 발주와 진행은 제작부가 책임을 지고 관리한다.
③ 거래처에 대한 견적서도 제작부가 작성한다.
④ 제작부는 능력 있는 협력회사를 확보한다.
⑤ 협력회사와의 발주 상황을 확인하고, 비용 절감을 위한 교섭을 실행한다.
⑥ 제작부는 제작에 관한 노하우를 사원에게 교육한다.

4. 제작부 설립 구체안
당사의 협력회사인 R사의 야마카와 씨는 지난 1년간 당사와의 거래를 담당해 왔다. 그의 청렴한 인품과 성실한 업무 대응은 당사의 영업사원들에게 높은 평가를 받고 있다. 야마카와 씨는 R사에 있기 전에 세일즈 프로모션 사에 근무한 경력이 있으며, 또한 인쇄매체 이외의 분야에도 폭넓은 경력을 가지고 있다. 야마카와 씨를 제작부장으로 초빙하여 빠른 시일 내에 제작부의 역할을 자리매김한다.

5. 제작부 신설시의 기대효과
① 비용 절감
② 제작물 수주 증가에 따른 당사의 매출 상승
③ 당사 제작물의 품질 향상
④ 영업사원의 부담 감소

6. 스케줄
올해 4월부터 새로운 체제 시작

첨부 : 당사의 협력회사인 R사의 야마카와 씨 약력

「발주체제 변경」을 위한 기획서의 전제

광고대행사인 주식회사 APA는 광고기획을 비롯 인쇄물과 홈페이지 제작 등의 작업이 증가하고 있다. 지금까지는 담당자가 직접 협력회사를 설정하여 개별적으로 발주해 왔으나 업무의 효율화와 품질 향상, 그리고 비용 절감을 고려하여 앞으로는 발주 체제를 변경하기로 하였다.

1 투자가 필요한 기획은 비용 절감·매출 증가를 고려한다

(1) 이 기획서는 업무 개선을 위한 기획서로, 새로운 부서의 설립을 제안하고 있다. 또한 새로운 부서의 신설에 맞추어 인재의 채택을 제안하고 있다. 이처럼 어떤 일에 새롭게 투자하는 경우에는 매우 구체적인 계획을 수립하고 계획의 효과를 분명하게 제시하지 않으면 제안은 채택되지 않는다.

(2) 왼쪽 기획서는 비용 절감과 매출 증가에 관해 새로운 체제로 바꾸면 메리트가 분명히 존재한다는 점을 강조하고 있다. 경영진이 가장 관심을 가지는 것은 역시 이익이다. 이 기획서는 ① 비용 절감 ② 수주의 증가에 다른 매출 증가 ③ 영업사원의 부담 감소(시간 효율의 증가는 비용 절감과 매출 증가로 연결된다)라는 3가지 포인트를 강조하고 있다.

2 구체성을 중요하게 생각하라

(1) 새로운 체제나 새로운 부서를 설립할 경우, 그것이 어떤 기능을 가지며 구체적으로 어떤 일을 하는지 알기 쉽게 설명할 필요가 있다. 결재자가 새로운 제도나 새로운 부서에 대한 구체적인 이미지를 떠올리지 못하면 판단의 기준을 정하기 어렵다.

(2) 또한, 설립의 방법론에 대해서도 구체적으로 서술할 필요가 있다. 제도가 아무리 좋아도 제도를 만드는 방법이 명확하게 결정되어 있지 않으면 제안서로서는 미완성에 불과하다.

(3) R사의 야마카와 씨에 관해서는 이력 이외에, APA 사에서 야마카와 씨와 관련된 직원들을 상대로 앙케트를 실시하여 그의 경력에 대한 실제적 자료를 덧붙인다면 더욱 설득력이 증가한다.

「R사의 야마카와 씨」

발주하기 위해서는 기술이 필요하다.
인쇄물과 디자인·제작물의 경우 발주자의 기술과 능력이 문제가 된다. 발주자가 숙련되어 있지 않으면 발주처뿐만 아니라 수주처도 고생을 하게 되고, 그 결과는 품질과 비용에 그대로 반영된다.

예문 11 사내 행사 창립 기념행사

사운드밸류(SVC) 창립 50주년 기념행사 계획

1. 기본 방침
① 창립 기념행사를 광고 활동의 일환으로 간주하고, SVC의 이미지 향상을 도모한다.
② 회사에 대한 사원의 로열티 향상과 사원 가족의 회사에 대한 친밀도 향상을 도모한다.
③ 거래처와 업계 관련 기관이 자사에 대해 지금보다 더 좋은 인상을 가질 수 있도록 한다.

2. 기본 전략
① 오직 사운드밸류만이 할 수 있는 기념 이벤트를 개최한다.
② 기념 이벤트를 중심으로 광고 활동을 실시한다.

3. 주요 행사내용
① 기념 이벤트
  도쿄돔에서 기념 콘서트 개최
  (a) 일시 : ○○○○년 ○월 ○일(토)
    제1부 13:00～15:30
    제2부 18:00～20:00
  (b) 출연
    당사 고문이자 팝계의 권위자인 뮤지션 야마나카 씨 및 당사의 전자악기를 사용하고 있는 프로 뮤지션들이 우정 출연. 현 시점에서는 20명이 참가할 예정
  (c) 콘서트 초대 손님
    1부 : 당사 거래처·당사 사원 가족·매스컴 관계자
    2부 : 일반 고객(추첨에 의해 초대)·매스컴 관계자
    매스컴 관계자는 사정에 따라 1부 또는 2부에 초대한다.
  (d) 이벤트 내용
    1부는 콘서트에 앞서, 당사의 장기 근속자와 기술 공헌자에게 상을 수여한다(출연한 뮤지션이 꽃다발 증정).
② 광고 활동
  (a) 콘서트 홍보
  (b) 당일 매스컴 취재 유도
  (c) 콘서트 후의 PR에 대한 지원 활동

4. 실행 세부사항 및 참가 예정 뮤지션 목록
별도 세부사항 첨부(참가 예정 뮤지션에 관해서는 소속 사무소와 확인 끝냄)

5. 비용
별도 세부사항 첨부

「창립 기념행사」를 위한 기획서의 전제

전기악기를 생산하는 (주)사운드밸류는 창립 50주년을 맞아 기념행사를 실시하기로 하였다. 이미 사내에 창립 50주년 준비위원회가 설립되어 창립 기념행사에 대한 여러 가지 아이디어가 제안되어 최종적으로 본 기획안이 제출되었다.

1 기념행사의 목적은 1가지가 아니다

창립 기념행사의 목적은 3가지로 생각할 수 있다. 첫 번째는 회사의 이미지 상승과 PR, 두 번째는 회사 발전을 위해 열심히 일해 온 사원과 그 가족에 대한 감사와 지금보다 더 깊은 결속력의 도모, 그리고 마지막 세 번째는 고객과 거래처에 대한 감사와 계속적인 성원이다. 어떤 목적을 가장 우선시 할 것인지는 그때 그때의 사정에 따라 판단한다. 회사 이미지가 아직 확실히 확립되어 있지 않다면 그에 중점을 두고, 이런 기회에 PR 캠페인을 병행하는 것도 좋다.

2 독창적인 내용을 생각해 내라

(1) 이벤트를 기획할 때에는 가능한 그 회사가 아니면 다른 누구도 할 수 없는 독창적인 이벤트를 기획하자. 회사의 상품 및 서비스와 결부된 기획이라면 PR에도 활용할 수 있을 뿐만 아니라 사원 가족의 업무에 대한 이해의 상승과도 직접적으로 결부된다. 또한, 고객과 거래처에게는 이벤트를 통해 회사에 대한 친근감을 상승시킬 수 있다.

(2) 이벤트의 내용은 PR에도 활용할 수 있으므로 되도록 매스컴의 관심을 자극할 수 있는 내용을 기획하는 것이 좋다. 독창적인 아이디어가 힘을 발휘하는 것은 바로 이러한 때이다. 왼쪽의 기획서는 팝계의 권위자인 뮤지션 야마나카 씨 및 프로 뮤지션 약 20명이 우정 출연할 것을 기획했는데, 만약 이대로 실현된다면 PR 효과는 확실히 보장된다.

(3) 물론, 기획서에 있어서 아이디어가 아무리 우수하다 하더라도 실행 가능성이 없다면 아무런 의미가 없다. 이 기획에 대해서도 결재자가 고려하는 것은, 정말로 가능한 것인가, 어떤 뮤지션이 출연해 줄 것인가 하는 점이다. 아마 곧바로 첨부된 출연 예정 뮤지션 목록을 확인할 것이다.

「이벤트 출연 예정 뮤지션 목록」

로열티 : 충성심. 충실

예문 12 — 사내 행사: 사내 친목회

사내 친목회 기획

1. 기본 전제는 전원 참가!
 ① 누구라도 부담 없이 즐겁게 참가할 수 있는 내용으로 한다.
 ② '일심단결'을 느낄 수 있는 친목회를 개최하고자 한다.

2. '줄다리기' 대회를 제안!
 각 대리점 대항 '줄다리기'를 친목 이벤트로 한다.
  *본사는 부서 단위로 참가
  (제안 이유)
 ① 사내 앙케트 결과, 스포츠 대회를 희망한 사람이 가장 많았다.
 ② 남녀 누구라도 한 번은 경험해 본 스포츠이다.
 ③ 사전 훈련도 필요 없고, 개인의 능력이 비교되지 않는다.
 ④ 가까운 곳에 대회장소를 확보할 수 있다.
 ⑤ 건강에 이롭다.

3. 행사 개요
 ① 일시 10월 ○일 (수) 정기 휴일 오후 1시~오후 9시
 ② 장소 줄다리기 이벤트 : 구민 ○○체육관
     시상식 : ○○호텔
 ③ 줄다리기 내용
   (a) 토너먼트 형식
   (b) 참가팀은 반드시 스포츠용 유니폼 착용
     (야구, 테니스, 축구, 스키 등, 수영복은 글쎄?)
 ④ 평가
   (a) 토너먼트 우승, 준우승에게 상금과 기념품
   (b) 의상 부문도 평가하여 특별상 수여
 ⑤ 당일 스케줄
   13:00~17:00 줄다리기 이벤트
   18:00~21:00 시상식, 친목 파티

4. 비용
 친목회 비용(적립금 보조) 5,000엔 × 200명 = 1,000,000엔
 상금 외   300,000엔
 체육관 비용 및 준비 비용   200,000엔
 합계   1,500,000엔

「사내 친목회」를 위한 기획서의 전제

스포츠용품 체인점인 토요스포츠 주식회사는 저가의 상품을 대량으로 판매하여 급속하게 발전해 왔다. 사원들도 젊은 층이 대부분이고, 모두가 즐길 수 있는 사내 친목회를 고려중이다. 올해 친목회 간사팀에서 이 계획안을 제출하였다.

1. 즐거운 내용은 즐겁게 보여준다

(1) 친목회라는 즐거운 기획이므로 기획서의 체계도 그다지 딱딱하지 않게 하는 것이 좋다. 소제목을 달 때에도 기본 방침이라고 하지 않고 슬로건처럼 「기본 전제는 전원 참가!」라고 하고, 제안 내용 부분도 「'줄다리기' 대회를 제안!」이라고 표현하였다. 소제목을 살짝 바꾼 것만으로도 기획서의 톤이 훨씬 밝아진다. 이런 작은 아이디어도 기획서에는 필요하다. 「친목회의 목적=사원 융화와 일체감 육성」식으로 쓴다면 즐거워야 할 친목회가 회사 업무의 연장이 되어 버린다.

(2) 그러나 기획의 단계는 제대로 밟아 나가자. 사내 앙케트를 실시하여 사원의 의견을 묻는 것은 대단히 중요하다. 그리고 제안 이유를 여러 가지 관점에서 서술하는 것도 중요하다. '줄다리기'는 아주 단순한 스포츠이기 때문에 줄다리기를 제안하는 이유를 설득하지 못하면 「재미는 있을지 모르지만 그래도 사원 친목회에 줄다리기는 좀…?」이라는 말을 들을지도 모른다.

2. 아이디어가 여러 개 있으면 기획의 깊이가 깊어진다

아이디어는 단 하나의 아이디어에 만족할 것이 아니라 기획 속에 여러 가지 작은 아이디어를 함께 넣어 두도록 하자. 그렇게 함으로써 기획의 깊이가 깊어진다. 이 기획서의 경우, 「참가팀은 반드시 스포츠용 유니폼 착용」이라는 부분이 작은 아이디어에 속한다. 줄다리기 대회라는 아이디어에 의상 평가를 더한 점이 이 이벤트의 포인트다. 또한 줄다리기 우승팀뿐만 아니라 의상 부문에 특별상을 수여한다면 즐거움도 배가된다. 이것도 아이디어의 하나이다.

「줄다리기 대회와 의상 평가 아이디어」

사내 앙케트를 유용하게 사용하자

사내 앙케트는 사내 기획서를 제출할 경우에 아주 유용한 뒷받침 자료가 된다. 사원 전원에게 앙케트를 실시할 필요는 없다. 만약 전체 사원이 300명이라면 300명 가운데 표본집단 남녀 20명만 뽑아 앙케트를 실시해도 충분한 설득력을 가지기 때문이다.

예문 13 · 사내 행사 · 강연회

제22회 조합주최 강연회 기획

1. 강연회의 주최 목적
조합원에 대한 복리 후생과 교육 활동

2. 「22회 강연회」의 방침
조합원의 고령화에 따라 최근 조합원들의 건강이 급속히 나빠지고 병에 걸리는 일도 증가하고 있다. 건강의 유지야말로 모든 활력의 원천이다. 그래서 올해는 건강을 주제로 강연회를 개최하기로 하였다. 강연회의 내용은 자기 자신의 건강 관리에도 도움이 될 뿐만 아니라 고객 관리에도 활용할 수 있는 것으로 한다.

3. 강연회 실시 계획
① 대상   관동지역 조합원 및 관서지역 조합원
② 일시   동경: 2○○○년 5월 12일(토) 13:00~19:00
          오사카: 2○○○년 6월 9일(토) 상동
③ 장소   동경, 오사카 지역의 건강보건회관 대회의실(지도 첨부)
④ 강연 내용(동경, 오사카 모두 동일 내용)

  13:00~13:20   주최자 인사, 조합 활동 대략 보고
  13:30~15:00   「식생활과 건강」 일본영양대학 오니시 조교수 강연
                 건강을 유지하는 식생활이란 어떤 것인가.
  15:40~17:30   「집에서 할 수 있는 간단한 건강 진단 체크」 메이지의대 다나카 교수 강연
                 체크시트를 중심으로 자가 건강 진단 방법을 설명한 후, 참가자가 직접 체크시트에 기입하여 스스로 채점
  16:00~19:00   건강식을 중심으로 한 조합 친목회

⑤ 기념품
  「건강식 가이드」 단행본
  「자기 건강 체크시트」 메이지의대 타나가 교수 작성
⑥ 도쿄, 오사카 이외의 지부는 대표자가 참석하는 것으로 한다.
  또한 강연 내용을 VTR로 촬영하여 나중에 지부에서 따로 상연회를 개최한다.

4. 비용
① 예문금
② 대회장 대여 비용(저녁 식사비 포함)
③ 기념품
④ VTR 촬영 비용

첨부 : 일본 영양대학 오니시 조교수와 메이지의대 타나카 교수 약력, 대회장 지도

인사·총무

「강연회」를 위한 기획서의 전제

안리츠 생명보험 주식회사의 노동조합은 연간 행사의 일환으로 외부 강사를 초청하여 강연회를 개최하려고 한다. 조합의 담당자가 집행부서에 기획서를 제출했다.

작성포인트

1 내용뿐만 아니라 형식도 중요하다

이 기획서는 조금 딱딱한 형식의 기획서이다. 「강연회의 주최 목적=조합원에 대한 복리 후생과 교육 활동」과 같이 다소 불필요하다고 생각되는 항목도 포함되어 있다. 회사나 조직에 따라서는 관행처럼 형식적인 폼을 요구하기도 한다. 기획서의 작성자는 굳이 말하지 않아도 알고 있는 것이므로 쓰지 않아도 된다고 생각할지도 모르지만, 형식에 맞춰 작성하지 않아서 안건으로 올리지 못하는 기획서도 많이 있다.

2 목적이 분명하면, 실시 계획에 중점을 두자

(1) 강연회는 연간 행사의 하나로 그 실행 여부가 이미 결정되어 있으므로, 이 기획서에서는 강연회를 어떤 주제로 어떻게 진행할 것인가 하는 구체적인 계획이 중요하다. 그러므로 진행 내용 부분에 중점을 두고 구체적으로 서술해야 한다.

(2) 이 기획에서 기획자의 아이디어는 건강을 주제로 채택한 것이다. 건강은 개개인에게 중요하고, 조합이라는 조직에 있어서도 조직 유지를 위해 중요한 주제이다. 더욱이 자사인 보험회사에 있어서도 플러스가 되는 주제라고 할 수 있다.

(3) 체험 형식의 강연회라는 점에서도 높이 평가된다. 듣기만 하는 것이 아니라 건강진단시트를 사용하여 스스로 자신의 건강을 확인할 수 있다는 점에서 매우 신선하다. 건강진단시트가 자신의 건강을 지키는 데 유용하다는 것을 실감하면 보험 영업에도 활용할 수 있다. 강연회는 자칫 지루하기 쉬우나 이러한 체험 형식의 이벤트를 실시하거나 실제 업무에서도 활용할 수 있는 내용이라면 자연히 참가 희망자도 늘어나게 된다.

기획포인트

「건강진단시트」

Help & Hint

첨부 자료는 정리가 중요

첨부 자료도 기획서를 구성하는 중요한 요소이다. 그렇지만 100장 정도의 조사표를 그대로 첨부한다면, 기획 내용마저 의심받게 될지도 모른다. 첨부 자료는 알기 쉽게 정리하여 첨부하도록 한다.

예문 14 　사내 행사　**사보**

치요키쿠 사보 창간 기획

1. 목적
 ① 사내 융화와 결속력을 강화한다.
 ② 경영자, 본부, 대리점 직원 사이에 이해를 심화한다.
 ③ 직원들이 상호 접촉할 수 있는 장을 마련한다.

2. 배포 대상
 전 직원(조리 직원, 홀 직원, 본부 직원, 경영 직원)

3. 편집 방침
 「읽지 않으면 휴지조각이나 마찬가지」
 ① 누구나, 언제나, 가볍게 읽을 수 있는 내용을 싣는다.
 ② 내용은 알차고 친숙한 것으로 한다.
 ③ 누구라도 1가지 정도는 흥미를 가질 수 있는 내용을 싣는다.
 ④ 참가 형식의 커뮤니케이션 사보를 목표로 한다.

4. 발행
 ① 발행시기　격월 1일
 ② 형태　　　A4 사이즈 8페이지 분량으로 시작
 ③ 배포　　　각 지점장 회의를 통해 지점장에게 전달하는 방식

5. 구성안(시안)
 표1　　　제목 / 목차
 표2　　　특집 페이지
 중면 1　　시리즈 『스시를 좋아하는 유명인 소개』, 『라이벌 가게 · 노점』 탐방
 중면 2　　치요키쿠의 각 지점 소개(만담계의 2인자 오오타 씨가 취재)
 중면 3　　고객 페이지(단골 고객의 조언 등)
 중면 4　　직원 소개 페이지(신입, 각 지점 직원 등)
 표3　　　스시에 관한 상식, 알아두면 좋은 것
 표4　　　행사, 본부의 전달 사항 외
 ● 기본 편집 방침은 일러스트와 사진을 많이 넣고, 잡지풍으로 읽기 쉽게 한다.

6. 비용
 1호 40만 엔 × 6회 = 연간 240만 엔

 첨부 : 구성안 세부사항

「사보」 발행을 위한 기획서의 전제

도쿄에 19개의 지점을 가지고 있는 스시 전문점 치요키쿠는 곧 20번째 지점을 오픈한다. 사장이 직접 사보 창간의 아이디어를 제안하였고, 그 내용을 기획부가 정리하였다.

1. 필요한 것에 중점을 둔 기획서를 작성하자

(1) 이 기획서의 경우에는 이미 사장이 「사보 창간」을 제안했기 때문에 무엇을 목적으로 하며, 어떤 내용의 사보를 만들 것인가 하는 것만 명확히 서술하면 된다. 그러나 사원이 사보 작성을 기획하여 경영진의 승인을 받으려면 훨씬 더 설득력을 가진 기획서를 작성하여야 한다. 기획서 작성에 있어서는 우선 사보의 필요성을 경영진에게 납득시켜야 한다. 앙케트 자료를 첨부하거나 이미 사보가 있는 유사 기업의 실적을 나타낸 자료를 준비하는 등 설득에 필요한 자료를 수집해야 한다.

(2) 목적은 여기 적힌 3가지로 충분하다. 이 기획서에서 중요한 것은 편집 방침과 실제 사보의 구성안이기 때문이다.

(3) 편집 방침은 「읽지 않으면 휴지조각이나 마찬가지」라고 슬로건 형식으로 표현되어 있다. 편집이라는 창조적인 작업을 앞으로 실행해 나가야 하므로, 편집 방침을 슬로건 형식으로 표현한 것이 좀 더 강하게 어필할 수 있는 방법이다.

2. 내용은 융통성 있게 작성한다

구성안은 시안으로 작성되어 있다. 그래서 편집 방침이 승인되고 난 후에 앞으로 수정 보완해 나가야 할 필요성을 느끼게 된다. 시안으로 작성하는 이유는 실제 작업 단계, 특히 취재 단계에서 지면의 주제를 변경해야 하는 일도 발생하고, 취재와 편집의 단계에서 당초 생각하고 있던 것보다 더 좋은 방법이 제안되는 일도 있기 때문이다. 처음부터 구성안을 완벽하게 결정해 놓으면 나중에 변경할 수 없고, 자칫하면 지루한 내용이 될 수도 있다.

「편집 방침 『읽지 않으면 휴지조각이나 마찬가지』」

제작물에 관한 기획서에는 견본을 첨부하자

사보와 같은 제작물을 기획하는 경우에는, 기획서에 견본을 첨부하면 승인 과정이 빠르게 진행된다. 가능하면 어느 정도 이미지를 떠올릴 수 있을 정도의 완성도가 있으면 좋겠지만, 그게 가능하지 않을 경우에는 표지 디자인을 만들고 지면에 소제목을 붙이는 것만으로도 충분하다.

예문 15 · 상품 기획 · 신상품 개발

신상품 개발 기획

1. 기획 배경
현재 서서히 소바의 붐이 일고 있습니다. 단순히 맛있는 소바를 먹을 뿐만 아니라 이제는 자신이 직접 소바를 만들어 보는 것이 유행할 것으로 보입니다. 이제 소바의 면발을 뽑는 행위는 단순히 맛과 정통성을 추구하는 일에 그치지 않고, 효과적인 여가 활용법으로 정착되고 있습니다.

2. 제안 목적
'소바 만들기 세트'의 개발 판매

3. 제안 이유
① 소바는 일상생활에서 즐겨 먹는 음식이다.
② 소바를 손수 만드는 것이 화제가 되기 시작하고 있다.
③ 소바 만들기 세트는 당사가 자신 있게 내놓을 수 있는 맞춤 세트이다. 필요한 소바 가루는 당사의 재료를 이용하고, 소바를 뽑는 도구는 당사의 거래처인 주방기기 회사의 제품을 이용하도록 한다.
④ 소바 가루에 대한 수요로 볼 때 계속적인 판매가 가능하다.

4. 상품 콘셉트
가족과 함께 여가시간을 즐기면서 정통 소바를 맛볼 수 있는 본격 소바 만들기 세트

5. 상품 내용
(a) 소바 가루
(b) 도구(반죽을 미는 봉, 반죽 그릇, 반죽을 치는 도마, 반죽을 자르는 칼, 반죽판)
(c) 간단한 소바 만들기 숙달법 VTR

6. 판매 전략
① 판매 대상 / 판매 방법
   30대 이상 남녀로, 식생활에 관심이 있는 중년층이 대상
   판매 방법은 당사 홈쇼핑 부서에서 테스트 판매를 실시
② 구입 / 판매 가격
   구입 가격 : 11,000엔
   판매 가격 : 27,500엔
   * 초기 비용으로 소바 만들기 비디오 제작에 200만 엔 소요 예상
③ 판매 시기 / 판매 지역
   2○○○년 9월 / 전국, 특히 도시 지역에서 테스트 판매
④ 판매 예상
   첫해 2,000세트 목표(소바 가루의 지속적인 구입은 포함시키지 않음)

첨부 : 개발 스케줄

「신상품 개발」을 위한 기획서의 전제

에이쇼쿠 산업은 레스토랑과 외식 체인점에 식품 재료를 도매로 판매하는 사업을 하고 있으며, 식품은 홈쇼핑을 통해서 판매하고 있다. 타사가 모방할 수 없는 원조 상품을 개발하는 것이 과제로서, 기획 개발부에서 이 계획이 제안되었다.

1. 신상품 개발은 소규모에서 대형 프로젝트까지 폭이 다양하다

이 기획서는 자사가 취급하는 상품을 조합하여 새로운 상품을 출시하는 상품개발 기획서이다. 이와는 달리 완전히 새로운 상품을 생산 단계부터 완성 단계까지 기획 개발하는 것은 전략 레벨의 기획 혹은 사업 기획이라고 하며, 이것은 기획 자체도 몇 년의 시간이 걸리고 개발비용도 막대하게 소요된다. 예를 들어, 자동차 회사가 새로운 모델을 개발하는 것도 신상품 개발이지만 이 경우에는 회사의 흥망성쇠에도 크게 영향을 미치는 대형 프로젝트이며, 관계되는 부서도 설계 개발·제조·마케팅·선전·영업에 이르기까지 전 부서가 포함된다. 이 책은 초보 단계의 기획서를 작성하는 방법을 설명하고 있으므로 이러한 대형 프로젝트 기획이 아니라 일상 생활에서 사용하는 소규모의 신상품 개발을 사례로 하였다.

2. 기획서의 구성과 논리를 배우자

기획서의 구성과 논리, 설득 방법은 일정한 법칙을 가지고 있다. 첫 번째로 기획의 배경에서 간단하게 현황 분석을 실시하고, 두 번째로 현황을 바탕으로 목적이 설정된다. 세 번째로 제안 목적의 이유가 서술된다. 그 다음으로 콘셉트가 서술되고, 다섯 번째로 구체적인 상품 내용이 표기되어 있다. 그리고 여섯 번째로 상품의 판매 전략이 세워져 있다. 지면 관계상 생략했지만 여기에 스케줄이 포함되면 훌륭한 기획서가 탄생한다. 기획서의 주제와 내용에 따라서 구성을 바꿀 수도 있지만, 순서에 따라 읽어가는 동안에 전체 내용을 파악할 수 있도록 하는 흐름을 만드는 것이 기획서의 요점이다.

「자사 관련 상품을 사용한 무리 없는 조합 상품의 개발」

상품 개발에는 사전 조사가 필요하다
신상품 개발에서 중요한 것은 상품화했을 때 정말로 팔릴 수 있는가 하는 점이다. 이 때문에 상품의 콘셉트 단계에서 반드시 사전 조사를 실시할 필요가 있다. 포커스그룹의 인터뷰 조사가 가장 적절하다.

예문 16 상품 기획 기존 상품의 리뉴얼

"여행자용 안주 꾸러미" 제안

1. 제안 취지
지금까지 당사의 진미·쌀 과자류는 양념과자로서 주로 성인 남녀에게 사랑받아 왔습니다. 각 상품은 보통 봉지 속에 과자를 200g씩 넣어 판매되고 있는데, 이번에 야마카타 테츠도 님께서 새로운 형태의 스낵 판매를 제안하였기에 그 제안에 따라 여행자를 대상으로 한 새로운 형태의 스낵을 판매하고자 합니다.

2. 제안 배경
당사가 실시한 「여행자 청취조사」에 의하면 매점 및 차내에서 판매되는 스낵류는 다소 용량이 많다는 지적이 있었습니다. 또한, 당사의 조사에 따르면 최근 음료에 대한 매점 및 사내에서의 매출이 감소하고 있습니다. 매력적인 스낵 상품을 개발하여 스낵 상품뿐만 아니라 음료의 판매 증가에도 기여하고자, 다음 내용을 제안하게 되었습니다. 당사의 상품매입 실태조사에 따르면 스낵을 먹는 사람의 40%가 음료를 함께 먹고 있습니다.

3. 제안 내용
당사의 인기상품을 소량씩 조합한 「여행자용 안주 꾸러미」를 야마카타 테츠도 님의 오리지널 상품으로 발매합니다.
① 상품 콘셉트
『여러 가지 맛을 즐기면, 여행이 보다 즐거워진다』
② 상품 내용
『북해도 오징어』, 『치즈 소시지』, 『푸른 건강콩』, 『반리츠 진미』, 『특장송 전채』의 5가지 상품을 20g씩 넣습니다.
③ 상품명
『맛있는 여행 준비』
④ 상품 형태
각 상품은 진공팩으로 포장. 5가지 상품을 종이팩에 넣는다.
⑤ 판매 가격
980엔

4. 거래 조건
24팩 / 케이스   상대 가격   23,520엔
              도매 납품 가격 15,288엔
지불 조건은 귀사와의 종래의 조건에 맞춥니다.

첨부 자료
당사가 실시한 『여행자 청취 설문조사』 보고서

「기존 상품의 리뉴얼」을 위한 기획서의 전제

하나카사 식품 주식회사는 지금까지 진미·쌀과자 등의 스낵 상품을 슈퍼를 대상으로 판매해 왔다. 야마카타 철도와의 거래가 성립될 가능성이 보이자, 여행자를 대상으로 한 상품을 새로 개발하기로 했다. 하나카사 식품의 50세 과장이 기획안을 제출했다.

1. 결재자를 배려한 기획서를 작성하자

(1) 기획서의 문장을 정중체로 한 것은 상대편의 담당자가 연배이기 때문이다. 그리고 조금 완곡하게 표현한 문장이 설명문과 같은 효과를 나타내고 있다. 이러한 배려도 기획서에서는 중요하다. 기획서를 받는 사람이 다소 성미가 급한 사람이라면 가급적 간단하게 요점만 서술하고, 숫자를 좋아하는 사람이라면 숫자를 많이 사용한 표를 그려 설득하는 등, 결재자를 배려한 기획서를 작성하자.

(2) 제안 배경을 서술하기 전에 「제안 취지」라는 항목을 만들고, 제안의 개요를 간단히 서술하고 있다. 이것 역시 결재자를 위한 배려의 하나이다.

(3) 이 기획서의 또다른 매력은 자사의 상품뿐만 아니라, 상대방의 문제(이 예문에서는 상대방 음료의 매출이 줄어들고 있다는 점) 해결에도 기여할 수 있다는 점이다. 상대의 입장을 배려한 기획서는 보다 채택되기 쉽다.

2. 조사 데이터는 설득력을 가진다

(1) 조사 데이터를 바탕으로 한 기획서는 설득력을 가진다. 기존 데이터가 없는 경우에는 철도 이용자 100여 명에게 청취 설문조사를 실시하고, 이를 정리하여 기획서의 뒷받침 자료를 사용하면 된다.

(2) 이 예문에서는 철도 이용자를 대상으로 「여행자 청취조사」를 실시하였다. 아마도 상대방은 「이렇게 신중하게 신상품에 대한 조사를 했구나」라고 생각하고 기획자에게 감동을 느낄 것이다. 실제로 청취조사라는 것은 두 사람이 반나절 정도의 시간을 투자하면 가능한 조사다. 그다지 시간도 걸리지 않고, 게다가 기획서의 채택에 크게 기여하는 아주 매력적인 방법이다.

「여행자 청취조사」

콘셉트와 네이밍

상품 개발의 제안에 있어서 상품 콘셉트는 매우 중요하다. 또한 상품 콘셉트에 바탕을 둔 네이밍도 중요한 요소이다. 예를 들어 「맛있는 여행 준비」라는 이름을 붙여 제안한다면 결재자의 머릿속에 즉시 신상품에 대한 이미지가 떠오르게 된다.

예문 17 · 상품 기획 · 네이밍 개발

귀사 스포츠 시설명 네이밍 개발 전략

1. 네이밍 개발 전략

① 타겟
  주요 목표 고객은 30대 이상의 주부
  하위 목표 고객은 실버 세대(60세 이상) 남녀
  △△역은 세련된 교외의 쇼핑타운으로 널리 알려져 있고, 주민은 개인 주택을 소유한 사람이 많으며, 학력이 높고, 소득도 높다. 또한 건강에 관한 의식도 높고, 자연 식품 애호자도 많다.

② 시설 내용 확인
  하이센스, 하이퀄리티를 느낄 수 있는 외관과 자연을 의식한 내부 장식으로, 흔히 생각하는 스포츠센터와는 확실히 구분되는 질적인 차이를 느낄 수 있다.

③ 귀사 시설의 특징
  귀사의 시설은 타사의 시설보다 월등히 우수하며, 정형외과를 본 건물 1층에 유치하고, 정형외과와 제휴하여 귀사 시설 이용자가 운동에 병행되는 요통 등의 통증을 진료하여 건강을 관리할 수 있도록 배려하였다.

④ 이용자의 이익
  자신에게 정말로 알맞은 운동을 실시하여 무리하지 않고 신체를 단련할 수 있으며, 정돈된 환경에서 운동을 즐길 수 있다.

⑤ 귀사 시설의 개성
  여유 · 신뢰성 · 세련성 · 새로움

2. 기본 콘셉트
최첨단 스포츠 헬스케어를 실시합니다.

3. 네이밍 개발 실행 방법
① 기본 콘셉트를 고려하여 당사의 카피팀이 후보안을 작성
② 1차 후보안 선택
③ 1차로 선택된 이름에 대한 타겟층의 선호도 조사
④ 조사 결과 보고
⑤ 최종 선택

4. 개발 스케줄
별도 스케줄 표 참조

5. 비용
네이밍 개발비, 조사비

　첨부 : 스케줄 표
　　　　당사 카피팀 소개 및 작품 약력

「네이밍 개발」을 위한 기획서의 전제

토요물산은 다각화의 일환으로 ○○선 부근의 △△역에 수영장을 중심으로 한 스포츠 시설을 건설하여 운영하기로 했다. 토요물산의 담당자가 디자인 회사에 이 시설의 네이밍을 의뢰했다.

1 개발 단계를 먼저 확인하자

(1) 이 기획서는 네이밍 개발의 실제 작업에 들어가기 전에 제출되는 개발 전략 기획서이다. 일반적으로 네이밍 개발을 의뢰 받아서 곧바로 카피라이터에게 네이밍 안을 작성시켜 제안하지는 않는다. 이 기획서와 같이 상품 서비스의 포지션을 설정하고, 기본 콘셉트에 대해 결재자와 합의점을 찾은 후에야 비로소 실제 작업에 착수한다. 기본 콘셉트에 대한 합의가 없으면 개발자도 어떤 방향성을 가지고 네이밍을 해야 하는지 알 수 없다. 이런 점에서 이 전략 부분의 제안서가 중요한 역할을 담당한다.

(2) 또한 개발의 실제 작업 단계를 분명하게 구분한 후, 카피팀이 제안한 후보안을 바탕으로 한 조사를 제안하고 있다. 상품이나 브랜드 이름을 선택하는 기준은 매우 까다롭다. 「외우기 쉽고, 보기 쉽고, 발음하기 쉬운」 등의 일정한 기준을 통과한 것 중에서 선택해야 하는 경우 더욱 선택하기 어렵다. 그런 경우에 이 조사 결과가 도움이 된다.

2 네이밍 개발은 상품 서비스의 포지션 설정이 관건이다

포지션의 설정에는 여러 가지 방법이 있지만 여기서는 ① 목표 고객 분석·규정, ② 상품·서비스의 특징, ③ 상품·서비스의 이익, ④ 타겟층의 특성 등을 고려하여 기본 콘셉트를 설정하고 있다. 네이밍은 이 기본 콘셉트를 느낄 수 있도록 해야 한다.

「타겟층의 선호도 조사」

상표와 의장 등록을 체크하는 것을 잊지 말자

네이밍에서 특히 신경 써야 할 것이 바로 상표와 의장 등록을 체크하는 일이다. 모처럼 고생해서 좋은 이름을 지었어도 다른 회사에서 먼저 등록한 이름이라면 사용할 수 없기 때문이다. 후보안이 4~5안으로 좁혀진 시점에서 간이 체크를 시행하도록 하자. 또한 URL도 염두에 두어야 한다. URL도 네이밍에 맞추어 체크해 두는 편이 안전하다.

예문 18 · 상품 기획 · 사내 시스템의 상품화

당사의 음성자동응답 시스템의 상품화 제안

1. 제안 목적

당사의 콜센터에서 현재 사용하고 있는 음성자동응답 시스템에 범용성을 가져다주고, 당사의 오리지널 상품으로 판매.
초년도 판매 목표는 1억 5000만 엔.

2. 제안 이유

① 당사는 지금껏 수탁 형태의 사업이 주를 이루어 왔으나, 보다 폭넓은 영업을 실시하기 위해서는 오리지널 패키지 상품의 개발과 판매가 필요합니다.

② 작년부터 CRM(고객관계마케팅)이 화제가 되어, B-to-C 기업을 중심으로 고객과의 직접 대화가 중요시되고 있습니다. 그러나 많은 기업이 고객으로부터 쏟아지는 수많은 문의에 만족스럽게 대응하지 못하고 있는 것이 현실입니다.
이번에 실시한 조사 결과에 의하면 통상 문의량의 80%는 정형화된 내용이며, 그에 대한 대응의 범위도 한정되어 있습니다. 자동화를 통해 인적 자원의 축소가 크게 기대됩니다.

③ 상품화할 경우, 모든 작업이 사내에서 이루어져 외주 비용이 발생하지 않습니다.

위와 같은 3가지 점에서 볼 때, 당사의 음성자동응답 시스템을 범용화한 상품은 시장의 요구에 부응하는 인기상품이 될 것입니다.

3. 개발 전략

① 개발 방법
  1단계 : 당사의 관련 거래처를 중심으로 범용화의 방향성에 관해 청취조사 실시
  2단계 : 범용화의 내용 결정
  3단계 : 당사의 개발3부에 의한 개발 작업
  4단계 : 테스트 운용
  5단계 : 판매

② 개발 스케줄(첨부 참조)

③ 개발 비용
  2,000만 엔(사내 작업을 위한 인재 비용을 환산한 것임)

4. 판매 전략

① 판매 가격 / 판매 대상
  세트 가격 300만 엔(유지비는 별도) / 중소기업

② 판매 지역 / 판매 시기
  초년도는 관동 지역을 중심으로 / 20○○년 4월

③ 영업 전략
  각종 행사에 참가하여 시범 판매를 실시하고, 이를 지원한다.

④ 예상 매출
  초년도 50세트 × 300만 엔 = 1억 5천만 엔

「사내 시스템의 상품화」를 위한 기획서의 전제

소프트벤처 주식회사는 사내에 콜센터를 설치하여 문의의 대부분을 자사에서 개발한 음성 자동응답 시스템을 활용하고 있다. 영업개발부에서 이 시스템을 패키지화한 상품 개발을 기획하였다.

1 간결함·용이함을 강조한다

(1) 사내의 상급자를 대상으로 작성한 기획서이므로, 간결한 스타일로 작성하였다. 「목적」 항목에서 회사에서 가장 신경을 쓰는 매출 목표를 명확히 기재하여, 상급자의 관심을 유도하고 있다.

(2) 제안 이유도 1가지가 아니라, ① 영업 기회의 확대, ② 시장의 요구에 부응, ③ 리스크가 적다는 등 3가지 시점에서 알기 쉽게 설명하고 있다.

(3) 또한 개발 전략 부분에서 단계를 분명히 표시하고, 각 단계마다의 작업을 간단하게 기술하고 있다.

(4) 목적에서 전략까지 약 30줄 정도 소요하고 있지만, 필요한 것은 간략하게 모두 서술되어 있다. 실제 기획서를 작성할 경우에는 조금 더 살을 붙여 작성하면 더욱 좋지만 최소한 이것만이라도 논리적으로 전개한다면 결재자는 충분히 이해할 수 있다.

2 신상품의 제안일 경우 이익이 얼마나 창출되는지가 최대의 관심사

상품이 팔릴 것 같다고 생각되어도 개발비를 생각하면 이익이 창출될 것인지 결재자는 심각히 고려하게 된다. 그래서 이러한 종류의 기획서에는 판매 전략 부분이 반드시 필요하다. 이 기획서에는 작성되지 않았지만 가능하면 영업부서에 의견을 묻고, 예비 고객을 대상으로 청취조사를 실시하여 판매 가능성을 사전에 조사해 두면 더욱 좋은 기획서가 완성된다. 가령, 이미 현 단계에서의 청취조사로 5개 사가 흥미를 보이고 있다고 쓴다면 사장은 주저하지 않고 GO 사인을 보낼 것이다.

「자사 시스템의 패키지 상품화」

> **콜 센터** : 전화와 컴퓨터를 이용하여 문의와 상품의 수주, 고객 서비스를 실행하는 시설을 일컫는다.
>
> **B-to-C** : Business to Consumer의 약자이다. 기업이 고객을 대상으로 상품과 서비스의 제공을 실행하는 것. B-to-B는 상품과 서비스의 제공 상대가 기업이다.

예문 19 | 점포 개발 | 진열·고객유도라인의 변경

크리스마스 특별매장 구성 변경 계획

1차 알려드린 바와 같이, 이번에 크리스마스를 맞아 미국에서 인기리에 판매중인 캐릭터 "치피"를 전국의 점포에서 일제히 발매하게 되었습니다.

올해의 최고 주력 상품이므로 이에 맞추어 매장의 구성을 변경하게 되었기에 검토 부탁드립니다.

1. "치피"에 관하여

"치피"는 봉제 인형을 중심으로 50가지의 아이템으로 이루어져 있고, 가격대는 5백 엔부터 3만 엔까지 다양합니다. 미국에서는 올해 4월에 발매되어 현재까지 60억 엔의 매출을 기록하고 있는 히트 상품입니다. "치피"의 주요 타겟은 초·중·고등학교의 여학생이지만, 귀여운 캐릭터로 인해 성인 여성층으로부터도 많은 사랑을 받고 있습니다. "치피"에 관해 자세한 사항은 첨부된 상품 소개를 참조해 주십시오.

2. 제안 목적

점포를 방문한 손님이 점포의 어디에서라도 "치피"를 발견할 수 있도록 진열하고, 올해의 최고 주력 상품으로서 구입의 촉진을 도모합니다.

3. 진열·고객유도라인 변경 계획

첨부된 도안과 같이 점포 안에 "치피" 코너를 신설하고, 또한 점포의 입구 부분과 계산대 양옆에 "치피"를 진열하여 강력하게 어필합니다.

진열 도안은 고객이 입구에서 "치피"의 존재를 인식한 후, 카운터에서 재확인하고, "치피" 코너에서는 자유롭게 구입할 수 있도록 구성되어 있습니다. 그리고 계산대 양옆에는 저가의 "치피" 아이템을 전시하여 추가 구입을 촉진합니다.

4. 진열기기·판촉물

① "치피" 코너용 특제 카운터
② 입구, 카운터, 계산대 양옆용 POP
③ 미국의 "치피" 프로모션 VTR
④ 점포 내에 진열할 "치피" 아이템 소개 포스터

5. 진열 변경 스케줄

11월 초순 : 진열기기·판촉물 각 지점에 도착
11월 하순 : 각 지점의 진열 변경 준비
11월 30일 : 토요일에 각 지점에서 일제히 진열 디스플레이 변경

추가 자료

① "치피" 상품 안내
② 진열·고객유도라인 계획표
③ 진열기기·판촉물 디자인 도안
④ "치피" 프로젝트팀 연락처

「진열·고객유도라인의 변경」을 위한 기획서의 전제

전국적인 규모를 자랑하는 장난감 체인점 내셔널토이는 올해 미국에서 인기리에 판매되고 있는 캐릭터 상품을 크리스마스 특집 상품으로 발매하기로 했다. 이 때문에 크리스마스를 맞아 각 지점의 진열을 변경하기로 하고, 마케팅 본부에서 각 점 지점장 회의에 기획서를 제안했다.

1 실행 기획서는 실제 작업 부분에 중점을 두자

(1) 이미 회사에서 전략적으로 "치피"를 크리스마스 특집 상품으로 발매하려고 하고 있다. 이 전략의 중심은 점포 내의 진열 방식과 상품 구입 촉진을 고려한 실행 기획서라는 점이다. 따라서 다른 기획서와 같이 「배경」과 「과제」 부분은 필요 없다. 목적을 서술한 후에 바로 「진열·고객유도라인 계획」, 「진열기기·판촉물」이라는 실무 부분의 세부사항을 서술해도 좋다.

(2) 그러나 회의의 참가자들이 "치피"에 관해 사전 지식을 가지고 있지 못하면 기획서 전체의 의미가 분명히 전달되지 않기 때문에 사전에 상품을 간단하게 설명하여 회의 참가자들의 이해를 도울 필요가 있다. 만약 회의에 참가자들에게 사전에 "치피"에 관해 충분히 설명했다면 「"치피"에 관하여」라는 항목은 필요 없다.

2 도안과 디자인은 기획서의 중요한 구성 요소

(1) 매장 구성의 변경 계획이므로, 제일 중요한 것은 진열·고객유도라인 계획안이다. 여기서는 지면 관계상 도안을 따로 첨부했으나, 본래는 기획서의 본문에서 「3. 진열·고객유도라인 변경 계획」 부분에 도안을 삽입하여 도안을 보여주면서 설명하면 알기 쉽다.

(2) 진열기기·판촉물 항목에도 디자인을 추가한다면 더욱 관심을 끌 것이다. 프레젠테이션의 경우에는 「4. 진열기기·판촉물」 항목을 설명할 때에 디자인을 보여주면서 하면 좋다.

도안과 디자인도 강력한 설득 재료!

매장 구성 변경에 대한 프레젠테이션은 도안과 디자인이 큰 비중을 차지한다. 매력이 없는 레이아웃과 디자인은 「이런 것은 잘 팔리지 않는다」고 판매자의 의욕을 상실케 한다. 매장 구성 도안에 인물("치피"에 모여드는 어린 아이의 생생한 일러스트)을 넣어주면 생동감을 주어 더욱 좋다.

예문 20 점포 개발 — 안테나 숍 설립

「헨리·헨리」의 안테나 숍 설립 제안

1. 목적
① 「헨리·헨리」를 소비자에게 직접 홍보함으로써 인지도 향상
② 통신판매 상품을 직접 전시함으로써 상품에 대한 이해 촉진
③ 소비자 경향에 대한 정보 수집

2. 매장 설립 전략
① 타겟
  핵심 메인 타겟은 30세 이상의 남성 회사원, 무역회사·금융·투자 신탁 기업 근무자 등
② 매장 장소
  위의 타겟층이 모여드는 도쿄 중심지. 점심시간과 퇴근길에 매장 방문을 유도할 수 있는 장소
③ 매장 이미지
  콘셉트는 「Well qualified」(일류의 증거)

3. 매장 오픈 계획
① 매장 이름   「헨리·헨리」
② 매장 설립 예정지   도쿄도 츄오구 긴자 2번지
③ 점포 규모   165㎡
④ 점포 디자인   콘셉트에 맞추어 세련된 내부 장식과 정돈된 분위기의 상품 디스플레이를 통해 고급미를 살린다. 매장 입구 부분은 고객이 가벼운 기분으로 들어올 수 있도록 넓게 디자인한다(첨부 디자인 도안 참고).
⑤ 상품 내용   카탈로그 상품 중 우수 아이템 및 신제품

4. 매장 오픈 비용

① 매장 오픈 준비 비용

계약금·보증금	1,500만 엔
공사비	2,000만 엔
기기·비품	500만 엔
직원 채택 및 교육비	100만 엔
소계	4,100만 엔

② 러닝 코스트

임대료·광열비 등	200만 엔 / 월
직원 인건비	100만 엔 / 월
소계	300만 엔 / 월

첨부 자료
① 건물 안내도, 인근 지역 안내도, 통근량 조사 결과
② 점포 이미지 디자인 도안

「안테나 숍 설립」을 위한 기획안의 전제

미국 신사복 제조사인 「헨리·헨리」는 지금까지 10년간 일본에서 통신판매를 시행해 왔다. 이번에 가죽제품의 출시를 계기로 일본 내에 안테나 숍을 설립키로 하고, 「헨리·헨리」 본사에서 일본 사무소에 기획을 지시하였다.

1 외국인에게 제출하는 기획서는 논리성을 중시하자

(1) 새로운 매장을 오픈하려는 계획은 '매장 오픈 계획과 비용'이라는 「실행 계획」 부분이 가장 중요하므로 상세히 검토해야 한다. 이 부분에 대한 상세 계획만 서술해도 대략 20페이지 정도에 이른다. 왼쪽의 예문은 매장 오픈 계획의 기본 전략을 서술한 제1차 계획서이다. 이미 안테나 숍을 오픈하려는 본사와의 합의가 있은 후 구체적인 후보지가 발견된 단계에서 1차 정리된 기획서라고 생각해 주길 바란다.

(2) 목적·매장 설립 전략·구체적인 매장 오픈 계획·비용이 나타나 있으므로, 제1차 계획안으로 이 정도면 충분하다고 본사에서도 납득할 것이다.

(3) 기획서의 제안처가 외국 기업이거나 외국인 상사인 경우 특히 논리성이 요구된다. 목적·전략·계획이 일관되지 않으면 안 된다. 애매한 단어의 사용이나 논리에 모순이 있으면 절대 채택되지 못한다. 채택은 고사하고 외국인의 경우에 기획서가 논리적으로 모순되어 있으면 과연 무엇을 말하려고 하는지조차 이해할 수 없다. 일본인 상사라면 다소 모순된 점이 있어도 상상력을 동원하여 이해해 보려고 노력해 줄 수도 있지만 외국인 상사에게는 절대로 그런 것을 기대할 수 없다. 논리적 모순은 곧바로 "기획 내용의 모순=부적절한 기획서"로 판단된다.

2 채산성과 숫자를 특별히 중시한다

중요한 것은 매장 오픈 후보지가 실제로 채산성이 있는가 하는 점이다. 외국 자본의 경우 2~3년 안에 투자 자본이 회수되지 않으면 금방 철수를 고려한다. 이 점을 유의해야 한다. 채산성에 대한 평가가 이루어지고 난 후에는 미국 본사와의 상담하면서 예상 매출을 상정하고, 원가와 러닝 코스트를 합한 3~5년 동안의 예상 이익을 계산한다.

안테나 숍 : 소비자의 반응을 살펴보기 위해 또는 정보를 모으기 위해 시험적으로 설립하는 매장
러닝 코스트 : 계속적으로 드는 비용

예문 21 점포 개발 프랜차이즈 체인 전개

「헤어살롱 오카다」 FC 설립 기본 계획

본 계획서는 FC화 계획을 골자로 하여 필요한 사항을 검토한 것입니다. 이 기본 계획서가 승인된 이후, 다시 세부 기획서를 제출하겠습니다. 검토를 부탁드립니다.

아　래

1. FC의 이념 / 목표
① 이념 : 고객의 개성에 맞춘 최신 헤어스타일을 제공한다.
② 목표 : 전국 주요 30개 도시에 「헤어살롱 오카다」를 설립

2. FC 설립 개요
① FC 시스템
　(a) 광고와 홍보를 통해 프랜차이즈 모집 실시
　(b) 응모자(조건 : 미용사 자격) 중에서 자격 심사
　(c) 자격심사에서 승인된 사람은 오카다 본사에서 3~6개월간 연수
　(d) 연수 후, 체인점으로 독립
② FC 가맹 조건
　(a) 미용사 자격을 가지고 있으며, 경험·기술·고객 접대 등에서 체인점의 일원으로서 적절하다고 판단되는 자
　(b) 오카다 본사에서 실시되는 3~6개월간의 연수를 수료한 자
　(c) 매장 오픈 최소 자금을 조달할 수 있는 자
　(d) 오카다 FC 규약에 동의한 자
③ FC 본부 사업
　(a) 가맹 희망자의 발굴과 심사
　(b) 초기 교육 및 계속적인 기술 지도
　(c) 헤어디자인에 관한 정보 제공
　(d) 체인점 수익성 계산, 손익 시뮬레이션 작성
　(e) 매장 오픈 지원, 경영 지도
　(f) 자금 조달 지원
　(g) 마케팅 지원
　(h) 미용용품 일괄 구입 판매

3. 앞으로의 작업
① 본부 수익성 검토
② FC 시스템 세부 사항 검토와 시스템 제작
③ 본부 조직 구축과 인프라 정비
④ 본부 사업 내용 작성(CI와 이미지 전략 작성 포함)

4. 스케줄
준비기간 1년. 세부사항 첨부

「프랜차이즈 체인 설립」을 위한 기획서의 전제

인기 헤어디자이너인 유지 오카다 씨는 『헤어살롱 오카다』를 전국 주요 도시에 체인점화할 예정. 오카다 본사는 프랜차이즈 설립 부서를 신설하고, 프랜차이즈화의 골자를 제안했다.

1. 기본 계획에서 모든 것이 시작된다

(1) 왼쪽의 계획은 프랜차이즈 체인(줄여서 FC) 설립의 최초 단계인 기본 계획이다. 기본 계획은 너무 복잡해서는 안 된다. 가능한 한 간단하게, 그리고 최소한으로 필요한 내용만을 정리한다.

(2) FC 설립에서 가장 핵심적인 것은 FC의 이념과 목표다. 프랜차이저(FC에 가맹하여 점포 전개를 행하는 사람들)는 지금까지 회사와는 무관했던 사람들이 많다. 이런 사람들과 하나의 공동체를 이루는 것이므로 확고한 공동의 이념과 목표가 필요하다.

(3) 그 다음으로 분명히 해둘 것은 어떤 시스템으로 운영해 갈 것인가, 어떤 사람들을 참가시킬 것인가, 그 사람들에게 본부는 어떤 이득을 주고, 어떤 지원을 통해 공동체로서 번영을 이루어 나갈 것인가 하는 점이다.

위의 사항을 확인할 수 있으면 기본 계획은 이것으로 충분하므로 다음 단계로 진행하도록 하자. 다음 단계는 본부의 수익성에 대한 검토, FC 시스템 세부사항에 대한 검토와 시스템 제작, 본부 조직의 구축, 인프라 정비, 본부 사업내용의 작성(CI와 이미지 전략 작성 포함)으로, 다소 시간이 걸리는 복잡한 작업들이다. 기획서도 각각의 작업단계에 따라 개별적으로 작성하고, 어느 정도 정리되면 「FC 설립 전략」에 관한 사업 계획을 정리한다.

FC 설립은 대형 프로젝트

FC(프랜차이즈 체인) 설립은 계획에서 실행까지 최소 1년은 걸리는 대형 프로젝트이다. 최종 계획서는 수백 장에 달하고, 매뉴얼과 지시서 등의 서류를 포함하면 그 매수는 1상자를 넘는 분량이다. 프로젝트에 관련된 직원도 본부에만 4~5명의 전속 직원이 필요하고, 법률과 경영 관리, 점포 설계와 디자인 등과 관련된 직원도 필요하다. FC의 장점은 자사의 리스크를 최소한으로 줄인 상태에서 빠르게 점포 수를 확대해 나갈 수 있다는 점이다. 그러나 그만큼 체인 본부의 지도성과 프랜차이저에 대한 지원이 없으면 안 된다.

예문 **22** 　광고 기획　**시즌 캠페인 계획**

하기 강습 캠페인 실시 계획

1. 현황의 문제점
 ① 학원간의 경쟁이 격화되어 차별화가 필요하다.
 ② 지금까지의 광고 실시 지역은 대상자가 제한되어 있어, 더 이상 참가자가 늘어나지 않는다.

2. 목적
 하기 강습 참가자를 늘린다. 작년도 대비 20% 증가가 목표이다.

3. 캠페인 테마
 "이번 여름, 실력 향상 실감!"
 다른 학원에는 없는 삼양종합학원만의 우수한 커리큘럼에 의한 집중 학습으로, 수강 전과 비교하여 확실히 실력이 상승한 것을 실감할 수 있다는 점을 강력하게 어필한다.

4. 기본 전략
 ① 목표 고객층에게 광고를 전달한다.
 ② 왜 「이번 여름에 삼양종합학원이라면 실력 향상을 체감」하는가를 자세하게 설명한다.
 ③ 목표 고객은 초등학교 3·4·5학년생의 학부모로 한다.

5. 실시 개요
 ① 메인 매체로 신문광고 실시
  종래의 DM, 전단지광고로는 커버할 수 없었던 고객층에게도 광고를 전달하기 위해 대중 매체인 신문광고를 실시한다.
 ② 서브 매체로 대중교통을 이용한 광고 실시
  삼양종합학원이 위치한 전철역에 포스터를 붙이고, 전철역을 이용하는 학부모에게 삼양종합학원의 존재를 알리고 이해를 돕는다.
 ③ 지속적인 DM 및 신문·전단지 광고
  포착된 타겟에게 캠페인의 테마를 알기 쉽게 설명하여 납득시키고 공감을 얻는다.

6. 크리에이티브
 ① 기본 콘셉트인 "실력 향상을 체감"하는 이유를 실증적으로 설명한다.
 ② 디자인 도안
  별첨 신문 광고, 포스터 도안 참조
  DM, 신문 전단지는 별도로 제안

7. 스케줄
 스케줄 표 첨부

8. 비용
 명세서 첨부

「시즌 캠페인 계획」을 위한 기획서의 전제

중학교 수험생을 대상으로 하는 보습학원인 삼양종합학원은 하기 강습을 위한 모집 캠페인을 실시한다. 작년까지는 DM과 신문 전단지를 이용하여 광고하였지만, 학원간의 경쟁이 치열해져 올해는 예산을 증가시켜서 보다 많은 대상에 대해 적극적으로 광고를 시행할 것을 고려하고 있다.

1 논리를 중시하자

(1) 이 기획서는 전형적인 실행 기획서에 해당한다. 먼저 문제점을 지적한 후 목적을 설정하였다. 그런 다음 목적을 달성하기 위한 테마와 전략을 설정하고, 전략의 실행을 위한 실시 개요를 서술하였다. 크리에이티브는 실시 개요의 제1항목에 해당한다. 여기에 스케줄과 예산을 추가하면 전형적인 실행 기획서가 완성된다.

(2) 목적에서 실시 개요에 이르기까지 논리(논리적 전개)가 일관되어 있음을 알 수 있다. 기획서에서 제일 중요한 것은 연속적인 흐름 속에 존재하는 논리이다. 논리가 확실히 정립되어 있으면 결재자는 고민할 필요 없이 곧바로 내용을 이해할 수 있다.

2 실시 플랜은 상세히 검토하자

(1) 기획서의 내용에 관해 살펴보면, 「보다 넓은 타겟층」에게 광고를 전달시키기 위한 전략 방법으로 매스컴의 사용을 선택하였다. 매스컴에는 신문·잡지·라디오·텔레비전이 있지만, 설득성·신뢰성 그리고 비용면에서 고려해 볼 때 신문광고가 이 경우에는 가장 적절한 선택이라고 할 수 있다.

(2) 대중교통을 이용한 광고는 제5의 매스컴으로, 도시권에서 회사원·전문직 여성·학생층 대상의 광고에는 유효한 매체가 된다. 공간과 게재기간에 따라서는 캠페인 매체로도 사용할 수 있다. 그러나 이 매체는 주부층에게는 설득력이 약하다. 왼쪽의 예문에는 서브 매체로서 삼양종합학원이 위치한 전철역으로 지역을 한정하고, 이 역을 이용하는 보호자(특히 아버지)를 대상으로 포스터 광고를 제안하고 있다.

메인 매체, 서브 매체 : 전략상 제일 중요한 매체를 메인 매체, 이를 지원하는 매체를 서브 매체라고 한다. 매체란 신문·잡지·라디오·텔레비전 등 광고를 전달하는 중간 매개체를 말한다.

크리에이티브 : 디자인 콘셉트(기본 방침), 디자인 도안, 카피안 등의 창의성이 요구되는 것의 총칭

타겟 리치 : 대상자에게 광고를 전달하는 것

예문 23 광고 기획 : 신문광고 계획

「비라・컴포트」 광고 계획

1. 배경
① 신규 회원 모집을 위해 현재 「비라・컴포트」의 지명도가 낮다.
② 입회비가 비싸기 때문에 신뢰성을 얻을 필요가 있다.
③ 판매를 위해서는 광고에 대한 문의가 필요하다.

2. 목적
「비라・컴포트」의 인지도를 향상시키고, 자료 요청에 대한 문의를 유도한다.

3. 기본 전략
① 대상 : 40세 이상의 남성을 메인 타겟으로 한다.
② 지역 : 전국
③ 기간 : 2○○○년 3월
④ 사용 매체 : 니혼케이자이 신문
⑤ 매체 선택 이유 : 예산의 범위 내에서 「비라・컴포트」의 중요성과 신뢰성을 높이기 위해 매체는 신문으로 설정한다. 그 중에서도 메인 타겟인 가처분 소득이 높은 층에게 효과적으로 광고를 전달하기 위해 경제신문인 니혼케이자이 신문을 사용한다.

4. 실시 개요
① 광고 내용 : 등장감을 강하게 어필하고, 자료 요청권 부분이 눈에 띄도록 배치하며 자료 요청권을 부착한다.
② 공간・회수 : 전5단 × 2회 (3월 초순과 하순)

5. 스케줄
2월 초순 : 광고 디자인 협의와 신문광고 신청
2월 하순 : 광고 디자인 확정, 입고 원고 작성
2월 말 : 필름 완성, 신문사 송부
3월 :   광고 게재, 자료 청구 접수, 자료 발송

6. 비용
니혼케이자이 신문 전5단   600만 엔 × 2회 = 1200만 엔
디자인 비용   100만 엔
합계   1300만 엔

「신문광고 계획」을 위한 기획서의 전제

드림관광 주식회사는 새로 설립한 회원제 리조트클럽 「비라 · 컴포트」의 회원 모집 광고를 실시하기로 결정했다. 주요 타겟은 40대 이상의 남성. 입회에 관한 문의가 쇄도하길 바라고 있다. 대상 지역은 전국. 예산은 1500만 엔 이내. 광고 기간은 3월 1달간.

1 광고매체의 선택은 신중하게 고려하라

(1) 전략상 포인트는 매체의 선택. 어떤 매체를 사용할 지에 중점을 둔다. 또한 그 사용매체에 따라 어떤 내용의 광고를 실을 것인지도 중요한 점이다. 리조트클럽의 회원 모집과 같은 경우에는 내용에 관한 설명이 필요하다. 그리고 신뢰성도 중요하다. 또한 타겟이 40대 이상의 남성이므로 모든 면을 고려해 볼 때 신문광고가 가장 적절하다.

(2) 광고의 내용면에서 살펴보면 거래처는 영업과 결부되는 내용을 선호한다. 그렇기 때문에 자료에 대한 요청이 쇄도하도록 하기 위해서 자료 요청 부분이 눈에 띄도록 광고한다.

2 실행을 위한 사전 협의

(1) 신문광고에서 주의해야만 할 것은 지면의 확보. 기획이 승인되어도 지면이 확보되지 않으면 광고를 게재할 수 없게 된다.

(2) 신문광고는 1개월 이상 전에 미리 신청을 받는다. 망설이고 있으면 지면을 확보할 수 없다. 기획 단계에서 광고회사에 의뢰하여 미리 지면의 상황을 확인해 두자. 때에 따라서는 신문사의 일정에 따라 희망하는 지면을 신청하지 못할 경우도 있다. 이런 경우 광고회사와의 사전 협의는 매우 중요하다.

「자료 요청」

광고 게재 전에 시행되는 사전 심의(사후 심의)
영상물은 광고를 게재하기 전에 「한국광고자율심의기구」에서 사전 심의를 받아야 하며, 출판, 신문, 잡지 등에 게재하는 광고물은 사후 심의를 받아야 한다.

예문 24 광고 기획 — 잡지광고 계획

다이어트 식품 「슬리밍세이프」 광고 계획

1. 배경
① 샤인 미용실은 지명도가 높다.
② 식품분야에는 새로이 참여하지만, 「미용실=미용」으로 콘셉트에는 무리가 없다.
③ 다이어트 분야는 경쟁이 치열하고, 효과에 대한 표현도 규제되어 있어서 차별화가 어렵다.

2. 목적
신상품 「슬리밍세이프」의 인지도를 확립하고, 안전한 다이어트라는 점을 소비자에게 이해시킨다.

3. 광고 콘셉트
"몸에 안전하고, 몸에 빛을 더해준다"

4. 광고 전략
① 타겟: 10대와 20대의 여성
② 광고 기간: 2월~4월 3개월간
③ 지역: 도쿄, 오사카를 중심으로 한 후, 전국으로 확대
④ 매체 전략
　다이어트 식품은 경쟁도 치열하고, 상품을 판단하는 소비자의 눈도 매섭다. 의약품이 아니기 때문에 "살이 빠진다"라는 효과와 효능을 직접적으로 표현할 수 없다. 안전성을 호소하려면 설득력 있는 데이터와 증언이 필요하다. 그래서 광고매체를 활자매체로 선택하는 것이 좋다. 일반적으로 신뢰성과 안전성을 얻기 위해서는 신문광고를 선택하는 것이 가장 무난하겠지만, 타겟층과의 접촉빈도를 고려해 볼 때 잡지매체를 선택하는 것이 가장 적절하다.
⑤ 광고 전략: 신뢰성과 설득력을 고려하여 순수 광고가 아닌 편집 제휴광고를 시행하며, 「기사풍」으로 광고 카피를 작성한다.

5. 실시 계획

(금액 단위 = 천 엔)

잡지명	공간	단가	회수	금액	게재 예정 2월	3월	4월
○○지	4C×2P	3,000	3	9,000	●	●	●
○○지	4C×2P	2,000	1	2,000		●	
○○지	4C×2P	3,200	3	9,600	●	●	●
○○지	4C×2P	3,500	2	7,000	●		●
○○지	4C×2P	1,400	1	1,400		●	
○○지	4C×2P	3,500	2	7,000	●		●
○○지	4C×2P	2,000	2	4,000	●	●	

각 잡지 선택 이유(별첨)

6. 비용　　40,000,000엔
　첨부　　잡지 데이터

「잡지광고 계획」을 위한 기획서의 전제

1. 전국에 체인점을 가진 샤인 미용실은, 새로이 다이어트를 목적으로 한 식품을 발매하기로 했다.
2. 판매 루트는 전국 규모의 편의점
3. 샤인 미용실 담당자는 안전성을 강조할 것을 요구하고 있다.
4. 대상은 10대와 20대의 여성. 지역은 전국. 예산은 4천만 엔.

1 기획의 포인트를 잡자

(1) 이 기획서의 포인트는 매체의 선택과 광고의 내용이다. 먼저 타겟과의 접촉 빈도가 가장 높은 매체를 선택한다. 다음으로 기능성 식품이라는 식품의 내용을 설명해야 하는 점을 고려한다. 그러면 우선적으로 잡지매체가 선택된다. 수많은 잡지매체 중에서 어느 잡지를 선택할 것인지는 잡지의 리더십과 구독부수, 그리고 특집 내용과 잡지사의 규모 등을 고려한다.

(2) 다이어트 식품은 광고문구의 표현이 규제되어 있다. 그렇기 때문에 규제 범위 내에서 가장 효과적이라고 생각되는 광고문구를 찾아야 한다. 왼쪽 예문에서는 잡지사와 협의하여 마치 잡지에 기재된 기사처럼 편집하는 "기사성 광고"를 제안하고 있다.

(3) 광고 콘셉트는 살이 빠지는 것을 직접적으로 표현하지 않고, "안전성"이라는 표현의 범위 내에서 설정하도록 한다.

2 보기 쉬운 기획서를 작성하자

(1) 실시계획은 표로 만들어 보기 쉽도록 하자.
(2) 왜 그 잡지를 선택하였는지 이유도 간단히 서술한다. 또한 리더십과 구독부수 등의 데이터를 기획서에 첨부한다.
(3) 이 기획서의 경우 알아보기 쉽도록 5장 정도의 분량이 좋겠다. 첫 번째 장에는 배경을, 2번째 장에는 목적과 콘셉트를, 3번째 장에는 전략 부분을, 4번째 장에는 실시계획과 비용을 수록한다. 마지막 5번째 장에는 첨부 자료로서 잡지에 관한 데이터를 수록한다.

「편집 제휴광고」

리더십(Readership) : 독자 구성을 일컬음.

서큘레이션 : (신문·잡지의) 구독부수

예문 25 · 광고 기획 — 라디오 광고 계획

라디오 프로그램 제공 권유

1. 제안 취지
귀사의 주요 타겟층에게 귀사의 신간 서적을 흥미롭게 안내하고, 구입의 촉진을 도모하기 위해 라디오 매체에서 코너를 제공할 것을 기획했습니다.

2. 라디오 매체 제안 이유
① 라디오는 개성적인 대중매체로, 프로그램에 따라 고정 청취자를 가지고 있고, 대중과의 접촉 시간도 비교적 길다고 할 수 있습니다. 라디오 프로그램 안에 귀사의 코너를 신설하고, 귀사에서 발행되는 단행본의 내용을 라디오만의 개성적인 방법으로 흥미롭게 안내함으로써 구매 동기를 부여합니다.
② 귀사 타겟에 알맞은 프로그램을 제공합니다.
③ 신문이라는 단일 매체에 의존하지 않고 라디오 매체와 미디어 믹스한다면 판매 상승 효과를 기대할 수 있습니다.
④ 적은 예산으로 매력적인 기획이 실현됩니다.

3. 제공 내용
① 귀사 소개 코너
「하나야마 오오호의 싱그러운 아침」(매주 토요일 6시 30분부터 8시 30분)은 이미 15년째 방송 중인 장수 프로그램으로서 ○○방송의 간판 프로그램 중 하나입니다. 이 프로그램 방송 중에 5분간 귀사의 신간 서적을 안내하는 코너를 신설합니다. 이 프로그램의 주요 타겟은 프로그램 시장 조사에서 40세 이상의 남성으로 조사되었습니다.
② 코너 내용
5분 중 40초는 귀사의 CM을 방송하고, 프로그램 게스트가 신간 서적을 소개합니다. 남은 4분 동안 선정된 신간 서적의 배경이 되는 지역을 방문하여 그 지역의 삶과 유물을 소개하여 신간 서적에 대한 관심을 높입니다. 그리고 1개월에 한 번은 귀사의 신간 서적을 선물하는 행사도 실시합니다.
＊매월, 월초에 다음 달에 소개되는 서적에 대해 협의합니다.

4. 커버 지역
도쿄, 가나가와 현, 치바 현, 사이타마 현, 군마 현(이상 100%),
시즈오카 현(70%), 후쿠시마 현(50%), 나가노 현(50%)

5. 비용
매월 50만 엔 × 2쿠르(6개월) = 300만 엔
40초 CM × 26회, PR 6회 포함

첨부
「하나야마 오오호의 싱그러운 아침」 프로그램 내용 소개 팜플렛

「라디오 광고 계획」을 위한 기획서의 전제

매월 정기적으로 역사 소설 단행본을 출판하고 있는 주식회사 삼양미디어 출판사는 주로 신문광고를 실시하고 있다. 삼양미디어 출판의 담당자로부터 신문 이외의 효과적인 광고매체가 있으면 제안해 달라는 의뢰가 있었다. 예산은 매월 50만 엔.

1 독창성이 있는 기획서를 작성하자

(1) 처음 광고매체를 사용할 때에는 왜 그 매체가 좋은지, 그 매체를 사용함으로서 발생하는 메리트를 충분히 상대에게 설명한다. 여기에서는 4가지의 제안 이유를 들고 있다.

(2) 왼쪽 기획서의 포인트는 코너를 기획한 것이다. 라디오 매체에서 20초 동안 삽입광고를 시행한다는 제안은 너무 평범하여 그다지 매력적이라고 생각되지 않는다. 그러나 독창적인 코너 기획이라면 상대방도 흔쾌히 응할 것이다. 기획서에는 「귀사만을 위해 작성했다」라는 독창성도 매우 중요하다.

(3) 포인트인 「코너 기획」은 자세하고 매력적인 방식으로 설명하자. 라디오에는 개성이 중요하므로, 이 점도 자세히 서술하자.

2 독창적인 기획에는 꼼꼼한 사전 협상이 필요하다

(1) 라디오 매체라면 저렴한 비용으로 매력적인 기획서를 작성할 수 있다(단, 정기 프로그램 개편 6개월 전부터 협상이 필요).

(2) 독창성이 있는 라디오 프로그램과의 홍보 기획을 진행할 때에는 사전에 거래처와의 접촉을 통해 어떤 것을 제공할 수 있는지 라디오국의 담당자와 협상하도록 하자. 라디오 프로그램의 광고는 통상 2쿠르(6개월)의 계약이 전재되므로 이 점도 기획할 때에 잊어버리지 않도록 한다.

「프로그램 내의 코너 기획」

미디어 믹스(Media Mix) : 텔레비전과 신문 등의 매체(미디어)를 함께 사용하여 효율성을 높이는 것

쿠르(Kur, 독일어) : 방송광고나 드라마에서 일정한 구분을 할 때 사용하는 전문 용어. 1쿠르는 13주. 2쿠르는 26주(6개월)

PR : 기업과 단체가 제품과 서비스에 대한 정보를 매스컴에 제공하고, 기사와 보도를 통해 알리는 활동 혹은 활동 결과로서의 기사와 보도를 말함.

예문 26 [광고 기획] 텔레비전 광고 계획

하반기 텔레비전 삽입광고 실시안

1. 배경
① 광고의 인지도 조사에 의하면, 작년에 실시한 텔레비전 삽입광고가 고객 확대에 크게 기여하였다.
② 작년에 제작한 텔레비전 CM도 대중에게 많이 사랑 받았다. 사용 기간이 짧기 때문에 CM의 신선도는 아직 유효하다.

2. 목적
씨보이즈의 인지도를 높이고, 고객의 매장 방문을 촉진한다.

3. 텔레비전 광고 전략
① 대상
메인 타겟: 초등학교 자녀를 둔 학부모
세컨드 타겟: 젊은 커플
② 이용 방송국
많은 타겟층에게 광고를 전달하기 위해서 복수의 방송국을 이용한다. 청취율이 높고, 하반기 요금이 값싼 ○○방송국을 중심으로 하고, 그 다음으로 청취율이 좋은 △△국을 서브 방송국으로 이용한다.
③ 광고 기간
7월 10일~8월 19일(약 1개월)
④ 플라이트 패턴은 종일 형태로.
삽입광고 요금이 가장 싸고 타겟층에게 효율적으로 광고를 전달할 수 있는 종일(6시~24시) 패턴을 선택하고, 예산 내에서 가능한 한 많은 삽입 횟수를 확보한다.
⑤ CM 내용은 작년도 CM의 이벤트 부분을 약간 수정하여 사용한다.

4. 실시 계획
① 실시 요금

방송국명	GRP 단가	1편당 평균 청취율	예상되는 1편당 단가
○○	￥65,000	10%	￥650,000
△△	￥75,000	9%	￥675,000

② 실시 계획 · 비용
○○방송국 500GRP, △△방송국 250GRP

방송국명	GRP	GRP 단가	스포트 요금	삽입 편수
○○	500	￥65,000	￥32,500,000	50편
△△	250	￥75,000	￥18,750,000	28편
합계	750		￥51,250,000	78편

「텔레비전 광고 계획」 기획서의 전제

카나가와 현에 위치한 레저랜드 씨보이즈는 여름에 고객의 매장 방문 촉진을 위해 작년부터 실시한 텔레비전 삽입광고의 연장 실시를 고려하고 있다. 광고회사의 담당자가 씨보이즈 홍보부서로부터 텔레비전 삽입광고에 대한 의뢰를 받았다. 텔레비전 광고는 작년에 제작한 CM을 약간 수정하여 올해에도 계속하여 사용하기로 하였다. 예산은 약 5,000만 엔, 타겟은 가족 및 젊은 커플.

기획서의 수신자가 알고 있으면 바로 개별 항목을 서술하자

(1) 이미 텔레비전 삽입광고를 실시하고 있으므로 텔레비전 매체에 대한 효과나 설명은 필요 없다. 이 기획서는 실행 계획안이므로 요점만을 간단하게 서술하도록 하자. 계획안은 표로 작성하는 편이 알기 쉽다.

(2) 기획서의 수신자는 텔레비전 삽입광고의 취급방법과 CM의 취급방법을 이미 알고 있다. 상대방이 가장 알고 싶은 것은 「어느 시기에, 어떤 방송국에서, 어느 정도 분량의 텔레비전 광고가 가능한가」하는 점이다. 불필요한 부분을 길게 설명하지 말고, 바로 개별 항목을 서술하여 계획 자체에 대해 쉽게 알아볼 수 있도록 하는 것이 좋다.

텔레비전 삽입광고의 진행 방식

텔레비전 삽입광고는 방송국에 따라, 계절과 수급 밸런스, 플라이트 패턴 등에 따라 요금이 조금씩 차이가 난다. 삽입광고를 구입할 때도 1편 단위로 구입하는 것이 아니라 GRP 단위로 구입하는 등 취급 조건이 상당히 복잡하다. 처음으로 텔레비전 삽입광고를 실시하는 거래처에게는 실시안 이외에 텔레비전 삽입광고에 대한 실시 설명서를 작성하여 이해를 돕도록 하자. 실시 계획과 비용이 확정되면 방송국에 문의하여 실제로 방송 프로그램 중에 어느 부분에, 어느 시간대에 삽입광고가 방영되는지를 표시한 「시간대 도안」을 제출한다.

메인 타겟(Main Target) : 주요 대상자. 영업·광고, 세일즈 프로모션에서 상품과 서비스를 가장 많이 구입하거나 관심을 가져주는 고객, 2번째로 중요한 대상자는 세컨드 타겟이라고 한다.

GRP(Gross Rating Point) : 시청률. 1회마다의 시청률을 간단히 합계한 것

플라이트 패턴(Flight Pattern) : 텔레비전 삽입광고의 취급방법. 평일 밤과 토·일요일에 삽입광고를 방영하는 형태와 평일과 토·일 모두 하루 종일 삽입광고를 방영하는 종일 형태 등 몇 개의 패턴이 있다. 삽입광고의 요금은 플라이트 패턴에 따라 다르다.

예문 27 [광고 기획] 교통광고 계획

「Web 파스칼」 광고 계획

1. 제안 배경
① 「파스칼」의 지명도는 높지만, 「Web 파스칼」은 아직 지명도가 낮다.
② 광고 예산이 제한되어 있다.
③ 고객의 반응을 알아보기 위한 테스트로서 광고를 실시한다.

2. 목적
「Web 파스칼」의 인지도를 확립하고, 「Web 파스칼」 사이트의 접속을 촉진한다.

3. 기본 전략
① 대　　상 : 남성·여성 회사원, 관리자
② 지　　역 : 도쿄
③ 기　　간 : 20○○년 4월
④ 사용 매체 : 교통광고
⑤ 매체 사용 이유 : 예산의 범위 내에서 일정 기간 동안 타겟에게 홍보하기 위해서는 타겟과의 접촉빈도가 높은 교통매체를 사용한다. 교통광고의 포스터는 시각적 효과가 매우 높아 등장감을 고조시킬 수 있다.

4. 표현 내용 및 표현 기법
① 타겟층 사이에서 파스칼 그룹의 인지도는 80% 이상을 점유한다고 생각된다. 따라서 파스칼 그룹에서 새로이 Web 백과사전을 발행한다는 것을 강하게 전달할 수 있도록 시각적 효과를 최우선으로 한다.
② 광고문구는 눈으로 URL을 확인할 수 있도록 크게 작성하고, 외울 수 있도록 한다.

5. 실시 개요

사용 노선	스페이스	기간	금액
JR	출입 위	‥‥‥	‥‥‥
지하철 긴자선	액면	‥‥‥	‥‥‥
지하철 마루노우치선	액면	‥‥‥	‥‥‥
도큐 전구간	중앙 천정	‥‥‥	‥‥‥
오다큐선	중앙 천정	‥‥‥	‥‥‥

6. 스케줄
2월 초순: 광고 디자인 협상 및 광고 신청
3월 20일: 포스터 납품
4월:　　 광고 게재

7. 비용
교통광고 매체 비용　　　850만 엔
포스터 디자인·인쇄비　　150만 엔
합계　　　　　　　　　 1000만 엔

「교통광고 계획」을 위한 기획서의 전제

세계적인 정보미디어 그룹인 「파스칼 인터내셔널」은 웹상에 백과사전 사이트를 새로 만들었다. 웹에 등록하기만 하면 간단하게 신뢰성 있는 정보를 입수할 수 있는 사이트다. 도입을 위한 테스트로서 도쿄 지역에 한정하여 광고를 실시하기로 결정하고 기획안을 작성하였다. 광고 예산은 1000만 엔.

1 기획서의 구성은 4단계로 이루어진다

(1) 기획서의 구성은 기본적으로 「배경 → 목적 → 전략 → 실행 계획」 순이다.

(2) 대형 캠페인과 프로젝트의 경우에는 정보의 수집과 분석, 문제점의 추출 등 「배경」에 많은 시간과 노력이 소요되지만, 기본적인 기획서의 구성 패턴은 동일하다. 이 4가지 단계를 차근차근 논리적으로 서술하면 누구에게나 어디에서든 통용되는 기획서를 쓸 수 있다.

(3) 이미 브리핑을 통해 배경에 관한 지적이 있었거나 프로젝트 진행 동안에 문제점이 확실히 밝혀졌다면, 「배경」 항목은 생략해도 된다. 그리고 간단한 실행 계획일 경우에도 배경을 생략할 수 있다. 「배경」을 대신하여 「현황 분석」, 「현황의 문제점」, 「문제점과 기회」라는 항목을 작성할 수 있다.

(4) 「콘셉트」, 「테마」, 「제안 이유」를 개별 항목으로 분리하여 추가할 수도 있고, 「전략」의 제1항목에 집어넣을 수도 있다. 강조해서 설명하는 것이 알기 쉬울 경우에는 개별 항목으로 분리하는 것이 좋다.

2 아이디어를 짜내면 기획서가 재미있어진다

기획의 내용이 평범해도 아이디어를 짜내면 기획서가 재미있어진다. 왼쪽 예문에서는 URL을 홍보하는 것이 바로 그것이다. 기획서의 제안 단계에서 간단한 샘플 디자인을 첨부하면 설득력이 훨씬 높아진다.

「포스터에 URL 홍보」

> 웹 사이트 : 인터넷을 통한 기업과 단체의 정보 페이지를 말함. 홈페이지와 동일한 의미로 사용되고 있다.
>
> URL : 사이트의 주소. URL은 사이트마다 정해져 있으며, 동일한 것은 있을 수 없다. http://www.으로 시작된다.

예문 28 · 광고 기획 · 신문 투입 광고 계획

신문 투입 전단지 광고 계획

1. 목적
"하쿠라쿠덴"의 요리가 몸에도 좋고 맛있다는 것을 홍보하고, "오세치" 요리의 예약을 확보한다.

2. 전략
① 대　　상: 가족의 식사와 건강을 생각하는 가정(주부)
② 지　　역: 도쿄 세타가와 구 및 스기나미 구
③ 기　　간: 2○○○년 12월 1일
④ 사용 매체: 신문 투입 전단지
⑤ 매체 사용 이유
　신문 투입 전단지는 주부를 주 대상으로 하는 매체로, 일상 정보의 원천이다. 또한, 지역을 좁은 범위로 한정시킬 수 있다는 장점을 가지고 있다. 신문 투입 전단지는 사이즈에 따라서 많은 양의 정보를 전할 수도 있고, 사진을 첨부하여 보는 이로 하여금 식욕을 자극할 수도 있다.

3. 콘셉트
본고장의 맛을 폭넓게 맛볼 수 있고, 건강식품의 관점에서 살펴보아도 훌륭한 요리이다.

4. 실시 계획
① 에리어 시그먼트
　대상 지역의 국세청 조사 데이터를 바탕으로 타겟이 많이 살고 있는 신문보급소를 선택한다.
② 광고 내용
　(a) 시각 효과를 중점적으로 표현한다.
　(b) 전단지 아래에는 예약 신청 엽서를 디자인한다(요금은 수취인 부담).
　(c) 타겟이 빠른 대응을 취하게 하기 위해「지금 바로 예약하면 이득」이라는 광고문구를 강조한다.
　(d) 얼리 버드 기법을 이용하여 12월 5일까지 예약하는 사람에 한해 무료로 요리를 제공하고 특제 녹차를 선물함으로써, 타겟의 빠른 대응을 유도한다.

5. 비용
전단지 투입 비용　　　　200만 엔
전단지 디자인 인쇄비　　100만 엔
합계　　　　　　　　　　300만 엔

「신문 투입 광고 계획」을 위한 기획서의 전제

요코하마에 위치한 50년의 전통을 가진 중화요리 전문점인 "하쿠라쿠덴"은 이번에 고급 중화요리 "오세치"를 예약 판매한다. 맛은 물론 건강에도 좋다는 콘셉트에 맞추어 소량씩 여러 가지 맛을 맛볼 수 있다. 2~3인분 3만 엔. 도쿄 야마노테 지구에 한정 판매 예정.

1 평범한 기획을 우습게 보지 마라!

(1) 기획서에서 「독자성=독창성」도 중요하지만 더욱 중요한 것은 확실성이다. 결재자로 하여금 「이 기획에는 확실히 메리트가 존재한다. 즉, 수익이 증가한다」고 생각하게 하는 것이다. 과거에 여러 번 성공한 경험이 있고, 이 방법이라면 확실히 수익이 증가한다는 입증된 기획이 있으면 그것을 모방하면 된다. 그렇지만 완벽하게 모방할 수 있는 기획은 거의 없다. 상품과 서비스가 각각 다르고, 고객의 상황도 각각 다르기 때문이다. 그러나 분명한 것은 성공한 기획서를 모방하는 것이 실패할 확률이 적다는 것이다. 어디서나 흔히 볼 수 있는 기획은 사실 실패할 확률이 적기 때문에 쉽게 접한다. 먼저 흔히 볼 수 있는 그러나 반응만은 확실한 기획서를 작성해 보자.

(2) 신문과 함께 투입되는 전단지 기획은 흔한 방법이다. 슈퍼나 가구점, 부동산, 옷가게 등 하루에도 수십 장씩 비슷한 형식의 전단지가 집으로 배달된다. 어째서 이렇게 많은 전단지가 배달되는 것일까? 그것은 일정한 효과가 나타나기 때문이다.

(3) 신문과 함께 투입되는 전단지는 주부에게 중요한 정보의 원천이다. 특히 슈퍼의 전단지는 정성들여 읽는다. 그 전단지를 바탕으로 저녁 반찬을 준비하는 주부도 많다. 중요한 것은 경쟁이 극심한 가운데, 얼마만큼의 차별성을 가지느냐 하는 것이다. 저렴한 가격을 강조하는 것이 가장 유효한 방법이지만 상품의 독창성을 강조하는 것도 중요한 방법이다. 맛있고 건강에도 좋은 음식을 조금씩 여러 가지 먹을 수 있다는 콘셉트라면 팔릴지도 모른다.

「빠른 대응을 유도하는 기법」

시즐(sizzle) : 음식이 타는 소리. 미각을 자극시키는 것

에리어 시그먼트(Area Segment) : 광고 지역을 선택하는 것

얼리 버드(Early Bird) 기법 : 「일찍 일어나는 새가 많은 벌레를 잡는다」는 속담에서 유래한 것. 빨리 대응한 사람에게만 특권을 부여하는 것으로, 광고와 DM에서 사용하는 기법 중의 하나이다.

예문 29 [PR] 신제품 발표

전기밥솥 X의 발매 기념 PR 계획

1. 목적
신제품 X의 인지도와 이해를 높인다.

2. PR 전략
(1) 신문 · 잡지 · 라디오 · 텔레비전 등 미디어 매체의 인지, 이해, 호의를 획득
(2) 오피니언 리더(요리전문가, 프로요리사 등)로부터 인지, 이해, 호의를 획득

3. 구체적인 활동
(1) 신제품 발매 기념회 개최
    세부사항 후술
(2) 평상시 미디어에 뉴스거리를 제공한다.
    ① 미디어의 목록을 작성하고, 정기적으로 신제품 발매 소식을 전달한다.
    ② 이벤트를 개최하고, 미디어를 초대한다.
(3) 오피니언 리더에게 신제품 X를 시험 사용할 기회를 제공한다.
    ① 요리 전문가 또는 요리 교실에 X를 무료 대여한다.
    ② 소규모의 "밥 짓기 대회"를 개최한다.
       (당사 전시장 이용)

4. 신제품 발매 기념회 개요
(1) 일시   2○○○년 ○월 ○일
(2) 회장   호텔 국화실 11:00~12:30
(3) 초대인   각종 미디어 관계자, 요리연구가, 요리교실 주최자, 요리인 합계 1000명
(4) 발매 기념회 내용
    ① 사장님 인사 말씀
    ② 개발담당 부장님의 인사 말씀 및 신제품 프레젠테이션
    ③ 준비된 밥 시식
(5) 준비
    ① 대인 목록
    ② 홍보 자료(사진 부착)
    ③ 선물(당사 제품)

5. 비용
첨부

6. 스케줄
첨부

첨부 자료 : 비용 명세서, 스케줄 표

「신제품 발표」를 위한 기획서의 전제

넛토 전기 주식회사는 이번에 기존의 전기밥솥보다 훨씬 성능이 뛰어난 제품을 새로 출시한다. 밥 표면에 윤기가 가득하고, 언제 먹어도 금방 한 것 같이 밥맛이 지속되는 전기밥솥이다. 신 발매를 위한 광고의 실시에 발맞춰 홍보부에서 PR 계획을 제안하였다.

1 신제품 발표에 있어서의 포인트

(1) PR 기획에서 가장 일반적인 것이 신제품 발표 기획이다. 광고뿐만 아니라 기사와 보도를 통해서도 많은 사람들에게 신제품에 관한 인지도를 높일 필요가 있기 때문이다.

(2) 신제품 발표에 있어서는 ① 발표 방법 ② 신제품 발매 소식 전달 ③ 화제성을 높이기 위한 PR 이벤트 등의 광고 활동이 중요하다.

(3) 「발표 방법」은 장소를 빌려서 발매 기념회를 개최하는 것이 가장 효과적이다. 그러나 상품의 내용과 예산에 따라 발매 기념회를 개최하지 못할 수도 있다. 이 경우에는 관련 기자들에게 홍보 자료를 배포하는 형식으로 발표한다.

(4) 홍보 자료는 매스컴에 자사의 제품을 홍보하기 위한 방법의 하나이다. 홍보 자료에는 회사 개요, 신제품의 특징과 장점 등을 소개하며, 상품 사진을 삽입한다. 회사 개요에는 대표자와 발표자의 사진도 함께 넣어두는 것이 좋다.

(5) 신제품 발매 때 뿐만 아니라 일정 기간 동안 지속적으로 매스컴 등에 회사제품에 대한 정보를 전달하자. 그러기 위해서 필요한 것이 프레스 릴리스(보도기관을 위해 정보를 정리한 문서)이다.

(6) 화제성을 높이기 위해서는 이벤트를 실시하는 것이 좋다.

「"밥 짓기 대회"」

PR : Public Relations의 약자. 일반적으로는 상품과 서비스에 대한 광고 활동이라고 간주되지만 본래의 의미는 기업 등이 자사의 사업에 대한 이해를 얻기 위해 행하는 모든 활동을 말한다. 구체적으로는 평상시 각종 매스컴과 우호적인 관계를 형성하고, 매스컴을 통해 일반인의 호의를 획득하는 활동이 PR이다. PR은 흔히 퍼블리시티(Publicity)와 동일한 의미로 사용되지만, 퍼블리시티는 기업이 자사의 신제품을 뉴스화하기 위해 행하는 활동을 말한다. 이는 광고가 아니기 때문에 비용을 지불할 필요도 없다. 즉, 퍼블리시티는 PR 활동의 하나이지만, PR 그 자체는 아니다.

예문 30 · PR · 연간 PR 계획

이토 모터랜드의 2○○○년도 PR 계획 개요

1. 목적
이토 모터랜드에 대한 인지도와 이해를 높여 많은 방문 고객 확보

2. 2○○○년도 기본 전략
(1) 텔레비전 제휴광고를 적극적으로 실시한다.
(2) 주요 잡지에 대한 프레스 컨택트를 강화한다.
(3) 모터랜드 내에서 화제성 있는 PR 이벤트를 개최한다.

3. 구체적인 시책
(1) 텔레비전 제휴광고
  ① 이토 모터랜드를 촬영장소로 하는 기획을 방송국과 프로그램 제작 프로덕션에 제출한다.
  ② 행락 시즌, 특히 골든 위크(5월 초순의 일본의 연휴)와 여름휴가를 위한 기사거리를 제공한다.
  ③ 자동차와 여행 관련 프로그램에 취재를 요청한다.
(2) 주요 잡지에 대한 프레스 컨택 강화
  ① 프레스 미팅 실시
  ② 프레스 투어 실시
(3) 모터랜드 내의 PR 이벤트 (아이디어)
  ① 자동차 사진 콘테스트 개최
  ② 클래식 카 퍼레이드 개최
  ③ 어린이용 소형 자동차 레이스 개최
    랜드 내의 이벤트는 미디어와의 제휴광고를 고려한다.
(4) 그 외
  ① 미디어 목록을 정리한다.
  ② 주변 지역의 관광 정보를 수집하여 미디어에 제공한다.
  ③ 미디어 매체에 기사거리가 될만한 정보를 정기적으로 전달한다.
  ④ 랜드 시설의 사진과 자동차 사진을 정리하여 무료로 대여한다.

4. 비용
월 PR 비용
TV 제휴광고 등 취재 협력 비용
이벤트 비용
PR 소재 발행 비용, 클리핑(신문 등의 절취) 비용

5. 스케줄
첨부 PR 계획 참조
첨부 : 미디어 매체 목록

「연간 PR 계획」을 위한 기획서의 전제

이토 모터랜드 사는 자동차 박물관과 어린이용 소형 자동차 등의 오락시설을 갖춘 자동차 테마파크이다. 방문객들이 진귀한 자동차를 구경하고, 실제로 타보기도 하면서 하루종일 즐길 수 있는 장소이다. PR 에이전시가 올해의 PR 계획에 대한 개요를 제출했다.

1 연간 PR 계획의 구성

(1) 이 기획서는 연간 PR 계획의 주요 내용을 정리한 것이다. 실제 기획서는 각 부분에 내용을 첨가해야 하므로 매수가 훨씬 증가한다.

(2) 기획서를 작성할 때에는 가장 먼저 「목적」을 분명히 한 후에 「기본 전략」 부분을 서술한다. 「기본 전략」은 활동의 포인트를 설명하는 것이지 그 외의 활동을 전혀 하지 않는다는 것은 아니다. 이 예문에서는 3가지 포인트를 들고 있다. 지면 관계상 생략하였지만, 왜 이 3가지를 기본 전략으로 채택했는지도 기술하도록 하자.

(3) 그리고 「기본 전략」에서 서술한 포인트에 대해 구체적으로 어떤 활동을 할 것인지 「구체적인 시책」 부분에서 서술하고 있다. 세부사항을 설명하기 위해 프레젠테이션을 실시한다면 (1)~(4)번 항목을 각각 1페이지에 정리하는 것이 보기 좋다.

2 기사화될 수 있는 정보를 제공하라

(1) PR은 비용을 지불하는 광고가 아니기 때문에 반드시 기사화된다고 볼 수는 없다. 아무리 많은 정보를 제공해도 정보 자체에 매력이 없으면 기사화되지 못한다.

(2) 그러므로 주의해야 할 것은 기사화되기 위한 매력적인 이벤트를 개최하고, 매력적인 정보를 제공하는 일이다. 다른 곳에는 없고 이곳에서만 볼 수 있는 진귀한 자동차가 전시되어 있다는 사실은 기사화될 가능성이 높다. 항상 기사화되는 정보를 제공하는 것을 중요하게 생각해야 한다.

(3) 또한, 취재 협력 비용을 제공하여 제휴광고를 시행하는 것도 중요하다. TV 제휴광고는 조건에 따라서는 아주 효율적이고 효과적이다.

「랜드 내 PR 이벤트 아이디어」

기사거리를 제공할 때에는 주변 사정도 전달하자

기사거리를 제공할 때에는 주변에 위치한 레스토랑과 기념품 가게와 같은 주변 사정도 전달해 주는 것이 좋다. 그렇게 함으로서 미디어의 호감도가 높아지고 이에 따라 매체에 기사화될 가능성도 높아진다.

예문 31 | PR | 미디어 제휴광고

텔레비전 프로그램 제휴광고에 대한 제안

1. 제안 취지
RX 방송국의 「세계 맛 여행」은 이미 5년간 지속되고 있는 인기 프로그램으로, 평균 20%의 높은 시청률을 유지하고 있습니다(「세계 맛 여행」 프로그램 내용은 첨부 자료 참조 요망).
이번에 캐나다에 관한 특집 시리즈를 새롭게 기획 중입니다. 내용은 일본 소비자에게도 인기 있는 캐나다산 연어를 소개하고자 합니다.

2. 목적
캐나다산 연어에 대한 소비자의 이해 촉진

3. 소개 내용
① 연어 산지인 ○○만 연안 소개
② 양식장, 일본에 판매할 연어 가공 공장 소개
③ 연어 레스토랑의 메뉴와 식사 풍경 소개
④ 연어의 수송 현황(보관창고, 공항 등) 소개

＊ 자세한 내용은 승인이 이루어진 후에 다시 협의하도록 하겠습니다.
＊ 소개 시간은 10분으로 예정되어 있습니다.

4. 실시 스케줄
① 취재일   ○월 ○일~○월 ○일 2일간 취재
② 사전 협의   ○월 ○일 협회(일본)와 구성안 협의
              ○월 ○일 최종 협의

5. 방영일
○월 ○일(일) 11:00~11:30

6. 취재 협력 비용
100만 엔

첨부 자료
① 당사 안내
② 「세계 맛 여행」 프로그램 내용 및 지금까지의 소개 지역 목록

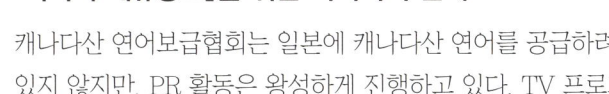

「미디어 제휴광고」를 위한 기획서의 전제

캐나다산 연어보급협회는 일본에 캐나다산 연어를 공급하려고 한다. 광고는 거의 실시하고 있지 않지만, PR 활동은 왕성하게 진행하고 있다. TV 프로그램 제작회사에서 프로그램 제휴광고를 기획하여 제출하였다.

1 프로그램과 소개 내용이 핵심

(1) 제휴광고에 대한 평가 포인트는 2가지이다. 첫째는 제휴광고를 하는 프로그램에 대한 평가이고, 둘째는 얼마나 매력적으로 상품과 서비스 소개가 이루어질 것인가에 대한 평가이다.

(2) 프로그램에서 중요한 것은 제휴광고를 실시하는 회사의 상품과 서비스가 프로그램의 내용에 얼마나 적합한가이다. 또한 방송 시간대도 고려해야 한다. 주부를 대상으로 상품을 판매하는 회사가 심야 프로그램과 제휴광고를 한다면 그 광고는 절대로 성공할 수 없다. 또한 시청률도 고려의 대상이 된다.

(3) 그렇기 때문에 기획서에 가장 먼저 기술해야 할 내용은 프로그램에 대한 소개이다. 지금까지 방영된 프로그램 내용의 목록과 시청률, 그리고 리포터가 등장한다면 리포터에 대해 자세히 소개해야 한다. 프레젠테이션을 할 경우에는 최근에 방영된 방송 중 몇 회를 엄선하여 VTR로 소개하여 얼마나 매력적인 프로그램인지를 전달해야 한다.

(4) 그 다음으로 중요한 것은 어떤 방법으로 상품과 서비스를 프로그램 중에 매력적으로 소개하는가 하는 점이다. 제휴광고는 반드시 비용이 발생하게 된다. 거래처는 비용 대비 효과에는 민감하다. 소개되는 내용에 대해서는 거래처의 요구를 고려하여 작성하도록 하자. 소개 내용에 관한 협의가 잘 마무리되면 기획은 90% 이상 채택된다.

2 제휴광고는 효과적이다

프로그램 제휴광고는 매우 효과적이다. TV 광고는 보통 15초에서 30초이다. 그 짧은 시간 안에 상품과 서비스에 대해 자세하게 설명할 수는 없다. 그러나 10분 정도라면 충분히 자세하게 설명할 수 있다. 그리고 광고가 아니라 방송국이 소개하는 프로그램이므로 시청자의 신뢰도도 증가한다. 효과적인 제휴광고 성립을 위해 평소에 미디어 매체와 정보를 교환하도록 하자.

유료 PR : 미디어 제휴광고와 퍼블리시티의 차이는 비용의 발생 유무와 확실성에 있다. 미디어 제휴광고는 비용을 지불하면 결정된 프로그램에 소개된다. 그러나 퍼블리시티의 경우에는 무료이지만 반드시 소개된다는 보장은 없다.

예문 32 | PR | 퍼블릭 릴레이션즈

토탈 프로그래스 사의 퍼블릭 릴레이션즈 계획

1. **목적**
   토탈 프로그래스 사에 대한 인지도를 높이고, 이해를 촉진한다.

2. **퍼블릭 릴레이션즈의 최종 타겟**
   ① 중소기업의 CEO
   ② 대기업의 교육·연수 담당자, 관리자, 임원

3. **전략**
   ① 귀사의 홍보 부서와 주요 미디어 매체와의 원활한 관계 구축
   ② 귀사의 정보를 적절한 방식으로 미디어 매체에 전달
   ③ 귀사와 미디어 매체와의 관계 구축의 기회와 장을 마련

4. **타겟 미디어**
   ① 일반 신문(아사히, 마이니치, 요미우리, 산케이, 지역 신문, 주요 지방 신문)
   ② 경제 신문(닛케이, 닛케이산교 외)
   ③ 일반(비즈니스 잡지, 종합지, 일간지)
   ④ 인사·총무·경영 관련 잡지
   ⑤ 통신사
   ⑥ 영자 신문
   ⑦ 상기 관련 기자 그룹

5. **실시 내용**
   ① 기사거리 작성
   ② 기사거리 배포 및 관계 구축 지원
   ③ 홍보 자료 작성
   ④ 기자 친목회 및 기자 회견 실시
   ⑤ 워크숍 개최
   ⑥ 귀사의 홍보 부서 및 광고 담당자에 대한 트레이닝 실시
   ⑦ 귀사에 관련된 인터뷰 실시
   ⑧ 정기 PR 회의 실시
   ⑨ 모니터, 클리핑

6. **예상 효과**
   ① 귀사에 대한 호의적이고 유효한 기사의 게재
   ② 미디어로부터 적절한 정보 수집

7. **스케줄 비용**
   첨부

「퍼블릭 릴레이션즈」를 위한 기획서의 전제

미국의 세미나 회사인 토탈 프로그레스 사는 비즈니스맨의 육성과 관리자의 양성, 시간 관리 커리큘럼으로 유명하다. 일본 시장에는 이제 막 참여하였기 때문에 퍼블릭 릴레이션즈의 중요성을 인식하여 PR 대행사에 기획안을 요구했다.

1 PR

(1) 이 기획서의 제목은 「토탈 프로그레스 사의 퍼브릭 릴레이션즈 계획」으로 되어 있다. 매스컴에 매력적인 정보를 제공하고 무료로 기사화되는 것이 아니라, 본래적인 의미에서의 「PR」, 즉 매스컴과의 원활한 관계를 구축하는 것을 통해 기업에 대한 이해와 호감의 증대를 목적으로 하고 있기 때문에 「퍼블릭 릴레이션즈 계획」이라 하였다.

(2) 퍼블릭 릴레이션즈에서는 「전략」이 가장 중요하다. ① 귀사의 홍보부서와 주요 미디어 매체와의 원활한 관계 구축, ② 귀사의 정보를 적절한 방식으로 미디에 매체에 전달, 그리고 ③ 귀사와 미디어 매체와의 관계 구축의 기회와 장을 마련하는 것이 포인트가 된다. 반드시 기사화된다는 보장을 바라는 것이 아니라, 주요 미디어 매체의 「호의를 획득하는 것」이 전략의 중요 과제이다. 이 전략에 대해 거래처의 담당자로부터 CEO에 이르기까지 명확히 인식해 두지 않으면 계획은 실패한다.

2 퍼블릭 릴레이션즈는 지속적인 활동

퍼블릭 릴레이션즈에서 가장 중요한 것은 지속적인 활동이다. 기사거리를 제공하고, 정기적으로 그리고 장기간에 걸쳐 프레스 컨택트와 프레스 미팅을 실시해야 한다. 퍼플릭 릴레이션즈는 인내를 요구하는 활동이라 할 수 있다. 장기간에 걸친 퍼플릭 릴레이션즈를 통해서 미디어로부터 신뢰와 호의를 획득하고, 이를 통해 일반에게 신뢰와 호의를 획득한다.

「퍼블릭 릴레이션즈」

기업 CEO의 적극성이 관건

퍼블릭 릴레이션즈를 성공시키려면 기업 CEO의 적극적인 참여가 필요하다. PR 담당자가 미디어와 원활한 관계를 유지하고 있다 하더라도, CEO가 소극적으로 대처하면 기업에 대한 평가가 제대로 이루어지지 않는다. 그러므로 CEO도 미디어에 대한 대응 방법, 예를 들어 인터뷰에 대답하기 위한 훈련 등을 미리 연습해 두어야 한다.

예문 33 | 판매 촉진 | 오픈 현상 공모

발렌타인데이 판촉 캠페인 실시에 관하여

1. 제안 목적
「벨잔」 초콜릿에 대한 화제를 불러일으킴과 동시에 상품 구입 촉진

2. 캠페인 콘셉트
소중한 사람을 위해 직접 고른 선물, 벨잔 초콜릿

3. 캠페인 전략
① 캠페인 방법
「오픈 현상 공모 캠페인 실시」
캠페인의 콘셉트를 가능한 한 폭넓은 대상에게, 정확한 방식으로 전달하여 벨잔 초콜릿의 지명도를 높인다.
② 타겟
전국의 중학생 이상의 여성
③ 캠페인 지역
전국
④ 기간
1월 15일 ~ 2월 14일
⑤ 광고 방법
여성지에 PR 광고 실시

4. 실시 개요
① 캠페인 방식
캠페인 콘셉트 문구 중 회사 이름을 ○○으로 표기
「소중한 사람을 위해 직접 고른 선물, ○○초콜릿」
② 응모 방법/접수
관제엽서 또는 가게 앞에 진열된 엽서를 응모
③ 응모 기간
2월 14일 소인까지 유효
④ 상품
특　상 : 벨잔의 고향을 방문하는 「벨기에 여행」 1조 추첨
참가상 : 벨잔 오리지널 초콜릿　500명 추첨
⑤ 발표
2월 말
⑥ 비용
광고비+상품 비용　1,000만 엔

첨부 : 실시 스케줄

「오픈 현상 공모」를 위한 기획서의 전제

벨잔 초콜릿 주식회사는 작년부터 매상이 급격히 악화하였다. 그래서 발렌타인데이를 맞아 초콜릿 구매를 촉진하기 위해 판촉 캠페인을 실시하려고 한다. 벨잔은 고급 초콜릿의 대명사로 유명하며 오래 전부터 전국 유명 백화점에서도 판매되고 있다.

1 캠페인에는 콘셉트가 중요

광고와 세일즈 프로모션에서는 캠페인이라는 단어가 자주 등장한다. 캠페인은 본래 「전투」 또는 「어떤 목적을 가진 운동」을 뜻한다. 광고에서는 「신상품 발매 캠페인」, 화장품의 「여름 시즌 캠페인」, 학용품의 「입학 축하 캠페인」 등으로 많이 사용되는데, 이때의 의미는 「일정 기간 동안 테마를 설정하고 광고와 세일즈 프로모션 활동을 시행한다」는 것이다. 캠페인에서 중요한 것은 콘셉트의 설정이다. 일정 기간 동안 하나의 테마를 가지고 다양한 활동을 통일적으로 실행하기 위해서는 콘셉트를 명확히 해야 하기 때문이다. 캠페인의 콘셉트는 슬로건 형식으로 하는 것이 좋다. 이 기획서에서는 「소중한 사람을 위해 직접 고른 선물, ○○초콜릿」이라고 표현하였다.

2 현상 공모 캠페인에서 주의해야 할 사항

(1) 이 기획서와 같이 현상 공모 캠페인을 시행할 경우에는 전략 부분과 실시 개요를 알기 쉽게 충분히 설명할 필요가 있다. 특히 캠페인 방법을 적절하게 표현하지 못하면 모처럼 떠오른 좋은 아이디어가 결재자에게 전달되지 못하게 된다.

(2) 현상 공모의 정답은 가능한 쉬운 것으로 한다. 현상 공모 캠페인의 본래 목적은 브랜드 이름을 알리는 것이다. 그러므로 브랜드 이름을 기입하게 하는 방법이 자주 사용되고 있다.

(3) 광고 방법 역시 중요한 포인트가 된다. 현상 공모가 시행되고 있다는 것을 어떤 방법을 통해 대중에게 알리는 것이 가장 적절한지 고려해 보아야 한다. 가령, 아무리 좋은 내용의 현상 공모를 시행하여도 그 시행 사실을 알지 못한다면 아무런 의미가 없다.

(4) 또한, 응모 방법, 기간, 발표를 설정하는 것도 잊어서는 안 된다. 특별히 정해진 기간과 날짜가 없다면 언제라도 응모할 수 있다는 점을 표기한다.

오픈 현상 공모 : 현상 공모의 방식 중 하나. 상품과 서비스의 구입에 관계 없이 누구라도 응모할 수 있는 현상 공모. 공정한 거래를 위해 「부당 경품류 및 부당 표시 방지법」에 의해 내용이 규제되어 있다. 상품의 최고액은 1000만 엔으로 한정되어 있다.

예문 34 | 판매 촉진 | 현상 경품 판매

정기예금 가입자 증대를 위한 세일즈 프로모션 제안

1. 제안 배경
금융기관들의 경쟁이 심화하여 보너스 상품 지급 경쟁이 치열해지고 있다. 이에 정기예금 가입자를 증가시키기 위해 광고뿐만 아니라 예금자에게 직접적으로 메리트를 부여하는 세일즈 프로모션 활동이 필요하다.

2. 목적
기존 고객의 정기예금 가입 증가와 신규 고객(정기예금)의 발굴

3. 기본 전략
정기예금 신청자 모두에게 프리미엄을 제공하는 「클로즈드 현상 공모」를 실시한다.

4. 전략 내용
① 프리미엄 내용
「Mr.레드비드의 오리지널 그릇 세트」 증정
Mr.레드비드는 「수채화」 계열의 대표적인 화가로서 현재 유력 주간지와 텔레비전에서 화제가 되고 있는 인물. Mr.레드비드의 전시회는 매회 만원사례를 이루고 있으며, 남녀노소를 불문하고 폭넓은 계층에게 인기를 얻고 있다. 「오리지널 그릇 세트」는 당사의 정기예금 가입자만이 받을 수 있는 최적의 프리미엄이다.

② 실시 시기/대상
2○○○년 11월 1일부터 12월 31일까지. 2개월 간.
상기 해당 기간 동안 정기예금에 가입한 고객

③ 프리미엄 양도
정기예금 증서와 함께 은행 입구 앞에서 양도한다.

④ 광고 방법
당 은행이 정기적으로 실시하고 있는 신문광고를 통해 경품행사 내용을 알리고, 적극적인 방문을 촉진한다. 경품행사는 11월 1일부터 시행되므로 광고 시에 날짜를 반드시 지정한다. 광고 내용은 Mr.레드비드가 직접 그린 그릇 세트를 증정한다는 것을 강하게 어필하도록 한다.

⑤ 은행 내부에서의 홍보
10월 ○일에 개최되는 전국 지점장 회의에서 세일즈 프로모션의 상세한 사항을 발표하고, 각 지점의 적극적인 홍보를 촉구한다.

5. 준비 스케줄 비용
첨부 참조

첨부
① Mr.레드비드의 약력과 대표 작품 소개
② Mr.레드비드에 관한 기사 소개
③ 준비 스케줄·비용 명세서
④ 그릇 세트의 이미지 도안과 11월 1일부터 시행되는 신문광고 디자인 도안

「현상 경품 판매」를 위한 기획서의 전제

1. 테이토 은행은 정기예금 가입자의 확대를 위해 판촉 캠페인 실시를 검토중이다. 광고매체는 매월 정기적으로 시행되는 신문광고를 이용하기로 한다.
2. 판촉물로는, 작년부터 테이토 은행의 통장 및 디자인을 그리고 있는 오스트레일리아 출신의 유명화가 Mr. 레드비드의 회화를 이용하기로 한다. 이 기획은 본사 홍보부서의 담당자가 상사에게 제출한 기획서.

1 현상 공모(경품 판매)에 대해 이해하자

모든 현상 공모 즉 경품 판매에는 오픈 방식과 클로즈드 방식의 2가지 방식이 있다. 2가지 방식 모두 경품 표시법에 의해 규제되어 있다. 분류와 규제 내용에 대해 살펴보자.

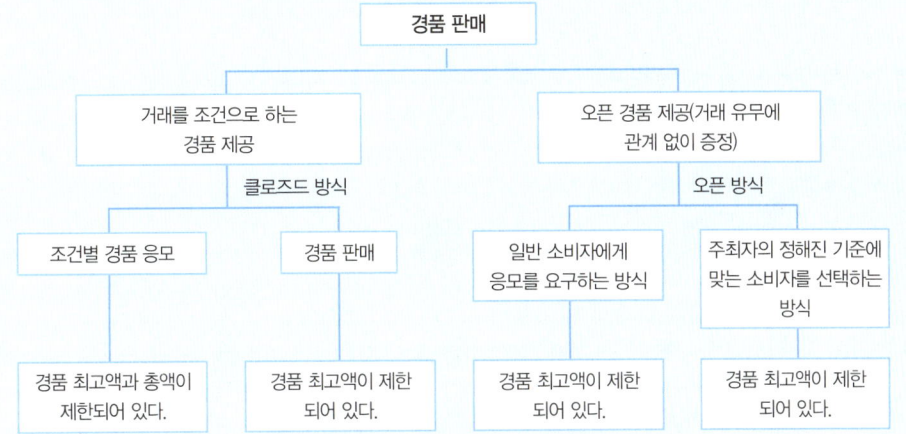

(1) 현상 공모의 경우 최고액 제한은 5000만 엔 미만일 경우 거래 가격의 20배까지. 5000만 엔 이상일 경우에는 10만 엔까지. 총액은 거래 예정액의 2/100.
(2) 경품 판매의 경우, 1000만 엔 미만의 거래는 최고액은 100만 엔까지, 1000만 엔 이상의 거래는 경품의 최고액을 거래 총액의 10%까지로 제한. 그리고 정상적인 상거래 관행에 비춰볼 때 적절하다고 인정되는 것이어야 한다.
(3) 오픈 방식의 경품 판매는 최고액을 1000만 엔 이하로 제한.
(4) 경품류의 가격 산정 기준은 시가에 의한다.

「경품 판매」라는 것은 현상 공모에 의하지 않는 것. 즉 상품의 구입자 전원, 소매점의 방문고객 전원에게 신청순 또는 입점 선착순으로 경품을 제공하는 것이다.

예문 35 판매 촉진 포인트 적립 제도

포인트 적립 제도의 도입 제안

1. 포인트 적립 제도란
상품을 구입하거나 서비스를 이용할 경우 지불액에 대해 포인트를 부가하여 포인트 점수에 따라 어떤 대가를 제공하는 것이 포인트 적립 제도입니다. 항공회사와 주유소 또는 백화점과 슈퍼 등에는 이미 시행되고 있는 판매 촉진 방법입니다. "고객을 불러들이는 효과적인 수단"으로 현재 소규모 점포에서도 채택하고 있습니다.

2. 포인트 적립 제도의 메리트
당사는 지금까지 의류회사와 가전제품 회사 등 수많은 회사의 포인트 적립 제도를 기획해 왔습니다. 포인트 적립 제도를 도입한 회사들은 모두 초기 비용과 러닝 코스트에 대한 부담감, 대가의 환원으로 인해 발생되는 수익률 저하에 대한 염려 때문에 처음에는 포인트 적립 제도의 도입에 대해 부정적이었습니다. 그러나 제도를 도입한 후에는 매출이 증가하였고 마케팅 정보도 입수할 수 있게 되었으며, 결과적으로 충분히 메리트를 향유할 수 있었습니다. 예상 P/L에 관해서는 당사의 모델 수치를 첨부하였으므로 검토해 주시길 바랍니다.

3. 귀사의 도입 개요
(1) 목적
  ① 각 체인점의 단골 고객 확대와 계열 체인점의 상호 이용 촉진
  ② 마케팅 정보의 수집
(2) 방법
  귀사 계열의 고급 주점 체인, 레스토랑, 바 체인, 이탈리안 팝 체인에 공통된 포인트 프로그램을 도입, 어느 체인점을 이용하더라도 포인트를 적립할 수 있도록 합니다.
(3) 도입 순서
  ① 당사의 소프트웨어를 커스터마이즈하여 포인트 프로그램 시스템으로 개발
  ② 포인트 카드 발행
    발행은 각 체인점에서 직접 시행하거나 체인점에서 작성된 신청서를 바탕으로 사무국에서 발행합니다.
  ③ 각 체인점 계산대 옆에 포인트 단말기를 설치하고, 체인점 이용시 포인트 부가
  ④ 포인트 점수는 정기적으로 고객에서 DM으로 통지
  ⑤ 고객이 포인트 점수를 알고 싶어하는 경우에는 사무국에서 대응
  ⑥ 포인트에 따른 대가 환원
  ⑦ 정기적으로 마케팅 정보를 수집, 분석

4. 상세한 실시 내용에 대해
포인트 적립 제도를 도입했을 때의 P/L 예상 모델, 시스템 개요, 지원 사무국 체제, 견적서, 스케줄 등 상세한 실시 내용을 첨부합니다.

「포인트 적립 제도」를 위한 기획서의 전제

세일즈 프로모션 회사인 TUS는 지금까지 수많은 회사에 포인트 적립 제도를 기획·실행해 왔다. 이번에는 주점·레스토랑 체인에 포인트 적립 제도를 제안하고 있다. 이 주점·레스토랑은 고급 주점과 레스토랑, 바, 그리고 이탈리안 팝에 이르기까지 도내에 50개의 점포를 가지고 있다.

1 예상 질문을 대비한 자료를 준비한다

(1) 포인트 적립 제도는 카드회사와 항공회사에서 시작되어 지금은 상가의 커피숍, 미용실, 도시락 가게 등 여러 곳에서 이용되고 있는 판촉 방법이다. 「고객을 불러들이는」 유효한 수단이지만, 한편으로는 대가를 어떤 형태로든 환원해야 하기 때문에 수익률의 저하를 초래하는 경우도 있으므로 도입은 신중하게 검토해야 한다.

(2) 일반적인 판매 촉진 기획서는 「목적」, 「전략」, 「실시 개요」 등을 순서대로 서술하여 작성을 완료하지만, 이 경우에는 포인트 적립 제도에 대한 이해를 돕기 위해 포인트 적립이 어떠한 판촉 수단인지, 그리고 제도의 메리트가 무엇인지를 가장 먼저 서술하고 있다. 또한 도입에 대한 불안을 해소하기 위해 P/L의 모델을 첨부하고 있다.

(3) 기획을 승인 받기 위해서는 성공 사례를 수치로 나타내는 것이 가장 유력한 방법이지만, 이것이 가능하지 않을 경우에는 차선책으로서 상정 모델의 수치를 제시하는 것도 유효한 방법이다.

2 포인트 적립 제도로 마케팅 정보를 수집하자

포인트 카드는 고객을 다시 불러들이는 수단이 될 뿐만 아니라 마케팅 정보의 수집을 위해서도 효과적인 방식이다. 카드 소유자의 이름, 주소, 연령 등의 개인 정보를 수집하면 구매 패턴과 소비자 정보를 분석할 수 있으며, 앞으로의 마케팅 활동에도 활용할 수 있다.

「P/L 예상 모델 수치」

소프트웨어의 커스터마이즈
기존 소프트웨어의 기능을 사용하기 편하게 새로이 변경 또는 추가 수정하는 것

판촉·이벤트

예문 36 · 판매 촉진 · 판매 촉진 믹스

퀸 맥주 하반기 판촉 캠페인 실시안

1. 캠페인 배경
  ① 경쟁사인 XX맥주사의 활발한 광고 활동과 판촉 캠페인이 예상된다.
  ② 소매점과 대형 할인마트에서 소비자의 구매 촉진을 위한 캠페인을 요구하고 있다.

2. 캠페인 목적
  ① 퀸 맥주의 지명도를 높이고 상품의 구매를 촉진한다.
  ② 주류 판매점, 특히 대형 할인마트의 판매를 지원한다.

3. 캠페인 콘셉트
  이번 광고의 테마인 「터프하게 마시는 남자」를 판촉전에도 공통되게 활용한다.
  광고 모델인 배우 쿠로자와 씨의 남성미를 강조하여 퀸 맥주를 어필한다.

4. 판촉 전략
  ① 경품+오픈 경품 증정의 더블 증정 캠페인을 판촉의 축으로 삼는다.
  ② 주요 점포는 가게 앞에 시음 캠페인을 실시한다.
  ③ 포스터, 깃발, 간이 진열 BOX, POP 등의 디스플레이를 준비한다.
  ④ 모든 판촉물에 광고 모델의 이미지를 공통적으로 사용한다.

5. 상세 실시 개요
  ① 더블 증정 개요(첨부 참조)
  ② 시음 캠페인 개요(첨부 참조)
  ③ 판촉 제작물 목록 및 디자인 도안(첨부 참조)

6. 실시 스케줄

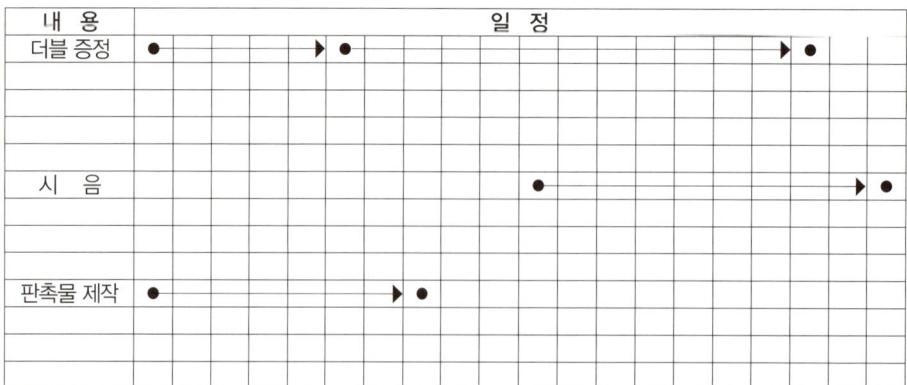

7. 비용 명세
  ① 더블 증정 실시 비용
  ② 시음 캠페인 실시 비용
  ③ 판촉물 디자인 제작비

「판매 촉진 믹스」를 위한 기획서의 전제

퀸 맥주는 이번 여름 시즌 동안 대규모의 광고와 판촉 캠페인을 실시한다. ABC 에이전시에서 종합 판촉 캠페인을 기획하여 제출하였다. 판촉 캠페인은 텔레비전·신문·잡지 등의 대중매체를 통해 홍보하지만, 사용매체에 대한 기획은 다른 광고대행사가 담당하였다.

프레젠테이션을 위한 기획서 작성법

(1) 이 기획은 텔레비전·신문·잡지 등의 대중매체를 통해 전달하는 대규모의 판매 촉진 캠페인의 실시안이다. 이와 같은 경우에는 서류로서 전달하지 않고, 다수의 관계자가 참석한 회의에서 프레젠테이션을 통해 전달하는 경우가 많다. 프레젠테이션은 가로쓰기의 형식을 취하고, 1페이지의 문자수도 제한해야 하며, 알아보기 쉽도록 한다.

(2) 실제의 프레젠테이션에서 기획을 발표할 경우 페이지 작성은 다음과 같이 한다.

1페이지 :	표지
2~3페이지 :	캠페인 배경(실제로는 이 기획서에서 서술된 것보다 정밀한 분석이 필요하다)
4~5페이지 :	캠페인 목적 및 캠페인 콘셉트(2페이지로 나눈다)
6페이지 :	판촉 전략
7~8페이지 :	실시 세부 ① 더블 증정 개요
9~10페이지 :	실시 세부 ② 시음 캠페인 개요
11~15페이지 :	실시 세부 ③ 판촉물 디자인(축소판) 1페이지에 하나의 디자인을 수록한다.
16페이지 :	실시 스케줄
17페이지 :	비용 명세서

유통업체에 대한 사전 고지

대형 판촉 캠페인의 경우에는 유통업체(주류 판매업체와 대형 할인마트)에 캠페인의 내용을 사전에 알리고, 협력을 구하는 일이 중요하다. 유통업체에 배포할 캠페인 안내 전단지를 작성하여 캠페인과 광고의 내용, 광고량, 기간, 캠페인 캐릭터 등을 미리 알려준다. 전단지는 포스터, 깃발, 간이 진열 BOX, POP 등의 판촉물과 함께 배포한다.

예문 37 [판매 촉진] 신제품 샘플링 배포

신제품 「스캇트」의 샘플링 배포

1. 샘플링의 시행 이유

「스캇트」의 특징은 기존 제품보다 월등히 뛰어난 상쾌함을 가진 청량음료이다. 대규모 광고의 실시로 인해 「스캇트」의 인지도는 상당히 높아졌지만, 판매를 촉진하기 위해서는 상품의 특징을 타겟에게 「실감」하게 하는 작업이 중요하다. 그래서 샘플링에 의한 샘플의 배포가 가장 적절한 방법이라 간주된다.

2. 샘플링의 목적

「스캇트」의 상품 특징을 「실감」하게 한다.

3. 실시 개요

(1) 기간 4월 15일~5월 말까지 매주 토요일, 일요일, 공휴일
(2) 실시 회수/장소
     합계 16회(16개소)
     시부야, 신주쿠, 이케부쿠로 등 도내의 주요 번화가(세부사항은 첨부)
(3) 샘플링 배포 직원 팀으로 구성 합계 6명
     디렉터(당사의 남자 사원) 1명
     샘플링 배포 직원(당사에 등록된 여성 직원) 6명
(4) 샘플링 방법
     ① 샘플링용 50cc 미니 페트병 준비
     ② 샘플링 배포 직원은 아이스박스를 가지고 다니며 미니 페트병을 배포
     ③ 「스캇트」를 소개한 미니 전단지도 함께 배포
     ④ 「스캇트」의 텔레비전 광고에 사용된 CM송을 백그라운드 뮤직으로 사용
(5) 준비물품
     ① 스캇트 미니 페트병, 아이스박스
     ② 행사 직원 유니폼
     ③ 가판대(진열할 수 있는 이벤트 공간이 확보된 경우에 사용)
     ④ 배포 전단지

4. 비용

첨부 비용 명세서 참조

첨부

① 실시 세부사항(견적서 첨부)
② 시부야에서 실행될 샘플링 이미지 도안

「샘플링」을 위한 기획서의 전제

주식회사 알파식품은 3월부터 새로운 유형의 청량음료 「스캇트」를 발매한다. 타겟은 10대와 20대의 남녀. 액션프로모션 주식회사의 세일즈 프로모션에 기획을 의뢰하였다.

1 샘플링으로 체험하게 하자!

(1) 그 장소에서 바로 사용해 봄으로써 상품에 대한 이해가 깊어지는 상품, 예를 들면 음료제품 등은 샘플링이 유효한 프로모션 수단이 된다. 가장 먼저 이 점에 주목하도록 하자. 그리고 난 후 「목적」과 「실시 개요」 순으로 서술하면 설득력이 있다.

(2) 샘플링은 누구나 다 알고 있는 방법이므로, 실시 개요는 언제, 어디에서, 어떤 방법으로 실행할 것인지를 간단히 서술하면 된다. 그때 필요한 준비물품의 목록도 첨부하도록 하자. 준비물품에 대한 비용이 발생하기 때문이다.

2 시각적인 효과를 강조하자

(1) 기획서를 매력적으로 보이게 하기 위해 샘플링 배포 행사를 상정한 이미지 도안을 준비하자. 요즘에는 디지털 카메라를 이용하여 샘플링 시음장소의 사진을 찍거나, 일러스트로 샘플링 풍경 그림을 간단히 작업할 수 있다.

(2) 지면 관계상 삭제하였지만 기획서에서 시각적인 효과는 매우 중요한 요소이다. 말로 전달하기 어려운 것도 시각적인 효과를 사용하여 간단하게 그리고, 강력하게 표현할 수 있는 경우가 많다.

「샘플링 상정 이미지 도안」

화젯거리가 되는 샘플링

샘플링은 단순히 상품을 배포하는 것만이 아니라 화젯거리가 되는 것을 목적으로 한다. 그렇기 때문에 일정 수의 행사직원이 동일한 유니폼을 입고 단체로 샘플링을 배포하면 충분히 시선을 끌어 화젯거리가 될 수 있다. 의상을 통일하는 작업도 필수적이다. 「저런 곳에서 무엇을 하는 걸까?」하고 호기심을 자극하여 샘플 배포에 관심을 가진다. 「지난 번에 시부야에서 스캇트라는 새로운 음료를 받았어」라고 입소문이 난다면 대성공이다. 샘플링을 도로 등의 공공장소에서 배포하기 위해서는 미리 경찰에 도로 점유 허가를 신청해야 한다.

예문 38  소비자 체험 전시판매

「크린크린」 체험 전시판매 기획

체험 전시판매는 고객에게 직접 상품을 사용하게 함으로써 사용법과 효과를 체험해 보도록 하는 것입니다. 또한 「사용법이 간단하고, 때 제거 효과가 강력하다」라는 「크린크린」의 특징을 고객에게 이해시키고, 판매로 연결되게 하는 최적의 방법입니다. 「크린크린」을 취급하고 있는 일부 판매점에서도 실물 전시판매를 통한 판매지원을 요구하고 있기에 다음과 같이 기획안을 작성하였습니다.

다 음

1. 기획 목적
신제품 「크린크린」의 상품 인지도를 높이고, 판매를 촉진한다.

2. 실시 개요
(1) 기　　간 : 11월 1일～30일
(2) 실시 장소 : 도내 판매점(첨부된 실시 예정 장소와 실시 일정 목록 참조 요망)
(3) 실시 직원
　　DSJ 프로모션(주)에서 이벤트 직원(여성) 10명 파견
　　당사의 개발부와 영업부에서 남녀 직원 10명 선발
　　당사의 사원과 파견된 이벤트 직원 각각 1명씩 조합하여 팀 편성. 10개 팀 구성
(4) 체험 전시 판매 내용
　　① 더러워진 방충망을 「크린크린」으로 청소하여 눈앞에서 효과를 보여준다.
　　② 매장을 방문한 고객이 「크린크린」을 사용하게 함으로써 때 제거 효과의 우수성과 사용법의 간편함을 경험하게 한다.
　　③ 방문 고객에게 전단지 배포
　　④ 캠페인 중에는 가격을 10% 할인 판매. 구입자에게는 당사의 욕실용 세제 샘플을 증정한다.
(5) 준비 물품
　　① 방충망
　　② 「크린크린」 진열 가판대
　　③ 배포 전단지
　　④ 욕실용 세제 샘플

3. 비용
이벤트 직원 파견 비용
전단지 제작비

첨부 자료
① 실시 예정 장소와 실시 일정 목록
② 편성표
③ 진열 가판대의 상품 진열 예

「소비자 체험 전시판매」를 위한 기획서의 전제

야치오과학 주식회사에서는 방충망 전용세제인 「크린크린」을 새로 발매한다. 「방충망을 떼어내지 않고 간단히 때를 제거한다」는 제품의 특징을 체험하게 한다. 사용의 간편함과 때 제거 효과를 실제로 소비자에게 보여줌으로써 판매를 더욱 향상시키기 위해 체험 전시판매에 대한 기획이 제출되었다.

1 때로는 기획서에 임기응변도 필요하다

(1) 상사에게 승인을 받기 위해서 가장 먼저 체험 전시판매의 유효성을 간단히 정리했다. 상사가 체험 전시판매의 효과를 사전에 숙지하고 있다면 이와 같은 전문은 필요 없다.

(2) 상사의 승인을 받기 위해 전문의 마지막 부분에 「검토하신 후, 승인을 부탁드립니다.」라는 문구를 삽입하는 경우도 있다. 그러나 기획서 제출 행위 자체가 승인을 요구하는 것이기 때문에, 굳이 그런 문구를 삽입하지 않아도 된다.

(3) 기획서를 작성할 때에는 상황에 따라 임기응변을 발휘해야 할 때도 있다. 「승인을 부탁합니다.」라는 문구의 경우, 회사의 관행에 따라 「검토하신 후에 승인을 부탁드립니다.」라는 문구를 넣어야 한다면 그에 따르면 된다.

(4) 문장 스타일의 경우, 본 기획서의 전문은 존경체로 작성되어 있지만 반드시 그래야 하는 것은 아니다. 이것 역시 회사의 관행에 따르면 된다.

2 체험 전시판매를 보다 효과적으로 실행하기 위해서는

(1) 체험 전시판매를 보다 효과적으로 실행하려면, 캠페인 기간에는 조금이나마 할인된 가격으로 판매하는 것이 좋다. 그렇게 함으로써 이벤트 직원이 적극적으로 홍보할 수 있고, 고객에게도 적극적인 구매를 유도할 수 있다.

(2) 체험 전시판매는 일종의 퍼포먼스다. 그러므로 판매 진행자의 토크 내용과 판매 방법의 연출에 따라 판매량이 크게 좌우된다.

「캠페인 기간 중 가격을 10% 할인」

체험 전시판매 : 실황 판매를 말함. 상품의 이점과 효과를 실제로 소비자에게 보여주고, 그 자리에서 판매하는 방법.

예문 39 판매 촉진 디스플레이

신상품 정기예금 "꿈이 가득" 저축 디스플레이 기획

1. 목적
신상품 정기예금 "꿈이 가득"에 대한 인지도의 확립과 흥미의 유발을 도모한다.

2. 기본 콘셉트와 유의점
신선함과 등장감을 강조하고, 보는 이로 하여금 "꿈"과 "기대"를 느낄 수 있도록 디자인한다. 단, 사행심을 자극하지 않도록 주의한다.

3. 디스플레이 내용
① 매장의 윈도우 디스플레이(첨부 디자인 참조)
   방문 고객은 물론 통행인에게도 어필할 수 있는 디자인을 작성한다. S·M·L의 3가지 사이즈의 패널 디스플레이를 작성하여 매장 윈도우의 크기에 따라 적절한 패널을 부착한다.
② 매장 내 간판 디스플레이(첨부 디자인 참조)
   카운터 뒷쪽에 위치한 영업 공간의 천장에 패널을 부착한다.
   내용은 「신상품 정기예금 "꿈이 가득" 신 발매」로 한다.
③ 매장의 코너 디스플레이(첨부 디자인 참조)
   매장의 코너에 자사 캐릭터 「유메로짱」의 인형을 전시한다.

4. 디스플레이 공사에 관해
① 4월 30일 오후 3시~8시에 전 지점에서 일제히 공사 시작
② 공사직원을 40개 조로 구성(각 조는 2명으로 구성), 각 조가 5개 매장을 공사한다.
③ 공사 시작 전일까지 각 매장에 디스플레이 제작물 배포
④ 설치 공사 본부는 당사 내에 설치. 긴급 상황을 대비하여 2개의 대기조 상비

5. 비용
기획 디자인 비용
디스플레이 제작비
설치 공사비

6. 스케줄
첨부한 설치 공사 스케줄 표 참조 요망

첨부 자료
① 윈도우 디스플레이·매장 내 간판 디스플레이·매장의 코너 디스플레이 디자인 도안
② 모델 매장의 전체 이미지 도안
③ 설치 공사 스케줄 표
④ 설치 공사 체제(연락망 포함)

「디스플레이」를 위한 기획서의 전제

토호쿠 신용금고는 신제품인 추첨식 정기예금 "꿈이 가득"을 5월 1일부터 새롭게 발매한다. 이 때문에 도내에 있는 200개 매장의 디스플레이를 일제히 변경하기 위해 KS 프로모션에 디스플레이 기획을 의뢰하였다.

1 디스플레이 기획은 이 점에 주의한다

(1) 디스플레이 기획의 주인공은 디자인이다. 기획의 결재자는 과연 어떤 디자인을 보여줄 것인지 기대하고 있다. 그러므로 수려한 문장을 사용하여 내용을 표현하기보다는 샘플 디자인으로 승부하는 것이 확실한 방법이다. 물론 기본 콘셉트 부분만은 제대로 확인해야 한다.

(2) 디스플레이 기획은 상당히 어려운 기획에 속한다. 왜냐하면 기획한 디자인과 실제의 시공물이 100% 일치하지 않기 때문이다. 평면상에서 볼 때에는 하자가 없는 디자인이 입체적으로 구체화되었을 때 문제가 발생하는 경우도 있다. 또한, 디자인은 종이와 페인트를 사용하여 그리지만, 시공물은 각각의 소재에 따라 질감이 다르다. 예를 들어 스테인레스로 된 간판을 만들 경우 디자인으로는 스테인레스의 질감을 표현하기 어렵다. 이럴 때에는 문장으로 보충 설명하지 않으면 디스플레이를 설치한 다음 항의가 들어온다.

(3) 또한, 디자인은 색의 조합에 따라 미묘한 색의 차이가 나타나지만, 디스플레이의 소재에 따라 사용 가능한 색이 한정되어 있는 경우가 많다. 예를 들어 아크릴의 경우 소재에 사용할 수 있는 색이 정해져 있다. 미묘한 색을 원한다면 별도로 특별 주문해야 하기 때문에 시간과 비용이 많이 소요된다.

(4) 이러한 경우를 대비하여 재질의 견본을 첨부할 필요가 있다. 「간판의 소재는 이것입니다」하고 견본을 보여주고, 완성품을 이미지화한다.

(5) 디스플레이를 기획할 때에는 반드시 현장을 사전 답사해야 한다. 설비 장소뿐만 아니라 출입구의 상황도 확인해 두자. 입구가 좁아서 물품을 반입할 수 없는 경우가 있다.

「모델 매장의 전체 이미지 도안」

스스로 아이디어를 생각해 내자

디스플레이 아이디어를 SP 디렉터나 디자이너에게만 맡기지 말고 스스로 생각해 내자. 아이디어를 구체화하는 작업은 매우 즐거운 일이다.

판촉 · 이벤트

예문 40 · 이벤트 기획 · 공동전시회·견본 참가

2○○○년도 푸드페어 출전 승인 요청서

바쿠죠의 메세에서 개최되는 푸드페어의 출전을 아래 내용으로 기획하였으므로 검토하신 다음, 승인을 부탁드립니다.

아　래

1. 출전 기획의 배경

　당사의 거래처는 한정되어 있고 앞으로 확대·발전해 나가기 위해서는 신규 거래처를 확보하는 일이 급선무입니다. 적극적으로 PR을 시행하고, 당사 또는 당사 제품에 대한 이해를 촉진하는 활동이 필요하다고 생각됩니다.

2. 출전 목적

　① 당사의 신상품에 대한 PR
　② 부스를 방문하는 업계 관계자와의 질의를 통해 거래처 확대를 도모한다.

3. 전시회 개요

　① 기간　　　　　　　2○○○년 3월 5일~8일(4일간)
　② 회장　　　　　　　바쿠죠의 메세 국제전시장
　③ 부스 방문 예상 인구　30만 명
　④ 출전 예정의 주요 회사와 경쟁회사 목록

4. 출전 개요

　① 출전 부스　3개 부스
　② 전시 테마　「변함 없이 지속되어 온 본가의 맛을 전해 드립니다」
　③ 전시 내용
　　(a) 신제품을 중심으로 상품 전시
　　(b) 작년에 가동을 개시한 중앙 공장의 사진을 패널과 VTR을 통해 소개
　　(c) 신제품인 오리지널 샐러드 드레싱 시음회 개최
　　(d) 「본가의 맛」을 강조한 전단지 배포
　④ 출전 비용
　　예상 비용 750만 엔

5. 출전 효과

　① 본 식품 전시회는 일본 최대의 규모를 자랑하며, 정보 수집의 장으로도 정평이 나 있다. 업계 관계자에게 직접 당사를 PR할 수 있는 절호의 기회이다.
　② 당사가 사전에 청취조사를 실시한 결과, 경쟁사인 ○○사는 작년에 이 페어에 출전하여 약 500건 가량의 신규 거래 문의가 있었다고 한다. 거래처 확대에 매우 효과적이다.

첨부 자료

　① 2○○○년 푸드페어 출전 안내서
　② 당사 부스의 장식 디자인 도안
　③ 스케줄 및 출전 비용 명세서

「공동전시회 · 견본 참가」를 위한 기획서의 전제

사업장용 조미료와 식재료 가공을 주 업무로 하는 토요미 식품공업의 영업개발부는, 신상품의 PR과 거래처의 확대를 위해 올해 처음으로 푸드페어에 출전하려고 한다. 이 기획서는 영업개발부의 담당자가 상사에게 제출한 출전 기획서이다.

1. 무언가를 최초로 시도할 때에는 효과를 분명하게 설명한다

(1) 상사에게 제출한 후, 경영진의 승인을 필요로 하는 기획서이다. 때문에 제목을 「2○○○년 푸드페어 출전 승인 요청서」라고 하였고, 전문을 통해 검토와 승인을 부탁하고 있다.

(2) 기획서의 내용은 「배경」, 「목적」, 「전시회 개요」, 그리고 어떻게 전시할 것인가를 설명한 「출전 개요」로 구성되어 있다. 또한, 이번이 첫 출전이기 때문에 출전 효과를 상세히 작성하였다. 출전 효과가 얼마나 설득력 있는가에 따라 승인 여부가 좌우된다. 이전에 출전한 경험이 있다면 출전 성과를 수치로 나타내면 좋다. 숫자는 상당한 설득력을 가지기 때문이다. 그러나 출전 경험이 없어 수치로 표현할 수 없는 경우에는 어떠한 방식으로든 출전의 효과를 나타내어야만 한다. 여기에서는 이 페어의 규모와 경쟁사의 출전 효과를 출전 효과로 제시하고 있다.

2. 경쟁사와의 차별화가 중요하다

이 푸드페어와 같이 대규모 이벤트에는 많은 회사가 출전한다. 다수의 회사들 속에서 어떠한 방식으로 독자성을 나타내고, 다른 부스와의 차별화에 성공할 것인지 잘 생각하자. 또한 부스의 장식도 차별화의 중요한 요소이다. 출전 규정을 위반하지 않는 선에서 다른 부스와는 차별화된 개성적인 부스를 만들 수 있도록 머리를 짜내어 보자.

「출전 효과」

비즈니스의 기회를 만들자

이와 같은 페어에 출전하는 경우, 페어에 참석한 고객이 부스를 방문하기를 기다릴 것이 아니라 적극적인 태도로 고객의 부스 방문을 유도하자. 그러기 위해서는 사전에 거래처와 관계자에게 출전 안내를 DM으로 통보하고, 부스를 방문한 손님에게 방문록을 작성하게 하는 등 고객정보를 수집하여 마케팅 정보로 활용하도록 하자.

예문 41 이벤트 기획 — 자선 이벤트

병원 내 자선 클래식 콘서트 기획

1. 기획 취지

당사는 「의료 사업에 힘씀으로써 사회에 공헌한다.」를 사훈으로 삼아 지금까지 순조롭게 발전해 왔으며 의료 관계자에게도 높은 평가를 받고 있습니다. 당사는 병원 관계자와 의사 선생님들께 평소에 많은 신세를 지고 있습니다. 이에 병원 관계자뿐만 아니라 입원중인 환자들에게도 기쁨을 주고, 또한 예술 활동을 지원하기 위해 병원 내 자선 콘서트를 기획하였습니다. 선진국에서는 음악을 이용한 세라피 치료도 활발히 시행되고 있어 환자들의 심리적 안정에 도움을 줄 수 있는 좋은 기회라고 생각됩니다.

2. 실행 가능성과 평가

① 중환자에 미치는 영향에 관하여
  실시를 검토하고 있는 병원은 외래 병동의 홀이 입원 병실과 따로 분리되어 있고, 소규모의 콘서트 편성시 음악소리가 병실까지 들리는 일은 거의 없습니다.
② 병원 관계자를 대상으로 실시한 청취조사
  이미 몇 개의 병원에 청취조사를 실시한 결과, 병원 관계자 중에는 음악 애호가가 많아 적극적인 지원을 약속하였습니다(청취조사 결과 보고서 첨부).
③ 병원 관계자의 부담
  미니 콘서트로 현악 4중주 정도로 편성한다면, 사전 준비가 거의 없어 병원 관계자를 걱정시킬 일은 없습니다.
④ 연주가 섭외
  일본 연주가협회는 음악가에게 활동의 장을 부여하는 좋은 기회라고 이 기획을 높이 평가하고 있으며, 전면적인 협력을 약속하였습니다.

3. 실행안

① 실시장소 및 실시일시
  첨부된 병원 20개소(주로 내원 홀)에서 9월 4일부터 순차적으로 개최
② 콘서트 편성
  일본 연주가협회의 협력을 얻어 전국의 연주자를 장소 및 일정에 따라 별도 편성
③ 실시방법
  (a) 실시가 예정된 병원과 일정 및 콘서트 장소에 대해 협상
  (b) 일정에 맞추어 일본 연주가협회와 콘서트 편성 및 연주 곡명에 대해 협의
  (c) 당일 4시까지 연주자들 집합. 7시부터 1시간 30분 동안 콘서트 개최
  (d) 참가비는 무료. 단, 콘서트장의 한 켠에 헌금함을 설치. 모인 헌금은 전액 병원에 기부

4. 진행 담당

사장실 산하에 자선 콘서트 실행 위원회를 설치하고, 당사의 병원 담당자가 장소, 일정에 관해 병원과 사전에 협상한다. 일본 연주가협회와 참가 연주자 섭외는 실행 위원회가 담당한다.

첨부

① 상세 실시 계획서, 비용 명세서
② 병원 청취조사 결과 보고서

「자선 이벤트」를 위한 기획서의 전제

의료기기 생산업체 미쯔와 주식회사는 창업 70주년을 기념하여 경영진이 기업 차원의 문화 예술에 대한 지원 계획 명령을 내렸다. 「의료 사업에 힘씀으로써 사회에 공헌한다.」라는 사훈을 테마로 정하고 사장실에서 기획이 제안되었다. 이것은 사장실 담당자가 임원회에 제출한 기획서이다.

1 독창적인 기획을 실현시키기 위해서는 확실한 증거의 뒷받침이 필요하다

(1) 연주가에게 활동의 장을 부여하는 기업 메세나인 동시에 병원에 대한 봉사 기획서이다.

(2) 중환자가 입원해 있는 병원에서 실행되는 콘서트이므로 임원들이 신중한 자세를 취한다면 물거품이 될 가능성도 높은 기획이다. 그래서 「2. 실행 가능성과 평가」 부분에 대한 서술이 중요하다. ①에서 장소적으로 문제가 없다는 점을 납득시키고, ②에서 병원측도 적극적이라는 점을 사전 청취조사를 이용한 보고 형태로 납득시키려 하고 있다. 그리고 ③에서는 거래처인 병원측에 부담을 주지 않는다는 점을 이해시키고 있다. 마지막으로 기업 메세나가 음악가들을 돕는 행위라는 것을 ④를 통해서 설명하고 있다.

(3) 기획에서 아이디어는 매우 중요한 요소이지만, 흥미로운 아이디어일수록 넘어야 할 요소들이 많다. 병원 내 자선 콘서트라는 독창적인 기획을 성공시키기 위해서는 확실한 증거를 제시하여 임원들을 설득시켜야 한다.

2 마이너스적인 이미지에 주의하라

이 기획이 승인된다면 자사의 PR 경향은 가급적 억제하는 것이 좋다. 만약 이 콘서트가 PR 활동의 연장이라고 간주되면 오히려 회사에 대한 마이너스 이미지를 초래할 수 있다. 미쯔와 주식회사 자선 콘서트라는 식으로 회사명이 들어간 현수막을 내걸거나 회사명을 삽입한 팜플렛을 배포해서는 안 된다. 이러한 간판을 내걸고 싶다면 자선활동이 아니라 판매 촉진활동의 일환으로 실시하도록 하자.

「병원 내 자선 콘서트」

기업 메세나 : 기업 차원의 문화 예술 활동에 대한 지원을 말함.

세라피 : 치료. 병원에 따라서 시행하는 의술. 특히 의약품과 수술에 의지하지 않는 의술

예문 42 — 이벤트 기획 · 유통 지원

도·소매점의 판매 지원을 위한
여름 휴가철 「물고기잡기 대회」 기획안

도쿄 지역의 대형 상점에서 이번 여름휴가 동안 직접적으로 고객의 방문과 결부될 수 있는 판매 촉진 이벤트를 요구하고 있습니다. 이러한 요구에 발맞추어 고객에게는 기쁨을 선사하고, 도·소매점에게는 판매 촉진의 기회를 부여할 수 있는 「물고기잡기 대회」를 기획하였으므로 검토하신 후 승인바랍니다.

아　래

1. 목적
　① 유통(도·소매점)에 대한 지원
　② 일반 소비자에게 당사의 제품 PR

2. 실시 개요
　① 실시 일시 및 장소
　　제1회 2○○○년 7월 25일(일요일) 도쿄 도내 사쿠라카와 기념 공원 풀장
　　제2회 2○○○년 8월 13일(일요일) 치바 현 시카와 유원지 내 인공 연못
　　각 대회 모두 11:00~12:30, 14:00~15:30 2회 실시
　② 참가 가능 인원
　　1회 가족 2명　500조　4회　합계 4000명
　③ "물고기잡기 대회" 내용
　　풀장과 연못에 금붕어, 붕어 등의 물고기를 풀어놓고, 대회에 참가한 가족이 직접 손으로 잡게 한다. 1회에 소요되는 시간은 1시간, 잡은 물고기는 모두 집에 가지고 돌아갈 수 있도록 한다(비닐봉지와 산소를 준비하여 집에 가지고 돌아갈 수 있도록 배려).
　④ 대상
　　도쿄, 치바에 위치한 대형 상점의 고객(기획에 참가한 대형 상점의 목록 첨부).

3. 도·소매점 지원 대책
가족이 함께 즐길 수 있는 가벼운 이벤트를 도·소매점을 통해 제공함으로서 도·소매점의 고객 증가와 매출 신장에 기여할 수 있다. 또한 당사 제품의 판매 촉진에도 기여한다.
　① 도·소매점에서 발행하는 신문 전단지를 통해 「물고기잡기 대회」를 알린다.
　　(전단지 배포 비용에 관해서는 해당 비용을 당사가 부담)
　② 도·소매점에서 당사 제품을 1000엔 이상 구입한 고객 중 선착순으로 초대

4. 준비 스케줄　첨부 참조

5. 비용
　물고기잡기 대회 실시 비용
　전단지 보조비

　첨부 자료
　① 실시 상세안(견적서 첨부)
　② 도쿄 시내 사쿠라카와 기념 공원 풀장, 치바 현 시카와 유원지 내 인공 연못 소개

「유통 지원」을 위한 기획서의 전제

신미식품 주식회사는 포테이토칩 외에 스낵 상품을 전국에 판매하고 있다. 유통점 지원을 위해 여름철 휴가때 가족이 함께 「물고기잡기 대회」를 기획하고 있다. 영업기획과 담당자가 상사 부장에게 제출한 기획서이다.

1. 상품을 팔기 위해서는 유통에 대한 지원이 필요

(1) 마케팅 중에서 유통, 특히 도·소매점 대상의 유통 지원은 매우 중요하다. 아무리 좋은 상품이라도 아무리 많은 비용을 들여 광고와 PR을 실시해도 상품이 소매점의 선반 위에 전시되어 있지 않으면 소비자가 구매할 수 없기 때문이다. 또한 선반에도 눈에 띄는 부분과 눈에 띄지 않은 부분이 있어서 상품이 놓여지는 장소에 따라 매출은 크게 달라진다. 자사의 상품을 가장 좋은 선반에 전시하기 위해 평상시부터 노력해야 한다.

(2) 그렇기 때문에 유통을 지원하기 위한 여러 가지 활동이 실행된다. 이 기획도 기획의 대상은 일반 고객이지만, 실제는 도·소매점에 대한 고객의 방문을 유도하고 상품의 구매를 촉진하기 위해 실시되는 도·소매점의 매출 증가를 위한 유통 지원 기획이다.

(3) 이벤트에 대한 기획이라면 실시 개요까지 서술하는 것이 좋겠지만, 유통을 지원하는 것을 목적으로 하고 있기 때문에 도·소매점 지원 대책에 대한 서술이 더욱 중요하다. 어떤 방법으로 유통을 지원할 것인지에 대한 설명이 키포인트이다.

2. 세밀함 보여주는 테크닉

「실시 개요」 속에 세심한 배려를 보여준다면 더욱 효과적일 것이다. 여기서는 비닐봉투와 산소를 준비하여 집에 가지고 돌아갈 수 있도록 하는 배려를 서술하고 있다. 기획서를 제출한 후에 나올 법한 예상 질문에 대한 대답을 미리 준비해 두면 「세밀한 부분까지 생각했구나」하고 상사도 안심하고 승인해 준다.

「도·소매점 지원 대책」

매뉴얼 작성

이벤트의 실시에는 「운영 매뉴얼」이 중요하다. 운영 매뉴얼은 운영 직원의 집합에서부터 시간에 따라 얼마나 원활하게 이벤트를 운영해 나갈 것인지에 대한 세부사항을 기록한 것이다. 누가 어떤 역할을 맡고 있으며, 준비물은 무엇이 필요한지, 참가자에 대한 지도는 어떤 방식으로 실시할지, 여름이라 한창 더울 때이므로 만약 더위를 먹은 사람이 발생할 경우 어떻게 대처할지 등 검토해야 할 사항은 아주 많다. 특히 야외 이벤트의 경우에는 우천시에 대한 대책도 잊어서는 안 된다.

이벤트 협찬

예문 43 · 이벤트 기획

미야마고원 가을 워크랠리 협찬에 대한 부탁 요청서

○○현 관광협회는 199○년부터 미야마고원에서 워크랠리를 실시하고 있습니다. 작년에는 참가 인원이 2만 명을 돌파하였으며, 어느새 대규모 이벤트로 성장하였습니다. 올해에는 관동 지역에서 광고도 실시하고 있어 대폭적인 참가자의 증가가 기대됩니다. 이에 아래의 워크랠리 기획안을 검토하신 후 꼭 협찬해 주시길 바랍니다.

아　래

1. 미야마고원 워크랠리 실시 개요
(1) 실시 일시
  2○○○년 10월 ○일 (일요일) 전일 토요일에 전야제 개최
(2) 추정 참가 예정자 수
  3만 명
(3) 워크랠리 내용
  ① 미야마고원 각 지점에 체크포인트를 설치하고, 체크포인트에서 퀴즈를 실시한다.
  ② 다음의 3가지 종목에서 순위를 결정, 상위자에게 상품을 수여한다.
    (a) 전 체크 포인트의 통과를 조건으로 한 타임 트라이얼
    (b) 퀴즈 정답률로 순위 결정
    (c) 상기 2종목의 종합 순위
(4) 광고 내용
  9월 ○일 및 10월 ○일에 전국지와 지방지에 광고 실시
  여성지와 생활정보지에 프리 퍼블리시티가 게재 예정

2. 협찬 내용 및 메리트
(1) 협찬금 : 일금 100만 엔
(2) 귀사의 메리트
  ① 전국지와 지방지 광고에 귀사명 기재
  ② 미야마고원 전철역 및 주요 음식점 2000개 매장에 포스터 게재(귀사명 기재)
  ③ 워크랠리 참가자가 부착하는 등번호판에 귀사명 기재(1구당 1000장)
  ④ 출발 지점과 집합 지점에 위치한 대회장 간판에 귀사명 기재
  ⑤ 체크 포인트에 세워진 간판에 귀사명 기재
  ⑥ 참가자에게 배포하는 랠리 지도에 귀사명 기재
  ⑦ 귀사의 상품을 샘플로 제공
  예년에 이 워크랠리는 NHK를 비롯하여 여러 민영 방송국의 뉴스에서도 소개되었습니다.

첨부 자료
① 워크랠리 참가자 현황표 및 뉴스 등의 소개 현황표
② 광고, 간판 등 디자인 견본
③ 워크랠리 실시 개요

「이벤트 협찬」을 위한 기획서의 전제

○○현 관광협회에서는 가을 시즌에 관광객을 유치하기 위해, 매년 미야마고원에서 워크랠리를 개최하고 있다. 지난 3년 간 실시되어 온 이 대회는 이제는 참가 인원이 2만 명을 넘어선 대규모 이벤트로 성장했다. 운영 예산이 적기 때문에 협찬 스폰서를 찾아 진행 비용의 일부를 부담할 것을 부탁하기로 하였다.

1 협찬을 요구할 때의 포인트는 2가지다

(1) 협찬을 요구하는 기획의 경우 포인트는 2가지다. 하나는 협찬하는 이벤트가 얼마나 매력적인가를 설명하는 것이고, 또 하나는 협찬했을 경우의 메리트이다.

(2) 기획서는 서문에서 대회가 성공적으로 개최되고 있다는 것을 설명하고, 다시 실시 개요에서 매력을 설명하고 있다. 특히 참가 예정자 수와 광고는 매우 중요하다. 어느 정도의 사람이 실제로 참가할 것인가, 그리고 얼마나 많은 사람들이 이 이벤트의 광고를 접하게 될 것인가 등이 협찬회사가 중요하게 생각하는 부분이다.

(3) 협찬회사가 갖게 되는 메리트는 최대한 상세하게 서술하도록 하자. 이 기획서의 목적은 가능한 많은 협찬회사로부터 협찬금을 모으는 것이므로 이 항목에 따라 목적의 달성 여부가 결정된다.

2 쉽게 협찬을 결정하도록 하는 메리트를 생각해 내자

(1) 메리트는 많이 있는 편이 좋다. 또한 메리트의 정도에 따라 협찬금액이 달라질 수 있다. 예를 들면 번호표에 회사의 이름을 기재하는 것은 20만 엔으로 하고, 랠리 지도에 회사의 이름을 기재하는 것은 10만 엔으로 하는 것이다. 협찬기업이 참가하기 쉬운 방법을 생각하는 것이 중요하다. 또한, 각 체크포인트의 간판을 각각 하나의 회사가 독점하고, 협찬기업의 상품과 서비스를 자유롭게 디자인하게 하는 것도 방법이 될 수 있다.

(2) 협찬 메리트 다음 항목에 「예년에 이 워크랠리는 NHK를 비롯하여 다른 민영 방송국의 뉴스에도 소개되었습니다」고 서술하고 있는데, 뉴스성이 높은 점을 강조하는 것도 협찬기업을 움직이게 하는 요소가 된다.

「메리트 부분」

물품 협찬

협찬에는 협찬금을 지급하는 것 이외에 물품으로 협찬하는 경우도 있다. 예를 들어 이 대회의 경우 참가품으로 상품을 제공하는 것이다. 또한 음료회사에 협찬을 얻어, 참가자에게 음료를 제공하는 방법도 있다.

예문 44 이벤트 기획 — 제휴광고 이벤트

「마르스」 자동차 제휴광고 이벤트 실시 기획서

국내 제2위의 자동차 생산기업인 A사로부터 대표적 차종 「마르스」의 PR에 대한 제휴광고 신청이 들어왔습니다. 저희 스키장에서 「마르스」 전시 PR을 실시하고자 하는 것입니다.
저희 회사에서는 주차장의 일부를 제공할 뿐, 그 외의 부담은 전혀 없습니다. 스키장 고객 유치에 커다란 효과가 기대되므로 기획서에 대한 검토 부탁드립니다.

아　래

1. 당사의 목적
① 스키장 고객 유치 촉진을 도모한다.
② 스키장에 대한 고객 만족도를 높인다.

2. 제휴광고 내용
① 「마르스」 자동차 5대를 스키장에 일정 기간동안 상설 전시한다. 또한 A사에서 파견된 행사 진행 요원이 팜플렛을 배포하고 작은 이벤트도 실시(전시에 관계된 비용은 A 자동차에서 부담, 당사는 주차장+이벤트 공간만 무료 제공)
② 전시 공간 대여에 대한 대가로 신문과 잡지에 게재되는 「마르스」 자동차 캠페인 광고에 우리 스키장 이름(교통편 등 포함)과 「상설 전시/이벤트 실시」라는 문구를 기재

3. 실시 개요(타이틀만 기재, 내용 요약)
① 기간 : 12월 1일~3월 15일
② 「마르스」 상설 전시, 작은 이벤트 내용
③ 「마르스」 신문·잡지 캠페인 세부사항/당사의 광고비 환산
④ 당사 주차장 구역 분할 결정
⑤ 기간 중 당사 업무
⑥ 사전 준비 및 스케줄

4. 효과
① 「마르스」의 캠페인 광고는 신문 100단, 잡지 50지에 게재될 예정이므로 당사 또한 커다란 PR 효과를 거둘 것으로 기대된다.
② 「마르스」 전시로 인해 스키장을 찾는 고객의 즐거움이 더해진다.

첨부 자료
① 주차장 배치 도안
② 이벤트 상정 도안
③ 「마르스」 뉴 모델에 관한 설명

「제휴광고 이벤트」를 위한 기획서의 전제

화이트 스노 스키장은 자동차 회사의 신청으로 금년에 공동 캠페인을 개최하게 되었다. 기간은 12월 1일~3월 15일, 비용은 자동차 회사가 부담(단 주차장을 무료로 제공한다). 스키장 담당자가 사내 상사에게 제출한 기획서(회의 첨부서)

1. 설득의 과정

(1) 가장 먼저 장점을 강조하여 상사의 흥미를 높인다. 가급적 지출 비용은 억제하고 최대의 효과를 거두는 것이 관리자가 항상 고려해야 할 점이다. 그러므로 자사의 시설을 제공하기만 하는 것으로, 지출 비용은 전혀 발생하지 않고 자사를 광고할 수 있다는 점을 먼저 문장의 첫 부분에서 강하게 어필한다.

(2) 그 다음에는 자사가 무엇을 위해 이 제휴광고를 실행해야 하는지 「목적」을 명확히 설정하자. 타사를 위해 제휴광고를 실시하는 것이 아니다. 이 제휴광고가 자사에 있어서는 무엇을 목적으로 하는지를 확실히 할 필요가 있다.

(3) 더욱이 회사업무에 전혀 지장이 없고, 이 일을 추진함에 있어서도 별 문제가 없다는 점을 이해시키자. 아무리 좋은 기획서가 제안되어도 회사의 이미지를 해치거나 회사업무에 지장을 준다면 주객 전도가 되는 것이다. 이 기획은 주차장의 일부를 타사에 빌려주는 것이므로 큰 영향은 없다.

(4) 제휴광고의 메리트를 광고비로 환산된 숫자의 형태로 구체적으로 보여주도록 하자. 관리자는 추상적인 결과에는 결코 만족하지 않는다. 고객 유치의 촉진을 도모한다면 과연 어느 정도의 광고비에 해당하는지를 구체적으로 나타내고, 그 비용과 주차장 공간 임대료와 비교하여 훨씬 이득이라는 것을 숫자로 보여줄 필요가 있다.

(5) 마지막으로 운영이 원활하게 진행된다는 점을 납득시키자. 스키장의 관리는 많은 손길이 필요하다. 실제로 제휴광고를 실시한 시점에서 스키장측이 해야 하는 일은 무엇인지 설명하고, 스키장측에는 위험성이 없다는 점을 명확히 한다.

(6) 실제로 어떤 장소를 제공하는 것은 말로써 나타내는 것보다도 구체적인 도안으로 나타내는 것이 좋다. 도안으로 주차장의 임대 장소를 그려서 보여주면 설득하기 쉽다. 또한 제휴광고하는 회사와 광고상품(이 경우에는 자동차)에 대한 설명도 첨부하도록 한다.

「주차장을 제공하는 것만으로, 자사의 광고가 무료로 서비스된다는 점」

기업 간 제휴광고

기업들을 서로 연결해 주는 제휴광고는 지출 비용이 발생하지 않고 커다란 이득을 얻을 수 있다. 적극적으로 제휴광고의 가능성을 찾아보자.

예문 45 　디자인·제작　**광고 캠페인**

춘계 수강생 모집 캠페인 크리에이티브 제안

1. 목적
  탑학원에 대한 수강 촉진

2. 대상
  주요 대상자는 고등학교 1학년~3학년의 남녀 학생
  2차 대상자는 상기 대상자의 보호자

3. 기본 콘셉트
  "탑학원에서는 국립대학 합격자 수를 가장 많이 배출한다."
  ① 「성실함, 건강함, 강인함」을 표현한다.
  ② 강사진을 광고 모델로 기용한다.

4. 개발 전략
  ① 전체 광고에서 모델을 통일한다.
    귀사의 야마구치 강사를 중심으로 한 강사진을 표지에 등장시킨다.
  ② 캠페인 슬로건
    "탑을 목표로 우리들과 함께 달리자."
    탑학원은 작년에 국립대학의 합격자를 가장 많이 배출했다.
  ③ 각종 매체 광고 전략
    텔레비전 CM : 유명한 강사진을 전면에 강하게 등장시킨다. 슬로건과 학원의 명칭, 그리고 춘계 수강생 모집 중이라는 단어를 포함시킨다.
    신문광고 : 강사진을 소개한다. 왜 탑학원의 합격자 수가 가장 많은지 그 이유를 설명함으로서 수강생 모집을 촉진한다.
    교통광고 : 유명한 강사진을 전면에 내세워서 강하게 표현한다. 슬로건과 학원 명칭을 표시함과 동시에 춘계 수강생 모집 안내에 대해 설명한다.

5. 개발 스케줄(상세 생략)

6. 비용(상세 생략)

  첨부
  ① 모델 소개 및 슬로건 도안(디자인)
  ② 텔레비전 CM(콘티)
  ③ 신문광고 도안(디자인)
  ④ 교통광고 포스터 도안(디자인)

「광고 캠페인」 기획서의 전제

다음과 같은 보고서가 탑학원에서 디자인 회사로 전달되었다.

1. 탑학원의 종합반은 봄철을 맞이하여 수강생 모집 캠페인을 실시한다. 탑학원은 도쿄에 20개의 분점이 있으며, 작년에는 국립대학 합격자를 가장 많이 배출한 입시학원이다.
2. 광고 매체로 텔레비전, 신문, 교통 광고 포스터를 이용할 것이며, 광고 기간은 1월~3월까지이다.

1 크리에이티브·프레젠테이션에서 주역은 디자인과 CM 콘티다

(1) 크리에이티브와 프레젠테이션에서 중요한 것은 디자인 도안과 CM 콘티 도안이다. 기획 의뢰자는 가장 먼저 디자인과 CM 콘티를 보고 싶어한다. 기획을 말로서 길게 설명하면 크리에이티브 도안을 보여주는 단계에서는 광고 의뢰자가 참신성을 느끼지 못할 수도 있다.

(2) 그러나 기본 콘셉트와 전략 부분만은 광고 의뢰자가 충분하게 납득할 수 있도록 논리적으로 서술해야 한다. 프레젠테이션에서 가장 중요한 것은 디자인과 CM 콘티이지만, 기획서에서 가장 기본적인 것은 역시 전략이다.

2 통일성과 개별성

복수의 미디어를 사용하는 캠페인에서 가장 중요한 것은 각 매체에서 크리에이티브를 어떻게 표현하는가, 그리고 얼마나 통일적인가 하는 점이다. 대부분의 경우, 슬로건과 핵심 장면을 통일하고, 매체의 특성에 맞추어 표현 방법을 달리해야 한다. 텔레비전의 경우에는 15초 이내에 광고해야 하기 때문에 자세한 내용은 설명하지 않는다. 그와 반대로 프린트 매체의 경우라면 내용을 충분하게 설명할 수 있다. 매체의 각각 다른 특성을 잘 고려해서 표현 전략을 세우도록 하자.

크리에이티브 : 디자인이나 광고 제작의 창의성을 말하는데 디자인 도안과 CM 제작을 위한 도안을 말하는 경우도 있다.

CM 콘티 : 텔레비전 광고 도안을 보여주기 위해 장면별로 그림을 그려서 내용을 보여주는 것(그림 콘티)이다.

미디어 믹스 : 광고 캠페인에서 복수의 매체를 효과적으로 조합하여 활용하는 행위를 말한다.

프린트 매체 : 텔레비전 등의 영상 매체 이외의 신문·잡지·포스터 등, 인쇄해서 표현하는 매체를 프린트 매체라고 한다.

신문·잡지 광고 디자인

예문 46 | 디자인·제작

뮤즈의 회원 모집을 위한 신문·잡지 광고 디자인 제안

1. 목적
① 뮤즈에 대한 인지도와 이해를 촉진시킨다.
② 타겟이 자료 요청을 하도록 유도한다.

2. 디자인 개발 기본 전략
① 신문, 잡지의 기본적인 시각효과와 광고문구를 동일하게 처리하여 인지도 상승 효과를 높인다.
② 대상자의 반응을 확실하게 확인하기 위해, 대상자들이「자료 요청」을 하면 즉시 발송한다는 점을 강조한다.
③ 테스트 모니얼 방식을 활용하여 뮤즈의 장점에 대한 신뢰성을 높인다.
④ 50세 이상의 소득이 높은 남성을 주요 대상자로 설정한다.

3. 디자인 콘셉트
"윤택한 생활, 뮤즈"
뮤즈는 전국의 유명 관광지에 30개의 리조트 클럽을 가지고 있으며, 경쟁 리조트 클럽이 모방할 수 없는 최고급의 시설과 서비스를 고객에게 약속합니다.
선택된 사람들만을 위한 회원제 리조트 클럽

4. 제안 디자인
2가지 방향으로 제안한다.
A안 (첨부 디자인 참조)
뮤즈의 대표적 시설인 후지산 고원지대의 사진을 핵심 장면으로 처리하여 시설·디자인이 충실하다는 것을 강조한 도안을 한다.
B안(첨부 디자인 참조)
남녀 모델을 기용한다. 노부부의 여유로운 여가 장면을 인상에 남게 표현한다. 회원인 아이다 부부가 테스트 모니얼을 위한 모델로 나와 뮤즈의 장점을 증언하게 한다.

5. 향후 스케줄
12월 20일   신문사와 잡지사에 보낼 원고 작성 개시
1월 10일   원고 교정
1월 15일   원고 완성, 매체사에 원고 송고
3월~   광고 개시

6. 비용
기획비
디자인비
(사진 촬영, 모델비 등은 별도)

첨부
신문, 잡지광고 도안(디자인)

「신문·잡지 광고 디자인」 기획서의 전제

회원제 고급 리조트클럽인 「뮤즈」는 신규 회원을 모집하기 위해 신문과 잡지에 광고를 게재한다.
1. 대상자는 주로 50세 이상의 남성으로 소득이 높은 계층으로 한다.
2. 신문은 경제신문, 잡지는 종합지나 비즈니스 잡지를 중심으로 전개한다.
3. 광고 기간은 3월~4월의 2개월에 걸쳐서 실시한다.

1 간결하게, 그러나 전략은 심도있게 작성한다

(1) 기획서는 간결하게 정리한다. 그러나 심플하게 작성해도 전략 부분만은 생략하지 않고 제대로 설명해야 기획 의뢰자를 제대로 납득시킬 수 있다. 전략 부분에 문제가 있거나, 기획 의뢰자가 전략에 대해 난색을 표명한다면, 실제로 디자인을 보여주기도 전에 프레젠테이션은 끝나버리고 만다.

(2) 콘셉트는 경쟁 현황 등을 검토하여 경쟁에서 승리할 수 있는 핵심을 제시하는 방향으로 정리한다. 그리고 콘셉트에 기반한 슬로건을 작성하여 전체적으로 통일된 느낌이 들도록 제안한다.

2 디자인 안의 제시 방법

(1) 디자인을 효과적으로 프레젠테이션하기 위해서는 시기가 아주 중요하다. 기획 의뢰자가 전략과 콘셉트에 동의하고, 「빨리 디자인을 보고 싶다」는 기분이 고조되어 있는 시기에 디자인을 제시한다.

(2) 제시 방법은 먼저 여러 가지 안 중에서 최초의 안부터 간단하게 디자인 의도를 설명한다. 왼쪽의 예문과 같은 경우에는 「A안은 뮤즈의 대표적 시설인 ○○고원의 사진을 주요 장면으로 처리하고, 시설·서비스의 충실함을 강조한 안입니다」라고 설명하고 곧바로 A안을 제시한다. A안에 대한 보충 설명과 질문을 받고 난 후에 B안을 설명한다. B안도 A안과 같이 디자인 의도를 설명한 후에 제시한다. 이미 제시된 A안은 덮어 두는 것이 좋다. 그대로 두면 기획의 의뢰자가 B안에 집중하기 어렵다.

(3) 전체의 안을 한 번 제시한 후, 다시 한 번 모든 안을 한꺼번에 제시한다. 이때 크리에이티브 디렉터, 또는 디자이너가 자신들이 가장 권하고 싶은 안이 어떤 것인지를 설명한다.

헤드 카피 : 광고문구 중에서 가장 중심이 되는 것을 짧게 표현한 주제 문구이다. 일반적으로는 가장 눈에 띄도록 배치한다.

테스트 모니얼 : 증언 광고를 말한다. 상품이나 서비스를 이용해본 사람을 광고에 직접 등장시켜 상품이나 서비스의 좋은 점을 말하게 하는 방법이다.

예문 47 디자인·제작 — 텔레비전 CM 제작

기초 화장품 X의 신 발매 TV CM 제작 기획

1. 목적
신제품 X에 대한 인지도를 빠른 시일 내에 확립하고 상품에 대한 흥미를 불러일으킨다.

2. CM의 콘셉트 개발에 관해
① 상품의 특징
  천연 소재를 활용하여 고령층 여성의 피부에 뛰어난 보습 효과가 있다.
② 상품의 베너핏
  인체에 무해하고, 항상 탱탱하고 윤기 있는 피부를 유지시켜 준다.
③ 경쟁사와의 차별화
  특히 고령층 여성들의 피부에 효과적이다(1개월 간의 시험사용 결과, 타사의 제품보다 30% 이상의 높은 효과를 나타냈다).
④ CM 콘셉트의 방향성
  「푸석푸석해진 피부에 윤기를 더해 주는 뛰어난 효과」를 콘셉트로 정한다.
⑤ 슬로건
  "자연의 싱그러움이 항상 당신 곁에 있습니다."

3. 기본 제작 방침
① 15초 또는 30초 정도의 광고라는 시간적인 한계가 있으므로, 핵심 메시지와 신제품의 출시라는 인상을 심어주어야 한다.
② 대상은 40세 이상의 여성으로 정한다. 화장품에 대해서 잘 알고 있는 연령층이므로 신뢰성을 표현하는 데 중점을 둔다.
③ 강조할 점은 자연의 싱그러움과 신뢰감
  새롭게 출시한다는 점을 너무 강조해서는 안 된다.
④ 상담 코너를 마련하여 문의에 대응하고 있다. 따라서 프리다이얼 번호를 마지막에 표시해 둔다 (내레이션은 필요없음).

4. 제안 콘티
3가지 방향으로 제안한다.
A안 (첨부 콘티 참조)   탤런트 기용안
48세의 나이에 아직까지도 활발하게 활동하고 있는 여배우 시라이시 씨에게 아름다움을 유지하는 비결을 묻는다.
B안 (첨부 콘티 참조)   자연미의 아름다움을 강조하는 안
자연미의 아름다움을 설명하고 효과를 연상하게 한다.
C안 (첨부 콘티 참조)   연령에 관계없는 안
「30세 정도로 보았는데 실제로는?!」하고 약간 코믹하게 표현한다.

5. 제작 스케줄
6. 비용
첨부 : TV CM 콘티

「텔레비전 CM 제작」을 위한 기획서의 전제

신비토 화장품은 금년 봄에 신제품을 발매한다. 텔레비전 삽입광고를 통해 상품을 선전하려고 한다. 천연 소재를 이용하여 "피부보습 효과가 뛰어나고, 피부에 윤기를 더해 주는" 기초화장품이다. 목표고객은 40세 이상의 여성이다. 아직 상품의 명칭이 확정되지 않았기 때문에 X라는 코드명으로 부른다.

1 텔레비전 광고 기획서
(1) 기획서의 작성은 다른 기획서와 동일하다.
(2) 「CM 콘셉트」에 관해 왼쪽의 예문은 상품의 개발 프로세스를 간단하게 정리한 것이다. 하지만 이것은 텔레비전 광고에만 국한된 것이 아니다. 일반적으로 콘셉트란 상품의 특징과 베너핏을 경쟁사와 비교하고, 경쟁사와 차별화시키려는 관점에서 생겨난다. 콘셉트가 떠오르면 슬로건으로 만들어서 표현한다.
(3) 「전략」은 핵심을 정리하여 간단하게 표현한다.

2 텔레비전 광고 시 주의사항
(1) 텔레비전을 통한 광고는 가장 일반적인 것이 15초 광고이다. 사실 이 점이 제안서를 작성함에 있어서 가장 주의해야 할 점이다. 또한 텔레비전 광고의 비용도 비싸다. 그래서 의뢰자는 가능한 많은 것을 표현해 주기를 원한다. 하지만 15초 동안 표현할 수 있는 것은 한정되어 있다. 음악을 넣게 되면 내레이션을 넣을 수 있는 시간은 길어야 10초이다. 그러나 10초를 전부 내레이션으로 작성하면 광고는 전부가 말로서 표현되고 만다. 따라서 15초 광고에서는 전하고 싶은 내용을 가능한 하나에 집중시켜서 표현하는 것이 인상적인 광고를 만드는 조건이 된다.
(2) 텔레비전 광고는 영상이다. 그것을 동영상이 아닌 그림 콘티로 보여주어야 하기 때문에 의뢰자가 그림 콘티에 익숙해 있지 않으면 충분하게 설명해 주어야 한다. 해석에 대한 이해가 부족하면 CM 시사회 단계에서 항의가 나오게 된다. 상대방의 이해를 돕기 위해 동영상(VTR 콘티)으로 작성할 수도 있다. 어떤 것이든 텔레비전 광고의 프레젠테이션은 해설자, 즉 프레젠테이너의 역량이 관건이다.

상품 베너핏 : 그 상품이 구입자에게 가져다 줄 이점과 이익, 혜택
톤 & 매너 : 디자인의 상태와 분위기

예문 48 디자인·제작 교통광고 포스터

코스모스어학원의 새해 교통광고 디자인

1. 목적
코스모스어학원의 등록을 촉진한다.

2. 광고 대상
회사원, 전문직 여성, 학생

3. 디자인 콘셉트 개발
① 코스모스를 둘러싼 환경
  경제의 경계가 무너지고 정보가 세계화되면서 공통 언어로서 영어의 수요가 높아지고 있지만, 영어학원들의 경쟁은 더 심해졌다.
② 경쟁사에는 없는 코스모스어학원만의 특징
  (a) 학원의 위치가 좋다.
  (b) 독자적으로 개발한 실천적인 커리큘럼
  (c) 전문 외국인 전임 강사진(아르바이트가 아닌 외국인 강사)
③ 등록자의 베너핏
  일상생활에서 즉시 활용할 수 있는 영어를 배울 수 있다.
④ 슬로건
  "영어 실력, 실감할 수 있습니다."

4. 기본 제작 방침
① 목표고객은 회사원, 전문직 여성, 학생
② 슬로건을 강력하게 어필한다.
③ 무료체험 수강권을 눈에 띄게 배치한다.
④ 톤 & 매너는「젊음」,「생동감」,「근면함」.
⑤ 신학기 개강시기, 문의처 전화번호 등을 눈으로 쉽게 확인할 수 있도록 크게 배치한다. 그리고 인터넷 사이트를 통한 문의를 확대하기 위해 URL을 표기한다.

5. 제안 디자인
A안 (첨부 디자인 참조)
코스모스어학원의 자랑인 전임 강사진을 등장시켜,「영어회화, 직접 느낄 수 있습니다」라는 광고 문구를 넣는다.
B안 (첨부 디자인 참조)
열심히 배우는 수강생들의 모습을 핵심 장면으로 하고 슬로건을 삽입한다.

6. 제작 스케줄(첨부)

7. 비용
대략 120만 엔(사진 촬영비 포함)

첨부 : 교통광고 디자인 시안.

「교통광고 포스터」를 위한 기획서의 전제

영어회화 어학원인 코스모스는 수도권을 중심으로 약 100개의 강의실을 가지고 있다. 4월부터 신학기가 시작되면 회사원과 학생들을 대상으로 교통광고를 실시한다. 디자인 회사에 광고 콘셉트와 디자인을 의뢰했다.

1 포스터의 제안은 간략하게 표현하는 경우가 많다!

포스터의 디자인 기획서도 「목적」에서 「제안서 디자인」까지는 흐름이 기본적인 텔레비전 CM 제작 기획서와 동일하지만, 지속적으로 거래한 거래처에서 광고를 의뢰할 경우에는 좀더 간략하게 표현할 수가 있다. 슬로건을 제안하고 기본 전략을 간단하게 설명한 다음, 곧바로 디자인 시안을 제시한다. 또한 광고의 콘셉트도 구상해야 하기 때문에 「콘셉트 개발」에 대해 보다 상세하게 설명한다(지면 관계상 여기에서는 간략하게 서술했지만 실제로는 좀더 상세하게 쓰는 것이 좋다).

2 교통광고의 포스터는 종류와 형태를 고려하여 디자인한다

(1) 교통광고는 크게 분류하면 2종류가 있다. 그 중의 하나가 전철 내의 광고이다. 전철 내의 광고는 전철 천장에 매다는 「천장광고」와 창문 위쪽에 붙이는 「액면광고」, 그리고 창문에 붙이는 「스티커」와 출입문 위쪽에 붙이는 「출입구광고」 등이 있다. 두 번째는 전철역 광고다. 전철역의 벽면에 붙이는 「벽면광고」와 「전철에 장식하는 광고」가 있다.

(2) 교통광고는 종류와 형태에 따라 광고 디자인이 달라진다. 또한 눈에 띄게 하는 방식도 달라진다. 「천장광고」는 보기가 쉽지만 「액면광고」는 선반으로 가려지는 경우가 많다. 「전철역 광고」는 B3 사이즈에서 대형 사이즈에 이르기까지 크기가 매우 다양하다. 책상에서 보면 아주 좋아 보이는 디자인도 벽에 포스터로 붙이면 별로 눈에 띄지 않는 경우가 있다. 따라서 각각의 특징과 광고를 게재하는 장소를 파악하여 디자인해야 한다.

모순점이 없는 디자인 작성을 한다

디자인을 제안할 때에는 「디자인 시안」과 「말로 서술한 전략」이 서로 일치해야 한다. 예를 들어 「무료체험 수강권이 눈에 띄도록」이라고 전략 부분에서 설명했는데, 디자인 시안에서는 「무료체험 수강권」을 찾아볼 수 없는 경우가 있다. 이러한 문제가 발생하지 않도록 크리에이터와 잘 협력할 필요가 있다. 따라서 브리핑할 때에는 서면으로 요구사항을 적어서 전달해도 좋다.

예문 49 디자인·제작 홈페이지

「씨보이즈」 홈페이지 개발 기획안

1. 기획 배경
홈페이지는 소비자가 레저 정보를 수집하기 위한 중요한 매체로 부상했다. 홈페이지는 레저시설에 없어서는 안 될 홍보 매체이므로 매력적인 홈페이지를 제작하는 것이 시급한 과제다.

2. 목적
씨보이즈의 인지도를 향상시키고, 화제가 되도록 하여 고객의 방문을 촉진한다.

3. 개발 기본 콘셉트
(1) 접속률이 높은 사이트를 만든다.
(2) 보기 쉽고, 또한 필요한 정보를 곧바로 얻을 수 있는 사이트를 만든다.
(3) 재미있고 화제성이 있는 사이트를 만든다.
(4) 홈페이지를 통해 마케팅 정보를 수집한다.

4. 개발 전략
(1) 접속자 수를 높이기 위한 대책
　① 끊임 없이 신선한 정보를 제공한다.
　② 관련 정보에 대해 링크를 걸어두어, 다양한 사이트에서 접속할 수 있게 해 둔다.
　③ 여러 검색엔진에 등록한다.
(2) 보기 쉽고, 또한 필요한 정보를 곧바로 얻을 수 있게 하는 대책
　① 기능성을 중시하고, 화면은 산뜻하게 느껴지는 파스텔 톤으로 한다.
　② 문자, 배경, 화상 등을 보기 쉽게 디자인한다.
　③ 배경화면 페이지에서 최소한으로 필요한 정보를 얻을 수 있게 구성한다. 또한 배경화면 페이지에서 곧바로 필요한 정보를 클릭해서 접근할 수 있게 페이지를 구성한다.
(3) 재미있고 화제성을 높이기 위한 대책
　① 이벤트 정보 등을 수시로 갱신한다.
　② 레저랜드에 관한 관련 정보 등, 방문객에게 도움이 될 수 있는 정보를 넣는다.
　③ 씨보이즈에 관련된 퀴즈와 이벤트를 실시한다.
(4) 마케팅 정보 수집을 위한 대책
　① 경품을 제공하는 앙케트 조사를 실시하여 정보를 수집한다.
　② 접속 로그를 정기적으로 갱신한다.

5. 사이트 내용과 구성
첨부 도안 참조

6. 개발 스케줄
발주일로부터 약 1개월

7. 비용
50만 엔

「홈페이지 제작」을 위한 기획서의 전제

가나가와 현에 있는 해양 레저랜드인 「씨보이즈」는 홈페이지를 제작하여 시설과 이벤트에 관한 정보를 제공할 계획이다. 홍보부에서 홈페이지 제작에 관한 기획서를 상사에게 제출했다.

구성안의 제안법

홈페이지 기획서도 다른 기획서와 구성면에서는 크게 다르지 않다. 단, 여기에서 중요한 것은 「사이트 구성안」이다. 그래서 아래와 같은 안을 제안한다. 이 기획안을 통해서 대충 어떤 홈페이지가 완성될 것인지를 상상할 수 있다. 프레젠테이션에서는 이 외에 메인 페이지의 디자인에 대해 제안할 수도 있다.

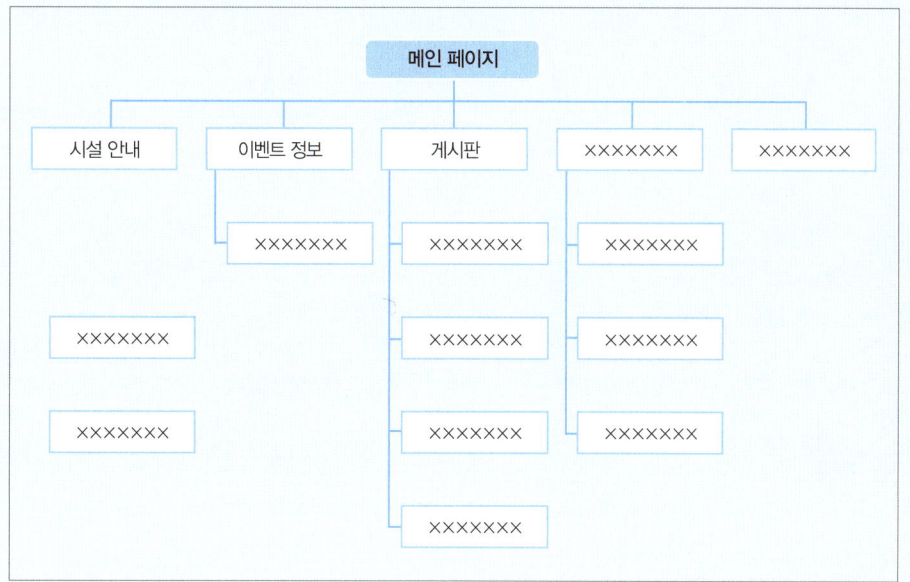

「마케팅 정보 수집」

검색엔진 : 인터넷 상의 정보를 검색어에 따라 분류해서 알려주는 서비스이다. 서치엔진이라고도 한다.

VTR 제작

디자인 · 제작

Soloflex 판촉 VTR 제작을 위한 기본 방향성에 관해

1. 목적
Soloflex의 판매를 촉진한다.

2. 대상
20대, 30대 남성을 주요 대상자로 한다.

3. VTR의 기본 방향성
Soloflex의 사용상의 편리함, 다기능성, 안전성을 어필하고, Soloflex를 이용하여 이상적인 몸매를 만들 수 있다는 점을 강조한다.
① VTR에서는 내용 설명을 자세하게 하지 않는다. 상세한 내용은 팜플렛을 통해서 전달한다.
② "이상적인 근육질의 몸매"를 가진 모델을 기용하여 어필한다.
③ 실내에서 운동하는 기구이지만, 실내에서 운동하는 장면만 보여주면 지루할 수 있다. 따라서 리조트 등지에서 촬영하면 더욱 좋다. 그리고 "이상적인 근육질의 몸매"가 만들어지면 그 만족감을 여성(모델)과의 만남을 통해서 표현한다. 이 장면은 건강하고 밝은 느낌으로 표현한다.
④ 모델은 외국인으로 기용한다.

4. VTR 구성
「1주일에 3일, 하루에 30분」인 Soloflex 기본 커리큘럼을 1주일 동안의 생활을 통해서 보여준다.
장면 1 :   (1일째)리조트를 걷는 청년. 여러 각도에서 촬영한다.
장면 2 :   집안으로 들어가 바다가 보이는 창가에 놓여진 Soloflex에 다가간다.
            Soloflex의 형체를 보여준다.
장면 3 :   트레이닝
                ⋮
장면 20 :   Soloflex로 트레이닝하는 남녀
            Soloflex의 로고를 보여주면서 끝낸다.

5. 제작 스케줄
기본 구성 승인	2월 3일
대본 제작 · 협의	2월 4일~2월 20일
로케 · 제작 준비	2월 25일
로케	3월 5일~6일
편집	3월 7일~3월 15일
시사회	3월 16일
편집 작업	3월 20일
마스터 완성	3월 21일

6. 제작 비용
350만 엔

「VTR 제작」을 위한 기획서의 전제

통신판매회사 FIC는 미국산 홈 트레이닝 머신 "Soloflex"를 시판하고 있다. 지금까지는 자료 요청자에게 카탈로그를 보내는 방법으로 판매하여 왔다. 그러나 상품에 대한 흥미와 이해를 높여주기 위해 10분 분량의 VTR을 제작하기로 했다. "Soloflex"는 미국에서 가장 많은 판매를 기록한 홈 트레이닝 머신으로서 안전성과 편리함을 추구하는 운동기구이다.

1 VTR 제작 과정을 알아보자

(1) 왼쪽에 제시된 예문은 이미 제작 의뢰를 받은 것이므로, 「기본적인 방향성」과 「구성」을 중심으로 기획서가 작성되어 있다. 만약 제작에 대한 의뢰가 없는 상황, 즉 거래처에 제작을 권유할 때에는 ① VTR의 역할, ② VTR의 필요성, ③ VTR 제작의 장점 3가지를 기획서에 추가할 필요가 있다. 그리고 효과적인 VTR의 역할을 강조하기 위해 타사의 VTR 제작 사례를 예로 들어 설명하면 보다 설득력을 높일 수 있다. 또한 프레젠테이션을 할 때 제작 샘플을 보여주면 신뢰가 높아질 것이다.

(2) VTR 제작 기획서는 제작 공정을 알지 못하면 작성할 수 없다. 때문에 제작자가 아니더라도 대강의 제작 과정은 알아두어야 한다.

(3) VTR의 제작 공정은 「기본적인 방향성」에 관한 합의가 매우 중요하다. 이 단계에서 확실하게 제작자의 의도를 거래처에 전달해서 합의를 얻어두어야만 나중에 수정할 수 있기 때문이다. 일단 기본 방침이 결정된 후에는 다음 단계인 구성의 줄거리를 작성하는 단계(시놉시스)로 나아간다. 시놉시스에 대한 사전 협의에서는 기본 방침을 다시 한 번 확인한 후에 내용을 결정한다.

(4) 시놉시스가 완료되면 다음 단계인 대본 제작으로 넘어간다. 대본 단계에는 각각의 장면에 대한 설명을 하고, 내레이션 원고를 첨부한다.

(5) 대본이 완료되면 촬영으로 들어간다.

(6) 촬영이 끝나면 편집 작업에 들어간다. 편집이 완료되면 거래처에 가지고 가서 시사회를 한다. 이 단계에서는 아직 음악, 특수 효과, 내레이션은 들어가지 않는다. 단, 이 단계에서는 수록된 다른 장면도 함께 넣을 수 있으므로 거래처의 의견을 들으면서 필요에 따라 수정한다.

(7) 시사회가 끝나면 음악과 내레이션을 넣어 완성하여 마스터 테입으로 제공한다.

VTR의 특성을 살리자

VTR은 영상매체이다. 종이로 된 매체, 예를 들면 팜플렛 등으로는 제공할 수 없는 영상매체의 특성을 고려하여 제안하면 좋다.

예문 51 · 인쇄물 제작 · 상품 카탈로그

고급 시계 카탈로그 제작에 관해

기획 취지

당사에서는 종합 카탈로그만 제공하고 있으며, 아직 고급 시계만을 수록한 카탈로그가 없습니다. 최근 소비자의 양극화가 진행되어, 소비자들은 고급 시계만을 취급하는 카탈로그를 발행해 달라고 요구하고 있습니다. 고급 시계의 판매가 영업의 활성화에도 큰 도움이 되므로 카탈로그에 대한 제안을 검토해 주시기 바랍니다.

아 래

1. 목적

고급 시계의 판매를 촉진한다.

2. 기본 제작 방침

① 질적으로 우수하고 고급 분위기의 카탈로그를 제작한다.
   지금까지의 종합 카탈로그는 제품을 안내하는 데 급급하여 설명을 나열해둔 것이었다. 그러나 이번 카탈로그는 고급품으로 한정되어 있기 때문에 상품의 항목도 한정된다. 그래서 상품의 사진에 이미지 부분을 더하여 격조 있는 카탈로그를 제작한다.
② 관심이 있는 상품을 간편하게 선택해서 볼 수 있는 카탈로그를 제작한다.
   브랜드별, 그리고 가격별로 정리하여 목적에 맞는 상품을 즉시 찾아볼 수 있도록 구성한다.
③ 판매점의 의견을 듣고, 판매점에서 활용하기 쉬운 카탈로그를 제작한다.
④ 자료를 요청한 고객에게도 제공할 수 있는 카탈로그를 제작한다.

3. 카탈로그 제작안

① 형태는 A4 사이즈로 한다.
② 바인더 형식으로 신제품 목록을 추가할 수 있도록 제작한다.
③ 가격표는 판매점과 고객이 모두 이 카탈로그를 사용하기 때문에 2종류를 만든다. 그리고 가격표를 바인더의 맨 마지막에 첨부해 둔다.
④ 브랜드별, 그리고 가격별로 찾아볼 수 있게 한다.
⑤ 전체 컬러에 36페이지로 구성한다.
⑥ 디자인, 종이의 재질은 고급 소재를 사용한다.
⑦ 초판 인쇄부수는 10,000부로 한다.
⑧ 디자인은 예전과 같이 KK프로모션에 인쇄와 함께 의뢰할 예정이다.

4. 제작 비용

300만 엔(KK프로모션 제공 견적서 첨부)

5. 제작 스케줄

발주일로부터 약 2개월

첨부

상세한 견적서

「상품 카탈로그」 기획서의 전제

시계 제조업체인 멜디안 주식회사는 저가의 시계에서 최고급 시계에 이르기까지 폭넓게 시계를 제조하여 판매하고 있다. 지금까지는 종합 카탈로그를 사용했기 때문에 고급품만을 취급하는 카탈로그가 없었다. 그래서 영업부 담당자가 상사에게 카탈로그 제작에 관한 기획서를 제출했다.

1 인쇄물 기획서의 작성법

(1) 인쇄물 제작에 관한 기획서의 구성의 기본은 「목적」, 「전략」, 「실행안」의 3가지이며 필요한 사항은 때에 따라 추가한다.

(2) 「기본 제작 방침」은 이 정도로 충분하지만, 경쟁사에 대한 대책을 추가하면 더욱 좋은 기획서가 될 것이다. 경쟁사의 카탈로그를 수집해서 좋은 점과 나쁜 점을 지적한다. 그리고 나서 「경쟁사보다 우수한 카탈로그를 제작하기 위해서는 이런 방법을 취해야 한다」고 설명을 곁들이면 100점짜리 기획서가 탄생된다. 상사 역시 「고심하여 작성한 기획서」라고 기획자의 노력을 평가해 줄 것이다.

(3) 카탈로그 등의 인쇄물 제작에 관한 기획서에 필요한 사항은 어떤 형태의 카탈로그를 작성하느냐이다. 여기에서는 「3. 카탈로그 제작안」이라는 항목에서 필요한 사항이 설명되어 있다. 사이즈, 형식, 컬러 사용 여부, 재질, 부수 등에 관해서 간단하게 설명하고 있다. 가능하다면 견본을 제작해 보면 완성된 이미지를 쉽게 이해할 수 있을 것이다.

(4) 제작 비용은 디자인 비용과 인쇄비로 나뉜다. 디자인은 초기 비용이므로, 한 번 디자인하면 기본적으로는 러닝 코스트를 필요로 하지 않는다(단, 디자인을 수정할 경우에는 수정 비용이 발생한다). 그러나 인쇄비는 증쇄할 때마다 비용이 발생하므로 그 점을 분명하게 해 두기 위해 견적서를 따로 제출한다.

간편하게 사용할 수 있도록 한다

상품 카탈로그는 상품의 얼굴인 동시에 중요한 판매도구이다. 아무리 멋지게 디자인해서 카탈로그를 만들어도 사용하기가 불편하면 훌륭한 카탈로그라고 할 수 없다. 제작이 끝난 시점에서 카탈로그가 너무 고급이라서 무료로 배포하기 아까워 특별한 장소가 아니면 카탈로그를 배포하지 경우도 있다. 이렇게 해서는 제대로 된 영업을 할 수 없다. 이런 경우에는 축소판으로 가볍게 건넬 수 있는 카탈로그를 하나 더 제작해야 한다. 그리고 카탈로그는 판매도구이므로 제작할 때에 영업사원의 의견을 충분히 반영하는 게 좋다. 많은 양의 카탈로그를 가지고 걸어 다녀야 하기 때문에 가능한 가벼우면 좋겠다거나 혹은 표지에 때가 묻지 않는 재질이 좋다는 등의 의견이 매우 중요하다.

예문 52 인쇄물 제작 — 다이렉트 메일

「성년의 날」을 위한 다이렉트 메일 제작 제안

1. 기획 목적
성년의 날을 맞아, 전국의 「하나토미」 매장에 대한 고객의 방문을 촉진한다.

2. DM의 기본 제작 방침
① 지금까지와는 다른 독특한 모양으로 DM을 제작함으로서 개봉을 촉진한다.
② 매력적인 특전을 부여하여 조기에 예약하게 한다.
③ 대상자는 2○○○년 1월 15일까지 성년이 되는 여성

3. 구체적 제안
① 형식
　　DM 자체를 꽃다발 형식으로 만든다(첨부 디자인 참조).
　　만든 DM을 투명한 봉투에 넣어 발송한다. 받는 사람이 성년식을 축하하는 꽃다발을 연상하게 만든다.
② 특전
　　(a) DM이 도착한 다음 2주일 안에 방문하는 손님에게는 기모노 장식품을 선물한다.
　　(b) 또한 긴 소매 기모노를 주문하는 사람에게는 전원에게 사진촬영 할인권을 증정한다.
③ DM의 내용
　　표1　　　　　　꽃다발
　　표2　　　　　　꽃말 모음집(뒷 커버에는 꽃무늬 기모노를 엷게 그려 넣는다)
　　중면1　　　　　「하나토미」에서 전하는 성년식 축하 인사
　　중면2·3　　　　기모노 신제품 소개
　　중면4·표3　　　기모노 신제품 소개
　　표4　　　　　　전국「하나토미」매장 안내
　　첨부　　　　　　특전에 대한 안내, 고객 카드
　　＊DM에서 가장 기본적인 「1대1 대화형 화법」에 중점을 둔다.
④ 재질
　　DM은 전통의 재질에 가까운 용지를 사용한다(견본 첨부).

4. 제작 비용
상세 첨부

5. 스케줄
발주일로부터 약 2개월

첨부
① DM의 형식 디자인, 종이 견본
② 상세한 견적서
③ 제작 스케줄

「다이렉트 메일」을 위한 기획서의 전제

의류체인점인 「하나토미」에서는 올해 성년이 되는 여성을 대상으로 하여 다이렉트 메일을 발송한다. 효과적인 DM을 제작하기 위해 프로덕션에 의뢰했다.

1 DM 기획의 요령

(1) DM 발송을 위한 디자인·제작은 일반적인 디자인과는 약간 다르다. DM에는 몇 가지의 요령이 필요하다. 그리고 이런 사실을 이해하느냐의 여부에 따라 효과가 크게 달라진다. DM은 세일즈맨이나 마찬가지이다. 세일즈맨은 방문처에 가서 문을 두들긴다. 그리고 나서 고객에게 상품이나 서비스를 설명한다. 설명으로 고객을 납득시킨 다음, 판매로 연결시킨다. 이와 동일한 효과를 DM이라는 종이매체로 얻을 수 있어야 한다.

(2) 먼저 문으로 들어가는(봉투를 개봉하는) 일이 중요하다. DM은 매일 매일 아주 많은 양이 도착하기 때문에 발송처를 힐끗 보고 버리는 경우가 많다. 버리지 않고 개봉하게 하는 것이 DM에서 가장 중요한 첫 번째 조건이다. 따라서 DM을 개봉하게 하는 아이디어가 필요할 것이다.

(3) 다음으로 필요한 것은 신뢰할 수 있는 인사말이다. 문을 열었는데 세일즈맨이 그저 가만히 서있기만 한다면 기분이 나빠져서 금방 다시 문을 닫아버리고 싶을 것이다. DM의 경우에도 인사말이 필요하다. 게다가 예의바르게 자신의 회사를 소개하고, 무엇 때문에 DM을 발송했는지 간단하게 서술한다.

(4) 그리고 난 후에 본론으로 들어간다. 상품의 내용을 충분하고 알기 쉽게 논리적으로 설명해야 한다. 또한 영업사원이 상대의 얼굴을 보면서 이야기하듯이 「바로 당신에게 이야기하고 있다」고 느껴지는 감각의 내용과 화법을 사용한다. 개인적인 화법은 DM에서 가장 기본이 된다.

(5) 게다가, 영업 이야기를 진행하면서 지금 구매해 두는 것이 훨씬 이득이라는 점을 납득시킨다. 어떤 특전을 부여하는 것이다. 아이디어를 생각해 보라.

(6) 마지막으로 중요한 것은 신청 혹은 주문 방법이다. 전화와 팩스로 신청할 경우에는 전화번호를 알기 쉽게 게재해 두어야 한다. 또한 주문표에 기입하여 우편으로 발송할 경우에는 알기 쉬운 형식으로 만들어 두어야 한다. 상품을 구매하고 싶어도 주문 방법이 귀찮아서 도중에 그만두는 경우도 많기 때문이다.

종이의 재질을 고려하여 기획한다

DM을 기획할 때 잊어서는 안 되는 것이 가격이다. 특히 종이의 재질에 신경을 써야 한다. 종이 재질의 차이는 전체 가격에 큰 영향을 미치므로 잊어서는 안 된다.

회사 소개서

회사 홍보물 제작에 대한 제안

1. 회사 홍보물의 문제점
① 거래처에 대한 청취조사에 의하면, 귀사의 기획 능력과 영업 능력에 비해 홍보물이 너무 보수적이고 무미건조하다는 결과가 나왔습니다. 또한, 홍보물의 품격에 대한 평가도 다른 회사와 비교하면 낮았습니다.
② 귀사의 직원들을 대상으로 실시한 청취조사 결과, 정보전자 분야에 대한 설명이 부족하여 별도의 영업용 인쇄물을 제작하여 회사 홍보물을 보완하고 있었습니다.
③ 디자인의 관점에서 볼 때, 사진이 낡았고, 서체도 구식이며, 설명이 너무 많다는 결점이 있습니다.

2. 대상자
거래처 및 잠재 거래처

3. 기본 제작 방침
① 활기, 적극성, 선진적인 면모를 표지에 표현한다.
　귀사의 적극적인 기업 자세와 정보 분야에 대한 사업 확장이라는 선진적인 면모를 회사 홍보물에 표현한다.
② 정보전자 분야를 소개하는 페이지를 늘린다.
③ 세련된 디자인과 문자를 사용한다.
④ 읽기 쉽게 서체의 종류 수를 줄인다.
⑤ 새롭게 사진을 촬영하여 현재의 회사 모습을 보여준다.

4. 형태, 페이지 수, 내용 개략
① A4 사이즈　　　운반하기 쉽고, 보관하기 쉽게 한다.
② 페이지 수　　　24 페이지
③ 내용(검토 요망)
　• 사장 인사말
　• 회사 전체 소개
　• 각 사업부 소개
　• 회사 개요·연혁

5. 제작 비용
대략 300만 엔
단, 사진 촬영비는 별도(내용이 확정되면 견적서 제출)

6. 제작 스케줄
발주일로부터 약 3개월
　첨부
　페이지 구성안, 견적서

「회사 소개서」 제작을 위한 기획서의 전제

시미즈화학 주식회사는 중견기업이다. 최근 수년간 정보전자 분야로 사업을 확장하여 회사 홍보물을 개정할 필요가 생겼다. 무엇보다 동일한 회사 홍보물을 5년간이나 사용했기 때문에 새롭고 참신한 안내서를 만들 필요가 있어서 디자인 회사에 의뢰했다.

1 회사 홍보물은 매우 중요하다

회사 홍보물은 적게는 4~5페이지, 많게는 30~40페이지 정도로 분량으로 보면 별것 아니지만, 실제로는 매우 중요한 작업이다. 회사 홍보물은 말 그대로 회사의 얼굴이다. 또한 회사 홍보물을 제작할 때에는 반드시 CEO, 또는 경영진이 관여한다. 가령, 홍보부의 담당자나 부장에게 의뢰를 받았다 하더라도 최종적으로는 경영진이 반드시 확인을 한다. 한 사람의 임원이 결정을 하는 일이라면 수월하겠지만, 임원 전원의 합의로 결정해야 한다면 다양한 의견이 제시되어 수정에 수정을 거듭해야 할 때도 있다. 따라서 회사 홍보물 제작을 너무 쉽게 생각해서는 안 된다.

2 원활한 진행을 위해서는 각 단계마다 반드시 확인 작업을 거쳐야 한다

(1) 사전 협의와 청취조사를 충분하게 실행한다. 어떤 종류의 회사 홍보물을 제작할 것인지, 내용에서 디자인의 이미지까지, 가능한 자세하게 의견을 듣고 상대의 요구를 이해해야 한다. 또한 최종 결재자가 누구인가도 알아두어야 한다. 만약 CEO라면 선호하는 색과 디자인 패턴을 파악해 둘 필요가 있다. 또한 CEO뿐만 아니라 영업사원들의 의견도 참고해 두면 나중에 설득할 수 있는 재료가 된다. 의뢰 담당자에게 부탁하여 가능한 많은 정보를 수집해 둔다.

(2) 정보가 수집되었으면 왼쪽의 예문과 같이 먼저 문서로 구상을 확인해 본다. 기본 제작 방침을 상대와 합의하는 것이 가장 먼저 해야 할 일이다. 기본 방침에 대한 합의가 이루어지기 전에 실제 디자인 작업을 진행시켜서는 안 된다. 헛수고일 뿐이다. 그리고 형태에 관해서도 확인해 두는 것이 좋다. 대강의 페이지 구성안을 보여주고 확인을 받는다. 그리고 협의한 사항은 반드시 기록으로 남겨 둔다. 나중에 방향을 잃었을 때 많은 도움이 된다. 회사 홍보물 제작을 원활하게 진행시키는 포인트는 한 단계 한 단계마다 반드시 확인 작업을 거치는 일이다.

스케줄과 비용을 여유 있게 산정한다

회사 홍보물을 제작하기 위한 기획서에서 주의해야 하는 사항은 스케줄과 비용이다. 「최종 OK는 임원회의를 거쳐야 한다. 단, 임원회의는 월 2회 밖에 열리지 않는다」는 등의 이유로 결정하기까지 많은 시간이 소요될 수 있으므로, 이 점을 고려하여 스케줄을 잡아야 한다. 가능한 한 여유 있게 스케줄을 잡자. 또한 비용에 관해서도 수정 작업을 해야 할 가능성이 많다는 점을 고려하여 여유 있게 견적을 낸다.

예문 54 인쇄물 제작 PR지

PR지 발행에 관해

1. 목적
미나미 마을의 매력을 알려서 마을을 활성화시킨다.

2. 테마
"온화한 고향이 기다리고 있어요."
따뜻한 온천과 예전부터 내려온 자연의 아름다움이 그대로 남아있는 미나미 마을의 메시지

3. 배포 대상
① 미나미 상공업조합에 가입한 점포
② 신문사, 잡지사, TV방송국 등
③ 기타 희망자

4. 기본 제작 방침
① 문제를 제기한다.
　(a) 온천 = 관광이 아니라, "심신을 안정"시키는 곳이라는 이미지를 부각시킨다.
　(b) 미나미 마을의 자산인 아름다운 자연 경관과 생활을 적극적으로 알린다.
　(c) 자연의 풍요로움 속에서 생활하는 멋을 도시의 사람들에게 전한다.
② 대담하게, 신선하게
　(a) 새로운 감각으로 디자인한다.
　(b) 다른 지역 출신의 디자이너 우치야마 시게루 씨가 디자인을 감수(비공식적인 승낙을 받은 상태)한다.
　(c) 광고 페이지를 설정하고 협찬사를 공모한다.

5. 구체적인 계획안
　① 발행　　　　　계절마다 연간 4회 발행
　② 사이즈·형태　　A5 사이즈, 가로쓰기, 서책 형식
　③ 컬러　　　　　4도 컬러 사용
　④ 내용　　　　　(a) 온천 소개
　　　　　　　　　(b) 조상의 지혜(오래된 농기구, 일반 도구 등의 생활용품 소개)
　　　　　　　　　(c) 자연의 아름다움
　　　　　　　　　(d) 지도

6. 제작 비용
1회당 150만 엔 × 4회 = 600만 엔

7. 제작 스케줄
첨부 참조

첨부
디자이너 우치야마 시게루 씨의 약력과 작품

「PR지」 제작을 위한 기획서의 전제

나가노 현의 미나미 마을은 온천의 고장으로 긴 역사를 자랑한다. 최근 몇 년간 관광객이 감소하였기 때문에 「마을의 부흥」을 목적으로 미나미 마을에 대한 PR지를 제작하기로 했다. 미나미 마을은 자연 경관이 수려하고 온천으로 유명하다.

1. 주장하는 것은 소중한 일이다

(1) 왼쪽 예문의 목적은 관광객을 유치하는 것이다. 관광객의 방문을 유도하기 위해서는 고장의 매력을 충분히 알려야 한다. 그래서 테마의 설정이 중요하다. 얼마 전까지만 해도 일본 어디에서나 볼 수 있었던 풍경의 하나였던 「따뜻한 온천과 자연 경관의 아름다움」이 이제는 쉽게 찾아볼 수 없는 특징이 되었다. 테마를 슬로건화하면 「온화한 고향이 기다리고 있어요」가 될 것이다.

(2) 제작에 있어서 기본 방침은 진지하게 문제를 제기하는 형식의 PR지 제작이다. 온천을 단순하게 오락의 장으로 취급하는 게 아니라, 「심신의 안정」을 되찾고 재충전을 위한 장소로 인식하게 하는 일이다. 또한 자신들의 생활과 자연 경관을 자랑스럽게 여기며, 점점 잊혀져 가는 「아름다운 일본」을 소개할 수 있어야 한다. 단순하게 온천을 즐기는 게 아니라 하나의 주장을 전개한다. 이 주장이 잘 전개된다면 PR지로서 높이 평가될 것이다.

(3) 한편, 편집과 디자인에 있어서는 대담함과 신선함을 기본 방침으로 하고 있다. 이를 통해서 어디에나 있을 법한 PR지에서 탈피하려는 느낌을 받을 수 있다.

(4) 다소 거창한 편집 방침일지도 모르지만, 무언가 새롭게 창조하려고 할 때 그리고 마을에 다시 활기를 불어넣기 위한 움직임을 일으키고자 할 때에는 이 정도의 홍보가 필요할 것이다.

「기본 방침」

각종 매체에 PR할 목적으로 보내는 PR지이므로 좀더 아이디어를 구상해 보자. 들꽃을 봉투에 삽입하거나 식물의 씨앗을 넣는 일도 매우 흥미로운 아이디어이다. 또한 보내는 사람의 이름을 마을 사람으로 하는 것도 좋을 듯 싶다. 미나미 마을 관광협회라고 쓰기보다 마을 사람의 이름으로 보내면 받는 사람도 신선하게 느끼고, 마을 전체가 일체화되어 "마을 부흥"을 위해 힘쓰고 있다는 사실을 쉽게 어필할 수 있는 방법이다.

예문 55 인쇄물 제작 — 카렌다 제작

카렌다 제작

1. 목적
「퀴클 사」에 대한 고객의 호감도를 향상시킨다.

2. 대상
기업고객 또는 잠재 기업고객의 사무용품 발주 담당자(주로 여성)

3. 배포 방법
① 기업고객에게 우편으로 발송한다. 중요한 고객에게는 영업사원이 직접 방문해서 전달한다.
② 목표 고객에게는 DM을 발송한다.

4. 제작 방침
① 항상 가까이에 둘 수 있도록 탁상형으로 제작한다.
② 책상에 놓아두어도 업무에 방해가 되지 않게 소형으로 제작한다.
③ 심플하고 귀엽게 디자인한다.
④ 카렌다의 숫자 부분이 눈에 띄게 디자인한다.
⑤ 퀴클의 전화번호, 팩스번호, e-mail 주소를 표기한다.

5. 제작안
① 사이즈는 15cm × 10cm 정도로 한다.
② 컬러는 4도로 한다.
③ 표지+6장으로 구성한다(카렌다의 숫자 부분은 내지를 사용).
④ 전체의 2/3를 카렌다로 하고 나머지 부분은 배경으로 한다.
⑤ 전 월과 다음 달도 작게 표기한다.
⑥ 시각 효과를 내는 아이디어
　・아기 동물
　・세계 유산
　・일본의 흐릿한 정경
⑦ 시각적인 이미지를 손상시키지 않는 선에서 퀴클의 전화번호, 팩스번호, e-mail 주소를 표기한다.

6. 제작 비용
첨부 참조

7. 제작 스케줄
첨부 참조

첨부
① ○○○ 사진집
② ○○○ 일러스트
③ 견적서와 스케줄

「카렌다 제작」을 위한 기획서의 전제

사무용품을 B-to-B 방식으로 통신판매하는 퀴클 사는 연말연시를 맞이하여 고객 서비스의 일환으로 카렌다 디자인을 의뢰했다. 퀴클 사는 기업에 카탈로그를 배포한 다음, 전화나 팩스, 메일로 주문을 받고 다음 날 상품을 배송한다.

1 카렌다는 보기 쉽게 제작하는 것이 기본이다

(1) 예전에는 많은 기업들이 카렌다를 제작하여 연말연시에 서비스의 일환으로 배포했다. 하지만 최근에는 대폭 줄어들고 있다. 대형 벽걸이 카렌다는 취향에 맞지 않아 선물로 받아도 별로 기쁘지 않을 경우가 있다. 하지만 탁상형은 하나쯤 있으면 아주 편리하게 사용할 수 있다.

(2) 왼쪽의 예문은 제작에 관한 실무적인 기획서이므로 내용도 이 정도면 충분하다. 누구에게 어떻게 배포할 것인가, 어떤 내용으로 작성할 것인가, 그리고 형태와 구체적인 아이디어에 관해서 설명하면 된다. 형태와 소재에 대해서는 기획서와 함께 간단한 모형을 제출하면 누구나 쉽게 이해할 수 있다.

(3) 비즈니스로 활용하는 탁상형 카렌다는 쉽게 볼 수 있어야 한다. 카렌다가 아무리 예뻐도 디자인된 숫자를 사용하거나 숫자가 작게 표기되어 있어서 알아보기 어려우면 사용하지 않는다. 그리고 가능한 전 달과 다음 달을 작게 해서 보여주면 사용이 편리하다.

(4) 배포 대상이 여성이므로 알아보기 쉬워야 한다는 점과 세련미와 깜찍함도 필수적이다. 아무런 디자인도 없이 숫자만 새겨진 카렌다는 책상 위에 올려두지 않는다. 카렌다도 책상을 장식하는 하나의 소품이므로, 숫자 부분과 디자인 부분을 나누어 세련되게 만들자. 평범한 디자인이라 해도 동물, 특히 새끼 고양이나 강아지 등의 사진이 들어 있으면 여성들이 좋아할 것이다.

(5) 카렌다를 배포할 때에는 1년 동안 잘 부탁한다는 인사와 함께 판촉이라는 목적을 달성하기 위해 반드시 회사의 명칭과 연락처를 표기해 두어야 한다. 단, 책상 위에 올려놓고 볼 소품이므로 회사 상호와 연락처가 너무 크지 않게 표기하는 것이 좋다.

형태와 소재도 고려하자

만약 예산이 허락된다면 조금 다른 형태도 고려해 볼 수 있다. 사무용품을 통신판매하는 회사이므로 전체 모양을 트럭 형태로 하거나 포장이사에 사용하는 상자 형태로 하는 등 다소 색다른 형태로 제작한다면 흥미를 유발시킬 수 있을 것이다. 소재도 마찬가지이다. 전통 종이나 삼베 등을 이용하면 딱딱한 책상에 좀더 온화한 느낌을 줄 것이다.

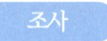

예문 56 조사 소비자 실태조사

제4회 양주 음주 실태조사 (2○○○년)

1. 조사 목적
① 소비자의 양주 음주 실태를 밝힌다.
② ITC 브랜드의 음주 상황과 주요 경쟁사의 현황을 비교한다.

2. 조사 대상
도쿄, 오사카에 거주하는 성인 각각 250명, 합계 500명
30대 이상의 남성으로 양주 애호가

3. 조사 방법
① 질문표를 작성한 다음 전화로 조사에 대한 개요를 설명한다. 의뢰를 받아들이면 우편으로 질문표를 발송하고, 역시 우편으로 발송한 질문표를 회수한다.
② 조사대상자 선정
주민등록표를 기준으로 무작위로 추출한 뒤, 전화로 음주 현황을 물어서 양주 애호가를 선정한다.

4. 조사 항목(검토용)
① 음주 실태조사(주류, 빈도, 용량, 장소, 가정과 그 외의 장소에서 지불하는 음주 관련 지출 평균 금액 등)
② 양주 음주 실태조사(주류, 빈도, 용량, 장소, 가정과 그 외의 장소에서 지불하는 음주 관련 지출 평균 금액 등)
③ 애용하는 양주의 브랜드 명과 브랜드의 선택 이유
④ ITC 브랜드에 대한 인지 및 음주 현황, 평가
⑤ 경쟁 브랜드에 대한 인지 및 음주 현황, 평가
⑥ ITC 브랜드 및 경쟁 브랜드에 대한 이미지 평가
⑦ 생활 습관
⑧ 매체 접촉 현황

5. 조사 스케줄
① 조사표 작성 · 대상자 선정   8월 20일~30일
② 질문표 발송 · 회수   9월 1일~15일
③ 집계 · 1차 보고   10월 1일
④ 집계 · 분석 · 최종 보고   10월 25일

6. 조사 비용
기획비
실사비
리포트 작성 비용
관리비

「소비자 실태조사」를 위한 기획서의 전제

양주 수입판매사인 인터내셔널 트레이드 코퍼레이션(ITC) 사는 매년 소비자의 양주 음주 실태를 조사하고 있다. 조사 결과를 바탕으로 다음 년도의 마케팅 계획을 수립할 때 기초 자료로 사용하기 위해서다. 올해 역시 9월에 조사를 실시하기로 결정하고, 조사업체에 기획안을 의뢰했다.

1 조사 기획서는 획일적이어야 한다

(1) 조사를 위한 기획서의 구성은 정해져 있다. ① 조사 목적, ② 조사 대상, ③ 조사 방법, ④ 조사 항목, ⑤ 조사 스케줄, ⑥ 조사 비용의 6가지 항목으로 구성되어야 한다. 여기에 앙케트 조사 형식의 조사표가 첨부될 때도 있다. 1단계는 일반적으로 위의 6가지 항목으로 기획서를 작성하고, 거래처와 확인 작업을 거친 후에 조사표를 완성한다.

(2) 어느 것이든 조사를 위한 기획서는 정형화되어 있다. 광고나 PR, 판촉 등의 기획서는 구성이 어느 정도 정해져 있어도, 경우에 따라 변화를 주거나 항목 타이틀도 상황에 따라 바꿀 수 있다. 또는 제시하는 방법에 중점을 둘 경우도 있다. 하지만 조사 기획서의 경우에는 왼쪽 예문의 형식대로 쓰면 합격이다. 거래처에 제출하는 서식도 A4 사이즈에 가로쓰기가 일반적이다.

(3) 조사를 위한 기획서는 많은 아이디어를 필요로 하지 않는다. 아이디어가 풍부한 조사 기법은 오히려 신빙성을 떨어뜨린다. 그러므로 확립된 조사 기법을 선택하는 편이 좋다. 조사는 「얼마나 정확한 정보를 얻을 수 있는가」하는 점이 중요하므로 입증된 기법으로 전개하는 편이 안전하다.

2 조사 기법을 알아두자

조사를 위한 기획서에서 중요한 것은 조사 목적을 달성하기 위해 「어떤 방법이 가장 적절한가, 그리고 어떤 정보를 수집함으로서 목적을 달성할 수 있는가」이다. 따라서 몇 가지의 대표적인 조사 기법을 알아둘 필요가 있다. 이 예문에서는 가장 일반적으로 활용되는 우편발송 앙케트 조사 방법을 채택했다.

조사에는 2가지가 있다.

조사는 크게 2가지로 나눌 수 있다. 계획 수립을 위해 사전 정보를 수집하는 조사와 실행된 계획의 결과나 효과를 확인하기 위한 조사가 그것이다.

예문 57 [조사] 현장조사

「쓰레기 처리」 사업에 관한 현장조사

1. 조사 목적

이 조사는 귀사가 기획하는 「쓰레기 처리」 사업의 성공 가능성을 분석하기 위한 정보 수집을 목적으로 하고 있습니다. 쓰레기 처리의 문제점, 분리 수거, 유료화, 대형 쓰레기에 대한 수집 처리의 실태를 밝히고자 합니다.

2. 조사 대상

도쿄, 가나가와, 치바, 사이타마, 오사카, 나고야, 후쿠오카, 히로시마, 센다이, 삿포로의 10개 지방자치단체

3. 조사 방법

대상 자치단체의 담당 책임자를 방문하여 면접조사를 실시한다.
사전에 전화조사를 통해 담당 책임자를 추출한다.

4. 조사 항목(검토 요망)

① 쓰레기 처리 사업에 관한 외부 위탁 현황
② 외부 위탁의 과제와 문제점
③ 분리 수거의 실태, 특히 대형 쓰레기에 관한 실태
④ 대형 쓰레기의 재활용 실태
⑤ 쓰레기 처리에 관한 예산
⑥ 쓰레기 처리에 관한 외부 위탁 결정 방법, 시기, 조건 등
⑦ 사업 계획 내용을 설명하고 수락 가능성을 타진한다.

5. 조사 스케줄

조사 기간은 발주 후 약 1개월 반으로 한다.
  1일~7일   조사 대상자 추출, 방문 약속
  8일~21일   실제조사(출장방문에 의한 면접)
  21일~39일   리포트 작성
  40일째   보고

6. 조사 비용

기획비
실사비(출장비·숙박비 포함)
리포트 작성 비용
관리비

「현장조사」를 위한 기획서의 전제

동아운송 주식회사는 신규 사업으로 쓰레기 처리 사업의 가능성을 검토하기 위해 정보를 수집하고 있다. 그 일환으로 주요 지방자치단체의 쓰레기 처리 사업의 실태를 조사하기로 결정했다. 조사회사에서 동아운송에 제출한 기획서이다.

1. 사전 조사로서 효과적인 청취조사

(1) 현장조사에는 여러 가지가 있다. 그 중에는 매장 개설을 위한 정보 수집을 목적으로 직접 현지에서 통행량을 조사하거나, 경쟁사의 고객 동향을 살펴보거나, 경쟁사의 인테리어·디스플레이를 조사하는 경우도 있다. 이것도 현장조사이다. 왼쪽의 예문은 현장조사를 위한 청취조사에 속한다.

(2) 청취조사는 사전 조사로서 효과적인 방법이다. 사원이 직접 물어볼 수 없는 사항도 조사업체에 의뢰하면 쉽게 물어볼 수 있다는 장점이 있다. 예를 들어 새로운 업종에 참여하기 위해 업계 관계자에게 정보를 얻고 싶을 때가 있다. 자사의 사원이 움직이면 금방 신규 사업에 뛰어든다는 소문이 퍼지기 마련이다. 그렇다고 해서 어디의 누구라고 이름을 밝히지 않고 청취조사를 실행할 수도 없다. 게다가 나중에 이 업계에 참여할 것이므로 거짓으로 회사명이나 이름을 말할 수도 없다. 이런 경우 조사업체에 의뢰하면 쉽게 해결된다.

(3) 왼쪽의 예문은 쓰레기, 특히 대형 쓰레기에 대한 수거 처리의 실태를 밝히려는 것이 목적이다. 이 목적이라면 조사업체에 의뢰하여 각 지방자치단체의 담당자에게 청취조사를 실시하여 정보를 수집하는 것이 가장 적절하다. 청취조사의 특징을 잘 발휘할 수 있는 주제이다.

(4) 기획서는 형식에 맞추어 작성하면 된다. 만약 거래처가 지금까지 청취조사를 실시한 경험이 없다면, 청취조사가 어떤 것인지를 「조사 방법」의 항목을 통해서 상세하게 설명해 줄 필요가 있다. 또한 적절한 예를 소개하면서 설명하면 이해를 도울 수 있다.

(5) 조사 항목에 대해서는 사전에 자세한 사항을 결정해 두도록 하자. 직접 물어볼 수 있는 사항과 그렇지 않은 사항이 있다. 어떤 정보가 핵심적인지, 그것을 직접 물어볼 수 없는 것이라면 어떤 우회방식을 통해서 핵심 정보에 다가갈 것인지를 사전에 정해 두어야 한다. 방문조사가 끝나고 난 후에 추가로 전화조사를 실시할 수도 있지만, 역시 사전에 결정해 두는 것이 좋다.

비용 대비 효과

방문 면접조사는 비용이 발생한다. 당연히 먼 지역에서 실시할 조사라면 조사원의 출장 비용이 발생한다. 그러나 조사원이 직접 면접하여 조사를 실시함으로서, 우편 설문조사로는 얻을 수 없는 심도 있는 정보를 수집할 수 있다.

예문 58 조사 포커스 그룹 조사

신상품 X의 콘셉트 조사

1. 조사 목적
　신상품 X(케이크 전용 전기오븐)의 수용도에 관한 목표 고객의 의견을 수집한다.

2. 조사 대상
　30대, 40대, 50대 주부

3. 조사 방법
　① 포커스 그룹 인터뷰
　　콘셉트에 관한 양질의 정보를 수집하기 위해 가장 일반적으로 활용하는 조사 기법인 포커스 그룹 인터뷰를 실시한다.
　② 인터뷰 집단
　　집단1　　30대 주부　　　6명
　　집단2　　40대 주부　　　6명
　　집단3　　50대 주부　　　6명
　③ 대상자 선정 방법
　　고객 명부에서 대상자를 추출한다.
　④ 인터뷰 방법
　　사전에 작성한 설문지를 바탕으로 당사의 모델인 아니시 카나코 씨가 사회를 맡아서 진행한다.
　⑤ 실시 장소
　　당사 인터뷰실
　⑥ 실시일
　　집단1: 10월 2일 10:00~12:00
　　집단2: 10월 2일 14:00~16:00
　　집단3: 10월 2일 18:00~20:00

4. 조사 내용
　① 상품 콘셉트의 수용도와 그 이유
　② 예상 가격, 제시 가격의 타당성
　③ 구입 의향과 그 이유

5. 조사 비용
　기획비
　실사비(인터뷰 참가자에 대한 사례금 포함)
　리포트 작성 비용
　관리비

「포커스 그룹 조사」를 위한 기획서의 전제

월드전기 사는 「맛있는 케이크」를 가정에서도 간단하게 만들 수 있도록 케이크 전용 전기오븐을 개발할 계획이다. 소비자들의 오븐에 대한 수용도에 관하여 조사업체에 조사를 의뢰했다.

1 포커스 그룹 인터뷰 방법

(1) 포커스 그룹 인터뷰는 일반적인 조사 방법이다. 또한 콘셉트 조사와 같이 양질의 정보를 수집하기 위해 자주 활용된다. 대상자를 6~8명 정도의 집단으로 나누어서 조사 실시장소에 모이게 하여 인터뷰를 하는 방법이다.

(2) 가령, 왼쪽의 「케이크 전용 전기오븐」의 예문에서는 「이 제품에 대해 목표 소비자들은 어떻게 생각하는가?」, 「이 콘셉트는 수용도가 높은가?」, 「콘셉트의 수정은 필요한가?」, 「가격이 어느 정도라면 구매하겠는가?」 등 소비자의 자유로운 의견을 듣고 이것을 통해 개발의 방향성을 모색한다.

(3) 포커스 그룹 인터뷰에서 가장 중요한 것은 어떻게 하면 포커스 그룹 내에서 원활한 논의를 진행시켜 참가자들의 진지한 의견을 모을 수 있느냐이다. 논의를 할 때 참가자 전원에게 발언 기회를 부여하기는 사실 쉽지 않다. 자연스럽게 리더가 생겨나고, 그 리더의 의견에 따르는 추종자가 생겨난다. 반대로 침묵으로 대응하는 사람도 있다. 그래서 중요한 사람이 바로 사회자이다. 사회자는 조사 내용을 분명하게 파악한 다음 논의를 진행해야 한다. 포커스 그룹 인터뷰에서 유효한 정보를 얻어낼 수 있느냐의 여부는 사회자의 역량에 달려 있다. 인터뷰의 모든 것은 테이프에 녹음하고, 이것을 바탕으로 사회자가 리포트를 작성한다. 수치에 관한 조사가 아니라 경향과 견해를 묻는 조사이므로, 리포트를 작성할 때에도 사회자의 관찰과 분석력이 요구된다.

(4) 포커스 그룹 인터뷰는 간단하게 그룹 인터뷰라고도 한다.

현장에서 조사한다

포커스 그룹 인터뷰 장소에는 논의하는 상황을 지켜볼 수 있는 스크린이나 VTR 등의 장비가 있다. 조사업체에 맡겨 두고 리포트만 받아볼 것이 아니라 인터뷰 현장에 직접 가서 스크린을 통해 혹은 비디오를 통해서 관찰한다. 사회자를 통해서 추가적인 질문을 할 수도 있다.

예문 59 조사 **집단 면접조사**

신상품 「향기 플러스」에 대한 제품 테스트

1. 조사 목적
  신상품 「향기 플러스」의 맛과 향기에 관한 소비자의 평가를 알아본다.
  또한 「향기 플러스」라는 제품의 명칭과 포장에 관한 평가를 알아본다.

2. 조사 대상
  커피 애용자. 20대 남녀 각각 50명, 30대 남녀 각 50명, 합계 200명

3. 조사 방법
  ① 센트럴 로케이션 테스트
    조사 대상 전체를 한 장소에 모아서 시음 테스트를 한 후에 앙케트 조사를 실시한다.
  ② 대상자 선정 방법
    조사 실시 장소 부근을 통행하는 사람 중에서 조사 대상자를 선정하고, 조사에 대한 협력을 구한다.
  ③ 실시 장소
    시부야 ○○회관
  ④ 실시일
    집단 1: 3월 2일 10:00~19:00
    집단 2: 3월 3일 10:00~19:00

4. 조사 내용
  ① 시음 테스트
    「향기 플러스」를 시음하게 한 다음 맛과 향기, 삼킬 때 넘어가는 느낌 등에 관하여 앙케트 조사를 실시한다.
  ② 향기 플러스의 명칭에 대한 테스트
    시안으로 잡은 상품명을 보드에 표기하고 평가를 듣는다.
  ③ 포장에 관한 테스트
    개발중인 포장안 5가지의 견본을 게시하고, 각 안에 대한 평가를 듣는다.
  ④ 예상 가격, 제시 가격의 타당성
  ⑤ 구입 의향과 그 이유

5. 조사 비용
  기획비
  실사비(회관 사용료와 테스트 참가자에 대한 사례금 포함)
  리포트 작성 비용
  관리비

「집단 면접조사」 기획서의 전제

델라웨어 식품은 이번에 오렌지 향기와 맛을 첨가한 인스턴트 커피를 발매한다. 따라서 발매 전에 시제품의 맛과 향기, 상품의 이름, 포장 등에 관한 제품 테스트를 실시하기로 했다.

1 집단 면접조사란 무엇인가?

(1) 집단 면접조사란 조사 대상자를 한 곳의 장소에 모으고, 그곳에서 일시에 면접조사를 하는 방법이다. 먹어 보거나 사용해 보는 등 어떤 것을 반드시 체험하게 한 다음 알 수 있는 것에 관해 조사할 때 활용하는 방법이다. 예를 들어 신형 마사지 의자의 사용 후 소감을 물어보고 싶어도 우편 앙케트 조사 방법으로는 절대로 사용 후의 느낌을 효과적으로 물어볼 수가 없다. 방문 면접법을 활용한다면 마사지 의자를 조사 대상자의 집으로 보내지 않는 한 소감을 물어볼 수가 없다. 그러나 집단 면접조사는 조사 대상자를 한 곳에 모아서 실시하기 때문에 사전에 몇 대의 의자를 준비해 두기만 하면 된다.

(2) 왼쪽의 예문에서도 새로운 향과 맛의 커피에 관해 묻는 것이므로 집단 면접조사가 가장 적절한 방법이라고 할 수 있다.

(3) 집단 면접조사를 위한 대상자 모집 방법에는 2가지가 있다. 사전에 대상자를 선정한 다음, 전화나 우편으로 참가 여부를 물어보고 승락을 받는 방법과 거리에서 직접 대상자를 모집하는 방법이 있다. 조사장 근처를 지나가고 있는 사람 중에서 목표 고객으로 파악되는 사람에게 말을 걸고, 가까운 곳에 설치된 대회장으로 유도한 다음, 조사에 관한 협력을 구하는 것이다. 전화나 우편으로 참가 여부를 묻는 방법이 적절한 대상자를 선정할 수 있고 조사 결과도 정확하지만 많은 사전 준비가 필요하다. 반면, 거리에서 대상자를 선정하는 방법은 준비 시간이 걸리지 않기 때문에 가볍게 실시할 수 있다.

(4) 직접 면접조사는 많은 수의 조사 대상자를 참여시킬 수 있기 때문에 양적인 조사를 가능하게 한다. 200명이라는 숫자는 양적으로 판단하기에 충분한 숫자다.

방심은 금물이다

직접 면접조사의 경우에도 현장에 가서 직접 모니터링을 할 필요가 있다. 왼쪽 예문의 경우 조사 현장에 모인 대상자가 편중되어 있지는 않는지, 적절한 방법으로 커피를 마시도록 유도하고 있는지를 직접 확인하는 게 좋다. 방심하면 모처럼 실시한 조사가 잘못된 결과를 초래할 수도 있다.

예문 60 조사 기업 이미지 조사

광신산업 주식회사의 기업 이미지 조사 실시 기획서

1. 목적
CI 전략의 기초 자료가 되는 기업 이미지를 조사한다.

2. 조사 지역 및 대상자
지역: 도쿄 및 오사카 지역
대상자: 광신산업의 거래처 500개 업체

3. 조사 방법
① 거래 기업에 앙케트 조사 자료를 발송한다.
　앙케트 조사는 인사말, 앙케트 조사 내용, 사례(도서상품권), 반송용 봉투로 구성한다.
② 앙케트 조사 결과를 집계·분석하여 리포트를 작성한다.

4. 조사 내용(개요)
① 거래 내용
② 현재의 만족도. 불만이 있으면 구체적으로 기술한다.
③ 광신산업에 대해 알고 있는 정도
④ 광신산업의 이미지
⑤ 광신산업에 대한 요구사항 등
＊ 조사 항목은 약 30항으로 구성

5. 조사 스케줄
최종 보고까지 약 8주가 소요된다.

준비 기간	2주	앙케트 설문지 작성, 대상 리스트 정리 등
조사 실시	2주	앙케트 설문지 발송, 회수
분석·1차 보고	2주	데이터 입력 분석, 1차 보고서 작성
최종 보고	2주	

6. 비용
대략 500만 엔

「기업 이미지 조사」를 위한 기획서의 전제

정밀기기를 생산하는 광신산업 주식회사는 창립 50주년을 맞이하여 CI를 재검토하기로 결정했다. 이미지 조사를 실시한 후에 조사 결과를 바탕으로 전략을 세우기로 하고, 조사회사에 기획을 의뢰했다.

1 대형 프로젝트 조사 기획서도 구성은 정형화되어 있다

(1) CI라는 대형 과제의 기초가 될 자료를 조사하는 일이지만 기획서 자체는 그렇게 복잡하지 않다. 일반적인 조사 기획서의 구성대로 ① 목적, ② 조사 지역·대상자, ③ 조사 방법, ④ 조사 내용, ⑤ 스케줄, ⑥ 비용의 순서대로 정리하면 된다.

(2) 대상자가 일반 소비자가 아니라 기업(거래처 담당자)인 경우에도 조사를 진행하는 데 별다른 문제는 없다. 사전에 조사업체가 조사에 대한 협력을 요청해 놓으면 된다. 일반적으로 이런 조사에는 어느 회사든 협력해 준다.

(3) 무언가를 체험하게 하는 조사가 아니기 때문에 우편에 의한 앙케트 조사만으로도 충분하게 정보를 수집할 수 있다. 단, 거래처에 협력을 요청하는 일이므로 앙케트 설문지를 작성할 때에는 정중한 말투를 사용하고 사례를 해야 한다. 사례는 도서상품권 등이 무난하다.

(4) 조사 내용은 잘 음미해서 결정해야 한다. CI를 진행하기 위해서는 어떤 정보를 필요로 하는지 충분한 검토가 이루어져야 하고, 조사업체의 의견도 참고해야 한다. 조사업체는 이러한 조사에 익숙하기 때문에 CI를 위한 조사 항목을 잘 파악하고 있다. 항목을 고려할 때 중요한 것은 가설을 설정하는 일이다. 가설을 설정하고 그것을 검증하는 방향으로 조사 항목을 결정해야 한다.

(5) 조사 스케줄은 가능한 여유 있게 정한다. 특히 왼쪽 예문의 경우에는 거래처에 대한 조사이므로 독촉하기 어려워 앙케트 설문지를 회수하는 데 시간이 걸릴 수 있다.

조사 결과를 분석하는 관점이 중요하다

지금까지 조사를 위한 기획서에 대해 설명했는데, 조사에서 중요한 것은 「조사 결과를 어떤 시각에서 분석하는가」이다. 조사 결과를 크로스 집계하여 심도 있게 분석해야 한다.

CI : Corporate Identity의 약자이며 기업의 이미지 제고 전략의 하나이다. 일반적으로는 심벌 마크, 로고타입, 상징 색상 등을 통일성 있게 나타내려는 것이다.

광고 인지도 조사

광고 인지도 조사

1. 조사 목적
① 올해 실시한 각종 광고의 인지도를 알아본다.
② 동시에 광고 이미지에 관하여 상세하게 조사한다.

2. 조사 대상
「치바 해양 어드벤처 랜드」의 방문객
20대, 30대, 40대 여성 각 100명, 합계 300명

3. 조사 방법
① 입장 고객에게 인터뷰 조사를 실시한다.
　　입장 고객의 연령을 추정하여 조사에 대한 협력을 구한다.
② 조사일　　7월 31일(토요일) 10:00～16:00 150명
　　　　　　8월 15일(일요일) 10:00～16:00 150명
③ 조사직원
　　사내 직원 3명

4. 조사 내용
① 방문 횟수
② 방문 이유
③ 광고에 대한 인지도
④ 텔레비전 광고에 대한 인지도(텔레비전 광고의 콘티를 보여주고 광고 호응도 평가)
⑤ 신문광고에 대한 인지도(신문광고를 보여주고 광고 호응도 평가)
⑥ 잡지광고에 대한 인지도(잡지광고를 보여주고 광고 호응도 평가)
⑦ 「치바 해양 어드벤처 랜드」에 대한 의견
⑧ 평가 기입

첨부
조사표

「광고 인지도 조사」 기획서의 전제

치바 현에 위치한 레저시설 「치바 해양 어드벤처 랜드」는 올해 처음으로 본격적인 광고를 전개하고 있다. 광고매체는 신문, 텔레비전, 잡지를 이용하고 있으며 다른 PR 활동도 활발하게 전개하고 있다. 내년의 마케팅 계획을 수립하기 위해 방문객을 대상으로 어떤 매체를 통해서 알게 되었는가를 알아보기 위해 기획하였다.

1. 조사와 광고는 2인 3각이다

(1) 기획이 채택되는 관건은 아이디어도 중요하지만 설득력이 있는 데이터나 정보가 중요하다. 예를 들어 광고를 기획할 경우, 전략이나 이용 매체에 관한 계획을 자신의 경험과 지식만을 가지고 설명하려 한다면 의뢰자가 납득하지 못할 것이다. 이런 경우에 도움이 되는 것이 조사 데이터이다. 극단적인 예이지만, 방문객의 80%가 텔레비전 광고를 통해서 「치바 해양 어드벤처 랜드」의 존재를 인지했다는 결과가 도출되면 내년에는 예산이 허락하는 한 텔레비전 매체를 통한 광고에 집중하라고 제안할 수 있다.

(2) 광고 인지도 조사는 「결과에 대한 조사」이지만, 결과를 수치로서 파악하게 됨으로서 다음 광고 전략을 효과적으로 전개할 수 있다. 광고를 실시한 후에 이것으로 끝이라고 생각하지 말고, 광고 결과에 대한 조사를 실시해야 한다. 조사 결과를 집계함으로서 효과적인 전략이 마련된다. 이렇게 조사와 광고는 2인 3각이다.

2. 스스로 조사를 실행해 보자

(1) 왼쪽의 예문에서 제시하는 제안은 아주 간단한 조사이다. 사내의 직원이 직접 방문객에게 앙케트 조사를 실시할 수 있다. 이것은 아주 좋은 방법이다. 담당자가 스스로 조사를 실행함으로서 방문객의 생생한 의견을 청취할 수 있기 때문에 현장감 있는 마케팅 계획을 수립할 수 있게 된다.

(2) 이 예문을 보면 조사회사에 의뢰하지 않고서도 조사를 실행할 수 있다는 것을 알 수 있다. 물론 조사분석 기법을 알고 있지 않거나 분석 시스템이 없다면 크로스 분석 등 복잡한 분석은 어려울 것이다. 그러나 어느 정도의 분석은 가능하며, 다음 년도의 마케팅 기획에 충분히 활용할 수 있는 정보를 수집할 수 있다.

(3) 비용이 없어서 조사할 수 없다고 하기 전에, 스스로 실행할 수 있는 조사에 어떤 것이 있는지 파악해 둘 필요가 있다. 184페이지의 상품 기획 예문에는 스스로 「여행자 청취조사」를 실시하고 있다. 이 조사 결과를 기반으로 한 설득이 아주 효과적이라는 것을 알 수 있다.

예문 62 다이렉트 마케팅 — 통신판매 실시 기획

「오프데이」 시계 통신판매 테스트 계획

1. 목적
「오프데이」 시계의 통신판매 가능성을 검증한다.

2. 기본 전략
통신판매를 통해서만 판매되는 「오프데이」를 위해 ① 최적의 카탈로그를 작성하고, ② 최적의 리스트를 찾고, ③ 테스트 메일을 보냄으로서 판매 가능성을 검증한다.

3. 테스트 계획
① 실시 시기   20○○년 3월(준비 기간은 약 2개월)
② 테스트 지역   전국
③ 목표 고객   30세 이상의 남성이 주요 목표 고객
④ 카탈로그 내용   상품을 소개할 뿐만 아니라 여가 활동시에 「오프데이」를 착용하고 있는 장면을 보여줌으로서 구매 욕구를 높인다.
⑤ 리스트   미국 신사복 통신판매 회사인 「헨리 헨리」의 고객명부를 사용한다.
                 ＊ 헨리 헨리 사의 고객명부는 빌릴 수 있음.
⑥ 테스트 수   20,000
⑦ 결제   지불 방법은 신용카드 결제로 일원화한다.

4. 테스트 결과의 예측

내용		테스트 수	확대 수
매출			
①	메일 수	20,000	100,000
②	예상 주문량 ①×2%	400	2,000
③	평균 주문단가(엔)	50,000	50,000
④	수주액 ②×③	20,000,000	100,000,000
⑤	반품 환불 ④×3%	600,000	3,000,000
⑥	매출액 ④-⑤	19,400,000	97,000,000
가격			
⑦	상품원가 ⑥×40%	7,760,000	38,800,000
⑧	DM 제작비(엔)	1,500,000	3,000,000
⑨	메일 발송비(엔)	2,400,000	11,500,000
⑩	신용카드 수수료 ⑥×5%(엔)	970,000	4,850,000
⑪	영업비 ⑥×5%(엔)	2,910,000	14,550,000
⑫	원가 합계(엔)	15,540,000	72,700,000
손익			
⑬	손익(엔)	3,860,000	24,300,000

작성포인트

「통신판매 실시」를 위한 기획서의 전제

시계회사인 메리디안 주식회사는 비즈니스맨이 여가 활동시에 착용하는 고급 스포츠 시계의 통신판매를 검토하고 있다. 이 상품은 「오프데이」 시리즈라고 명명하고, 지금까지의 판매 루트가 아닌 통신판매를 통해서만 판매된다.

1 통신판매는 시험판매가 기본이다

통신판매의 기본은 시험판매이다. 처음부터 대규모 계획을 수립해서는 안 된다. 리스크를 줄이기 위해 처음에는 시험판매부터 시작하여 최적의 방법을 찾으면서 비즈니스를 확대해 나가는 것이 좋다. 때문에 목적은 「판매 가능성의 검증」이 된다.

2 통신판매의 포인트는 3가지이다

(1) 통신판매의 성공 요인은 3가지이다. 상품, 리스트 그리고 카탈로그이다.

(2) 상품이 독특해야 한다. 통신판매를 통해서만 구입할 수 있는 상품은 독특함이 있다. 또한 통신판매를 통해서 구입하면 저렴하게 구입할 수 있다는 점도 독특함의 하나이다. 더욱이 통신판매로 구입하면 편리하다는 점도 있다. B-to-B 방식으로 사무용품을 공급하는 것이 통신판매의 전형이라고 할 수 있다. 전날 주문하면 다음 날 바로 배달된다. 무거운 복사용지를 사러 다닐 필요가 없다. 게다가 가격도 합리적이다.

(3) 카탈로그는 영업사원이나 마찬가지이다. 개인적인 화법을 사용하여 판매로 연결시킨다.

(4) 리스트는 통신판매의 생명이다. 아무리 좋은 상품, 좋은 카탈로그가 있어도 그것을 목표 고객에게 전달할 루트가 없으면 판매할 수가 없다. 통신판매의 경우, 그 루트는 고객명부가 된다. 효율적인 리스트 확보 방법이 통신판매의 열쇠이다.

(5) 왼쪽의 예문은 「전략」을 3가지 관점에서 정리하고 있다. 「시험판매의 계획」은 실무적으로 기술한다. 언제 어디서 누구에게, 어떤 카탈로그를, 어떤 리스트에서, 어느 정도 배포할 것인가를 간단하게 기입하면 된다.

3 시험판매의 결과에 대한 예측을 제시하면 더욱 좋다

설득력이 있는 기획서를 작성하기 위해서는 시험판매를 예측하여 제시한다. 통신판매 역시 판매다. 그러므로 손익을 수치로 제시하는 것이 가장 효과적인 설득 방법이다. 시험판매에서는 이 정도가 예측되고, 만약 확대한다면 어느 정도의 이익이 발생할지를 예측하여 수치로 제시하면 기획서로서 만점이다.

Help & Hint

리스트 선택은 신중하게 한다.
리스트는 개인정보보호 차원에서 주의 깊게 사용해야 한다.

> 예문 63　다이렉트 마케팅　**One-to-One 통신판매**

큐슈야의 One-to-One 통신판매 제안

One-to-One 방식으로 고객 한 사람 한 사람의 요구에 맞추어 상품을 통신판매하는 방법을 다음과 같이 제안합니다.

다　음

1. 제안 이유
① 기존의 생산체제를 One-to-One 통신판매 방식에 효과적으로 적용시킬 수 있다.
② 통신판매 상품은 독특함이 필요한데, 큐슈야는 독특함이 장점인 브랜드이다.
③ 통신판매를 외부에 위탁함으로서 위험부담을 줄이면서 곧바로 시험판매를 할 수 있다.

2. One-to-One 방식이 불러올 성과
① 판매기회를 늘린다.
② 우량 고객의 재구매를 기대할 수 있다.
③ 우량 고객이나 잠재 고객명부를 자산으로 축적할 수 있다.
④ 큐슈야 브랜드의 애호가를 양산할 수 있다.

3. 큐슈야의 One-to-One 통신판매 구조
① 커스텀 메이드 양복을 통신판매한다.
　주문 고객으로부터 현재 가지고 있는 양복을 수취인 요금부담 방식으로 통신판매센터에서 접수한다. 이것을 참고로 고객 사이즈에 맞는 커스텀 메이드 양복을 제조한다. 가지고 있는 양복을 접수받을 때, 사이즈 변경 등에 관한 희망사항에 대해 앙케트 조사를 실시한다(지금까지의 방식에서는 맞춤복을 만들 때에는 치수를 재야 하는 번거로움이 있었지만, 낡은 양복을 보낼 때 앙케트 조사표에 본인의 치수를 적어 양복과 함께 보냄으로서 이 문제가 해소됨).
② 실시 시기는 기본적으로 봄과 가을 2회 실시한다.
③ DM 발송 리스트는 신용카드 사의 회원 리스트를 이용한다.

4. 실시 흐름
① DM 제작 및 수주센터 설치
② 고객명부 입수, DM 발송
③ 수주센터에서 주문 접수, 치수 측정
④ 치수 데이터를 공장으로 운송, 상품 생산
⑤ 공장에서 제품 발송, 발송 데이터는 수주센터에 제공
⑥ 수주센터에서 청구 처리함.
＊ 수주센터는 외부 위탁할 수 있다.

5. 비용·스케줄
비용 견적서와 스케줄 첨부

「One-to-One 통신판매」를 위한 기획서의 전제

고급 신사복 브랜드인 큐슈야는 창업 100주년이 넘는 전통 있는 맞춤복 전문점이다. 도쿄 내에 성업중인 매장이 10개 정도로 숫자가 제한되어 있기 때문에 확장을 고려하던 중, 광고회사로부터 One-to-One 방식의 통신판매에 대한 기획안이 올라왔다.

작성포인트

1 One-to-One 방식이란?

(1) One-to-One은 고객 한 사람 한 사람의 만족도를 높이고, 고객에게 지속적인 상품·서비스의 이용을 촉진하는 마케팅 전략이다. 불특정 다수를 상대로 대량 생산·대량 판매하는 방식의 문제에서 탈피하고자 고안된 방식이다. 많은 고객을 상대로 한 사람 한 사람의 요구에 맞추어 상품·서비스를 제공하는 것이다. 지금까지는 불가능했던 이러한 마케팅 방식이 컴퓨터와 데이터베이스의 활용으로 가능해졌다.

(2) 왼쪽의 예문은 매장에서 맞춤복을 판매하는 것이 아니라 통신판매 방식으로 판매한다는 것이다. 많은 고객을 상대로, 그것도 한 사람 한 사람에게 맞춤복을 제공하는 One-to-One 방식을 실현하고자 한 것이다.

(3) 「제안 이유」와 「성과」, 그리고 「One-to-One 통신판매의 구조」 부분에서 포인트를 간결하게 설명하고 있다. 하지만 「One-to-One」이라는 마케팅 기법에 대해 사전에 좀더 상세하게 설명하는 것이 좋다.

2 One-to-One 방식은 독특한 판매 기법이다

(1) 누구나 맞춤양복을 통신판매하기는 어려울 것이라고 생각하기 쉽다. 맞춤 방식은 반드시 치수를 재는 작업이 필요하기 때문이다. 그러나 접수할 때 최근까지 입었던 양복을 받아서 치수에 맞게 새로운 양복을 만들면 맞춤에 가까운 양복을 만들 수 있을 것이다. 만약 체형이 바뀌었다 하더라도 앙케트 조사표에 본인의 치수를 기입하여 양복과 함께 보내면 치수 측정 문제는 가볍게 해결된다. 이 기획이 실현되면 아주 독특한 통신판매가 이루어질 것이다.

(2) 「실시 흐름」 부분에서는 간단하게 「수주」에서 「청구」까지의 흐름을 설명한다. 새로운 시도를 제안할 때에는 실제로 어떤 순서에 따라 진행할 것인지를 자세하게 설명할 필요가 있다.

기획포인트

「커스텀 메이드의 통신판매」

Help & Hint

커스텀 메이드(Custom Made)
맞춤복을 말한다. 원단을 고객이 선택하고 치수를 측정하여 고객의 체형에 맞는 양복을 만든다.

프로모션 DM

다이렉트 마케팅

노년층을 대상으로 한 패키지 투어의 개발과 판매에 관하여

1. 기획 배경
① 부가가치 높은 상품을 판매하기 위해서는 목표 고객의 요구를 심도 있게 이해할 필요가 있다.
② 부가가치 상품을 구매할 수 있는 잠재 고객을 찾아내는 방법을 확립하고 싶다.

2. 기획 목적
노년층을 대상으로 한 최적의 상품을 개발하고, 효율적으로 판매하는 방법을 확립한다.

3. 기본 전략
① 앙케트 조사용 DM을 발송하여 패키지 투어 개발을 위한 기초 데이터를 수집한다.
② 수집된 데이터를 바탕으로 최상의 상품을 개발하고, DM을 통해 판매한다.

4. 개발 · 판매 방법
제1단계 : 노년층이 원하는 패키지 투어가 어떤 것인지 조사한다

조사 대상　50세 이상의 남녀 1000명
　　　　　3만 명의 리스트 중에 노년층은 1만 명 정도 포함되어 있다.
　　　　　1만 명 중에서 1000명을 무작위로 추출한다.
조사 방법　DM에 의한 앙케트 조사
조사 내용　여행 경험의 유무, 향후의 여행 계획, 패키지 투어에 대한 선택 기준, 희망하는 패키지 투어의 내용, 취미 · 취향 · 속성 등
　　　　　회수 목표 40% 즉, 400명 정도

제2단계 : 조사 결과를 바탕으로 투어를 기획한다
앙케트 조사 결과를 분석하여 이들에게 맞는 최적의 상품을 개발한다. 그리고 개발한 상품을 구매할(여행에 참가할) 가능성이 있는 사람들이 누구인지 파악한다.

제3단계 : 기획된 투어를 DM을 통해 판매한다
① 기획된 상품에 적합한 예상 고객을 리스트에서 추출한다.
② 추출된 예상 고객에게 DM을 발송한다.

제4단계 : 내부 고객명부 이외의 고객에게 확대 실시한다
제3단계의 결과를 기반으로 외부 리스트를 이용하여 DM을 발송한다.

5. 비용 · 스케줄
첨부

「프로모션 DM」을 위한 기획서의 전제

여행사인 딜라이트 사는 노년층을 대상으로 한 부가가치가 높은 여행상품을 개발하려고 한다. 딜라이트 사는 과거 3년 동안 패키지 투어에 참가한 3만 명의 리스트를 확보하고 있다.

1 다이렉트 마케팅 기법을 이용하자

(1) 다이렉트 마케팅은 반드시 통신판매 기법만을 의미하지 않는다. 미디어와 통신수단을 이용하여 고객 한 사람 한 사람에 대한 정보를 수집하는 등, 마케팅 전개에 도움이 되는 행위 역시 다이렉트 마케팅에 속한다.

(2) 다이렉트 마케팅 기법은 예상 고객을 찾아내는 데 자주 사용된다. 예를 들어 신문광고에 「자료 요청」 내용을 포함하여, 자료를 요청해 오는 사람들을 예상 고객명부로 확보해 두는 것도 하나의 방법이다.

(3) 왼쪽의 예문에서는 노년층을 대상으로 상품을 개발하고, 또 개발된 상품을 판매하는 마케팅 기법으로서 다이렉트 마케팅을 활용하고 있다. 「앙케트 DM」이 바로 그것이다. 앙케트 조사를 통해 최적의 상품을 개발하기 위한 기초 자료가 되는 데이터를 수집하고, 또한 개발된 상품을 판매하려고 한다.

2 실시 단계는 나누어서 설명하도록 하자

왼쪽의 예문을 살펴보자. 「개발·판매 방법」은 앙케트 조사용 DM 발송에서 판매에 이르기까지 몇 단계를 밟아야 한다. 여기에는 제1단계에서 제4단계로 나누어서 실시 방법을 분명하게 설명하고 있다. 기획서에서는 복잡한 것이나 여러 단계가 필요할 때에는 이렇게 단계별로 나누어서 설명하는 것이 좋다. 그리고 각각의 단계에는 소제목을 붙이는 것이 좋다.

「앙케트 조사용 DM」

다이렉트 마케팅(Direct Marketing)

이 단어는 미국의 다이렉트 마케팅의 1인자인 레스터 원더만이 처음 사용한 말이다. 「복수의 미디어나 통신수단을 통해 고객에 대한 대응을 하고, 어디에서든 상거래를 할 수 있는 마케팅」이 바로 다이렉트 마케팅의 의미이다.

예문 65 · 다이렉트 마케팅 · 예상 고객 개척(DM & TM)

월드컵 캠페인 기획서

1. 목적
① 예상 고객의 발견 및 신규 거래처의 개척
② WCC의 PR

2. 기본 전략
예상 고객에게 앙케트 조사용 DM을 발송하고, TM을 통해 팔로우업을 실시한다.
① 대상　　　해외 우편물 발주 관리자
② 실시 지역　도쿄 도내 및 오사카 시내
③ 실시 시기　10월 중순부터 11월 말까지
④ 목표　　　앙케트 조사 회수율 10%, 시험 사용 요청 2%

3. 실시 내용
① 리스트
　도쿄 상공업협회의 조사 자료를 이용
　구분 : 제조업, 무역업에서 1년 매출 1억 엔 이상인 기업
　지역/리스트 수 : 도쿄/4,000개 사, 오사카/1,000개 사
② 실시 흐름
　1단계 : 발주 관리자에게 앙케트 조사용 DM을 실시한다.
　2단계 : DM에 회신하는 사람에게 프리미엄을 발송한다.
　　　　　앙케트 조사용 DM에 회신을 한 발주 관리자에게 DM을 통해 시험 사용을 권유한다.
　3단계 : 시험 사용할 의도가 없는 발주 관리자에게는 TM을 통해 시험 사용을 권유한다.

4. 각 단계의 세부사항
① 1단계 : 앙케트 조사용 DM의 내용
　발주 관리자로 한정했기 때문에 내용이 충실해야 한다.
　앙케트 조사 내용은 해외 발송 업무량과 이용 회사명, 이용 만족도 등으로 구성한다.
② 2단계 : 사은품 증정과 시험 사용 권유
　내용은 앙케트 조사 회신에 대한 감사 인사, 무료 사용권(유효기간 있음), 회사의 명칭이 인쇄된 발주 전표(50장 정도), WCC의 전화번호가 기재된 스티커, 사은품으로 구성된다. 사은품은 월드컵을 기념하는 상품으로 한다.
③ 3단계 : 시험 사용할 의도가 없는 발주 관리자에게는 TM을 통해 시험 사용을 권유한다. 무료 사용권의 유효기간이 끝나기 며칠 전에 TM을 활용하여 유효기간이 지나도 특별히 1개월 연장해서 사용할 수 있다는 것을 설명한다.

5. 스케줄 · 비용
첨부

「예상 고객 개척(DM & TM)을 위한 기획서의 전제

국제택배회사인 월드커리어코퍼레이션(WCC)은 월드컵 공식 스폰서가 되었다. 이를 계기로 WCC라는 회사를 홍보하고, 신규 고객을 개척하기 위해 DM과 TM을 실시한다.

1 예상 고객 개척을 위한 DM의 단계

(1) DM은 다이렉트 마케팅은 고전적이라고 할 수 있지만 아직까지도 유효한 마케팅 기법이다. 여기에서는 DM을 예상 고객 개척의 방법으로 이용하고 있다.

(2) 불특정 다수 중에서 잠재 고객을 찾아내기 위해서는 앙케트 조사용 DM이 가장 효과적이다. 여기에서는 해외 우편물을 취급하는 회사의 발주 관리자를 대상으로 하고 있다.

(3) 기획서의 구성은 전형적인 형식에 따르고 있지만 실시 내용 부분에 중점을 두고 있다.

(4) 실시 내용은 알기 쉽게 1단계에서 3단계까지 단계별로 설명하고 있다. 더욱이 4번의 「각 단계의 세부사항」 부분에서는 DM+TM 기법의 요점을 자세하게 설명하고 있다.

(5) 1단계에서 중요한 것은 DM의 내용이다. 여기에서 고객을 찾아야 한다. DM의 내용, 특히 앙케트를 작성할 때에는 시간과 정성을 들여야 한다. 2단계에서 사은품을 증정하는 동시에 영업 활동을 실행하고 있다. 시험 사용을 유도하는 것이 2단계의 포인트가 된다. 그리고 3단계에서는 TM을 실시한다. 효과적인 TM을 실시하기 위해서는 숙련된 텔레마케터 요원이 필요하다.

「DM+TM」

TM : 텔레마케팅(Telemarketing)의 약자이다. 전화를 이용하여 상품과 서비스를 판매하거나 예상 고객을 개척하는 기법이다.

팔로우업(Follow-up) : 계속적인 접근. 다이렉트 마케팅은 이 팔로우업이 아주 중요하다. 예를 들어 한 번 자료를 청구한 사람에게 수차례에 걸쳐 다른 내용의 DM을 발송하는 것이다.

프리미엄(Premium) : 사은품, 경품

예문 66 · 다이렉트 마케팅 · 웹 프로모션

웹 사이트 「하나하나」의 프로모션 활동 제안

1. 목적

웹 사이트를 통해 잠재 고객을 개척하고, 「하나하나」 서비스의 이용을 촉진한다.

2. 프로모션 전략

(1) 잠재 고객의 접속을 증대시킨다.
(2) 「하나하나」 사이트의 회원 등록을 통해 이메일 주소를 확보한다.
(3) 이메일을 통해 프로모션 활동을 전개한다.

3. 구체적인 전개

(1) 접속량을 늘리기 위한 방법
  ① 관련 사이트에 링크해 두고, 검색엔진에 등록한다.
  ② 배너 광고를 통해 광고를 한다.
  ③ 선물 증정이나 퀴즈 등의 캠페인을 실시한다.
(2) 이메일 주소의 확보 방법
  ① 회원 등록자에게 유익한 정보와 서비스를 제공한다.
    「자신과 가족, 연인의 생일을 등록하면, 생일 전날에 축하 이메일을 보내준다(생일에 어울리는 꽃과 축하 인사도 함께 전한다).」
    「꽃과 관엽식물을 가꾸는 방법을 소개하는 상담 코너」
    「꽃에 관한 퀴즈를 실시한다. 정답자에게는 포인트를 부여하고, 포인트가 일정량에 도달하면 할인된 가격으로 『하나하나』를 이용할 수 있게 한다. 또한 꽃이 선물로 증정된다.」
    기타....
  ② 회원 등록자에 한해 게시판과 미팅 사이트를 이용할 수 있다.
    꽃을 좋아하는 사람들의 게시판을 이용할 수 있고, 채팅을 할 수 있다.
    ＊ 회원으로 등록할 때에 앙케트 조사를 실시하여 회원 정보를 수집한다.
(3) 이메일 주소를 이용하여, 프로모션 메일을 발송한다.
  ① 생일 축하 메일(「하나하나」 상품을 선물할 것을 호소)을 발송한다.
  ② 캠페인 상품을 설정하여 할인된 가격으로 판매한다.
  ③ 유료로 제공하는 모임 안내 메일을 발송한다(입회하면 매월 꽃이 자동적으로 배달된다).
  ④ 기타

4. 스케줄·비용

첨부

「웹 프로모션」을 위한 기획서의 전제

택배를 통해 꽃을 판매하는 「하나하나」는 웹 사이트를 개편하여 보다 매력적인 사이트를 구축하려고 한다. 동시에 웹 상에서 프로모션을 하기 위한 계획을 세우고 있다. 그러던 중 웹 사이트 제작회사로부터 프로모션에 관한 제안이 들어왔다.

1 웹 상에서는 프로모션 비용이 적게 든다

(1) 앞으로 폭넓은 계층과 접촉하여 정보와 서비스를 저렴한 가격에 제공하기 위해서는 웹 사이트를 통한 영업 활동이 더욱 중요해질 것이다. 웹 사이트를 구축해 두면 많은 이메일 주소를 수집할 수 있다. 이것을 기반으로 한 상품 판매와 다양한 프로모션 활동이 활발하게 이루어지고 있다.

(2) 웹을 활용하는 이메일 프로모션은 다이렉트 마케팅의 범주 안에 들어간다. 효과적으로 이메일을 작성하는 것은 DM의 작성 방법에 기초를 두고 있다. 가능한 상대방에게 직접 말을 거는 것처럼 작성하는 것이 효과적이다. 또한 「혜택」이나 「당신만을 위한 특전」을 강조함으로서 판매로 이어지게 하는 것이 중요하다.

(3) 기획서의 가장 중요한 포인트는 얼마나 많은 사람을 「하나하나」 사이트에 접속하게 하느냐이다. 매력적인 이메일 프로모션을 하고 싶어도 리스트가 없으면 실행할 수가 없다. 따라서 선물 증정과 퀴즈는 이메일 주소를 확보하는 데 유용한 방법이다. 이메일의 장점은 다소 질이 떨어지는 고객 리스트라도 관계없다는 점이다. 이메일 발송 가격이 매우 저렴하기 때문에 흥미 위주로 접속하는 사람에게도 메일을 발송할 수가 있다. DM의 경우에는 인쇄비, 우표비 등의 적지 않은 비용이 발생하기 때문에 질 높은 고객 리스트를 확보하지 못하면 많은 비용이 소요될 위험이 있다. 이 점이 가장 큰 차이이다.

(4) 이메일 주소를 확보하기 위한 방법은 매우 다양하다. 이 분야에 별로 경험이 없다면 인터넷에서 여러 사이트를 방문해 보기 바란다. 분명 효과적이라고 생각되는 캠페인을 발견할 수 있을 것이다.

「프로모션 메일」

이메일은 고객에게 신속하게 대응할 수 있다

이메일의 큰 장점 중에 하나는 즉시성이라는 점이다. 카탈로그와 인쇄매체는 디자인에서 인쇄 발주까지 적어도 3~4주가 걸리지만, 이메일은 단기간에 대량으로 발송할 수 있다. 그리고 이미 품절된 상품을 리스트에서 삭제하거나, 새로운 상품을 소개하기 위해 신속하게 변경할 수가 있다.

예문 67 CRM 로열티 프로그램

야마무라의 로열티 프로그램 제안

1. 목적
① 우량 고객 확보(재구매 촉진)
② 우량 고객에 관한 정보 수집
③ 야마무라의 이미지 증진

2. 대상
사진 애호가, 세미프로 사진작가

3. 기본 전략
대상자를 모집하여 클럽을 조직한다. 클럽의 가치를 높이고, 충성도가 높은 고객을 육성함과 동시에 야마무라의 이미지 개선을 도모한다.

4. 클럽 내용
① 클럽 명칭   「포토 크리에이티브」 통칭 포토크리(가제)
② 클럽 목적   사진 애호가에게 정보와 서비스를 제공하고 상호간의 교류를 증진시킨다.
③ 대상   사진 애호가
④ 입회 조건   입회 앙케트 조사를 통해 작품이 적절하다고 인정되는 자
              심사위원회를 설치하여 전문 사진작가가 입회심사를 한다.
              (단, 심사 기준은 까다롭지 않게 한다)
⑤ 연회비   5000엔
⑥ 입회특전·연간 프로그램
              (a) 회보(연 4회) 발행. 촬영기술 정보를 게재하고 작품을 발표한다.
              (b) 세미나, 촬영대회, 촬영여행, 친목회에 참여한다.
              (c) 「포토크리 사진 콘테스트」에 참가한다.
              (d) 사진 콘테스트 출품작 중에서 우수작을 선정하여 사진집으로 출판한다.
              (e) 「포토크리 도서관」을 설치하여 회원에게 대여한다.
              (f) 전문 사진작가로서의 데뷔를 지원한다.

5. 설립·운영
외부 위탁방식으로 클럽사무국을 설치하여 운영 처리를 위탁한다.
① 클럽 내용을 결정하고, 클럽 사무국을 설립한다(외부 위탁).
② 응모 자료와 클럽 운영 매뉴얼을 작성하고 운영 시스템을 구축한다.
③ 전국에 있는 야마무라 매장과 광고를 통해 참가 응모를 실시한다.
④ 응모자에게 자료를 발송한다. 응모 접수를 한 응모자의 개인정보를 데이터베이스화해서 보존한다.
⑤ 자격 심사를 한다. 심사 합격자에게 개별 통지한다. 회비는 계좌이체 방식으로 납입한다.
⑥ 회비 입금을 확인한 후 회원증을 발송한다. 회원의 개인정보는 데이터베이스화해서 보존한다.
⑦ 데이터베이스를 기반으로 연간 프로그램을 실시한다.

6. 비용
기획비
사무국 개설 비용
운영 시스템(데이터베이스) 설계, 개발 비용
연간 운영 사무국 경비
각종 제작물 제작비와 이벤트 실시 비용

「로열티 프로그램」을 위한 기획서의 전제

전국에 1000여 개의 매장을 가지고 있는 카메라 전문점 「야마무라」는 우량 고객을 확보할 목적으로 회원제 클럽을 설립한다. 그리고 이 클럽의 활동을 통해서 「야마무라」의 이미지 향상을 도모한다.

1 로열티 프로그램과 클럽 조직

(1) 로열티 프로그램은 한 번 상품을 구입한 고객에게 지속적으로 판촉 활동을 실시하여 고객을 단계적으로 우량 고객으로 육성하는 프로그램이다. 「클럽 조직」은 가장 대중적인 로열티 프로그램의 하나이다.

(2) 왼쪽의 예문은 우량 고객인 세미프로 사진작가를 위한 클럽을 창설할 것을 제안하고 있다. 우량 고객을 확보하여 재구매를 촉진하려는 것이 목적이다.

2 클럽을 조직하기 위해서는?

(1) 기획서에서 중요한 점은 어떤 클럽을 조직할 것인가 하는 클럽의 내용이다. 입회 조건은 확실한 기준을 설정하여 이 클럽의 멤버가 되는 것이 영구적이라는 것을 알게 한다. 그러기 위해서는 입회를 심사하는 심사위원회에 저명한 사진작가를 초빙하여 엄밀하게 심사한다는 인상을 줄 필요가 있다. 그리고 회비를 징수하기 때문에 연간 프로그램의 내용이 충실해야 한다. 동시에 독특하고 세미프로 사진작가에게 도움이 되는 특전을 부여한다.

(2) 클럽을 조직할 때 가장 중요한 것은 사무국의 운영이다. 대대적인 홍보로 시작하여 반년도 지속되지 못하면 회사에 부정적인 영향을 미칠 뿐이다. 최소 3~5년 이상 지속할 계획을 가지고 클럽을 설립해야 한다.

(3) 원활하게 운영해 나가기 위해서는 데이터베이스를 구축해야 한다. 그리고 사무국을 운영해 나가기 위한 매뉴얼을 작성하는 것도 중요한 작업이다. 또한 일반적인 클럽의 사무를 수행하는 직원도 필요하다. 직원은 회원들에게 회사를 대표하는 창구의 역할을 수행하므로 클럽의 목적을 충분히 이해하고, 확실한 훈련을 받은 사람이어야 한다.

CRM(Customer Relationship Marketing)
고객 관계 마케팅이다. 데이터베이스를 바탕으로 고객과의 의사소통을 통하여 상호 이해를 증진하고, 상품과 서비스의 지속적인 이용을 위한 활동이다.

예문 68 · CRM 데이터베이스 마케팅

고객관리 프로그램의 제안

1. 목적
(1) 기존 고객의 재구매를 촉진한다.
(2) 고객 데이터를 바탕으로 신규 고객을 개척한다.
(3) 신제품 개발을 위한 데이터를 수집한다.

2. 기본 전략
(1) 데이터베이스를 새롭게 구축하고 마케팅의 하부 시스템을 동시에 개발한다.
(2) 고객정보는 본사에서 일원화한다.
(3) 상세한 고객정보를 수집한다.
(4) 고객정보를 기반으로 한 적극적인 마케팅 프로그램을 실시한다.

3. 실시 세부사항
(1) 데이터베이스 구축
　　첨부 시스템 개요와 설계 플랜 참조
(2) 고객 데이터의 관리방법
　　① 매장에서 상품을 구매한 고객에게 간단한 앙케트 조사를 한다.
　　② 앙케트의 조사 데이터를 일지와 함께 데이터처리센터에 전달한다.
　　③ 데이터처리센터에서 PC에 입력한다.
(3) 고객정보 데이터화
　　① PC에 입력된 데이터를 바탕으로 방문 안내장과 앙케트 설문지를 발송하여 자세한 고객정보를 수집한다(경품 증정). 이때 발송자 이름은 매장 직원의 이름을 기입한다.
　　② 앙케트 조사 데이터를 분석하여 상품 개발과 캠페인 등에 활용한다.
(4) 연간 마케팅 프로그램
　　① 앙케트 조사를 통해서 제품구매 빈도수를 분석하고, 상품의 사용기간이 끝날 시점에 고객의 방문을 유도하는 DM을 발송한다.
　　② 생일과 기념일에 특별 선물을 준비하여 고객의 방문을 유도한다.
　　③ 선물을 많이 주고받는 달에는 선물용품에 대한 안내장을 발송한다.
　　④ 친구 소개 캠페인을 실시한다.
　　⑤ 보너스 세일이나 고객을 위한 서비스 달 등의 캠페인을 실시한다.
　　⑥ 기타

4. 비용
명세표 첨부

첨부
(1) 시스템 개요
(2) 스케줄 · 견적서

「데이터베이스 마케팅」을 위한 기획서의 전제

남성용 화장품 회사인 「유트」 사는 전국의 유명 백화점에 매장을 보유하고 있다. 이 화장품은 20~30대의 패션 감각이 뛰어난 남성들에게 인기가 있다. 지금까지는 고객명단을 매장의 여직원이 관리해 왔으나 마케팅으로 적극적으로 활용할 수 있게 고객관리 프로그램을 전개하기로 결정했다.

1 고객정보는 자산이므로 잘 관리해야 한다

(1) 고객관리는 데이터베이스 마케팅의 기본이다. 한 번 상품을 구매한 고객정보는 기업에 있어서 자산이기 때문이다. 상품을 판매만 할 게 아니라, 판매 시점에서 가능한 많은 고객정보를 수집해야 한다. 이 정보를 데이터베이스화하여 마케팅 자료로 활용하는 것이 판매를 활성화시키는 지름길이다. 고객정보를 보유하고 있으면 언제라도 적극적인 영업 활동이 가능하다.

(2) 현재에는 많은 기업이 고객정보의 중요함을 인식하고 있지만, 아직도 관심을 두지 않는 기업도 많다. 예를 들어 유트 사와 같이 고객명단을 매장에서 관리하고 있는 경우도 많다. 이 경우 직원이 퇴사하면서 데이터가 손실되는 경우도 발생한다. 기업의 자산인 고객정보를 개인 차원에서 관리해서는 안 된다. 또한 집중해서 관리해야만 통일된 영업 활동을 전개할 수 있다.

2 데이터베이스 마케팅의 기획 요점

(1) 데이터베이스 마케팅을 위한 기획서에서 가장 중요한 것은, 어떤 데이터베이스를 구축하고, 어떻게 데이터베이스를 이용하고 확대해 나갈 것인가의 2가지이다.

(2) 여기에서는 「실시 세부사항」 부분에서 4가지 항목으로 나누어 자세하게 설명하고 있다. 가장 먼저 데이터베이스를 구축할 것을 호소하고, 그런 다음 그것을 어떤 방식으로 관리해 갈 것인지 기술하고 있다. 그리고 데이터베이스의 정보를 늘리기 위한 방법에 대해 설명한 후에 마지막으로 연간 마케팅에의 활용을 언급하고 있다. 데이터베이스의 기획이라고 하면 「여러 가지 데이터를 수집할 수 있기 때문에 다양하게 이용할 수 있다」고 「시스템」에 대해 설명만 하고 끝나는 경우가 많다. 데이터베이스는 정보가 없으면 단지 상자에 불과하다. 어떤 방식으로 정보를 지속적으로 수집할 것인가, 수집된 데이터를 어떤 방식으로 적극적으로 이용하고, 판매로 연결시켜 나갈 것인가를 간과해서는 안 된다.

데이터베이스 마케팅 : 컴퓨터의 데이터베이스 기능을 이용하여 고객관리를 실행하고, 고객정보를 바탕으로 판매 활동을 전개하는 것을 말한다.

예문 69 CRM 고객 서비스

「팬시」의 고객서비스센터 구축

1. 현재의 문제점
① 회선이 부족해서 고객을 기다리게 하고, 이 때문에 항의가 많다.
② 영업사원인 여직원이 제대로 대응하지 못하기 때문에 업무에 지장을 준다.
③ 대응 방법도 직원에 따라 개인차가 있기 때문에 일정하지 않다.
④ 문의전화에 대응하느라 전시장 안내와 고객방문 유도 등의 영업 활동은 거의 이루어지지 않고 있다.
⑤ 사내 공간을 늘리거나 직원을 더 이상 증원할 여유가 없다.

2. 해결 방법
고객서비스센터를 외부에 위탁하여 설치한다.
메리트
① 사내에 새로운 부서를 만들지 않고서도 단기간 내에 시행할 수 있다.
② 적절한 양의 회선을 확보할 수 있다.
③ 사원교육을 실시함으로서 통일성 있고 질 높은 대응을 할 수 있다.
④ 고객에게 전화를 걸어서(아웃바운드) 적극적으로 마케팅을 전개할 수 있다.

3. 고객서비스센터 개요
① 센터 가동시간
　연말·연초를 제외한 매일 10~19시
② 업무 내용
　(a) 고객, 예상 고객으로부터의 일반적 문의 또는 상품 문의에 대한 대응
　(b) 고객에게 전화를 걸어서 전시회 등을 안내함.
③ 인원 구성
　A조, B조의 2개조로 구성한다.
　1조당 전임 관리자 1명, 직원 4명으로 구성한다.
④ 설비
　PC 5대, 전용 회선 5개 회선, 팩스 1대
⑤ 고객문의에 대한 대응 및 마케팅
　별도 제안

4. 비용

항목	수량	금액
초기 비용		
1. 센터 설계비	전부	￥ 500,000
2. 개설비		
센터 세트비	전부	￥ 500,000
운영 매뉴얼 작성비	전부	￥ 200,000
직원 교육비	전부	￥ 300,000
3. 운영 시스템 개발비	전부	￥2,000,000
초기비용 합계		￥3,500,000
월간 운영비		
1. 직원 인건비	5명	￥3,000,000
2. 설비 사용료	전부	￥ 300,000
3. 시스템 지원비	전부	￥ 100,000
4. 기타 비용	전부	￥ 100,000
5. 운영 관리비(1-4의 10%)		￥ 350,000
월간 운영비 합계		￥3,850,000

「고객 서비스」를 위한 기획서의 전제

외제 가방, 핸드백, 장신구 등을 판매하는 브랜드 「팬시」는 젊은 여성들 사이에서 인기가 높고, 지금까지는 순조롭게 성장해 왔다. 그리고 고객문의는 사내의 여직원들이 대응해 왔다. 하지만 문의건수가 많아져서 외부에 위탁하기로 결정했다.

1 외부에 위탁할 때에는 메리트를 강조한다

(1) 외부 위탁이라는 비용이 발생하는 안건이므로, 먼저 현황에 대한 문제점을 명확하게 얘기해야 한다. 왼쪽의 예문에서는 공간의 여유가 없다는 점과 증원이 불가능하다는 점이 가장 큰 문제이다.

(2) 다음으로 외부 위탁 방식의 도입에 따른 메리트를 충분히 강조해야 한다. 특히 현재 문의가 폭주하고 있다면 이것은 시급한 문제이므로 곧바로 대처해야 한다. 외부 위탁 방식이라면 단기간 내에 시행할 수 있어서 이 문제를 해결할 수 있다. 또한, 적극적인 영업 혹은 판매 신장으로 이루어질 수도 있다는 점이 장점이다. 장점이 많으면 많을수록 외부 위탁 기획은 채택될 가능성이 높다.

2 비용을 명확하게 나타낸다

(1) 외부 위탁 방식을 도입할 경우, 위탁회사와 업무내용에 대해 상호 확인을 해 두어야 한다. 가동시간, 직원 수, 설비, 대응 내용에 따라 가격에 차이가 발생하기 때문이다. 1일 단위로는 크지 않지만 연간으로 따지면 엄청난 차이가 발생한다.

(2) 이 기획서에서 특히 중요한 것은 비용 문제이다. 초기 비용과 월간 운영비로 나누어 어느 정도의 비용이 소요되는지 산출한다. 외부 위탁 방식을 도입하는 데 많은 비용이 발생한다면 결재자는 상정된 기획을 재고할 것이다. 여기에 제시된 표는 개략적인 것이다. 실제로는 상세한 비용 명세서를 작성해야 한다. 비용은 이 기획서와 같이 표로 나타내는 것이 가장 좋다.

고객서비스센터 : 고객 혹은 일반인의 문의와 항의에 대응하는 곳이다. 고객의 호의를 얻고, 상품·서비스의 지속적인 구매를 촉진하는 것이 중요한 포인트이다.

콜센터 : 지금까지는 단순하게 문의나 불만을 접수하는 창구였지만, 요즘에는 고객관리 창구로서 상호 의사 소통하는 중요한 역할을 담당하고 있다.

아웃 바운드 : 인 바운드(내선)에 반대되는 말로 전화를 거는 행위를 말한다. 전화를 걸어서 적극적으로 영업 활동을 전개하는 프로모션은 매우 효과적이다.

| 예문 70 | 종합기획서 | **종합기획서 예문 1** |

연례 마케팅 계획처럼 광고, 판촉, PR 등을 종합적으로 실시하는 종합기획서는 20매를 초과하는 경우가 많다. 여기 첨부 자료를 포함하게 되면 50매를 초과할 수도 있다. 여기서는 수입 자동차 판매를 위한 마케팅 기획서를 사례로 하여 작성법을 설명하도록 하겠다.

기획서의 전제

신세기광고 주식회사에서 주식회사 UK 모터스에 제출한 2○○○년 마케팅 계획에 대한 기획서이다. 자동차의 이름은 「유로 프리미엄」이며, 발매 후 1년이 경과된 차종이다.

주식회사 UK 모터스 귀중

**유로프리미엄
2○○○년 마케팅 계획**

2○○○년 10월 15일
신세기광고 주식회사

① 종합 계획서는 A4 사이즈에 가로쓰기 형식이 일반적이다.
② 제목은 약간 크게 표기한다. 명암을 처리하여 제목답게 표현한다.

목 차

I. 시장분석	VI. 판매전략(딜러 전략) p8
1. 유로 프리미엄에 대해서 p2	VII. 커뮤니케이션 전략
2. 수입 자동차시장 현황 p3	1. 목표 p9
3. 경쟁사 현황 p3	2. 전략 p9
4. 소비자 동향 p3	3. 광고전략 p10-11
II. 포지셔닝(상품의 위상) p4	4. 판촉전략 p12-13
III. 문제와 기회 p5	5. PR 전략 p14
	6. 실시전략 p15
IV. 마케팅 목표 p6	VIII. 스케줄 p16
V. 마케팅 전략 p7	IX. 마케팅 비용 p17
	첨부 자료

1

① 페이지 수가 많은 기획서에는 목차를 달아야 한다.
② 목차는 1페이지로 작성하고, 전체를 한눈에 알아볼 수 있게 배치한다.
③ 페이지 번호를 붙여서 필요한 부분을 쉽게 찾아볼 수 있게 한다.

Ⅰ. 시장 분석-1

1. 유로 프리미엄에 대해서
① 휴일에 사용한다는 실용성을 중시하고 옵션이 다양하다.
② 동급 일제 자동차와 비교할 때 충분한 경쟁력을 갖춘 가격이다.
③ ××××××××××××××××××××
④ ××××××××××××××××××××××
⑤ ×××××××××××××

2. 수입 자동차시장 현황
① 수입 자동차의 판매 대수는 전년도에 비해 20% 증가했다.
② 수입 자동차 시장의 경쟁이 심각해지고 있다.
③ ××××××××××××××××××
④ ×××××××××××××

2

> ① 여기에서는 분석 부분이 간단하게 언급되어 있지만 실제로는 그 밑에 간단한 설명을 덧붙인다.
> ② 상품과 시장의 분석을 1페이지에 모두 담았지만 내용이 많을 때에는 2페이지로 나누어 쉽게 알아볼 수 있게 하는 것이 더 좋다.

Ⅰ. 시장 분석-2

3. 경쟁사 현황
① 주요 경쟁 차종은 ○○○○과 ○○○○이다.
② 경쟁 차종의 판매 대수는 유로 프리미엄과 비슷하다.
③ 경쟁사는 TV에서 집중적으로 광고를 내보내고 있다.
④ ××××××××××××××××××××

4. 소비자 동향
① 수입 자동차에 대한 브랜드 선호도가 매우 높다.
② 휴일을 즐기는 방법이 다양해지고 있다.
③ ×××××××××××××

3

> 이 페이지도 분량에 따라 2페이지로 나눈다.

Ⅱ. 포지셔닝

1. 유로 프리미엄의 특징
   ××××××××××××××××××××××××××××××
2. 목표고객 규정 및 고객 이익
   ××××××××××××××××××××××××××××××
3. 경쟁사와의 차별화 전략
   ××××××××××××××××××××××××××××××
4. 톤 & 매너
   ××××××××××××××××××××××××××××××
5. 포지셔닝의 방향성
   ××××××××××××××××××××××××××××××
6. 유로 프리미엄의 포지셔닝
   내(가족)의 휴일을 보다 즐겁게 해 주는 자동차

4

> 특징과 고객 이익, 그리고 경쟁사와의 차별화를 고려하여 유로 프리미엄의 포지셔닝을 설정한다. 포지셔닝은 설명 형식으로 한다(슬로건으로 해도 좋다).

Ⅲ. 문제와 기회

● 문제점
① ×××××××××××
② ×××××××××××
③ ×××××××××××

● 기회
① ×××××××××××
② ×××××××××××
③ ×××××××××××

5

> ① 유로 프리미엄에 대한 마케팅의 문제점은 무엇인가, 유리한 기회는 무엇인가를 정리한다.
> ② 문제와 기회는 좌우 또는 상하로 나누어서 기입하면 보기 좋다.

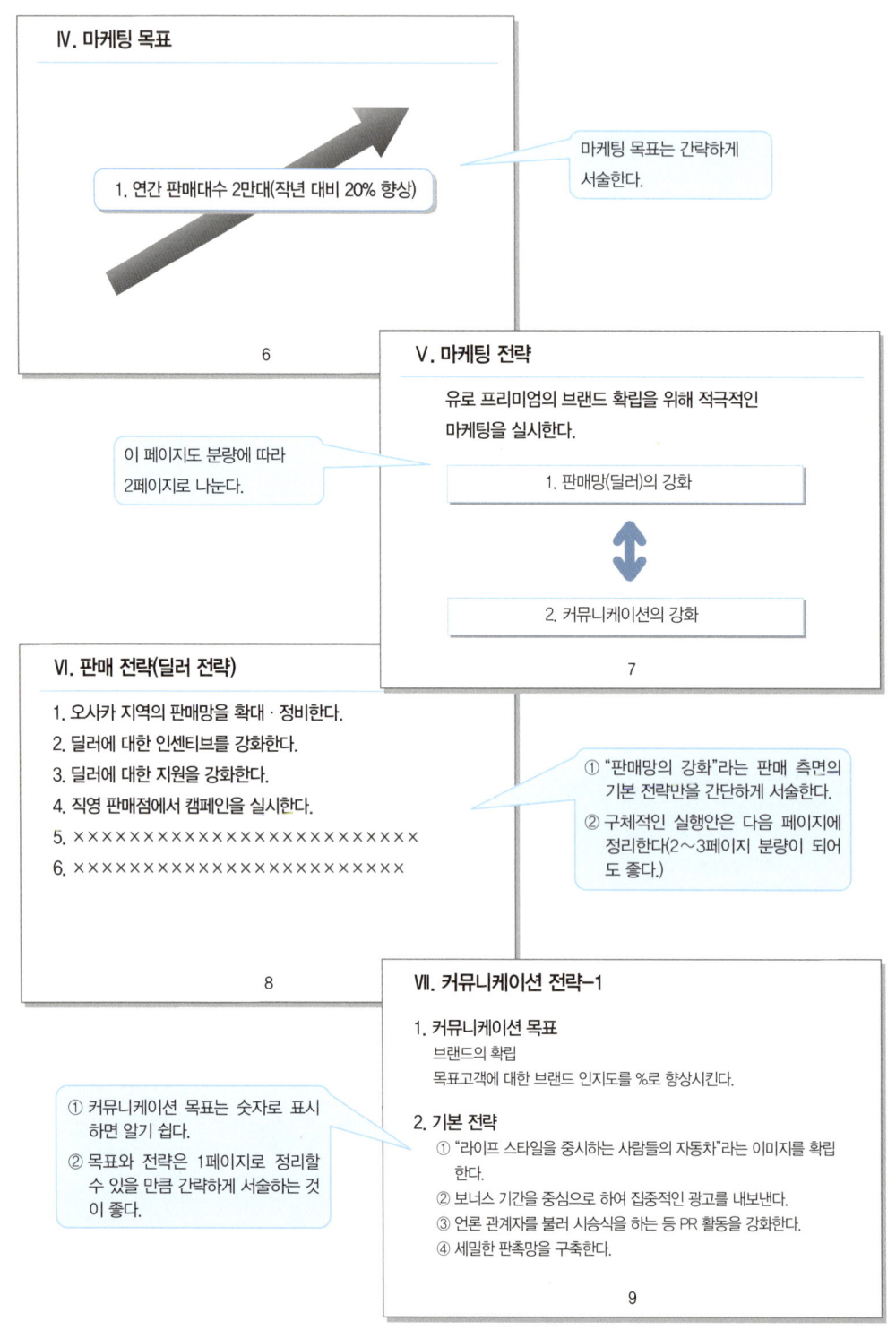

VII. 커뮤니케이션 전략-2

3. 광고 전략

① 표현 콘셉트
　포지셔닝 : 내(가족)의 휴일을 보다 즐겁게 해 주는 자동차

　　　　⬇

　　　슬로건
　(×××××××××××××××)

② 표현안
　A안 – 유로를 타고 휴일을 즐기는 장면을 보여준다.
　B안 – ×××
　C안 – ×××

10

> ① 표현 콘셉트는 포지셔닝을 기본으로 개발한다.
> ② 표현은 간단하게 설명한다. 프레젠테이션을 실시할 경우 이 시점에서 크리에이티브 안을 제시한다.

VII. 커뮤니케이션 전략-3

③ 미디어 계획
　××××××××××××××××××××××××
　××××××××××××××××××××××××
　××××××××××××××××××××××××
　××××××××××××××××××××××××
　×××××××××××××××××××

> TV를 중심으로 한 미디어 활용 계획 전체 내용을 설명한다. 이 페이지도 2~3페이지로 나누어질 경우가 있다. 미디어 활용 계획은 비용이 발생하므로 내용에 대한 상세 설명이 요구된다.

11

VII. 커뮤니케이션 전략-4

4. 판촉 전략

1. 기본 전략
　××××××××××××××××××××××××

2. 실시 계획
　××××××××××××××××××××××××
　a. 딜러 프로모션
　××××××××××××××××××××××××
　b. 모터쇼 출전
　××××××××××××××××××××××××
　××××××××××××××

12

> 판촉 전략은 자세한 내용 설명이 필요하지만 여기에서는 개략적으로 설명한다.

VII. 커뮤니케이션 전략-5

3. 판촉 도구

　××××××××××××××××××××××××
　××××××××××××××××××××××××

　××××××××××××××××××××××××
　××××××××××××××××

　××××××××××××××××××××××××
　××××××××××××××××××××××××
　××××××××××××××××××

13

> 예정하고 있는 판촉 도구에 대해 설명한다. 비주얼을 활용하여 설명할 필요가 있는 경우에는 디자인을 첨부한다.

Ⅶ. 커뮤니케이션 전략-6

3. PR 전략

1. 기본 전략

xxxxxxxxxxxxxxxxxxxxxxxxxxxxxxxxxxxxxxxx

2. 실시 계획

a. 정기적으로 매스컴에 정보를 제공하고 접촉한다.

xxxxxxxxxxxxxxxxxxxxxxxxxxxxxxxxxxxxxxxxxxxxxxxxxx

b. 유로 도서관 운영

xxxxxxxxxxxxxxxxxxxxxxxxxxxxxxxxxxxxxxxxxxxxxxxxxx

c. 시승식

xxxxxxxxxxxxxxxxxxxxxxxxxxxxxxxxxxxxxxxxxxxxxxxxxx

d. 제휴광고 실시

xxxxxxxxxxxxxxxxxxxxxxxxxxxxxxxxxxxxxxxxxxxxxxxxxx

14

① 기본 전략에서는 어떤 활동에 중점을 둘 것인지 명확하게 한다.

② 실시 계획에서는 개요를 서술한다. 상세한 내용은 마케팅 전략이 승인된 후에 작성해도 된다.

Ⅶ. 커뮤니케이션 전략-7

4. 광고 · 판촉 · PR 실시 일람표

15

가능한 전체의 활동이 한눈에 들어오게 1페이지에 수록한다. A4 사이즈로 곤란하다면 A3 사이즈로 하여 접어서 기획서에 끼워 넣는 방법도 좋다.

Ⅷ. 스케줄

16

한눈에 들어오게 1페이지에 수록한다. 이 단계에서는 상세한 스케줄은 필요로 하지 않는다. 각각의 활동을 진행할 시기가 서술되어 있으면 된다.

Ⅸ. 마케팅 비용

17

① 비용의 범위가 광범위하기 때문에 엑셀을 사용하여 도표로 작성하여 제출한다.

② 이 단계에서는 대략적인 계산만으로도 충분하다. 단, 미디어에 관한 비용은 부담이 크기 때문에 가능한 상세하게 기입한다.

 작성포인트

1 시장 분석

시장 분석은 「상품」・「일반 시장」・「경쟁사」・「소비자」의 4가지 관점에서 고찰한다. 경쟁사의 제품에 비해 자사의 제품이 갖는 특징은 무엇인가, 시장 상황은 호황인가 아닌가, 경쟁사는 어떤 활동을 전개하고 있는가, 목표 고객은 어떤 층인가 등에 중점을 두어 분석한다.

2 포지셔닝

경쟁사와의 관계에서 이 상품은 어느 정도의 위상을 발휘하고 있는지를 정리한다. 특징과 고객 이익이 포지셔닝의 핵심 요소가 된다. 프레젠테이션의 톤과 매너는 크리에이티브 표현에 있어 중요한 부분이므로 반드시 정리해 둔다.

3 문제와 기회

마케팅 전개에 있어 문제와 기회는 어떤 것인지 간단하게 정리한다. 「문제점」은 마케팅 활동을 전개하는 데 있어서 반드시 해결해야 하므로 방향성을 고려하면서 정리한다. 「기회」는 적극적으로 활용해야 하기 때문에 「기회」를 어떻게 활용할 것인지를 고려한다.

4 마케팅 목표 전략

마케팅 목표는 가급적 숫자로 표시한다. 전략은 상품, 판매, 커뮤니케이션의 역할을 명확하게 하고, 어디에 중점을 둘 것인지를 기술한다. 이 샘플 예문에서는 상품이 이미 세계화 전략 속에 규정되어 있으므로 다루지 않았다.

5 판매 전략

세일즈맨을 통한 판매와 유통이라는 2가지 관점에서 어떤 전략이 유효한지 정리한다.

6 커뮤니케이션 전략

광고, 판매 촉진, PR의 3가지 영역에 대해 전략과 실시 계획을 정리한다.

7 스케줄과 비용

2가지 모두 표를 사용하여 나타낸다. 이 단계에서는 자세한 사항은 필요하지 않다.

위 샘플은 구성, 형식 모두가 전형적인 종합기획서 예문이다. 설명하기 쉽게 문장으로 표현했지만 비주얼 자료를 추가하면 더욱 호소력이 강할 것이다. 또한 17페이지로 정리하였지만 실제로는 시장 분석 부분과 실행 계획 부분이 더 늘어날 것이다.

종합기획서 예문 2

종합기획서

경쟁 프레젠테이션에 제출한 기획서를 살펴보면서 어떻게 하면 경쟁에서 이길 수 있는지 알아보자.

기획서의 전제

테마파크 경쟁 프레젠테이션에 참가한 월드광고 주식회사의 기획서이다. 이즈 패밀리 목장(IFF)은 대자연 속에서 말·산양·양·개·고양이와 함께 즐길 수 있는 테마파크이다.

목차는 간략하게 작성한다. 이 기획서의 포인트는 『Ⅳ. 월드광고사의 10가지 약속』이다.
목차에서 10가지의 약속에 포함된 내용을 모두 제시하면 기대감이 떨어지기 때문에 제시하지 않았다.

IFF Ⅰ 테마파크의 시장 배경 (1)

1. 레저·테마파크에 대한 소비자 동향

> 레저에 대한 지출은 줄어들고 있으나 주제가 분명한 테마파크는 순조롭게 성장하고 있다.

① 경제는 침체 상태에 있고 레저에 대한 지출은………
② 테마파크는 "황금밭"과 "죽음의 조"로…………
③ 소비자의 레저 동향이 다양화………
④ 이즈 전체의………………………

2

> 명암을 넣으면 보기가 좋다.

IFF Ⅰ 테마파크의 시장 배경 (2)

2. 이즈 지역의 경쟁 상황

> 근처에 대규모 목장과 동물을 테마로 한 시설이 없지만, 가족 단위를 대상으로 한 테마파크에서는 매년 60만 명이 방문하는 '이즈 모터랜드'가 있어 경쟁이 예상된다.

경쟁 상황
① 「이즈 모터랜드」
② 「이즈 플라워 월드」
③ 「월드 해양 스퀘어」

3   월드광고 주식회사

IFF Ⅱ. IFF의 포지셔닝

1. IFF의 특징
2. 목표고객 규정과 고객 이익
3. 경쟁사와의 차별화
4. 톤&매너
5. 포지셔닝의 방향성
6. 포지셔닝
   어린이와 어른이 함께 대자연 속에서 동물들과 뛰놀며, 안심하고 하루를 보낼 수 있는 목장

5

> 기획서 4페이지의 「시장 배경」에서는 상품 패밀리 목장이라는 특징을 분석한다.

IFF Ⅲ. 도전과 기회

도전	기회
1.	1.
2.	2.
3.	3.
4.	4.
5.	5.
	6.

> 「문제와 기회」라는 말을 「도전과 기회」라고 표현하고 있다. 「도전」이라는 단어의 사용으로 문제를 적극적으로 해결하려는 자세를 느낄 수 있다.

6   월드광고 주식회사

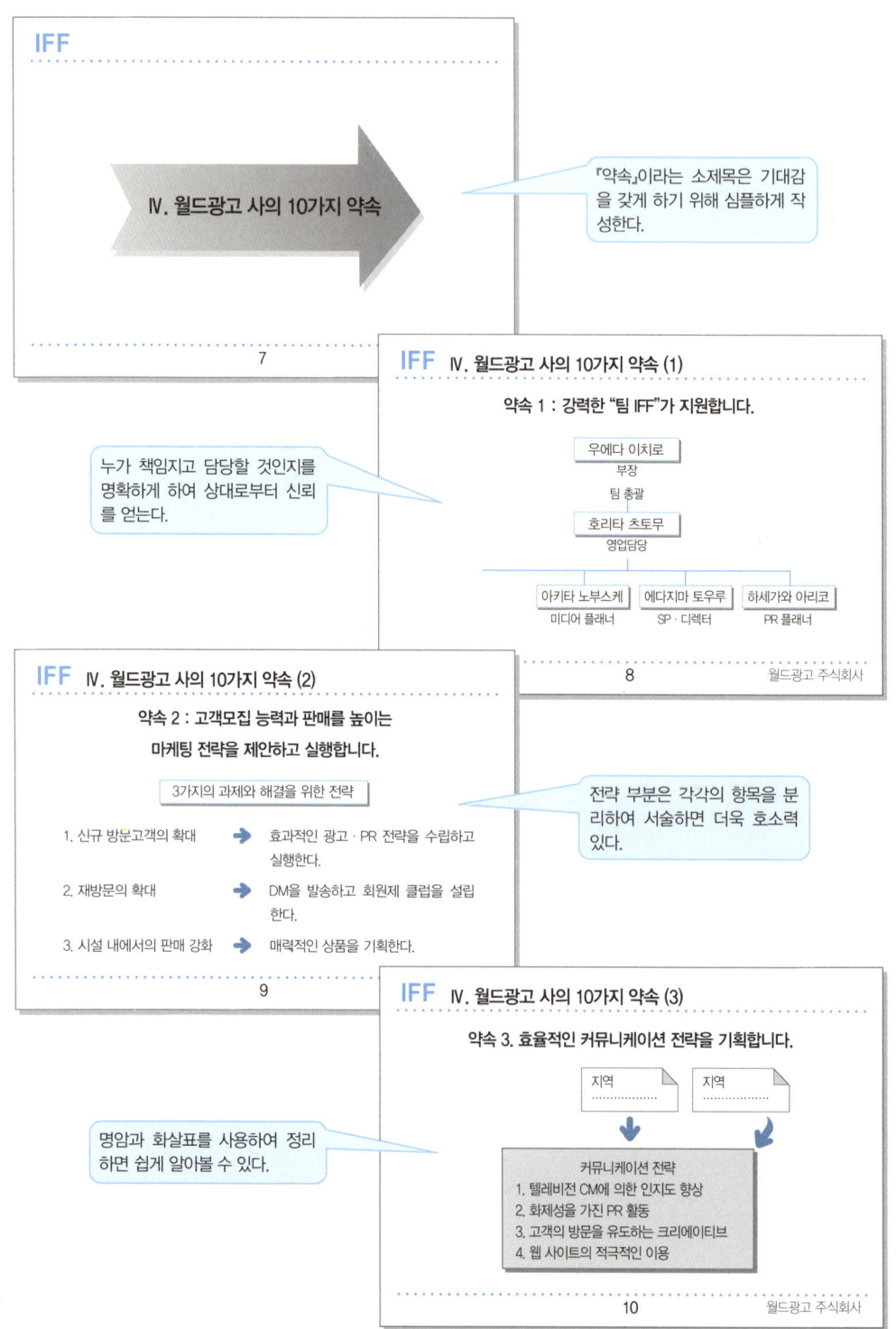

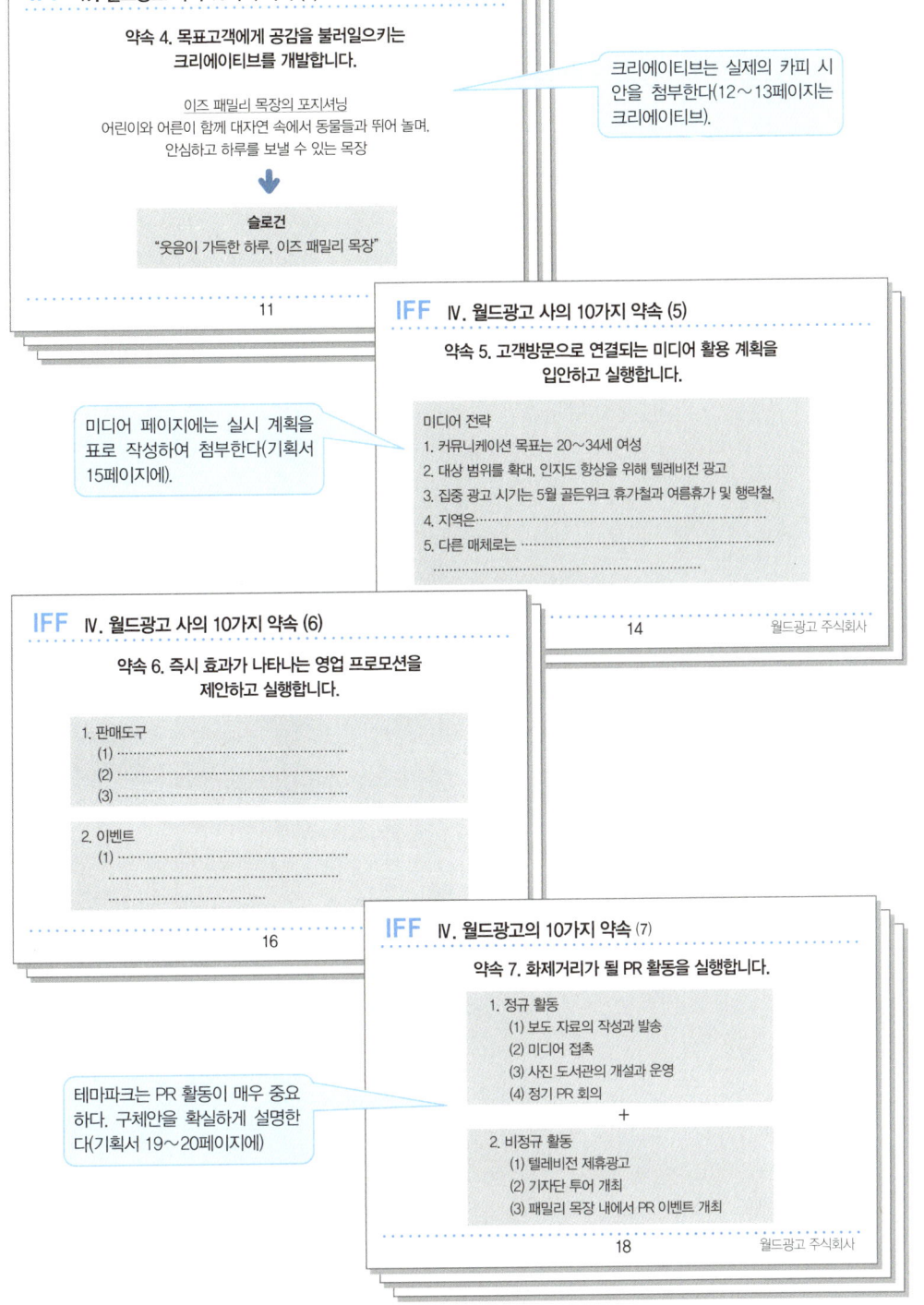

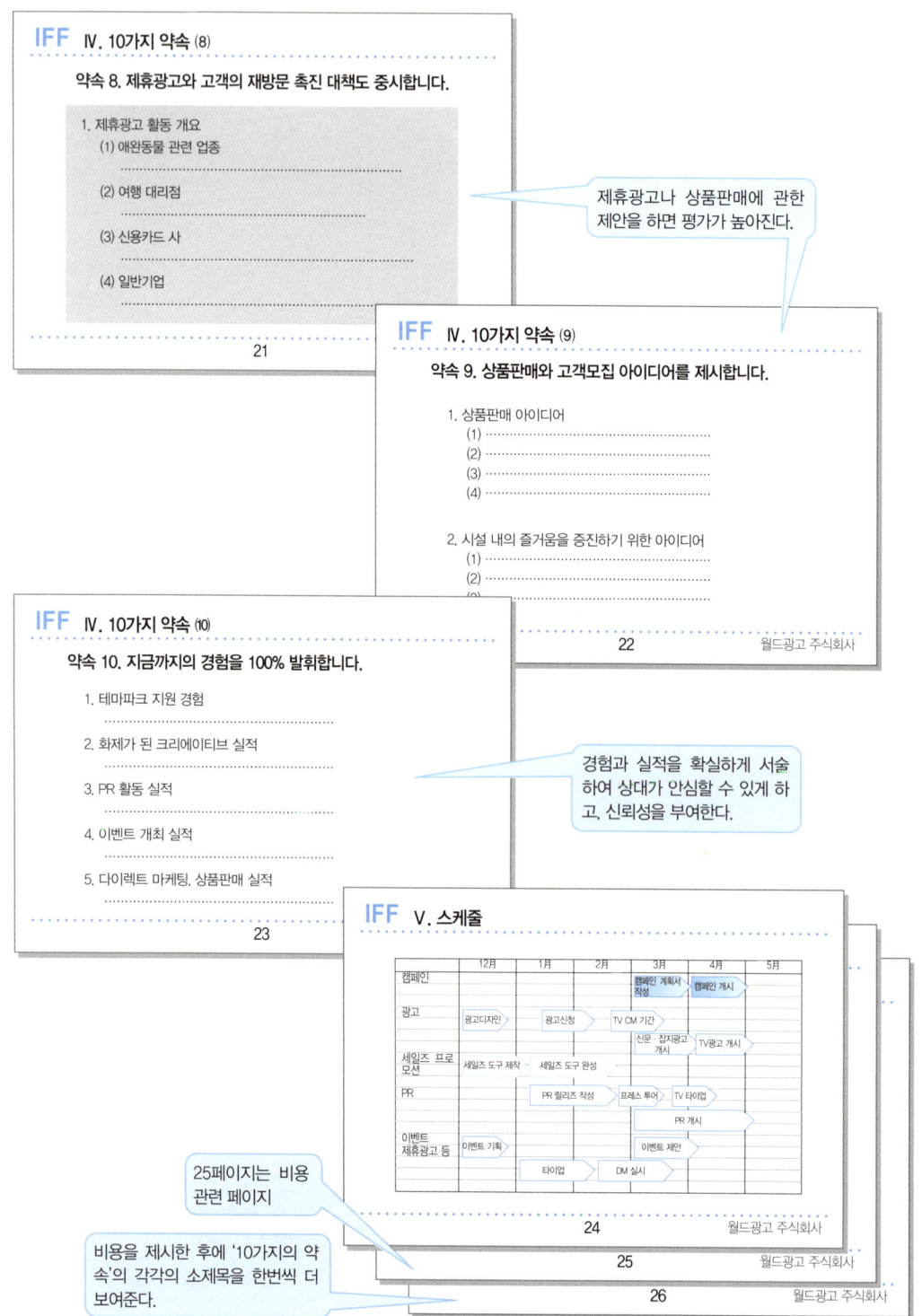

작성포인트

1 기획서를 제시하는 방법에는 변화를 주어도 좋다

기획서의 형식이 약간 다른 예문을 제시했다. 「시장 분석」에서 「포지셔닝」, 「문제와 기회」까지는 전형적인 구성과 다름없다. 하지만 그 뒤에 나오는 「전략」 단계에서 「10가지의 약속」이라는 제목이 등장한다. 「전략은 없는가?」라고 반문할지도 모르지만, 「10가지의 약속」에 전략과 실시 계획이 잘 정리되어 있다. 「전략」과 「실행 계획」, 「스케줄」, 「예산」을 하나의 타이틀로 정리했을 뿐이다.

지금까지는 기획서의 전형적인 스타일을 소개하였는데, 구성만 제대로 파악한다면 기획서를 제시하는 방법에 변화를 주어도 상관없다. 기획서 작성에 익숙해졌다면 제시 방법에 변화를 가져보자.

2 경쟁 프레젠테이션의 평가는 기획서의 내용이 전부가 아니다

경쟁 프레젠테이션에서 채택되기 위한 첫 번째 포인트는 내용 이외에도 다양한 평가 기준이 있다. 「어떤 사람들이 담당할 것인가」, 「담당자 이외의 지원 시스템은 무엇인가?」, 「나와는 다른 관점에서 여러 가지 사항을 제안해 줄 수 있는가?」, 「정말로 신뢰할 수 있고, 장기간 파트너 관계를 형성할 수 있을까?」하는 점이 중요하다.

3 의욕을 「약속」으로 전한다

왼쪽의 예문은 그러한 거래처의 의문에 부응하기 위해 「10가지의 약속」으로 의욕을 전하고 있다. 먼저 신뢰할 수 있고 경험이 풍부한 직원이 담당할 것임을 약속하고, 다음으로 최우선 목표인 「고객 방문률을 높이는 마케팅 전략」의 실행을 약속하고 있다. 더욱이 구체적인 실시 계획에 있어서도 「약속」이라는 말로 자신 있게 설명하고 있다. 서술된 내용은 평범한 「전략」과 「계획」이지만 이러한 제시 방법을 취함으로서 보다 강력하게 어필하고, 상대도 강한 인상을 받게 된다. 경쟁에 참여한 업체가 많을 경우에는 어떻게든 다른 회사와 차별화할 필요가 있다. 이 제시 방법이라면 거래처에 의욕이 전달될 것이다.

4 프레젠테이션을 고려하여 정리한다

기획서는 가능한 간결하게 작성한다. 특히 「10가지의 약속」에서는 결론을 전면에 내세우고 있다. 자세한 내용은 첨부해도 좋다. 경쟁 프레젠테이션을 실시할 경우에는 1개 업체가 사용할 수 있는 시간이 정해져 있다. 주어진 시간 내에 효과적으로 이쪽의 의도와 열의를 전달하기 위해서는 기획서 작성시 프레젠테이션의 흐름을 고려해야 한다. 속도를 조정하여 「약속」을 설명하면 강렬하고 인상적이다. 작성할 때에 실제 프레젠테이션을 상정하기가 힘들다면, 일단 기획서를 완성한 다음에 프레젠테이션용 시트에 다시 작성하는 것도 좋은 방법이다.

예문 72 종합기획서 영문 기획서 예문

영문 기획서의 작성과 제시 방법도 일본어 기획서와 크게 다를 게 없다. 앞서 서술한 종합기획서 샘플 1도 외제 자동차의 마케팅 계획이므로 이 예문과 비교해 보자.

기획서의 전제

대선광고 주식회사에서 외제 자동차의 수입 총대리점 EUROAUTO 사에 제출한 연례 마케팅 기획서이다.

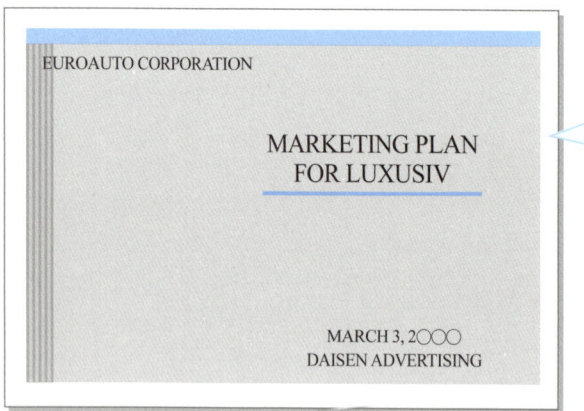

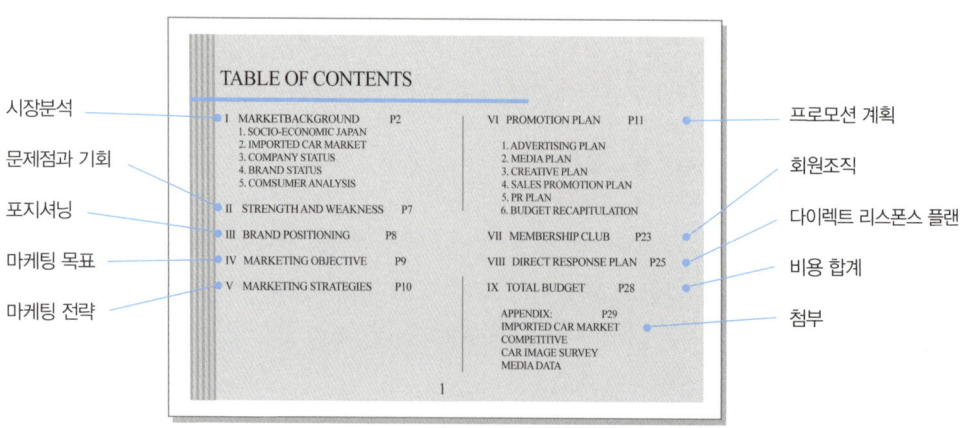

* 다이렉트 리스폰스 플랜 : 소비자로부터 직접 반응을 얻기 위한 계획

I. MARKET BACK GROUND

1. SOCIO-ECONOMIC JAPAN

1) High PURCHASING POWER
   a. Consistent economic growth with stability of wholesales and retail price.
   b. High purchasing power overseas due to the increased value of the yen.
   c. Increase of imported goods to help solve international trade frictions.

2) STABLE AND MATURE SOCIETY
   a. Diversified and individual life style becoming more popular.
   b. More attention paid to leisure.
   c. Intellectual occupation are increasing.

3) LARGE POTENTIAL CUSTOMER SIZE
   a. Population has low growth but is large enough in absolute terms.
   b. Population distribution is heavily concentrated in Tokyo, Osaka and Nagoya areas.

> 시장분석 중에서 일반 사회경제를 분석하는 페이지

> 이 다음에 또다른 수입 자동차의 시장분석 페이지로 연결된다.

II. WEAKNESS AND STRENGTH

WEAKNESS	STRENGTH
GENERAL a. High price b. Heavy competition	GENERAL a. High purchasing power. b. Increase of demand for imported cars. c. Diversification of individual life style.
COMPANY a. Limited understanding of the merits of purchasing cars through EUROAUTO as sole agent. b. Insufficient sales force and service. c. High share occupied by parallel importers.	COMPANY a. Possible to expand sales force and service. b. Possible to differentiate EUROAUTO as the sole official agent with high quality and reliable service.
BRAND a. Strong sales of parallel importers. b. Insufficient awareness of LUXUSIVE.	BRAND a. Prestigious car image for LUXUSIVE. b. Planed price decrease for LUXUSIVE. c. Can heighten brand awareness for LUXUSIVE through marketing activities.

> Problem(Weakness) & Opportunity(Strength)라고도 쓴다. 『문제와 기회』를 좌우로 나누어 서술하여 대비시키고 있다.

III. BRAND POSITIONING

1. TARGET: THE ESTABLISHED
Person who has reached the top in his business or profession. He is probably over 40, still very active and enjoying his wealth and status.

2. BRAND CHARACTERISTIC
ARRIBUTES : One of the highest grade of car in the word. Tradition of racing success and craftsmanship. Produced by the word famus LUXUSIVE company.
BRAND : Style, safety and driving pleasure.
VALUE : The satisfaction of owing the best.
PERSONALITY : Admirable, active and a skillful leader in his field
ESSENCE: Perfect harmony

> 포지셔닝도 마찬가지다. 목표 고객을 규정하고, 경쟁사와 차별화시킨 포지셔닝을 행하고 있다.

IV. MARKETING OBJECTIVE

1. To increase sales while establishing the reputation of EUROAUTO company as the official agent for LUXUSIVE.

2. To increase sales share among total sales of LUXUSIVE parallel importers.

Sales Goal (New car registrations)

Sales (no. of cars)　　Share
　xxxxx　　　　　xxxx%

9

> 마케팅 목표는 매출을 올리는 것과 점유율을 높이는 것의 2가지다.
> 목표 수치를 정확하게 기입한다.

V. MARKETING STRATEGIES

1. To set LUXUSIVE Turbo as the strategic flag ship and to carry out strong promotional activities.

2. To differentiate EUROAUTO company as sole agent which can provide special customized car for parallel importers.

3. To increase awareness and recognition for EUROAUTO company.

10

> 마케팅 전략은 3가지로 설정하고 있다.
> 1. 적극적인 프로모션 활동
> 2. 경쟁 수입사와의 차별화
> 3. EUROAUTO 사에 대한 인지·이해의 증진

VI. PROMOTION PLAN-1

1. ADVERTISING PLAN

OBJECTIVE
1) To build desirable image and to communicate it to potential customers while emphasizing EUROAUTO company a sole official agent.
2) To announce LUXUSIVE fairs to motivate customer traffic to EUROAUTO show rooms and official deals.
3) To increase the reputation of EUROAUTO company and to build opinion that LUXUSIVE should be purchased through the sole official agent.

STATEGIES
TARGET :　The established
MEDIA :　Newspaper and Magazine
AREA :　Nationwide-Primary Tokyo, Osaka and Nagoya areas
PERIOD :　Throughout the year-Special emphasis on September, October and November.

11

> 프로모션 계획에 포함된 광고 목표와 전략
> 주) 자동차 마케팅에서는 광고, PR, 영업 프로모션의 3가지 활동을 종합하여 「프로모션」이라고 하는 경우가 많다.

> 미디어 계획 페이지

VI. PROMOTION PLAN-3

3. CREATIVE PLAN

OBJECTIVE
1) To communicate that LUXUSIVE is the high quality saloon car to drive yourself and the active achiever ought to select it.
2) To strongly advocate that LUXUSIVE should only be purchase through its sole official agent. EUROAUTO company, under the conditions of limited registration in Japan.

STRATEGIES
1) To cleary explain what LUXUSIVE is, and that you will experience a satisfaction with it that you cant feel with any other car.
2) To develop attractive visual and copy to motivate potential customers to try EUROAUTO company name.

13

> 프로모션 활동에 포함된 크리에이티브 계획.
> 목적과 전략이 서술되어 있다.

> 이 다음에 디자인 도안이 제시된다.

VI. PROMOTION PLAN-4

4. SALES PROMOTION PLAN

OBJECTIVE
1) To motivate prospective customers to trial drive and test drive LUXUSIVE
2) To maintain current users and to keep reliability for EUROAUTO company.
3) To develop and maintain LUXUSIVE dealers through effective promotional support.

STRATEGIES
1) To carry out LUXUSIVE Fair most effectively.
2) To develop an effective approach companies to widen the target groups.
3) To develop effective follow-up service for current users.
4) Peak period will be set for September, October and November.

16

> 영업 프로모션의 목적과 전략이다. 구체적인 실시안은 다음 페이지부터 여러 장에 걸쳐 설명된다.

VI. PROMOTION PLAN-4

5. PR PLAN

OBJECTIVE
1) To gain good relationship with journalists, media relate peoples and influential people.
2) To communicate that LUXUSIVE is the best car for the owner driver and is distributed by EUROAUTO company with the active achiever to driver it.

STRATEGIES
1) To organize LUXUSIVE supporters among major newspapers, selected magazines and TV station having personal contacts and invitationfor each event and test drives.
2) To deliver news releases with latest detailed information about LUXUSIVE to media regularly.
3) To make sure and steady PR contact by EUROAUTO company to gain deep and clear understanding for EUROAUTO company and its brand.

19

> PR 목적과 전략

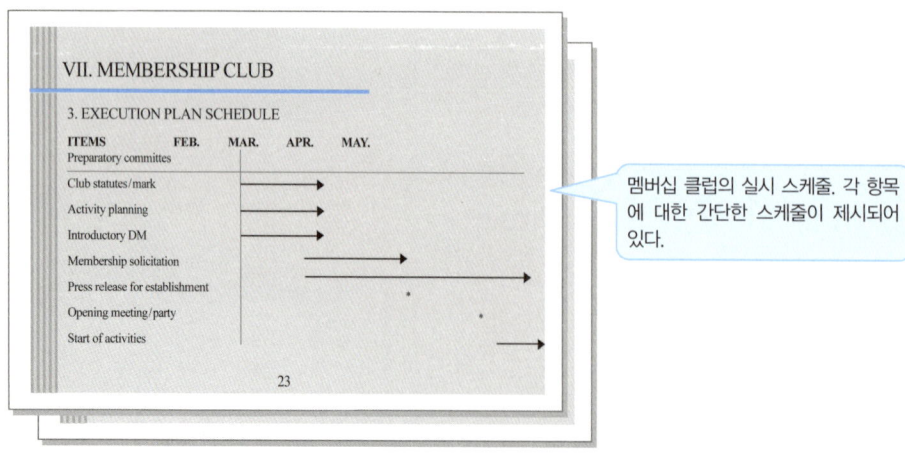

멤버십 클럽의 실시 스케줄. 각 항목에 대한 간단한 스케줄이 제시되어 있다.

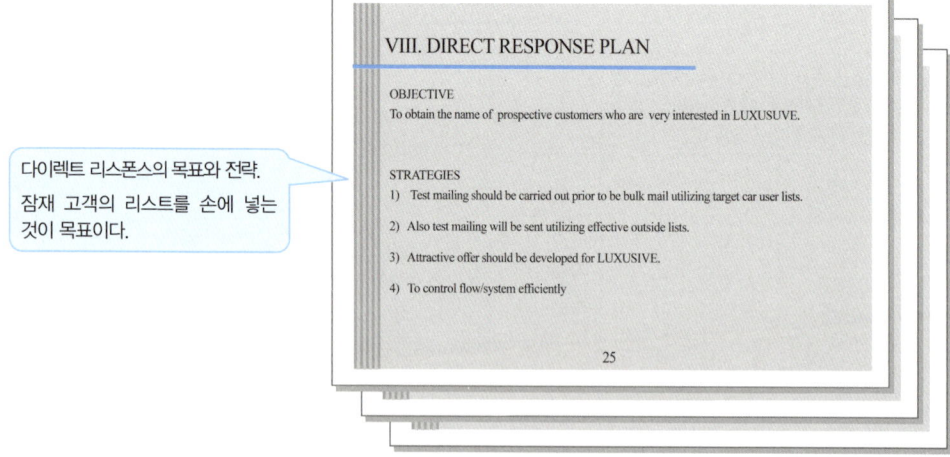

다이렉트 리스폰스의 목표와 전략. 잠재 고객의 리스트를 손에 넣는 것이 목표이다.

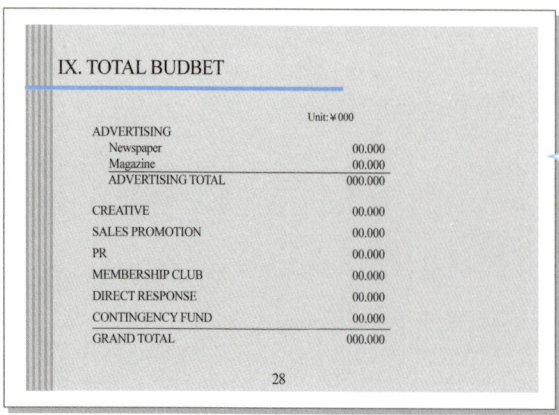

비용
광고, 크리에이티브, 영업 프로모션, PR, 멤버십 클럽, 다이렉트 리스폰스, 그리고 예비비 항목으로 나누어져 있다.

1 영문 기획서도 기본 구성은 동일하다

(1) 이 영문 기획서는 작성된지 좀 되었지만 지금도 충분히 활용할 수 있다.

(2) 「종합기획서 샘플 1」이 우리 글로 작성되어 있으므로 비교해 보자. 「시장 분석, 문제와 기회」, 「포지셔닝」, 「전략」, 「구체적인 계획」, 「예산」으로 기본적인 구성은 동일하다. 원래 마케팅에 관한 사고방식이 미국에서 시작된 것이므로 당연할지도 모른다. 우리 글로 기획서를 간결하게 작성할 수 있다면, 영문 기획서도 어렵지 않게 작성할 수 있을 것이다.

2 영문 기획서의 포인트

(1) 논리적으로 쓴다.

우리의 기획서에도 물론 논리가 중요하지만 영문에서는 논리의 일관성이 특히 중요하다. 우리 글의 경우에는 약간 논리에 모순이 있어도 이해해 주는 경우가 많지만, 영미권은 다르다. 모순이 있으면 즉시 그 점에 대해 질문해 온다. 논리에 모순이 있으면 그것을 쓴 사람의 능력을 의심하고 결국 파트너로 인정해 주지 않는다.

(2) 가능한 쉽게 쓴다.

원어민 수준의 영어 실력을 가지고 있으면 아무리 어려운 단어를 사용해도 상관없다. 그러나 실력이 부족하다면, 가능한 쉬운 단어를 사용하여 쉬운 문장으로 작성한다. 중요한 것은 기획의 내용을 상대방에게 정확하게 이해시키는 것이다. 쉬운 단어로 알기 쉽게 전달할 수 있으면 상대는 당신의 제안을 받아들일 것이다.

(3) 숫자를 사용하여 설득한다.

최근에는 우리를 잘 알고 있는 외국인이 늘었지만, 상대를 모르면 우리에 대해 잘 모를 것이라고 생각하는 편이 좋다. 영미권에서는 우리가 상식으로 이해하고 있는 것들이 통하지 않는 경우가 많다. 따라서 무언가를 설득하려면 구체적인 예문을 제시하거나 숫자로 설명하지 않으면 이해를 얻기 어렵다. 그런 면에서 볼 때 숫자는 만국 공통어이다. 광고 계획을 실행하려면, 지금까지의 경험에서 볼 때 반드시 얼마만큼의 인지도를 높일 수 있는가를 숫자로 설명하는 것이 상대방을 쉽게 납득시킬 것이다.

(4) 처음부터 영어로 쓴다.

우리 글로 작성해서 영어로 번역하지 말고 처음부터 영어로 작성하도록 하자. 우리 글과 영어는 문법이 다르다. 우리 글의 표현을 영어로 잘 표현하지 못하는 경우가 많다.

> 모든 성공 비즈니스맨의 시작은 기획서와 제안서의 작성에서 출발하였습니다.
>
> 기획은 어렵지 않습니다.
>
> 그러나 기획서는 나의 능력을 파는 매우 중요한 수단입니다.
>
> 상대방의 눈을 보고 자신감 있게 설명하십시오.
>
> 당신의 기획안은 반드시 채택될 것입니다.

기획서는 누구라도 작성할 수 있다

- 배우기보다 익숙해져라. 일단 작성해 보는 것이 기획서를 마스터하는 지름길이다. 비슷한 기획서를 3~4종 작성해 보면 요령을 터득할 수 있다.

- 좋은 기획서가 있으면 참고하자.

- 자신이 작성한 기획서는 잘 보관해 둔다. 목록을 만들어 PC에 보관해 두면 유사한 주제의 기획서를 작성할 경우에 다시 활용할 수 있다.

- 실천적인 기획서를 작성해야 한다는 점을 기억해 둔다.

기획서 · 제안서 작성법

초판 1쇄 발행 2004년 1월 10일
2판 11쇄 발행 2022년 2월 10일

지은이 | 사이토 마코토
옮긴이 | 양영철

발 행 인 | 신재석
발 행 처 | (주)삼양미디어
등록번호 | 제10-2285호
주   소 | 서울시 마포구 양화로 6길 9-28
전   화 | 02 335 3030
팩   스 | 02 335 2070
홈페이지 | www.samyangM.com

ISBN | 89-5897-057-X

* 이 책은 저작권법에 따라 보호받는 저작물이므로 무단전재와 복제를 금합니다.
* 이 책의 전부 또는 일부를 이용하려면 반드시 (주)삼양미디어의 동의를 받아야 합니다.
* 잘못된 책은 구입하신 서점에서 바꾸어 드립니다.